Deutsche Literatur 1989

Jahresüberblick

Herausgegeben von Franz Josef Görtz,
Volker Hage und Uwe Wittstock

Philipp Reclam jun. Stuttgart

Redaktionelle Mitarbeit: Katharina Frühe
Redaktionsschluß: April 1990

Universal-Bibliothek Nr. 8406 [4]

Satz: Wilhelm Röck, Weinsberg
Druck und Bindung: Reclam, Ditzingen
Printed in Germany 1990
RECLAM und UNIVERSAL-BIBLIOTHEK sind eingetragene
Warenzeichen der Philipp Reclam jun. GmbH & Co., Stuttgart
ISBN 3-15-008406-7
ISSN 0722-8503

Inhalt

VOLKER HAGE

Zur deutschen Literatur 1989

»Dann sag mir doch bitte, was das Bücherlesen dir einbringt. Da gibt es schönere Menschen, ein schöneres Leben, – und was hast du davon? Du willst das alles auch haben, und da das unmöglich ist, wirst du ärgerlich und verzweifelst.«

Christoph Hein[1]

»Nun sprich! Buch zu!«

Botho Strauß[2]

1. Die Tafelrunde und der Tangospieler

»Unsere Geschichte ist makellos, es gab keine fehlerhaften Entschlüsse«, sagt auf der Bühne ein alter Mann; ein anderer, Artus mit Namen, widerspricht ihm: »Vielleicht, Keie, vielleicht haben wir keine Fehler gemacht. Aber wir sind einsam geworden. Keiner kommt zu uns, man meidet die Tafelrunde. Wir haben nur noch wenige Freunde.«[3] Das wurde vom Publikum der DDR verstanden, gut verstanden – auch wenn das Theater doch nur eine neue Variation der Artuslegende zeigte, wenn Gralsritter den Ton angaben. Christoph Heins Theaterstück »Die Ritter der Tafelrunde« wurde im März 1989 in Dresden uraufgeführt.

Damals, vor einem Jahr, mußten die Anklagen der zornigen jungen Ritter auf der Bühne noch wie Ketzereien klingen. Mordret: »Euer Gral ist ein Fantom, dem ihr ein Leben lang hinterhergejagt seid. Ein Hirngespinst, um das ihr euch die

1 Christoph Hein, »Die Ritter der Tafelrunde«, Frankfurt a.M. 1989, S. 10.
2 Botho Strauß, »Kongreß«, München 1989, S. 8.
3 Hein, »Die Ritter der Tafelrunde«, S. 19.

Köpfe blutig geschlagen habt. Sieh dir deine Gralsritter an. Verstörte, unzufriedene, ratlose Greise, die das Leben verklagen.« Und Parzival bohrt nach: »Ihr habt die Kinder verschreckt und die Jugend entmündigt. Uneinsichtig habt ihr auf unseren alten Tugenden beharrt. Aber auch Tugend will geprüft sein, sie schimmelt leicht.«[4]

Buch zu! Die Revolution entläßt ihre Dichter. Nach dem 9. November 1989 kann die DDR-Literatur, besser: die in der DDR entstandene Literatur, nicht mehr sein, was sie war. Sie hat es – umgekehrt – auch nicht länger nötig, das zu sein, was sie sein sollte. Außerliterarische Funktion gestrichen: Die Literatur kann fortan schlicht Literatur sein. Ihr ist damit eine Bürde genommen, die zugleich eine Verlockung war: Mit feinsten Tabubrüchen, mit subtilsten Andeutungen konnte sie in der DDR maximale Wirkung und enorme Aufmerksamkeit erzielen.

Die Greise (der SED) sind verschwunden. Der Runde Tisch hat – vorerst – die Tafelrunde (des Politbüros) ersetzt. Die Theater der DDR sind nicht mehr überfüllt. Die Literatur ist nicht länger Opium fürs Volk: »Diese Bücher vergiften das Volk, weil sie ihnen eine verlogene, aber angenehme Welt vorgaukeln«[5] – die Warnung eines der Greise aus der »Tafelrunde« hat sich überlebt.

»In der Vergangenheit hatten Kunst und Literatur von einem Bonus gelebt, der auf einem Mißverhältnis gründete«, erklärte Hein im November 1989 einem Interviewer der (Ost-)»Berliner Zeitung«: »Statt der Zeitung kauften sich die Leute ein Buch. Jetzt sehe ich Anzeichen dafür, daß sich die Zeitungen mit Politik befassen und die Kunst dadurch entlastet wird.« Damit werde, so Hein, Kunst wieder auf ihre eigentlichen Aufgaben zurückgeführt, und die Riesenschlangen vor den Buchläden könnten sich zum Zeitungskiosk verlagern.[6]

4 Ebd., S. 16f.
5 Ebd., S. 10.
6 Hein, »Die fünfte Grundrechenart«, Frankfurt a. M. 1990, S. 193.

Christoph Hein hat wie kein zweiter Schriftsteller aus der DDR das begleitet und befördert, kommentiert und kritisiert, was vielleicht etwas zu eifrig als »Revolution« bezeichnet worden ist, was als Aufbruch eines Staates begann und nun immer schneller zu dessen Auflösung zu führen scheint. Ein Roman von Hein wird aller Voraussicht nach das literarische Schlüsselwerk 1989 aus der DDR bleiben: »Der Tangospieler«[7]. Er erschien, fast parallel zur ersten Aufführung der »Ritter der Tafelrunde«, im Frühjahr und spielt zwar nicht in grauer Vorzeit, aber immerhin auch vor mehr als zwanzig Jahren: 1968, im Jahr der vergeblichen Hoffnung. Und ist doch ein Buch über die Gegenwart.

Ein Mann, der aus politischen Gründen im Gefängnis gesessen hat, aus Gründen, die nur lächerlich zu nennen sind, wird nach 21 Monaten aus der Haft entlassen: Hans-Peter Dallow, Historiker, 36 Jahre alt. Er hat seine Strafe erhalten, weil er als Klavierspieler bei einem Studentenkabarett eingesprungen war – ohne auch nur einen Blick auf den Text des Tangos zu werfen, der angeblich die Staatsführung beleidigt. Fast zwei Jahre Leben fehlen ihm nun, da er an einem Frühlingstag 1968 in Leipzig auf dem Bahnhof sitzt. Dallow will nichts mehr davon wissen. Nur Frauen können noch sein Interesse wecken, und sei es die erstbeste Barfrau: »Dallow sah weiterhin unverwandt auf ihre Brüste. Neben ihm diskutierten die beiden Männer noch immer über Prag und Dubček. Sie sprachen so laut miteinander, daß sich Dallow beim Betrachten der Brüste gestört fühlte.«[8]

So trocken, so lapidar, so scheinbar teilnahmslos macht Hein Meldung von einem Bürger der DDR, der seine Ruhe haben will. »Es erstaunte ihn, wie wenig er für die Freiheit tauglich und vorbereitet war«, heißt es über Dallow. »Er sagte sich zwar immer wieder, daß dies für ihn die Chance eines vollständig neuen Anfangs sei, der seltene Glücksfall eines wirklichen

7 Vgl. dazu auch Volker Hage, »Freiheit, mir graut's vor dir«, in »Die Zeit«, 24. 3. 1989.

8 Hein, »Der Tangospieler«, Frankfurt a. M. 1989, S. 18.

Neubeginns, den es nur wahrzunehmen gelte. Tatsächlich aber war er beherrscht von einer ihm kaum erklärlichen Unruhe, die ihn umtrieb und verunsicherte.«[9] Dallow kommt nicht in Gang, ziellos steuert er durch die Tage, wahllos läßt er sich mit Frauen ein und hält sie sich zugleich vom Leib. Er muß sich eingestehen, daß er im Geist das Gefängnis noch nicht verlassen hat, ja, »daß ihn, tief versteckt und uneingestanden, Heimweh quälte, ein Heimweh nach der Zelle«. Noch deutlicher: »Er vermißte jene sonderbare Geborgenheit, die vollständige, alles umfassende Vorsorge, das ausnahmslos geregelte Leben. In der Zelle hatte er nichts entscheiden müssen.«[10]

Es ist die Kunst Heins, einfache Geschichten zu erzählen und dabei ganz andere, komplexere Geschichten mitzuerzählen. Liest man den »Tangospieler« heute mit dem Abstand nur eines knappen Jahres wieder (freilich mit dem politischen Umbruch im Hinterkopf), kann man nur darüber staunen, wie der scheinbar so schlichte Bericht changiert, neue Färbungen annimmt, was sich in ihm an Weltsicht, Warnung und Wahrheit verbirgt. Man muß dabei auf der Hut sein: Mit platten Gleichungen, wie sie sich anzubieten scheinen, kommt man diesem Autor nicht bei. Weder ist der Gral der »Tafelrunde« mit der kommunistischen Idee so ganz identisch, noch steht das Gefängnis im »Tangospieler« einfach für die DDR. Unüberhörbar allerdings ist hier wie dort die Frage, wie die Menschen drüben nach so vielen Jahren der Gängelung mit der ungewohnten Freiheit wohl zurechtkommen könnten.

Hat der Roman aber auch literarische Qualität? Es hat Stimmen gegeben, die die glatte Oberfläche für Oberflächlichkeit genommen und sich daran gestört haben, daß sie nicht einmal makellos sei. Es stimmt: der Roman ist von stilistischen und grammatischen Schnitzern nicht frei (ein Lektor hätte sie leicht beheben können). Nur: die protokollhafte Erzählweise Heins ist eine des kalkulierten Verdeckens, die Kommentierungen und scheinbaren Gewißheiten verstellen die Sicht darauf, daß

9 Ebd., S. 66f.
10 Ebd., S. 121f.

sich nur so über Abgründe hinweg turnen läßt. Heins Leichtigkeit, die mitunter wie Nachlässigkeit aussieht, täuscht: sie ist die eines Artisten, der die Spuren der Anstrengung verwischt hat.

Dallow ist eine Figur, über die wir desto weniger wissen, je mehr wir zu erfahren glauben. Das ist erzählerische Strategie. Am Ende steht der Held – auf problematische Weise – als Sieger da, als Nutznießer der Tatsache, daß das Jahr 1968 eben doch nicht die Freiheiten bringt, die einen hoffnungsvollen Sommer lang in der Luft gelegen haben. »Das ist alles schon vergessen«, sagt Dallow am Anfang des Romans einem Freund, der sich nach seiner Haftzeit erkundigt. »Verlorene Zeit, nicht der Mühe wert, sich daran zu erinnern.«[11] Auf der letzten Seite setzt er sich daheim ans Klavier, während im Fernsehen die Bilder vom Einmarsch der Truppen des Warschauer Paktes in Prag zu sehen sind, und er bereitet sich darauf vor, am nächsten Morgen eine Dozentur für Geschichte zu übernehmen, die frei geworden ist, weil ein Kollege einmal nicht wendig genug war. Ein bizarres Happy-End, nicht ohne bittere Ironie. Von einem wie Dallow ist für die Geschichtsforschung nicht gerade viel zu erwarten.

»Noch haben wir unsere eigene Geschichte, die unseres Landes und des Sozialismus und der mit uns verbundenen sozialistischen Staaten nicht ausreichend geschrieben«, sagte Christoph Hein im September 1989 in einer Rede vor dem Ostberliner Schriftstellerverband. »Und nicht ausreichend geschrieben heißt: nicht geschrieben, das sollten Literaten wie Geschichtsschreiber wissen. Denn ein mit gewichtigen Lücken entstandenes Gebäude existiert nicht wirklich, mit dem ersten Wind wird es zusammenbrechen.«[12] Was uns da heute – so schnell hat sich alles gewandelt – selbst für DDR-Verhältnisse nicht nur vernünftig, sondern ganz natürlich anmuten will, stellte zu jener Zeit ein mutiges Wort dar; noch war Honecker der mächtigste Mann im Staat. Die Rede Heins konnte zunächst nur im Westen erscheinen, die »Zeit« veröffentlichte sie mit folgendem Zusatz

11 Ebd., S. 18.
12 Hein, »Die fünfte Grundrechenart«, S. 166.

des Autors: »Ich bedaure, daß in den Zeitungen und Zeitschriften der DDR, wo dieser Text hingehört, wieder kein Platz für ihn zu finden war. Ich bedaure, daß er nun in einer westdeutschen Zeitung erscheinen muß, wo er so angebracht ist, wie das fünfte Rad am Fahrrad. Eine öffentliche Arbeit paßt jedoch in keine Schublade. Wer keinen Kopf hat, kann halt nicht aus dem Fenster schauen.«[13]

Hein hat sich nicht nur als Epiker und Dramatiker, sondern – ebenso emsig und einfallsreich – auch in Reden und Interviews, in Erklärungen und Tagebuchnotizen zu der Umwandlung der DDR geäußert, ja zweifellos diese Umwandlung mit vorangetrieben. Wer später einmal auf diese Zeit des Umbruchs zurückblicken will, wird sich bei diesem Zeugen und Beteiligten bestens informieren können – eine Sammlung der Aufsätze und Reden seit 1987 wird im Frühjahr 1990 unter dem Titel »Die fünfte Grundrechenart« erscheinen: gewissermaßen als nachgereichtes, letztes Buch von Christoph Hein aus den achtziger Jahren.

Nun sprich! Buch zu! »Ich habe einen vorbereiteten Text weggelegt«, so Hein im Oktober 1989 in der Ostberliner Erlöser-Kirche. »Ich will frei sprechen, was ich gar nicht kann. Aber ich denke, da sich das Volk unter den Schlägen der Staatssicherheit und der Polizei unerwarteterweise zum aufrechten Gang erhoben hat, sollten wir auch den nächsten Schritt machen und lernen, frei zu sprechen. Dazu reicht es nicht aus, das Manuskript wegzulegen, das weiß ich, aber es gehört mit dazu, zu dem Frei-Sprechen.«[14] Und Anfang November in einem Gespräch: »Das alles ist sicher ein Stoff für Literatur, aber drei Generationen nach mir.«[15]

13 »Die Zeit«, 6. 10. 1989.
14 Hein, »Die fünfte Grundrechenart«, S. 184.
15 Ebd., S. 193.

2. Nachrichten aus dem Gefängnis

Es wird vielleicht nicht drei Generationen dauern, bis der Herbst 1989 und seine Folgen ein Echo in Romanen und Novellen finden werden – vorerst aber scheint es die Stunde der Protokolle, Tagebücher und Memoiren zu sein. Die letzten Wochen der achtziger Jahre brachten für die Bürger der DDR in so rascher Folge Veränderungen, Kehrtwenden, Paradigmenwechsel, oft Überraschungen von Tag zu Tag, daß es schwer war (natürlich ebenso für Beobachter im Westen), alles im Blick zu behalten. Tagebuchnotizen waren wahrscheinlich die einzige Möglichkeit, der Flut der Eindrücke und Einwirkungen einigermaßen Herr zu werden. Erste Proben und Auszüge konnte man schon lesen: Der Lyriker Thomas Rosenlöcher begann im September 1989 ein »Dresdener Tagebuch«,[16] Christoph Hein verfaßte für »The New York Times Magazin« ein Ostberliner Tagebuch. Schon jetzt sind das spannende Dokumente – Irrtümer eingeschlossen. »Nun wird wohl kaum einer mehr das Land verlassen, denke ich, während ich ein paar Sekunden auf dem Fernseher das Fest betrachte«, notierte Hein am Tag der Öffnung der Mauer, am 9. November.[17]

Klartext. Nachrichten aus dem Gefängnis. Der Lyriker Ulrich Schacht kam 1951 in einem Frauengefängnis der DDR zur Welt, seine Mutter war aus politischen Gründen inhaftiert; 1973 mußte auch der Sohn wegen »staatsfeindlicher Hetze« ins Gefängnis (1976 entließ man ihn in die Bundesrepublik). Seine sechs autobiographisch gefärbten, ineinander verwobenen Erzählungen aus dem Band »Brandenburgische Konzerte« lassen sich in eine Reihe stellen mit Bieneks »Zelle« (1968) und Kempowskis »Im Block« (1969), auch wenn sie die Intensität dieser frühen literarischen DDR-Haftberichte nicht erreichen. Oder rührt der enttäuschende Eindruck daher, daß man alles nun gern etwas genauer wüßte?

16 Vgl. Thomas Rosenlöcher, »Dresdener Tagebuch«, in: »Neue Prosa aus der DDR«, hrsg. von Christian Döring und Hajo Steinert, Frankfurt a. M. 1990, S. 311–325.

17 Hein, »Die fünfte Grundrechenart«, S. 198.

Der knappe Bericht ohne Schmuck und Zierart, wie ihn Walter Janka, der ehemalige Leiter des Aufbau-Verlags, unter dem Titel »Schwierigkeiten mit der Wahrheit« veröffentlicht hat, ein auf das Wesentliche beschränktes Protokoll in der dritten Person, ist so ein Dokument des leisen, bohrenden Schrekkens – und wird manches Stück Literatur dieser Jahre wahrscheinlich überdauern. Einprägsam die Worte Jankas über jenen aberwitzigen Prozeß, der ihm 1957 gemacht wurde: »Auch Heli Weigel, die Witwe von Brecht, die Janka ihre Sympathie durch Zuwinken bekundet hatte, war blaß geworden. Betroffen sah sie vor sich hin. Daß sich keiner der hier vertretenen Freunde von Lukács dazu aufschwang, gegen die unwahren Behauptungen zu protestieren, war die schlimmste Enttäuschung für Janka während des ganzen Prozesses. Anna Seghers [. . .] schwieg.«[18]

Noch ein Zitat aus diesem Buch: »Das Leben in einer ungeheizten Zelle ist schwer zu beschreiben. Um sich eine Vorstellung zu machen, muß man es erlebt haben. Richtig erwärmen konnte sich Janka in der kalten Jahreszeit überhaupt nicht. Sooft er auch die fünf Schritte auf und ab ging, gymnastische Übungen machte, ihm wurde nicht warm. Wenn man das über Monate ertragen muß, keiner Beschäftigung nachgehen darf, kein Buch bekommt, verliert das Leben jeden Sinn. Es gehört viel Kraft dazu, es nicht selbst zu beenden. Jede Gesellschaft wird auch danach beurteilt, wie sie ihre Gegner behandelt. Wie sie in den Gefängnissen verfährt, in denen bekanntlich nicht nur Verbrecher sitzen.«[19]

Das Stasi-Verhör, die Furcht vor dem Verlust des Manuskripts oder gar vor der Verhaftung – das sind häufig wiederkehrende Motive in der Literatur der DDR. In Prosabänden von Wolfgang Hilbig (»Eine Übertragung«) und Gert Neumann (»Die Klandestinität der Kesselreiniger«) tauchen sie so verklausuliert auf, daß man – vor allem bei Neumann – den Eindruck gewinnt, einer Privatsprache zu lauschen; Hilbig, der

18 Walter Janka, »Schwierigkeiten mit der Wahrheit«, Reinbek bei Hamburg 1989, S. 90f.

19 Ebd., S. 110.

schon seit einigen Jahren im Westen lebt, fängt das in seinem Roman durch einen grimmigen Humor wieder auf, der sich in einem funkelnden Finale entlädt, einem höhnischen Abgesang auf die DDR.

Dieses verklausulierte Schreiben, nicht selten von hoher stilistischer Könnerschaft geprägt, hat Ursachen, konkrete Ursachen: allen voran die systematische Einschüchterung durch die Geheimpolizei. Was heute schon wie Greuelgeschichten aus vergangener Epoche anmutet, bestimmte bis vor kurzem Leben und Arbeit vieler Schriftsteller und wird für viele von denen, die das erleben mußten, ganz gewiß Stoff für Literatur bleiben.

Derlei vergißt man nicht so schnell. Einer, der nur noch im Westen publizieren konnte, berichtet: »Der Post ein Päckchen mit einem Buchmanuskript anzuvertrauen, hätte bedeutet, Gefahr zu laufen, daß das Original beschlagnahmt und die Kopie bei einer Hausdurchsuchung gefunden wird, was der Vernichtung von vier, fünf Jahren Arbeit gleichgekommen wäre.« So erinnert sich Reiner Kunze, der schon lange im Westen lebt, in seinem poetologischen Essay »Das weiße Gedicht« über seine Erfahrungen in der DDR. Und weiter: »Für eines meiner Bücher ließ ich mir deshalb von einem Kollegen in Westfalen besonders dünnes Schreibmaschinenpapier besorgen, und als das Manuskript fertig war, zerlegte ich es in 20-Gramm-Briefe. Dann fuhr ich von einer größeren Stadt der DDR zur anderen und steckte in jeder einen der Briefe in den Briefkasten. Sie kamen alle an und wurden von den verschiedenen Empfängern dem Verlag in Frankfurt weitergereicht, so daß das Manuskript wieder zusammengestellt werden konnte.«[20]

Klartext. Es gibt eine Sorte Prosa, die sich den Mantel romanhafter Fiktion nur lose überwirft und schnell zur Sache kommt. Da werden eigene Erfahrungen recht durchschaubar umgesetzt. Das kann literarisch völlig belanglos, aber der Informationen halber manchmal doch lesenswert sein. Zwei Romane, die den Generationenkonflikt in der DDR zum Thema

20 Reiner Kunze, »Das weiße Gedicht«, Frankfurt a. M. 1989, S. 94f.

haben, »Der goldene Löffel« von Hans Noll und »Risse im Eis« von Joachim Walther, sind solche Bücher. Der 1954 geborene Noll, der mittlerweile im Westen lebt, Sohn des Schriftstellers Dieter Noll, schildert den Konflikt aus der Sicht der Jüngeren: Sein Protagonist hat es mit einem starrköpfigen, dem DDR-Staat verpflichteten und verbundenen Vater zu tun. Der nur wenig ältere Walther, Jahrgang 1943, schreibt aus der Perspektive der mittleren Generation, die selbst schon von ihren Kindern attackiert wird, bevor sie noch den Kampf mit der Generation davor aufgenommen hat. Hilflos – auch stilistisch – sehen wir den Ich-Erzähler auf einer Lesung junger Lyriker (darunter sein Sohn), zu der er eingeladen worden ist: »Das waren sie nun, deine Freunde, die im Prenzlauer Berg, in Mitte und Friedrichshain lebten, schrieben, malten, fotografierten, Theater spielten und Musik machten. Sechzig, siebzig von ihnen saßen in der kleinen Wohnung dichtgedrängt am Boden, und es war, als suchten sie Berührung, Nähe. Junge Gesichter, zart noch, offen, doch auch schon hart: Was wußte ich von ihnen, ihrem Leben, ihren Nöten?«[21]

Fünf junge Lyriker aus der DDR, die meisten in den fünfziger Jahren geboren, stellten sich 1989 mit ersten Gedichtbänden im Westen vor: Kurt Drawert (»Privateigentum«), Matthias Hermann (»72 Buchstaben«), Jayne-Ann Igel alias Bernd Igel (»Das Geschlecht der Häuser gebar mir fremde Orte«), Bert Papenfuß-Gorek (»dreizehntanz«) und Thomas Rosenlöcher (»Schneebier«). Auch dabei fehlt das Generationengedicht nicht – »Trennung in Ost-Berlin« von Hermann:

»Für anständige Menschen
Gibt es im Leben
Nur eine Liebe,
Sprach mein Vater
Und verbot mir auf
Lebzeiten sein Haus.

21 Joachim Walther, »Risse im Eis«, Hamburg 1989, S. 20.

Ich wandt mich
Ein letztes Mal
Ihm zu;
Er küßte traumverloren
Mit dem Zeige- und
Mittelfinger der
Rechten
Ein Parteiabzeichen.«[22]

So eine deutliche Sprache pflegen die Gedichte nicht durchweg, vor allem Igel und Papenfuß-Gorek versuchen sich in literarischen Experimenten – die für die DDR ungewöhnlich sein mögen, hierzulande aber doch wie Neuauflagen längst verflogener Avantgardeträume wirken. Auch aus der DDR können nicht nur Überraschungen kommen. Am ehesten überzeugen einige Verse Drawerts mit einem einfachen, protokollierenden Stil.

3. Sommerstück oder: Kunst in Mark Brandenburg

Noch einmal fünf Gedichtbände – einer anderen Generation: Der Zufall will es, daß fast alle Autoren im Jahr 1935 (einer 1934) geboren wurden. Der Zufall will es auch, daß drei der fünf Bücher *eine* Landschaft im Titel tragen: »Herbsttage im Niederbarnim« von Fritz Rudolf Fries, »Kunst in Mark Brandenburg« von Rainer Kirsch und »Märkische Feemorgana« von Helga M. Novak. Wirklich ein Zufall? Was macht die Mark für diese Generation so attraktiv? Auch wenn die Autoren ganz unterschiedliche lyrische Sprechweisen kultivieren (Fries etwa sammelt hier Gelegenheitsverse aus dreißig Jahren), so bilden ihre Gedichte doch deutlicher eine Einheit als die der jüngeren Kollegen – und getrost lassen sich die Bände »Mein Venedig« von Heinz Czechowski und »Schneewärme« von Sarah Kirsch hinzunehmen, denn beide haben ihre Wurzeln (was Czechowskis Titel listig verschweigt) in Landschaften der DDR.

22 Matthias Hermann, »72 Buchstaben«, Frankfurt a. M. 1989, S. 23.

Es ist auch nur scheinbar gewaltsam, die beiden Lyrikerinnen in diesem Fünferbund, die schon seit etlichen Jahren nicht mehr in der DDR leben, in diesen Rahmen zu spannen. Bei Helga M. Novaks »Märkische Feemorgana« handelt es sich um einen Gedichtzyklus, der aus einer Wiederbegegnung mit den Orten der Kindheit erwachsen ist:

»Hör doch die Kiesel rollen in meinem Mund
da sie den Brand so vieler Jahre löschen
wieder zog es mich zur fliehenden Stirn
der Moräne spurlos treib ich inmitten der Jagen
geh unter den fließenden Sander der mir gebührt
laß mich zudecken von der stetigen Wärme
beim Wiesenmäander der vielarmigen Löcknitz
wo ich geboren bin werde ich ausatmen im Sand
tiefer sinken in die alles konservierenden Lagen«[23]

Das geht weit über die Beschwörung der eigenen Kindheit hinaus, beschwört jene der Menschheit, der Erde. Auch in anderen Gedichten (nicht nur dieser Autorin) blitzt das auf: eine urzeitliche Perspektive, fern von allem Gesellschaftlichen – die Namen der Erdzeitalter, der Landschaft haben einen festeren Klang als die sozialer, noch kaum historischer Erscheinungen. Was ist die DDR gegen die Mark Brandenburg? Das wird so nicht gesagt – aber heimlich schwingt diese Frage wohl mit.

Der lyrische Weg aufs Land, ins Ländliche gewinnt so plötzlich eine andere Dimension; denn auch wo die Landschaften wechseln, wirken sie doch grenzenlos, und das mag ein Grund dafür sein, daß Sarah Kirsch in ihren Versen die DDR nie verlassen zu haben scheint, selbst wenn sie Bilder von ganz anderen Orten entwirft: »Dunkel der Weg unter schweren / Wolken eilfertigen Winds und die / Tage vergehen wie Gekräusel / Auf Teichen fern der Kindheit.«[24]

Eine eigentümliche Stimmung des Abschieds durchweht Christa Wolfs »Sommerstück«. Was ist das: Ein Buch der Erinnerung? Eine Prosaphantasie? Ein Album mit Freunden, für

23 Helga M. Novak, »Märkische Feemorgana«, Frankfurt a.M. 1989, S. 21.
24 Sarah Kirsch, »Schneewärme«, Stuttgart 1989, S. 49.

Freunde? Der wehmütige, oft genug das Sentimentale streifende – aber eben doch nur streifende – Ton dieser Erzählung ohne Gattungsbezeichnung übt eine große Faszination aus. Das Geheimnis eines langen Sommers auf dem Lande, vielleicht auch mehrerer, die wie einer waren, Mitte der siebziger Jahre, wird umstellt, umschrieben: aufgelöst und erklärt wird es nicht. »Meist, wenn der Sommer zwischen uns zur Sprache kommt, tun wir so, als hätten wir ihn in der Hand gehabt«, heißt es am Anfang. »Die Wahrheit ist, er hatte uns in der Hand und verfuhr mit uns nach Belieben.«[25]

Der einkreisenden Sprechbewegung dieses Buches entspricht die eigenwillige Erzählhaltung: Ein kollektives Wir tritt hervor, das die Freunde und die Erzählerin umfaßt – ein seltsam flirrendes, irritierendes Prosagewebe. Die wichtigsten Personen dieses »Sommerstücks«, die hier unter anderen Namen auftauchen, sind leicht zu erkennen: Bella, das ist Sarah Kirsch, Steffi, das ist Maxie Wander, und Ellen schließlich, das ist Christa Wolf selbst. Leicht zu erkennen schon deshalb, weil im Jahr zuvor, 1988, der Prosatext »Allerlei-Rauh« von Sarah Kirsch dieselbe Freundesrunde (unter Nennung der Namen), denselben Sommer beschrieben hat – auch dieser Text übrigens nur eine Andeutung, eine Ahnung, eine Umschreibung: zwei sich ergänzende Prosazwillinge.

Aufgelöst, erklärt also wird nichts, und doch wird greifbar, daß da etwas verlorengegangen, zu Ende gegangen ist. Scheinbar nur Alltägliches schildert das »Sommerstück«: Ein altes Bauernhaus auf dem Land wird gekauft (und dessen spätere Zerstörung durch einen Brand angedeutet), Freunde, Kinder und Kindeskinder treffen ein. Für einen Augenblick, einen Sommer lang deutet sich an: Leben kann gelingen, ein Zustand, »für den Glück ein Verlegenheitsname ist«.[26] Das ist nun Vergangenheit: »Heute, da die Endlichkeit der Wunder feststeht, der Zauber sich verflüchtigt hat, der uns beieinander und am Leben hielt – ein Satz, eine Formel, ein Glauben, die uns

25 Christa Wolf, »Sommerstück«, Frankfurt a. M. 1989, S. 7.
26 Ebd., S. 10.

banden, deren Schwinden uns in vereinzelte Wesen verwandelte, denen es freisteht, zu bleiben oder zu gehen [. . .]. Jetzt, da Luisa abgereist, Bella uns für immer verlassen hat, Steffi tot ist, die Häuser zerstört sind, herrscht über das Leben wieder die Erinnerung.«[27]

Subtil mischt sich hier das Politische ins Private. Ja, es soll überhaupt nicht getrennt werden. Verlust ist der Tod von Maxie Wander, Verlust ist der Weggang von Sarah Kirsch in den Westen. Es ist der Sommer gewesen, der letzte Sommer, in dem noch alle da waren, noch manches zu hoffen war. Oder schon nicht mehr? Eine erste Fassung des »Sommerstücks« hat Christa Wolf 1982/83 beendet, für die Veröffentlichung den Text 1987 noch einmal überarbeitet. Und doch scheint in diesem Buch eine Ahnung davon durch, daß bald mehr als ein Somerkapitel zu beschließen sein wird. Eine Überinterpretation? Heute liest sich dieser Text wie ein vorauseilender, elegischer Abgesang auf das, was sich an Hoffnungen mit der DDR verband – und auch an Geborgenheit für manche, selbst (oder gerade?) unter den Bedingungen von Bevormundung und Zensur. Darf man Literatur, die vor dem heutigen Umbruch in der DDR entstanden ist, mit den Augen des Zeugen der Auflösung dieses Staates lesen? Müßige Frage, da man nicht anders kann.

Es ist auffällig, daß sich die Literatur, die aus der DDR kam, zuletzt zunehmend mit sich selbst, mit den Bedingungen ihrer Entstehung (und ihrer Verhinderung) beschäftigt hat. Auch wenn es die Ursachen zu unterscheiden gilt, so gibt es hier ästhetische Berührungspunkte zwischen Ost und West. Die vornehmste Betätigung der Bücherhelden hier wie dort: Schreiben. Die Romanwelten: voll von Schriftstellern.

Wie sich der Fortfall einer DDR-Identität auf jene Autoren auswirken wird, die trotz aller Bedenken drüben geblieben sind, läßt sich schwer voraussagen. Eine Ahnung davon geben vielleicht die nüchternen Erzählungen »Reisende auf einem Bein« und »Begrüßungsgeld« von Herta Müller und Richard

27 Ebd., S. 7.

Wagner, zwei deutschen Schriftstellern, die bis 1987 in Rumänien gelebt haben und dann in die Bundesrepublik gekommen sind. Im Fall dieser Autoren ist die Konfrontation mit dem Westen gewiß noch heftiger. Die Bücher der ehemaligen Rumänendeutschen schildern die ersten Gehversuche auf unvertrautem Terrain. Wagner läßt seinen Helden Stirner, hinter dem er sich selbst kaum verbirgt, folgendes Resümee seiner Erfahrung geben:

»Schreiben, es hatte hier mit so wenigen Dingen zu tun. Es fiel ihm schwer. Schreiben und. Dort war es für ihn immer mit Leuten verbunden gewesen, die er anreden konnte, an die Anspielungen, Andeutungen gerichtet waren, Leute, von denen er wußte, daß sie auch so dachten, daß sie verstehen, was er meinte, wen er meinte. Und es gab Feinde, es war ein Schreiben im Schatten der Macht gewesen. Man freute sich über die kleinen Frechheiten, die man sich geleistet hatte. Jetzt war er im Niemandsland. Es gehörte ihm nichts. Er redete zwar die gleiche Sprache wie die Leute hier, aber er redete wie einer, der von außen kommt. Seine Sätze wirkten übersetzt. Er schrieb, aber es zielte auf nichts. Er war jetzt mit der Sprache allein.«[28]

4. Die Melancholien der Epik

Buch zu! Schluß mit dem Lesen! Der Held der zweiteiligen Erzählung »Kongreß« von Botho Strauß ist ein Leser, der eines Tages aus dem Nichts eine Stimme hört. »Ich sehe Sie unter Ihrer Schreibtischlampe sitzen, Sie beugen den Kopf über das Buch, doch Sie lesen nicht.« Ertappt! Sein Blick streife nur eben »diesen Flitterkram der Schrift«, heißt es vom Leser, er stöbere darin «wie die Fußspitze des verkaterten Frühaufstehers, der am Morgen nach dem Fest im bunten Abfall von Luftschlangen, Seidenpapier, zerfetzten Knallbonbons raschelt, lustlos, ohne den geringsten Versuch, mit dem Aufräu-

28 Richard Wagner, »Begrüßungsgeld«, Frankfurt a. M. 1989, S. 26.

men zu beginnen«. Er könne sich doch nur deshalb nicht von den Zeilen trennen, weil er eine gewisse Geborgenheit »in ihrem bequemen, geraden Verlauf« spüre.[29]

Wer spricht da? Der Leser reibt sich die Augen, er ist müde und hat Mühe, gegen »die Gewalt des Verlesens« anzukämpfen. Die Stimme fordert ihn auf, selbst einmal zu reden, nicht immer nur zu lesen: »Nun sprich! Buch zu!«[30] Das Buch redet, genauer: der »Staubpuff des zugeschlagenen Buchs«,[31] die Buchfee, die Buchin, Hermetia mit Namen. Ein Geisterwesen, ein Wesen des Geistes.

Der Leser im Zwiegespräch mit seinem Buch – warum sollte er nicht eines Tages aufgefordert werden, aus seiner passiven Rolle herauszutreten, auch einmal etwas zu erzählen, etwas zu tun? Man muß schon sehr engstirnig sein, um diesen schlichten, schönen Grundeinfall verstiegen und abwegig zu finden. Leider hat die Kritik auf dieses Prosastück zum Teil herzlich unwirsch, überheblich und niveaulos reagiert – was ja nicht zum ersten Mal bei diesem Autor passiert. Dabei ist Strauß den zu erwartenden Einwänden, daß es in unserer Welt doch keine Feen und Zauberwesen gebe, ironisch zuvorgekommen, indem von »Störungen« die Rede ist, unter denen sein Leser, der Wissenschaftler Friedrich Aminghaus, schon seit geraumer Zeit zu leiden habe, Störungen, »bei denen seine stete Lektüre von unregelmäßigen Einsprüchen, die aus der Stille kamen, unterbrochen und seine Zuverlässigkeit als Leser (im übrigen seine einzige zu Erwerbszwecken nutzbare Begabung) auf eine harte Probe gestellt wurde«.[32]

Wer liest, der wird eben gelegentlich von den Geistern der Bücher heimgesucht, dem geben die Ahnen – von Goethe bis Novalis – bisweilen Hinweis und Auftrag, sich brachliegender Tradition zu vergewissern und sie mit Leben zu erfüllen. So einfach ist das – und so kompliziert. Denn es geht im »Kongreß«, wie sich bald zeigen wird, auch um Gedächtnis, um

29 Strauß, »Kongreß«, S. 7.
30 Ebd., S. 8.
31 Ebd., S. 9.
32 Ebd., S. 10f.

Erinnerung, um das, was Literatur noch leisten kann. Wieder einmal eine Erzählung, die von Büchern, Schrift und Schreiben handelt? Vom Verhältnis der Zeichen zum Leben, der Fiktion zur Realität? Ja, wieder einmal – aber wie klug inszeniert! Denn dieser »Kongreß« fragt auch nach den Bedingungen, unter denen wir Zeit und Welt, Umbrüche und Abschiede wahrnehmen, und er begibt sich am Ende auf die Suche nach der Lust.

Hermetia nämlich lockt, als alles nicht helfen will, den Stubengelehrten Aminghaus mit recht deutlichen Verheißungen aus seiner Bücherhöhle: »Es wird aber der Tag kommen, da Sie mich mit lebendigem Auge erblicken und mit ihrer ganzen stübischen Leidenschaft entdecken werden.«[33] Tatsächlich nimmt der Wissenschaftler ganz gegen seine Praxis eine Einladung zu einem Kongreß an. Er ist auf dem richtigen Weg, doch der Verlockenden wird er erst im zweiten Teil des Buches begegnen. Ein wenig Vorlust muß schon sein.

Wenn Strauß mit seinem Prosaband »Paare, Passanten« die achtziger Jahre einleitete, gewissermaßen vorausblickend begleitete und mit zornigen kulturkritischen Invektiven bedachte, so ist sein »Kongreß« der wehmütige Abschied von einer Epoche – ein Eckstein ebenso, virtuoses Meisterstück, das den Blick nach vorn wieder mit staunendem Augenaufschlag riskiert: Erzählung, Essay, Märchen, philosophische Reportage.

»Bedenkzeit« heißt das modische Motto der interdisziplinären Tagung, zu der Aminghaus sich aufmacht. Wie Strauß das Gewusel und Gewimmel der Wissenschaftler, die Rituale gegenseitiger Verehrung und Verachtung in kurzen Szenen beleuchtet, wie er nebenbei eine Taxifahrt stenogrammhaft schildert (das angeberhafte Gequäke über den Taxifunk), was er überhaupt in kleinen, geschickt montierten Exkursen über das Reisen (und die sich dahinter verbergende Begierde) zu sagen hat, das allein schon macht dieses Buch staunenswert.

Im Zentrum des ersten Teils steht die Begegnung des Lesers mit dem Leiter der CIM, der »ersten computerintegrierten

33 Ebd., S. 10.

Fertigungsanlage im Maschinenbau«. Eine kleine Gruppe der Geisteswissenschaftler, die sich zum Kongreß getroffen haben, Pädagogen, Ethiker, Devianzexperten, wollen sich tapfer mit der »Zukunftsmusik«[34] vertraut machen und besichtigen den »hohen, lichten Rundbau mit Blick auf Grünflächen und Wasserspiele«, der nichts anderes ist als »die Grundzelle der sogenannten menschenlosen Fabrik«.[35] Aminghaus beteiligt sich an dem Fragespiel nicht; beide Seiten scheinen ihm gute Argumente zu haben. Erschüttert wird er erst vom bloßen Schauen, vom Anblick der menschenlosen Fertigungsstätte: »Er sah sich noch einmal in der Werkshalle um, in dieser Arena der Roboter, Dummys und Laserarme, und es erschloß sich ihm auf einmal ein Geschichtsraum von so gewaltiger Leere und Traurigkeit, daß jede eifernde Bekundung dagegen von vornherein vergeblich und lächerlich erscheinen und daher auf das eigene Gemüt verengend und vergiftend wirken mußte.« Zugleich denkt er: »Seltsam, da wird nun ein Zeitalter gewechselt – aber wo bleiben eigentlich die großen Abschiedsstimmungen, die Melancholien der Epik, die den Untergang des Alten schmerzlich und doch erst erträglich gestalten, die süßen und bitteren Schauder von einem endgültigen Nicht-Mehr?«[36]

Erinnerung, Gedächtnis. In einem Dämmertraum, im »Treibschlaf des frühen Morgens« erscheint dem Leser, nach einer scharf umrissenen Szene aus der eigenen Kindheit, der CIM-Techniker und führt ihn zu einer gläsernen Halle, über der die Leuchtschrift »Totum simul« prunkt (alles zumal, alles zugleich). Das sei »das außenproduzierende Gedächtnis«, erklärt der Mann, das Gehäuse »des nachtechnischen Menschen«, ein »Megagedächtnis«, in dem der Mensch dann, statt selbst zu leben, verweilen könne: »Wenn die Epochen nicht mehr sterben und einander nicht mehr ablösen können, weil die eine große und unverdrängbare Kultur den ganzen Erdkreis umgibt, dann wird die Zeit für die Menschen wieder langsamer und tiefer werden.« Dann sei Schluß mit dem »pfeilförmigen Fort-

34 Ebd., S. 37.
35 Ebd., S. 40.
36 Ebd., S. 43f.

schritt«. Ein Alptraum, auch wenn er in die verlockenden Worte einer Verheißung gekleidet ist. »Wie sollte es Erinnerung noch geben, wenn das Vergehen besiegt ist?« fragt Aminghaus zurück. Die Antwort des Technikers: »Sentimentalität und Vergangenheitsverklärung, gehören sie nicht gleichsam in die Stahlkocherära des Gedächtnisses?« Das wäre es dann: das Ende der Literatur. Trotzig beharrt der Leser: »Lebenszeit bleibt doch Abschiedszeit.«[37]

Diese Traumszene korrespondiert unauffällig mit einer früheren Passage im »Kongreß«, wo auch von »Megagedächtnis« und »Totum simul« die Rede ist – dort allerdings ist die »Große Bibliothek« gemeint, der Erinnerungsspeicher der Literatur, dort ist von der »Ruinenstadt der *Erzählung*« die Rede und deren »Nekropole, wo alles *miteinander* hauste, wie in den gewaltigen Wandelhallen, die man jetzt draußen vor den Städten errichtete zum Kaufen, Spielen, Geschäftemachen, mit Eisbahnen, Kinos, Gräbern und Zoo, alles unter dem Lichtdach für immer«. Literatur heißt es, diene auch dazu, »daß sich der Mensch während seiner eigenen geringen Lebensspanne einen zweiten, größeren Zeitraum erschaffe, insofern er, was in Wirklichkeit vielleicht hundert Jahre entfernt voneinander entstand, auf seiner Tischplatte genauso wie in seinem Geist enge zusammenrückt und in eine auffordernde, beunruhigende Nachbarschaft versetzt«.[38] Die Frage, wie lange dieses Gedächtnis noch genutzt werden wird, wie weit Literatur heute überhaupt noch die Arbeit der Erinnerung zu leisten imstande ist, steht bang und unausgesprochen im Hintergrund. Der Leser im Buch von Strauß jedenfalls kommt zu der Überzeugung:

»Wir können das uns Vergangene überhaupt nicht mit Sicherheit betrauern. Nicht aus Unfähigkeit, sondern aus Grundlosigkeit. Nein, das ist kein ›Stechlin‹-, kein ›Radetzkymarsch‹-Zeitraum, den wir jetzt verlassen, wenn die Stahlkocherära in die CIM-Ära wechselt. Keine Wehmut wird diesen Schwellenschritt begleiten. Es scheint sogar, daß jenes Organ für früher

37 Ebd., S. 53ff.
38 Ebd., S. 17f.

und damals, welches gewöhnlich die Biographie eines Menschen ordnen hilft, bei uns ein seltsam zurückgebildetes, fast schon verkümmertes ist. Und doch weiß ich es nur zu genau, und niemand als der Leser könnte es besser bezeugen: ohne dieses Organ, ohne die Erfahrung von alter Welt und ihren Untergang wäre nie ein großer Roman geschrieben worden. Ohne Enden, als Roman, wäre der Mensch um einen lebensnötigen Trost gebracht. Alle großen Erhebungen des Herzens ereignen sich im geschauten Vergehen. Und nimmt man uns den Sinn fürs Vergehen, so versetzt man uns in eine immergrelle Komödie ohne Zeit und Raum.«[39]

Selten hat ein Buch – was in der Literatur ja immer wieder versucht wird – so scharfsichtig und träumerisch zugleich die eigene Existenzgrundlage beleuchtet, sich selbst kommentiert und kommentierend weitererzählt. Aber noch befinden wir uns nur im ersten Teil vom »Kongreß«. Was ist mit der »Kette der Demütigungen«, die der Untertitel verheißt? Was mit Hermetias Versprechen? In halbfettem Schriftgrad irrlichtern gegen Ende des ersten Teils Lockrufe über die Seiten, aus dem »Off« gewissermaßen, erotische Signale aus einer anderen Sphäre. Davon später.

5. *Die Bilder vergangener Reden*

Abschiede, Erinnerungen, Epitaphe. Literatur ist – immer auch, immer noch – Rede über die Vergänglichkeit, Einspruch gegen den Tod, gegen das Vergessen. Drei kurze Prosawerke, jeweils kaum mehr als 150 Seiten stark, eine Novelle, eine Erzählung, ein Roman, drei gelungene Beispiele für solchen poetischen Einspruch. Die Autoren sind zwischen 1944 und 1954 geboren, zwei Schweizer, ein Österreicher, alle haben sie in den achtziger Jahren debütiert: Markus Werner, Thomas Hürlimann und Erich Hackl.

39 Ebd., S. 44f.

»Was bleibt von uns übrig, ein Name, eine Zahl und unter der Erde die Knochen.«[40] In Hürlimanns Novelle »Das Gartenhaus« hat ein älteres Elternpaar den Sohn zu Grabe getragen; es beginnt nun, und von mehr ist in dieser verhaltenen Prosa kaum die Rede, ein zäher Kampf der beiden Alten um die Grabpflege, um das Überleben – ein Kampf, der doch zugleich Abschied von einer Welt ist.

Mit einem Chronistenstil, der an Kleist geschult ist, zelebriert Erich Hackl seinen »Abschied von Sidonie«; er erzählt die Geschichte eines Zigeunermädchens, das Ende der zwanziger Jahre in einem österreichischen Städtchen liebevolle Pflegeeltern findet, die es 1943 dennoch nicht vor dem Ende in einem Konzentrationslager bewahren können – was sich in dieser kargen Inhaltsangabe nüchtern liest, geht als Erzählung nicht nur ans Herz, es greift würgend an den Lebensnerv, gerade durch die scheinbar distanzierte Erzählhaltung (die Hackl nur an einer Stelle bewußt durchbricht).[41]

Der Tod schließlich in Werners kleinem Roman »Die kalte Schulter« kommt völlig unerwartet, er beendet die Liebesgeschichte des Malers Moritz Wank mit seiner intelligenten, wachen Freundin Judith. Dieses Buch lebt von seinen glänzend geschilderten Alltagsszenen, von wahnhaft-genauen Wahrnehmungen des Malers, von leichtfüßigen Dialogen; der Autor ist ein Meister epischer Inszenierung.

Andere Abschiede. In den Augenblick des Todes, genauer: in die Sekunde des Sterbens ihrer Figuren hinein verlegen Ernst Augustin und Edgar Hilsenrath (Jahrgang 1926 und 1927) ganze Erzählwelten; Anfang und Ende der Romane »Der amerikanische Traum« und »Das Märchen vom letzten Gedanken« sind jeweils vom eintretenden und eingetretenen Tod markiert. Bei Augustin, der wie Hilsenrath seine Bücher in großen Abständen erscheinen läßt, ist es ein kleiner Junge, der im Mecklenburg des Jahres 1944 auf der Landstraße von einem amerikanischen Tiefflieger wie ein Hase einfach abgeknallt

40 Thomas Hürlimann, »Das Gartenhaus«, Zürich 1989, S. 15.
41 Vgl. Erich Hackl, »Abschied von Sidonie«, Zürich 1989, S. 100.

wird. Bevor er sein Leben aushaucht: Einspruch vom Geist der Erzählung! »So geht das doch nicht. Ich bin aufgestanden und habe die Hand gehoben, ja das gibt es, ich kann aufstehen und die Hand heben, und ich sage: Ich akzeptiere das nicht. Da liegt eine ganze Welt, die liegt schon da, fast schon Fleisch und Blut und atemloses Erstaunen. Und nun einfach Zero?«[42] Und so hat der todgeweihte Knabe noch den Bruchteil einer Sekunde, also ein ganzes Buch lang Zeit, in seiner Phantasie, einer aus Schmökern zusammengelesenen Krimiwelt an der Flugzeugbesatzung Rache zu nehmen – auch das ein Märchen, ein Traum, eine Persiflage. Bei Hilsenrath ist es der alte Armenier Thovma Khatisian, der letzte seines Stammes, dem in seiner Todesstunde ein Geist das Märchen vom Mord an seinem Volk erzählt, ein Märchen, das von mehr weiß, als manche Geschichtsbücher (vor allem türkische) sich träumen lassen.

Ein ebenso faszinierendes Buch der Spurensuche ist Wilhelm Genazinos Roman »Der Fleck, die Jacke, die Zimmer, der Schmerz«. Frankfurt, Wien, Paris, Amsterdam und wieder Frankfurt sind die Stationen der fünf Kapitel. Ein Buch, das ganz und gar in der Gegenwart angesiedelt und aus Miniaturen, flaneurhaften Beobachtungen, kleinen Milieustudien gefügt ist – dem Ton von Botho Strauß und Peter Handke durchaus und ehrenvoll nachempfunden. Und zugleich treibt es den Erzähler, der W. genannt wird, immer wieder, der Oberfläche nicht zu trauen, sie nach Untergründigem, Verborgenem zu befragen. Die Reise auf der Fährte von Kafka, Mozart, Edgar Degas und Max Beckmann endet für W. und seine Freundin Gesa in einem Zimmer in Amsterdam, das sie vergeblich nach Spuren des einstigen Aufenthalts Beckmanns absuchen. Genazinos Roman stellt die Überlebensfrage der Kunst behutsam in den Mittelpunkt, ein Plädoyer für den eigenen Blick auf die Dinge, für eine Erzählhaltung, die ganz auf der subjektiven Wahrnehmungsfähigkeit beharrt. »Ein Hauptstrom heutiger Kultur ist gegen die versuchte Vernichtung des Subjekts gerichtet«, hat der Autor an anderer Stelle formuliert. »Nach der

42 Ernst Augustin, »Der amerikanische Traum«, Frankfurt a.M. 1989, S. 23.

Beschuldigung des Einzelnen in der Literatur der fünfziger und sechziger Jahre folgt dessen Verteidigung in den siebziger und achtziger Jahren. Die aktuelle Literatur kämpft gegen die heimliche Auslöschung des Individuums.«[43]

Eine Position, der sich Michael Buselmeier anschließen dürfte. Sein Roman »Schoppe«, ein »Landroman«, löst jedoch formal nicht ein, was er als ästhetische Vision formuliert. Im Gespräch mit einem Lyriker, der sich dem Literaturbetrieb zu entziehen versucht, sagt der Schriftsteller Schoppe, der mit sich selbst und seinen Fähigkeiten hadert: »Der Autor muß also eine Romanform finden – für jedes Problem eine andere –, die Trennung und Zusammenhang der Teile möglich macht. Sie darf kein Lebensmoment ausgrenzen, nicht das Reportagehafte und Politische, weder Reflexion noch Poesie. Unter Umständen können Splitter, Bruchstücke, Momentaufnahmen etwas sagen, das sie – in den Zusammenhang einer Geschichte gezwungen – verlieren.«[44] Buselmeier vertraut diesem Programm noch nicht (oder traut sich dessen Umsetzung nicht zu), sondern zwingt seine Beobachtungen in eine recht konventionell erzählte Geschichte, und Momentaufnahmen werden – brav in Anführungszeichen gesetzt – aus Schoppes Notizbuch umständlich zitiert.

Immerhin gebührt Buselmeier das Verdienst, das schöne Städtchen Edenkoben an der Pfälzer Weinstraße in die deutsche Gegenwartsliteratur eingeführt zu haben. Und merkwürdig: so mißraten das Buch als Roman ist, so betulich und bisweilen lähmend umständlich, die Ernsthaftigkeit des Erzählers erweckt doch Interesse und Respekt. Nach Edenkoben also! Noch eine Bewegung von der Stadt aufs Land. Was Schoppe als Wanderer und Radfahrer am Rande der Straßen, in den Stollen der Berge, inmitten des Idylls mit der Unbestechlichkeit des verlangsamten Blicks wahrnimmt, spricht für sich: hier ein kleines Kreuz im Gras neben der Bundesstraße, verlorenes Mahnmal eines tödlichen Unfalls, dort ein scheinbar überflüssiges Halte-

43 Wilhelm Genazino, »Langsam abfließendes Wasser«, in: »Literaturmagazin«, Heft 24, Reinbek bei Hamburg 1989, S. 16 und 18.

44 Michael Buselmeier, »Schoppe«, Heidelberg 1989, S. 138f.

verbotsschild mitten im Wald, Signal einer versteckten Militäreinrichtung, eines Lagers chemischer Waffen vielleicht, von der Villa Ludwigshöhe aus der Blick auf das Atomkraftwerk in der Ferne – und über allem ohne Unterlaß die quälenden Tiefflieger, die den Eindruck erwecken, als stehe der nächste Krieg vor der Tür und man könne nun mit dem Üben keine Minute mehr aussetzen. »Schoppe wünschte sich an den äußersten Rand der Zivilisation, in unerfaßte Räume, in denen sich anders leben ließ, und wußte zugleich, daß das, wovor er floh, immer schon dasein würde, wenn er an einem entfernten Ort ankäme.«[45] Wie gesagt: ein mißglücktes, dennoch kein überflüssiges Buch. So etwas gibt es ja.

Literaturtheoretisch beschlagen, sich ihres eigenen Metiers in hohem Maße bewußt, in der Lage, über das eigene Schreibvorhaben brillant zu räsonieren – das sind sie fast alle, die deutschen Schriftsteller. Der Roman habe sich seine Poetik selbst zu geben, so umreißt Gerhard Köpf ein ästhetisches Programm, »anstatt nur ereignis- und psychologieparallel eine realistische Handlung voranzutreiben«. Wie das? »Indem er beispielsweise nicht nur erzählt, sondern auch das Erzählen erzählt oder auf einer ihm innewohnenden Meta-Ebene formuliert.«[46] Sein Wort in des Erzählers Ohr: Doch der munter plappernde Postbote aus Köpfs viertem Roman »Eulensehen« kann die Einzelteile dieses epischen Flickenteppichs nun wirklich nicht zusammenhalten – oder gar zum Leuchten bringen; da helfen auch die Eulen und Papageien nichts, die ihm zur Seite stehen. Der Gegenwartsroman als Klamotte. Es gibt derzeit nicht viele jüngere Erzähler deutscher Sprache, die einen größeren epischen Atem haben – es ist deshalb keine Freude, mitanzusehen, wie hier ein Autor, mit dem sich einmal berechtigte Hoffnungen verbanden (auch er, Jahrgang 1948, debütierte in den achtziger Jahren), sich verrennt und in selbstverliebten Wiederholungen sein Talent verschleudert.

45 Ebd., S. 10.
46 Gerhard Köpf, »Ästhetik und öffentliche Anästhesie«, in: »Literaturmagazin«, Heft 24, Reinbek bei Hamburg 1989, S. 27f.

»Es gibt keine ›unergiebigen‹ Stoffe, es gibt nur lustlose Erzähler!«[47] So schreibt Hanns-Josef Ortheil in einer poetologischen Skizzensammlung, die er »Roman-Werkstatt« nennt und die über die Entstehung seines Romans »Agenten« Auskunft gibt. Ortheil (Jahrgang 1951, sein literarisches Debüt fand 1979 statt) ist ein glänzender Essayist, und bisweilen stellte schon sein diskursives Talent das epische in den Schatten. Nicht so in diesem Fall: »Agenten« ist wirklich, was der zitierte Imperativ verheißt, nämlich lustvoll erzählt. Lebensstil und Tonfall einer Gruppe von Mittzwanzigern im Wiesbaden von heute werden in einer feinen Mischung von Abstand und Nähe erfaßt – oder wie Ortheil selbst es (viel besser) sagt, der Erzähler sei »gleich weit entfernt vom Enthusiasmus wie vom totalen Abscheu, aber von beiden Extremen berührt«.[48] »Agenten«: so kann in der Tat ein Gegenwartsroman aussehen.

So besser nicht: »Das wilde Schaf« von Manfred Maurer (das vierte Buch des 1958 geborenen Autors) ist blökende, lärmende Kraftprotzerei. Was sich als wildes, die »schöne« Literatur verhöhnendes Schreiben gebärdet, reicht in Wirklichkeit nicht einmal (was ja nichts Geringes wäre) für einen guten Krimi aus – den man nach einigen flotten Dialogen zu Beginn immerhin erwarten könnte. Auch in diesem Roman ist der Held ein Schriftsteller, der weg will vom Schreibtisch, um endlich etwas zu erleben, um Stoff für neue Literatur zu haben, am besten einige erotische Abenteuer ... Doch dazu muß Paul Sender zunächst den Ehestreit mit seiner Frau bestehen, die hofft, er würde sich nun endlich einmal um die gemeinsame Tochter Laura kümmern. Dann, bei wilder Jagd zwischen Wien, Frankfurt, Berlin und New York, wird es nur noch öde.

Thomas Hettche, Jahrgang 1964, verfährt in seinem Debüt genau umgekehrt: Der Erzähler seines Romans bleibt am Schreibtisch sitzen und phantasiert sich Reisen und sexuelle Abenteuer zusammen. Und: Hettche ist mit allen Wassern mo-

47 Hanns-Josef Ortheil, »Roman-Werkstatt«, in: »Akzente«, Heft 5/1989, S. 420.

48 Ebd., S. 413.

derner Erzähltheorie gewaschen. »Ludwig muß sterben« ist ein erstaunliches Erstlingswerk – auch wenn die Kopf- und Buchgeburten (bei Hettche erhalten Figuren aus einem Anatomieatlas Stimme und Gestalt) als Untote dem Roman wenig Leben einzuhauchen vermögen. Immerhin aber kommt es in diesem Buch zu einem Koitus zwischen Erzähler und Buchgeschöpf (der Frau aus dem Atlas), und der Erzähler läßt seinen Bruder Ludwig im fernen Italien eine Liebesszene erleben, an der er, Schöpfer seiner Gestalten, erotisch (genauer: masturbatorisch) nicht ganz unbeteiligt bleibt.[49] Daß Schreiben und Phantasie auch mit Eros und Tod zusammengehen, hier wird es vorgeführt, etwas zu direkt vielleicht – aber am Ende ist auch das nur Teil einer Simulation.

Ganz auf der Höhe des neuesten literartheoretischen Diskurses, läßt Hettche den Erzähler nachts aus dem Fenster schauen – und »in den Auslagen der Elektrogeschäfte und Hifiläden beginnen die Fernseher zu glimmen, die Bilder vergangener Reden hervorzuholen, Gesichter bewegen stumm die Lippen, über die Bildschirme ausgestellter Textverarbeitungssysteme fließen Ströme von Texten Zeile um Zeile, grün und bernsteinfarben, und ich bin eingespeist in diesen Pool, eingeflossen, Teil des Plapperns der Wörter, aufgelöst im Geknister, im Leuchten der Dioden, sinnlos in der einen Rede, die überall pulsiert, immer vorhanden wie ein Atem«.[50] Der Dichter am Ende eines Zeitalters, in dem die Buchstaben noch auf dem Papier blieben. Was bleibt – als das Spiel fortzusetzen?

6. Noch etwas Vorlust: ein letztes Kapitel Lyrik

Auch ein Ende der Poesie? Einige Tage nach dem Tod von Thomas Bernhard schrieb Ernst Jandl die folgenden, scheinbar lapidaren Zeilen, sein Gedicht »25. februar 1989«:

49 Vgl. Thomas Hettche, »Ludwig muß sterben«, Frankfurt a.M. 1989, S. 95ff. und 152ff.
50 Ebd., S. 158.

»das ist vielleicht
das ende der gedichte
muß aber nicht
des schreibens ende sein

ich denke manchmal
etwas an geschichte
die durch mein leben zieht
könnte zu schreiben sein

doch starb vor kurzem erst
genosse erich fried
nach ihm dann thomas bernhard
auf größere distanz

wer garantiert mir zeit
– ich wünsche keinen glanz –
verstöße gutzumachen
stückwerk ganz«[51]

Jandls Lyrikband »idyllen«, der die Gedichte der Jahre 1982 bis 1989 sammelt, ist ein Werk der Trauer, des Abschieds, des Rückzugs – ein Alterswerk. Von finsterer, verfinsterter Klarheit sind diese Verse und doch aufbegehrend – also jung. So auch bei Peter Rühmkorf, der – nicht erst in seinem Band »Einmalig wie wir alle« – von sich und seinen Gebrechen in einer Offenheit spricht, die man beim Wort nehmen kann (aber nicht muß), ohne peinlich berührt zu sein: »Mit den Jahren auch nicht mehr ganz in dem Zustand, / daß man sich / seine Liebhaberinnen noch persönlich aussuchen kann – / Wahrlich, so ist es Freunde, keine widerspricht.« So spricht er unverdrossen drauflos: »Noch Seher oder schon Spanner, das ist die Frage.« Und: »Von meinem Augenhintergrund her steh ich / unseren Herrenmagazinen / eigentlich doch etwas näher / als den Zielen der Frauenbewegung« – so heißt es in Rühmkorfs Gedicht »Mit den Jahren ...« (Untertitel: »Selbst

51 Ernst Jandl, »idyllen«, Frankfurt a.M. 1989, S. 30.

III/88«).[52] Und damit niemand glauben muß, derlei schreibe sich ganz leicht (da es doch, ungewöhnlich für deutsche Lyrik, so leicht zu lesen ist), hat der Dichter in einem Sonderdruck »Aus der Fassung« einmal so gut wie sämtliche Vor- und Zwischenfassungen, Varianten, Streichungen, Einfälle (und Ausfälle) zusammengestellt: Hunderte von Seiten.

Gedichte, Gedichte. Aus einem großen Stapel herausgegriffen, um die Titel hier wenigstens zu erwähnen – neben Jandls und Rühmkorfs froh-finsteren Lyrikbänden: »Echtzeit« von Felix Philipp Ingold, »Ich Winkelgast« von Johannes Kühn und »in diesem fall« von Franz Wurm. Und noch einmal fünf Lyriker, geboren zwischen 1943 und 1960, Autoren, die ihre ersten größeren Lyrikbände 1989 publiziert haben: Peter von Becker (»Die kopflose Medusa«), Thomas Kling (»geschmacksverstärker«), Jan Koneffke (»Gelbes Dienstrad«), Axel Maria Marquardt (»Standbein Spielbein«) und Michael Wildenhain (»Das Ticken der Steine«).

Viel Mühe ist da auf einen unverwechselbaren, also auffälligen Ton verwendet worden, verständlich, wenn man die Flut der Gedichte betrachtet, gegen die sich jede Stimme stemmen und durchsetzen muß. Manches ist da doch eher verworren als produktiv verwirrend, einiges nicht frei von unfreiwilliger Komik – die Liebe übrigens ist kein Hauptthema mehr. *Freiwillig* komisch geriert sich von den Fünfen allein Marquardt, der älteste unter den jungen Lyrikern, und nach viel Theaterdonner und Tiefsinn tut so ein kleines munteres Verschen manchmal ganz gut (und wen derlei an Heinz Erhardt erinnert: ist ja nicht das Schlechteste!) – etwa »Was weiß ich«:

»Lieb ich Dich?
Ich weiß es nicht.
Gestern abend um halb acht
hab ich es mal kurz gedacht,
aber schon um viertel vor
kam's mir unwahrscheinlich vor.

52 Peter Rühmkorf, »Einmalig wie wir alle«, Reinbek bei Hamburg 1989, S. 129.

Dann eine halbe Stunde lang-
anhaltender Liebesdrang,
der drauf der festen Überzeugung wich:
Ich lieb Dich nicht. Ach, was weiß ich ...«[53]

Und dann ist da noch Kieseritzky (so, wie ein Markenzeichen, steht der Name nun auf dem Titel, nicht mehr: Ingomar von Kieseritzky). Gehört eigentlich nicht hierher, in dieses Lyrik-Kapitel – aber wo paßt dieser Autor eigentlich hin? Sein Roman »Anatomie für Künstler« geht mit der Epik in etwa so respektlos um wie der Lyriker Marquardt mit der Poesie, und wer den Sound mag (ich nicht so), findet in diesem Buch sicher einen Höhepunkt Kieseritzkyscher Prosaverwirrkunst. Eine Dame namens Laura spielt eine Rolle – und Jutta, eine Buchhändlerin, mit der der Ich-Erzähler jeden Freitag ins Bett geht: »Erotik und Sex war nicht dabei, es war eben eine Gewohnheit, die unseren Umgangsformen entsprach. Magst du, sagte sie dann, wenn sie die Spülmaschine gefüllt hatte, und ich sagte dann wohl: Warum nicht ... und dann wurde so ein Akt eben vollzogen, während die Spülmaschine lärmte.«[54] Womit wir beim Thema wären.

7. *Lustspiele, Müdigkeiten*

Endlich! Der letzte Abschnitt! Nach den Mühen der Ebene vor uns die Höhen der Lust. Oder? »Ich weiß, daß hier jeder mit jedem schläft. Ihr verbergt es ja kaum. Ich will kein Wort darüber verlieren. Ich werde keinen anklagen, ich werde nicht moralisieren. Aber es ist mir unangenehm. Es ist schmuddlig.«[55]

So spricht der junge Mordret in Christoph Heins »Tafelrunde«, und der Tangospieler aus dem gleichnamigen Roman hat – im Jahr 1968, entlassen aus dem Gefängnis – eine Angewohn-

53 Axel Maria Marquardt, »Standbein Spielbein«, Zürich 1989, S. 54.
54 Kieseritzky, »Anatomie für Künstler«, Stuttgart 1989, S. 8f.
55 Hein, »Die Ritter der Tafelrunde«, S. 34.

heit, die auch nicht so recht ins Bild des sittsamen Sozialismus passen will: »Nach jedem Barbesuch schlief er mit einer anderen Frau, aber er blieb nie die ganze Nacht. Er wollte nicht an der Seite einer Unbekannten erwachen, er fürchtete die morgendliche Enttäuschung, den Anblick des abgeschminkten und ihn erschreckenden Gesichts.«[56] Die Höhen der Lust? Vom siebten Himmel redet ja ohnehin niemand mehr – nun auch im Bett nur noch Verdruß.

»Lustspiel«, »Geographie der Lust«, »Lust«: die deutsche Literatur geizte 1989 nicht mit verlockenden Titeln. Doch wenn – wie hier in Büchern aus der Schweiz und Österreich – von einer Sache viel die Rede ist, stimmt meistens etwas nicht. Die Lust bei Lilian Faschinger jedenfalls ist rein rhetorisch. Zwar behauptet die Ich-Erzählerin in dem Roman »Lustspiel« wacker: »das Beste, was wir haben, ist die Lust« – allerdings nur, um sich dem Irrtum hinzugeben: »durch die Erinnerung entsteht sie von neuem«.[57] Schon möglich, doch in diesem Buch entsteht rein gar nichts – außer Germanistenprosa: »Manchmal aber kann Schreiben ein Glück sein, das glücklichste Spiel, das ich kenne, glücklicher als alle Liebesspiele, besser als ein Orgasmus, aber ihm nicht unähnlich.«[58] Betuliches Geschwätz, das sich mit einem nahezu absatz- und kapitellosen Erzählstrom literarisch wichtig machen will.

Nur wenig mehr hat Jürg Federspiel, immerhin ein ausgewiesenes Erzähltalent, diesmal zu bieten – bei ihm ist nicht die Lust das Beste, sondern die Haut »das Tiefste am Menschen«.[59] Seine »Geographie der Lust« ist weniger ein Buch der Liebesspiele als der Tätowierungskunst: Ein Meister seines Faches macht aus der jungen Laura (übrigens der beliebteste Frauenname im Literaturjahr 1989) auf Geheiß ihres alternden Liebhabers ein dermatologisches Wunderwerk. Da gibt es viele hübsche Details zu bestaunen – ein großes Prosawerk aber nicht.

56 Hein, »Der Tangospieler«, S. 56.
57 Lilian Faschinger, »Lustspiel«, München 1989, S. 20.
58 Ebd., S. 105.
59 Jürg Federspiel, »Geographie der Lust«, Frankfurt a. M. 1989, S. 82.

Ach ja, und »Lust«: welche Aufregung gab es! Das Buch von Elfriede Jelinek war im Frühjahr 1989 ein veritables Medienereignis und ein großer Auflagenerfolg (mehr als hunderttausend Stück wurden immerhin verkauft). Die Lust sei, heißt es in diesem Buch, »eine endlose Kette von Wiederholungen, die uns mit jedem Mal weniger gefallen«[60] – genau diese Behauptung wird eintönig illustriert. Ein Industrieller in der österreichischen Provinz mit unendlicher Potenz hält sich an seiner Ehefrau schadlos, nachdem ihm Gruppensex und Bordell der Krankheit Aids wegen versperrt sind. Was dieses Prosastück tatsächlich leistet: mit dem pornographischen Vokabular derart umzuspringen, daß auch nicht eine Ahnung von erotischer Stimmung zwischen den Zeilen aufkommt. Das mag Respekt verdienen, ist aber von einer Künstlichkeit und Monotonie, die jeden Witz und jede Aggression (gegen die Menschheit überhaupt, keineswegs nur gegen Männer) im Keim erstickt. Viel Aufregung um ein Nebenwerk: der Autorin ist wahrlich schon ganz anderes gelungen.

Nicht der Rede wert einige andere Romane, die die Liebe im Titel tragen: »Eine Liebhaberin« von Dorothea Zeemann etwa oder Johannes Muggenthalers »Liebe und Schulden«. Auch nicht Manfred Bielers »Still wie die Nacht«, ein Buch, in dem der Autor sexuelle Aktivitäten der eigenen Mutter zu schildern behauptet, die den Knaben traumatisierten. Dieses Werk wurde ein Verkaufserfolg, obgleich es stilistisch unbeholfen und von geringer Vergegenwärtigungskraft ist (und daher nicht einmal als pure Erinnerungsprosa beeindruckt).

Dafür das Debüt von Anita Albus, Jahrgang 1942: ein kleines literarisches Kleinod. »Farfallone« ist ein Briefroman, im Ton verdreht und hochgestochen, voller Spott über Ehe- und Liebespaare, über Laster und Lust – kein erotisches Brevier, doch ein Schatzkästchen für Kenner (der Literatur, versteht sich). Weitaus lakonischer im Ton, aber ebenfalls auf bestechende Art durchtrieben sind die Erzählungen im Erstlingswerk von Margit Schreiner, Jahrgang 1953, in dem Band »Die Rosen des

60 Elfriede Jelinek, »Lust«, Reinbek bei Hamburg 1989, S. 123.

Heiligen Benedikt«: Da läßt sich auch schon einmal eine Frau auf den Flügel (einen Bösendorfer) fesseln, um die Lust zu genießen – und Zeugin eines Mordes zu werden.

Wer anschaulich über die Erscheinungs- und Degenerationsformen von Liebe und Lust am Ende der achtziger Jahre aufgeklärt werden möchte, dem ist überhaupt zu raten, sich an kurze Prosa zu halten. Beachtlich etwa die Erzählungsbände »Die geschlossenen Türen am Abend« von Helga Königsdorf (Schauplatz: DDR) und »Nachtblind« von Undine Gruenter (Schauplatz: Paris); nicht zu verachten Gabriele Wohmanns »Kassensturz« und Brigitte Schwaigers »Liebesversuche«. Die Nöte und Ängste der Frauen über vierzig – je eine Erzählung aus Ost und West bringt sie zur Sprache, mit vielen übereinstimmenden Details, »Unterbrechung« (Königsdorf) und »Lauter halbe Sachen« (Wohmann): Die Ehe gescheitert, die Kinder fast aus dem Haus, der Beruf aufreibend, und dann ist da die neue Partnerschaft und der Versuch, die Gefühle, auch die der Lust unter Kontrolle zu halten.

Nicht so überzeugend dagegen gesammelte Liebesgeschichten und Erzählungen männlicher Autoren, etwa Klaus Modicks »Privatvorstellung« oder Jochen Schimmangs Band »Das Vergnügen der Könige«; zwei, drei Glanzstücke immerhin finden sich in dem Erzählungsband »Die sanfte Tour« von Bernd Cailloux. Wo begegnen die Helden der Lust? Wiederum hauptsächlich in der Literatur, in Büchern; ein junger PR-Mann (Aufgabengebiet: Kultursponsering) im Flugzeug: »Für die restliche Zeit wechselte ich zu dem kleinen Roman – eine gräßliche Vielfliegerangewohnheit, dieses Wechseln so unterschiedlicher Lektüre. Aber auch in dem kleinen Roman geriet ich nach einigen sehr schönen, strengen Sätzen in eine ziemlich erotische Szene.« So heißt es in der Erzählung »Begegnung im Waschraum« von Cailloux, und gleich weiter: »Was war heute bloß los? An manchen Tagen fühlte man sich regelrecht umstellt von diesen Dingen. Ich hatte das Buch ganz zufällig irgendwo in der Mitte aufgeschlagen.«[61]

61 Bernd Cailloux, »Die sanfte Tour«, Frankfurt a.M. 1989, S. 29f.

Endlich! Der Leser – in dem Prosastück von Botho Strauß – ist zu Hermetia vorgedrungen, seiner Buch- und Lockfee. »Kongreß«, zweiter Akt: Die »Buchin« entpuppt sich als die schöne junge Frau eines emeritierten Professors, dem Aminghaus ein Buch zu überbringen hat. (Was sonst als ein Buch könnte die Eintrittskarte in jene hermetische Sphäre sein?) Der Professor wird Tithonos genannt; Kenner der griechischen Mythologie verstehen die Anspielung: Die junge Frau ist (auch) eine Neugeburt von Eos, jener Göttin der Morgenröte, die – von der Liebesgöttin Aphrodite verflucht – zwanghaft Männer entführt und verführt, die für einen von ihnen (eben Tithonos) die Unsterblichkeit erwirken kann, doch dabei vergißt, sich auch seine ewige Jugend zu wünschen.

Man muß das allerdings nicht wissen, um die Ausgangssituation zu verstehen, in die Botho Strauß seinen Leser und dessen Verführerin stellt: Der alte Ehemann dreht unten im Hof seine Runden, Hermetia, die mit Friedrich Aminghaus zusammensitzt, hat ihn gebeten, sie freizugeben. Bis zur Entscheidung des Professors wollen die beiden ihre Lust aufeinander mit Worten, mit Erzählungen zugleich zügeln und wachhalten. Außerdem auf der Bühne (denn um eine Art Bühne handelt es sich): Czech, ein alter Freund des Ehepaars; er scheint dazu abgestellt zu sein, auf die Einhaltung der Regeln zu achten.

Was für ein Theater! Worte, keine Taten: Hermetia ist es, die Aminghaus darum bittet, gemeinsam mit ihr die »Bedenkzeit« des Ehemanns mit »freimütigen Geschichten« auszufüllen – um dadurch »unser Verlangen, unsere Anziehungskräfte derart zu steigern, daß ihre Beherrschung einen zusätzlichen Lustzins abwirft.« Denn andernfalls, droht sie, »passiert sofort und auf der Stelle etwas wider alle Regel und Verabredungen vollkommen Kopfloses!« Ist das aber wirklich Bitte und Drohung? Der Leser jedenfalls nimmt es dafür und hält sich an die Absprache, die nun also lautet: »Erzähl, Friedrich, erzähl etwas!«[62] Also knüpft man im Wechselgespräch eine »Kette der Demütigungen«, erzählt sich Geschichten, »in denen die Liebe einund-

62 Strauß, »Kongreß«, S. 77f.

denselben Menschen im ersten Fall zum Untertan, im darauf folgenden aber zum Beherrscher eines anderen werden läßt«.[63] Erotische Erzählungen, geschrieben in der Tradition großer Novellistik: ein Erzählkranz nach Art von »Tausendundeine Nacht« und des »Dekameron« Boccaccios. Fenstersturz oder Entmannung im Augenblick der höchsten Lust – die Geschichten lassen keinen sexuellen Abgrund oder Absturz aus. Und sie sind von wünschenswerter Deutlichkeit, ohne das Vokabular der Pornographie zu benötigen. Hermetia verkündet einmal in einer Pause zwischen zwei Geschichten, »von nun an dürfe nur noch ›ohne Umschweife‹ von Rücken, Mitte und Schenkeln gesprochen, von sämtlichen Gelüsten nur in der rohesten Einsilbigkeit die Rede sein«.[64] Und es ändert sich – nichts. Es bleibt bei der kalkulierten Mischung von abstrahierender Begrifflichkeit und konkretester Anschauung: »Denn was suchte seit je die erredete Schamlosigkeit anderes zu sein«, fragt der Leser, »als die Mythologie des verbotenen Augenblicks?«[65]

Doch der »Kongreß« ist eben nicht nur ein Spiel auf vielen Ebenen, das das Wechselspiel von Rede und Lust, Wort und Begehren vorantreibt, überhaupt erst ermöglicht, sondern immer wieder auch nüchterner Bericht aus dem Alltag der Liebe. Für die phänomenologische Kraft dieses Buches, die Beobachtungsgabe und liebevolle Detailbesessenheit ein Beispiel. Ein Mann schildert (eine Geschichte in der Geschichte), wie er mit einer Frau in den Urlaub fährt, mit der ihn nichts außer sexueller Bekanntschaft verbindet:

»Weißt du, wie es ist, mit der intimen Unbekannten zum ersten Mal das Hotelzimmer zu teilen? Was bedeuten schon Umarmungen, geheimste Körperberührungen gegenüber der Physis kleinster Gewohnheiten, Eigenheiten, Unarten, mit denen der andere seinen furchtbaren Alltag um uns ausbreitet? Wer geht zuerst ins Bad? Das Fenster nachts geschlossen oder halbgeöffnet? Wo bleibt noch Platz unter dem Spiegel zwischen so vielen Cremes und Lösungsmitteln für ein einfaches Rasier-

63 Ebd., S. 104f.
64 Ebd., S. 141.
65 Ebd., S. 126.

zeug? Weshalb liegen ihre Kleider verstreut über den ganzen Raum? Ist sie liederlich oder gar ungepflegt? Die Bürste mit dem ausgekämmten Haar könnte längst gesäubert werden. Die Toilettengeräusche, der Schmutzrand in der Badewanne, das alte Rod Steward-Foto [sic!] auf der Rückseite des Weckers, der geschmacklose Kunstlederbeutel mit den Klammern und Wicklern, dies alles versetzt zurück in jene, ich möchte sagen, natürliche soziale Befangenheit, mit der sich Menschen vor und nach dem Geschlechtsgenuß zueinander verhalten. Denn nirgends verlieren wir unsere gesunde zwischenmenschliche Vorsicht so gründlich wie in der abrupten geschlechtlichen Begegnung.«[66]

Das Wort »Kongreß« umfaßt mehr als die Tagung, die die eine Ebene dieses Buches ausmacht, es steht auch für die Nachtseite, für die Geschichten, die sich die beiden Liebenden erzählen. Das lateinische Ursprungswort heißt sowohl »zusammenkommen, -gehen, -treffen« als auch »zusammenstoßen, kämpfen«. Ein Liebeskampf also: Der Leser verliert ihn – denn er hält sich an die Regeln, er klammert sich »an Worte und nur an Worte«. Als der Ehemann von Hermetia tief in der Nacht das Zimmer, die Bühne des Erzählreigens betritt, ist die junge Frau längst mit Czech im Nebenzimmer verschwunden – und von dort her hört man einen anderen Dialog, die konkreten Töne der Lust. »Du hast sie nicht leidenschaftlich genug geliebt«, sagt der Ehemann zu Aminghaus. »Du hast das Verbot geachtet! Das ist die einzige Entscheidung, die in dieser Nacht gefallen ist.«[67] Dem Leser ist wieder einmal nur »das reine Nichts, ein Phantom, der schöne Wahn« geblieben.[68]

Botho Strauß erweist sich mit seinem »Kongreß« als großer Erzähler der Erotik und Erotiker der Erzählung. Gerade in der Prosa hat dieser Autor – von der 1977 veröffentlichten Erzählung »Die Widmung« an – dem schönen Schrecken der Lust und dem langsamen Verschwinden dieses Schreckens (und da-

66 Ebd., S. 110f.
67 Ebd., S. 186.
68 Ebd., S. 187.

mit dem der Lust) nachgespürt.[69] Ein Glück (weniger für ihn als für die Akademie in Darmstadt), daß er, der für die achtziger Jahre gewiß wichtigste Autor deutscher Sprache, 1989 den Büchner-Preis erhalten hat – verdient hat diesen Preis nicht nur der Dramatiker, sondern ebenso der Erzähler Strauß.

Buch zu! Was bleibt? »Wir sprechen weiter: wie draußen einer in der Kälte, der sich die Hände um die Schultern schlägt, auf der Stelle trampelt, ohne zu gehen, und tanzt wie ein Bär, um sein Blut warm zu halten – in dieser Eisesnacht der Wörter unter sich.« Zitat aus einem anderen Buch desselben Autors, einem Nebenwerk, das hermetischer ist als vieles von Strauß – ein Sprechen am Rande des Schweigens, des Verstummens. »Wir wissen, daß wir nichts sagen, daß alle Sätze vollkommen hauchdicht untereinander verbunden sind und sich in dunkler Abgeschlossenheit ohne jeden Reflex von außen bewegen. Wir sagen nichts: wir sprechen weiter. Die Wörter bleiben unter sich. Sie entlassen keinen Sinn. Sie bewahren die strengste Selbstbezogenheit.«[70]

»Fragmente der Undeutlichkeit«: Liebesgeschichte, stilles Zwiegespräch – die Geschichte der Liebe zwischen dem amerikanischen Dichter Robinson Jeffers und seiner Frau Una, ein fiktiver Dialog zwischen Botho Strauß und dem 1962 verstorbenen Kollegen. Auch in diesem Buch zwei Teile: eine – größtenteils szenische – Erzählung und »Sigé« (»Schweigen der Ideen«, »Stätte«)[71], eine Sammlung von Gedankensplittern, düster und dunkel: »Sein Lesen stieg, bis es dichter und dichter wurde, an Undeutlichkeit rührte und er mit lesendem Finger zu deuten begann. Er konnte nicht aufhalten, daß sich sein Auge entfernte bis ins Auge der Undeutlichkeit.«[72]

Wie eine geheimnisvolle, kryptische Fußnote zum »Kongreß« will der zweite Teil der »Fragmente der Undeutlichkeit« anmuten, an manchen Stellen kaum entzifferbar, an anderen

69 Vgl. Hage, »Nachwort«, in: Botho Strauß, »Über Liebe«, Stuttgart 1989 (Reclams Universal-Bibliothek, Nr. 8621 [2]), S. 135–151.
70 Strauß, »Fragmente der Undeutlichkeit«, München 1989, S. 45.
71 Ebd., S. 44.
72 Ebd., S. 42.

von leuchtender, unmittelbar einleuchtender Formulierkraft. Und dann wieder wie ein Orakel, das man leicht zu deuten glaubt: »Wie gut verstand ich: die Not, den Drang einer Zeit, eine Erneuerungs-, Verjüngungs-, Einigungsbewegung im ganzen Volk hervorzubringen!« Und weiter: »Wie gut aber verstand ich auch: daß ein solches Anrühren nur einen Fluchtversuch meiner bedrängten Ideen darstellte, eine lüsterne Frechheit des ermüdeten Geistes, der von seinem eigenen Durcheinander genug hatte, so wie er, falls sie je erreicht würde, auch von ›Einigung‹ sehr bald genug hätte.«[73] Wer spricht: Jeffers, Strauß, ein Deutscher am Ende des Jahrzehnts? Das bleibt offen.

Ein Buch noch. Am Schluß das Lob der Müdigkeit, jener Müdigkeit, die wie ein Dämmerzustand die Dinge hervorhebt und nicht vernebelt, ein epischer Essay über die »richtige menschliche Müdigkeit«, von der es in Peter Handkes kleinem faszinierenden »Versuch über die Müdigkeit« heißt: »Sie öffnet, sie macht durchlässig, sie schafft einen Durchlaß für das Epos aller Wesen«, sie entwerfe »am anderen, auch wenn ich nichts von ihm weiß, seine Geschichte«.[74] Kleine Werke am Rande, Poetiken im Vorübergehen: so verabschiedet sich die deutsche Literatur der achtziger Jahre still, fragmentarisch, durchlässig – doch nicht kleinmütig. Und so kann es denn endlich heißen: Buch zu.

Travemünde, Februar 1990

73 Ebd., S. 56f.

74 Peter Handke, »Versuch über die Müdigkeit«, Frankfurt a. M. 1989, S. 62 und 72.

Chronik

Januar

- *10. 1. – Günter Grass und Carola Stern, die bis zum Herbst 1988 die dann eingestellte Zeitschrift »L'80« mitherausgaben (s. »Deutsche Literatur 1988«, S. 99), treten dem Herausgebergremium der Zeitschrift »Die Neue Gesellschaft / Frankfurter Hefte« (NG/FH) bei. Der Redakteur von »L'80«, Johano Strasser, wird ständiger Mitarbeiter von NG/FH, deren Chefredakteur der SPD-Bundestagsabgeordnete Peter Glotz ist.*

- *15. 1. – Im Alter von 88 Jahren stirbt in West-Berlin die Romanautorin Dinah Nelken. Ihre Bücher erzielten vor allem in der DDR sehr hohe Auflagen, erfreuten sich aber auch in der Bundesrepublik großer Beliebtheit. In der NS-Zeit emigrierte Dinah Nelken nach Österreich, Jugoslawien und Italien. In Wien entstand 1937 der Liebesroman »Ich an Dich«, der über eine halbe Million mal verkauft wurde. Zu ihren wichtigsten Werken zählen die Romane »Spring über deinen Schatten, spring«, »Geständnis einer Leidenschaft« und »Von ganzem Herzen«. Als bedeutendes Werk gilt außerdem der von der DEFA verfilmte und in beiden deutschen Staaten vom Fernsehen ausgestrahlte zeitgeschichtliche Roman »Das angstvolle Heldenleben einer gewissen Fleur Lafontaine« (1971).*

- *16. 1. – Die »tageszeitung« veröffentlicht ein Interview mit Martin Walser, in dem er über seinen Auftritt bei der Klausurtagung der Bonner Landesgruppe der CSU in Kreuth befragt wird. Auf die Frage, ob es in Kreuth zu einer auch für ihn »spannenden Auseinandersetzung« gekommen sei, antwortet Walser:*

»Erstens einmal war das Ganze völlig unpolemisch und entspannt. Es gab Auseinandersetzungen hauptsächlich, weil ich in meinem Vortrag ein paar polemische Formulierungen über die Adenauerzeit hatte und über das Überleben solch blödsinniger Wörter wie ›Wiedervereinigung‹. Ich halte es für Unsinn, dieses Wort weiter zu hegen und zu pflegen. Aber es gibt natürlich Leute in der CSU-Landesgruppe, die verwenden das Wort noch, und zwar sehr gern, und darüber haben wir diskutiert. Ich weiß nicht, ob ich da jetzt jemanden überzeugt habe. Mich zumindest hat niemand von der Möglichkeit, dieses Wort noch zu verwenden, überzeugen können.

Ein anderes Diskussionsthema war der Inhalt der Reden von Bahr, den ich dort vorgetragen habe. Bahr hat ja – zwar in einer sehr sympathischen Form – Schluß gemacht mit der deutschen Frage. Um die Sache möglichst schmerzfrei zu beenden, hat er sie einfach in seinen europäischen Horizont gestellt als zwei Staaten in einem europäischen Haus. Ich halte das zwar für eine sehr achtbare Form der Resignation, aber auch für eine Abwegigkeit. Ich habe keine andere Chance, als die Teilung für etwas zu halten, das überwunden werden muß. Diese beiden Staaten müssen wieder einer werden. Man kann nicht Geschichte liquidieren, etwas, was so lange unterwegs war, kann nicht enden in diesem Bestrafungsprodukt deutsche Teilung.«

- *21. 1. – Das Stück »Fredegunde« von Peter Hacks wird in einer Inszenierung von Wolfgang Gropper am Staatstheater in Braunschweig uraufgeführt.*

- *22. 1. – Das Drama »Adam Lux«, das im Nachlaß von Stefan Zweig gefunden wurde, wird in Mainz in einer Inszenierung von Guy Reinesch uraufgeführt.*

- *23. 1. – Horst Bienek erhält in Mainz den mit vierundzwanzigtausend Mark dotierten Stadtschreiber-Literaturpreis des Zweiten Deutschen Fernsehens und der Stadt Mainz. Die Auszeichnung ist mit einer Werkwohnung für das Jahr 1989 verbunden. In der Rede des ZDF-Intendanten Dieter Stolte heißt es unter anderem: »Horst Bienek hat sich auch den modernen Medien zugewandt. Er schrieb Hörspiele, Drehbücher und macht mit seiner Arbeit das Ergänzungsverhältnis von Buch und Fernsehen deutlich, in dem er nicht nur Vorlagen für das Fernsehen schrieb, sondern auch aus den Erfahrungen mit dem Fernsehen geschöpft hat.«*

In seiner Laudatio auf Horst Bienek sagt Ludwig Harig: »Vertrieben, verhaftet, verschleppt: Horst Bienek weiß, wovon er spricht, wenn er von der verlorenen Kindheit, der verschollenen Heimat erzählt, die nur die Erinnerung festhalten und bewahren kann. [...] Bienek hat es herausgefunden: es ist sowohl die beharrliche Macht der Erinnerung als auch die augenblickliche Kraft der Vorstellung, die beide zusammenwirken im Kopf des Schriftstellers, der ja von nichts anderem zehrt als diesen beiden Fähigkeiten der Vergegenwärtigung.«

● *26. 1. – Ingomar von Kieseritzky erhält den mit fünfzehntausend Mark dotierten Bremer Literaturpreis 1989 der Rudolf-Alexander-Schröder-Stiftung für »Das Buch der Desaster«. Kieseritzky beschreibe, so die Jury, »unsere Welt der Desaster« in einer ironischen Sprache, die ebensoviel Witz wie Sachkenntnis offenbare, und nehme ihr damit den blutigen Ernst. Der mit siebentausendfünfhundert Mark dotierte Förderpreis geht an Norbert Gstrein für sein erstes Buch »Einer«. Gstrein erzählt nach den Worten der Jury in einfacher, sehr genauer Sprache die Geschichte eines Tiroler Dorfes, in dem »mit einem Mal Touristen das Sagen haben, woraufhin die Menschen im Dorf ihre Sprache verlieren«.*

Februar

● *6. 2. – Der »Spiegel« veröffentlicht ein Interview mit Stephan Hermlin über die Reformfähigkeit der DDR. Auf die Frage, wie die Führung der SED darauf reagieren werde, daß sich an*

der Parteibasis zum ersten Mal seit 1953 Unruhe bemerkbar mache, sagt Hermlin:
»Die Fakten, die Sie nennen, treffen zu. Ich wiederhole noch einmal: Ich bin kein Prophet. Ich kann auf Ihre Frage keine Antwort geben. Aber die Unruhe in der Partei bestätigt meinen unter aller Skepsis immer wachen Optimismus, daß wir reifen. Es geht ein großer Reifeprozeß unter den Kommunisten vor sich: Das ist eigentlich entscheidend für die Zukunft. Menschen werden sich klarer über das, was sie eigentlich sind, welche Rolle sie zu spielen haben in einem sozialistischen Staat, daß sie nicht Befehlsempfänger sind und mit den Händen an der Hosennaht dazustehen haben, sondern daß sie freie Menschen sind und daß auch große Ziele nicht zu erreichen sind ohne breite Diskussionen und ohne das Risiko von Irrtümern.«

Angesprochen auf seine Stalin-Hymnen antwortet Hermlin:
»Es gibt von mir drei Gedichte über Stalin aus den Jahren zwischen 1941 und 1951. Mich stören diese Dinge gar nicht, weil ich der bin, der ich jetzt bin, aber zugleich der, der ich damals war. Ich weiß, wie wir Kommunisten waren, die in der ganzen Welt grausam verfolgt wurden, für die das Henkersbeil oder das Todesurteil jeden Tag Wirklichkeit werden konnte und für die sich die Hoffnungen auf die Zukunft in diesem Namen Stalin verkörperten [...]. Bei Hölderlin gibt es ein bedeutendes, wundervolles Gedicht auf Gustav Adolf [...]. Und in der Tat, Gustav Adolf hat das Evangelium gerettet. Aber wie er es gerettet hat und unter welchen Umständen, das ist eine andere Frage, die uns heute schon nicht mehr interessiert. Man weiß, die Schweden haben geplündert, sie haben gebrandschatzt, sie haben die Bauern, um von ihnen ihre Ersparnisse zu erpressen, zu Tode foltern lassen.«

● *8. 2. – Das Stück »Die Zeit und das Zimmer« von Botho Strauß wird an der Schaubühne am Lehniner Platz in Berlin unter der Regie von Luc Bondy uraufgeführt.*

Vielleicht – oder auch anders? Botho Strauß in romantischer Manier: »Die Zeit und das Zimmer«. Uraufführung in der Berliner Schaubühne unter der Regie von Luc Bondy

> *»Man weiß nicht, was das für ein Tag ist. Sicher aber ein ans Ausweglose grenzender Tag.«*
> Julius in »Die Zeit und das Zimmer«

Zum Beispiel: Ein Mädchen erzählt von einem Mann, der bei einem Hotelbrand eine Frau gerettet hat, er trägt sie auf den Armen, sie schläft, sie wacht nie mehr auf, der Mann aber begreift, »daß er ihr Traum war und nichts sonst«. Kaum hat das Mädchen diese Geschichte zu Ende erzählt, kommt ein Mann herein, er trägt auf den Armen eine schlafende Frau, die er bei einem Hotelbrand gerettet hat. Er hat ihre Nacktheit in eine transparente Plastikfolie gehüllt, sie sieht aus wie ein zerknautschtes Geschenk in Klarsichtpackung und scheint nie mehr aufzuwachen.

Personen aus einer im Theaterstück erzählten Geschichte werden lebendig. Sie betreten die Handlung des Stücks: die Romantik ersten Grades, die das Stück im Zimmer erfüllt, wird durchdrungen von einer Romantik zweiten Grades, die aus der lebendig gewordenen Erzählung kommt. Zwei Phantasie-Ebenen verschmelzen so innig miteinander, als hätten sie es darauf angelegt, daß der Zuschauer sie nicht mehr unterscheiden kann.

Oder: Das Mädchen, das die Geschichte von der geretteten und schlafenden Frau erzählt hat, kommt vom Flughafen, wo sie von einem Mann namens Frank Arnold abgeholt werden sollte. Der aber hat sich verspätet, sie wartet nur fünf Minuten und geht dann mit einem Mann, der fälschlich behauptet, Frank Arnold zu sein. Mit ihm erlebt sie eine andere Geschichte als im zweiten Teil des Theaterstücks, in dem sie den richtigen Frank Arnold trifft. Die geringe Spanne von fünf Minuten bringt einen Menschen von seinem Ziel ab und leitet ihn an einen unvorhersehbaren Ort. Will das Botho Strauß mit dem Titel seines Stücks »Die Zeit und das Zimmer« sagen? Vielleicht – oder auch anders?

Fragwürdig ist auch das Zimmer. Richard Peduzzi hat es in der Berliner Schaubühne am Lehniner Platz in einen Wandwinkel gebaut, so daß ein Teil des Publikums vor seiner Breitseite und der andere Teil vor seiner Schmalseite sitzt. Man sieht drei hohe Fenster zur Straße, zwei Türen und eine Säule. Durch die eine Tür kommen unangemeldet Leute herein, von denen man nicht genau weiß, wer sie sind und was sie wirklich wollen, und durch die andere Tür gehen sie hinaus, meist paarweise ins Schlafzimmer. Mitten drin bewegt sich »die Ungeduldige«: Tina Engel, eine strahlende Dauerofferte mit dringlicher Altstimme. Und die Säule fängt irgendwann an zu sprechen. Es ist ein Raum für das Monströse im Alltäglichen.

Das Zimmer gehört zwei Herren, zwei, wie es heißt, »sich liebenden Skeptikern« mit »gemeinsamer Seelenruhe«, zwei erlaucht formulierenden Beobachtern wie die Brüder Goncourt in einer schöpferischen Pause. Der eine, Julius, der lange Peter Simonischek, spielt den Souverän und ist ein geheimer Dulder, und der andere, Olaf, der kurze Udo Samel, spielt den Dulder und ist der geheime Souverän. Als Komiker-Duo leben die beiden Raisonneure von ihren abgezirkelten Parallel- und Kontrastgebärden; als Philosophen mischen sie sich nicht ins Getriebe der Welt oder auch nur ihres Zimmers. Dennoch erwecken sie manchmal den Verdacht, daß die Personen durch ihr Zimmer gehen, als gingen sie ihnen durch den Kopf.

Nicht geheuer ist dieser Ort, der Fragen stellt wie: Wer ist wer und wo mit wem und wann? Alle verwechseln einander, weil sie sich verfehlen in Raum und Zeit: weil sie, schlicht gesagt, sich nicht begegnen zur rechten Zeit am rechten Ort. Doch muß man sich darüber den Kopf nicht weiter zerbrechen: Botho Strauß schreibt nie eindeutige Allegorien, deren Rätsel alle lösbar sind. Seine Personen und das, was sie meist glanzvoll formulieren, sind wichtiger als ihre philosophische Verknüpfung. Botho Strauß beobachtet sie kühl mit seinem zoologischen Neugierblick.

Die wichtigste Person ist Marie Steuber. Sie steckt voller Rätsel. Sie fühlt einen Elefanten in sich, der sie zertrampeln möchte. Man hält sie für krank, für schwer neurotisch, für ein

Opfer auch des »Pharmateiges«. Doch ist das, was sie kann, wirklich eine Ausgeburt von Krankheit? Kann sie tatsächlich Ereignisse – wie das Erscheinen der Schlaffrau auf den Armen ihres Retters – »herbeireden«? Und warum redet eine Säule mit ihr? Das alles ist romantisch, nicht anamnetisch: es kommt aus einem Märchen, nicht vom Krankenblatt.

Die Neurotikerin Marie zu spielen macht Libgart Schwarz keine Schwierigkeiten. Eine Zauberin aber, die jeden sofort für sich einnimmt, eine Nixe mit dem Charme des Unheils, das ist sie von Hause aus nicht. Sie stellt es her mit ihren Illustrationsgebärden, mit ihrem Trickrepertoire, dessen Künstlichkeit immer durchschaubar bleibt. Ihre Nobelhexe scheint elektronisch gesteuert und ist dennoch amüsant.

Botho Strauß benutzt Marie als »Joker«. Nach einer Stunde, der ersten Hälfte des pausenlosen Stücks, löst sich sein Erzählfaden vollends auf, die Handlung zerfasert in Einzelszenen, in acht handfest satirische Bagatellen, und immer ist Marie dabei.

Wenn sie verlangt, die klassische Galionsfigur der Emanzipation zu sein, die blutige Medea, die ihre Kinder tötet, fliegen die Fetzen zwischen ihrer Sucht nach Tragödie und der Verweigerung jeglicher Tragik durch ihren vernunftgeprägten Partner, einen Spätaufklärer, dessen rationale Empörung Werner Rehm ausspeit wie ein Drache sein vernichtendes Feuer.

Marie überredet – fast oder ganz? – einen Mann, dem sie ihr Zimmer eine Zeitlang leihweise überlassen will, ihr Ehe- und Hausmann zu werden. Das ist mit Partner Udo Samel, einem schüchternen Draufgänger, eine – fast oder ganz? – jener Liebesgeschichten, die meist mißglücken, manchmal aber gutgehen, solange und soweit das überhaupt möglich ist.

Das, was man ein Kabinettstück nennt, tragen Peter Simonischek und der hier phänomenale Udo Samel miteinander aus: Entstehung, Explosion und Ende eines Krachs um nichts – nur provoziert um der Versöhnung willen, auch das eine Liebesgeschichte. In der drastischsten Episode verlangt Marie ihren Chef für sich, geben aber will er ihr nur einen Job. Der Regisseur Luc Bondy hat dieses Treffen bei Austern und Champagner wie einen Boxkampf im Ring arrangiert. Runde für Runde stürzen sie sich aufeinander, wobei Michael König mit seiner barbarischen Macho-Energie zwar verliert, schauspielerisch aber nach Punkten gewinnt.

Hier wie überall hat der Regisseur Luc Bondy dem sanfteren Botho Strauß auf die komischen Sprünge geholfen. Die romantische Mischung von Gefühl, Ironie und Schwank ist Luc Bondys Spezialität, er geht raffiniert mit ihr um und bringt dabei doch die Neigung des Autors, in einen manieristischen Himmel zu entschweben, herunter auf die Bühnenbretter. Notfalls hängt er an eine fade Szene das Gewicht eines kolossalen Mannes, der einen Herzanfall wie eine Slapstick-Attacke überlebt. Aus literarischen Witzen macht Bondy Theater. Der grenzenlosen Lachlust des Premierenpublikums war jeder Anlaß recht, und am Ende gab's den großen Beifall und das Getrampel eines genossenen Vergnügens.

Man kann »Die Zeit und das Zimmer« lesen in dem vom Hanser Verlag herausgebrachten Buch »Besucher«. Es enthält auch die beiden anderen Stücke, die jüngst uraufgeführt wurden: »Besucher« im Oktober 1988 in den Münchner Kammerspielen und »Sieben Türen« im November 1988 in Stockholm. In »Die Zeit und das Zimmer« hat Botho Strauß sein dramatisches Angebot abermals diversifiziert. Und abermals läuft es auf eine Häppchen-Portionierung hinaus, auf die verzweifelten Possen unseres verkrümelten Lebens.

Botho Strauß bevölkert unseren Alltag mit seinen Kopfgeburten: der Vater ist er selber, ihre Mutter aber ist die Literatur. Er geht mit Wirklichkeiten um, als seien sie nur Möglichkeiten, und hat – wie der sehr alte Goethe – in seine jüngsten Stücke allerlei »hineingeheimnist«. Das Programmheft der Schaubühne enthält auf 140 Seiten kostbare Texte von Augustin bis Pessoa über »die Zeit«. Mag sein, daß dieses Dauerthema bei Botho Strauß auch hier eine Hauptrolle spielt, doch bleibt das auf der Bühne nur eine Vermutung.

Man mag die Beziehungen der Personen von Botho Strauß als Kisten verspotten: Dramatik aber ist nur ein vornehmeres Wort für Beziehungskiste. Seine Kurzbrenner sind freilich nur dramatisierte Aperçus: Bemerkungen zur Welt, keine Weltbilder. Sie machen Spaß und Appetit auf Botho Strauß, aber den Hunger nach seinen großen Talenten stillen sie nicht.

Georg Hensel

Frankfurter Allgemeine Zeitung. 10. 2. 1989.

- *9. 2. – Der österreichische Schriftsteller und Übersetzer Piero Rismondo stirbt in Klagenfurt im Alter von 83 Jahren. Er gilt als Entdecker von Italo Svevo für den deutschsprachigen Raum und übersetzte bereits 1928 dessen Roman »Zeno Cosini«. In der Folge übertrug Rismondo das gesamte Prosawerk von Italo Svevo. Sein erstes eigenes Bühnenstück »Grillparzer. Fünf Akte aus einem österreichischen Drama« wurde 1963 in Wien uraufgeführt. Rismondo übersetzte außerdem Werke Alberto Moravias und Luigi Pirandellos.*

- *10. 2. – Gustav Ernsts Stück »Tausend Rosen« wird in einer Inszenierung von Peter M. Preissler am Wiener Volkstheater uraufgeführt.*

- *12. 2. – Thomas Bernhard stirbt im Alter von achtundfünfzig Jahren in seinem Haus in Gmunden (Oberösterreich). Zuletzt hatte er das Stück »Heldenplatz«, einen Band mit »Dramoletten« unter dem Titel »Der deutsche Mittagstisch« und den Gedichtband »Die Irren. Die Häftlinge« veröffentlicht.*

Der Triumph des Untergehers. Thomas Bernhard ist tot – es lebe Thomas Bernhard!
Wien. Im Volksgarten. Zu Mittag. Trübes Wetter. Im Hintergrund, im Nebel verschwimmend, das Burgtheater. Drei Personen auf dem Heimweg von einem Begräbnis. »Das war das kürzeste Begräbnis / das ich jemals erlebt habe / Und das fürchterlichste.« Sagt Anna, die Tochter des Verstorbenen. So beginnt die zweite Szene des Schauspiels »Heldenplatz«. Thomas Bernhards letzte Uraufführung, Wien, am 4. November 1988.

Wien (dpa), 16. Februar 1989, 16.39 Uhr: »Über die Umstände des Todes von Thomas Bernhard hieß es am Donnerstag, der Autor sei einsam in seiner Wohnung in Gmunden in Oberösterreich gestorben. Bernhards Leiche sei am vergangenen Sonntag morgen von seinem Halbbruder Peter Fabian in der

Wohnung entdeckt worden, meldete die österreichische Nachrichtenagentur apa. Vom Tod des Autors wurde nur ein kleiner Kreis informiert, der die bereits am Dienstag aufgetauchten Gerüchte vom Ableben Bernhards entsprechend dessen letztem Willen dementierte. Als am Donnerstag die Stadtverwaltung Gmunden die Nachricht auf Anfrage bestätigte, war in Wien bereits das Begräbnis im Gang. Nur drei Personen sollen Thomas Bernhard auf seinem letzten Weg begleitet haben.«

Wien, Heldenplatz. Professor Robert zu seinen Nichten Anna und Olga: »So ein Todesfall ist auch eine große Beruhigung / glaubt mir / ein solcher Todesfall entbehrt völlig / jeder Unheimlichkeit / ganz im Gegenteil.«

Die Todesnachricht ist ein Schrecken. Aber sonderbar, wie schnell in den Stunden und Tagen darauf der Schrecken dem Lächeln, dem Lachen weicht. Während draußen die Februartage und die Februarmenschen wie in einem Nebel verschwimmen, betreten Bernhards Sätze und Bernhards Figuren das Theater der Erinnerungen: der despotische, bengalisch leuchtende Bernhard Minetti (natürlich als erster!), gleich danach Traugott Buhres rosiger Theatermacher und Hugo Lindinger, sein wundermild staunender, listig äugelnder Wirt; das geheimnisvoll-inzestuöse Trio Ritter, Dene, Voss; Bruno Ganz (»Der Ignorant und der Wahnsinnige«) und Marianne Hoppe (»Am Ziel«); der Krüppel Boris und seine schauerlichen Geburtstagsgäste. »Morgen in Augsburg«, klagt Herr Caribaldi, »ein heißes Fußbad« verlangt »Immanuel Kant« (nicht zu verwechseln mit Immanuel Kant), »meine Nudeln!« schreit der Weltverbesserer, »dem Stumpfsinn die Geisteskappe aufsetzen« möchte »Minetti« (nicht zu verwechseln mit Bernhard Minetti).

Alle Komödien Thomas Bernhards (mancher hat es beklagt) sind eine einzige, unendliche Komödie – nun, nach des Komödiendichters Tod, kann man sie sich zu einer einzigen Aufführung zusammenphantasieren. Sie wäre wirklich ein Jahrhundertereignis des Theaters: die herrlichsten Schauspielkünstler, die glanzvollsten Monologe, das unergründlichste Schweigen.

Und im Theater ein Gelächter, wie es noch kein Gelächter gegeben hat.

Ein paar Tage erst ist Thomas Bernhard tot – und schon fehlt er überall und allen. Wer schreibt nun den Komödianten ihre Rollen? Wer bringt nun dem Theater die Skandale? Wer liefert jetzt den Kritikern Stoff? Verlassen sind wir alle, und am verlassensten der kuriose Schwarm seiner Jünger, Epigonen, Parodisten. Verlassen sind Bernhards Freunde, aber sie können lachen, noch lange. Verloren sind Bernhards Feinde, denn einen solchen Feind bekommen sie nimmermehr.

Wien, 4. November 1988, der »Heldenplatz«-Skandal. Thomas Bernhard betritt, mitten ins schier wahnwitzige Jubelgeschrei und Wutgeheul hinein, die Bühne. Er winkt lange ins Publikum und lächelt milde. Eine schüchtern-impertinente Triumphgebärde, gewiß: Jetzt ist er (ausgerechnet er!) der Burgtheaterkönig. Es ist aber auch sein Abschied, seine Abdankung im selben Moment – natürlich hat das damals keiner gewußt, kein Jubler, kein Schreier. Er selber auch nicht. »Erschrecken Sie nicht, ich schreibe ein neues Stück«, schrieb er ein paar Wochen später an Claus Peymann.

Wenn es wirklich drei Personen waren, die den Dichter Thomas Bernhard in der vergangenen Woche begraben haben, wäre das eine wundervolle Pointe. Drei Personen kommen im »Heldenplatz« vom Begräbnis des Professors Josef Schuster, des Juden, des Selbstmörders. Drei Geschwister spielen die Komödien »Vor dem Ruhestand« und »Ritter, Dene, Voss«. Als Thomas Bernhard einstmals in Stuttgart Tschechows »Drei Schwestern« sah, behauptete er: »Das könnte von mir sein, nur ich würde es viel besser machen.« Daß dieser Satz kein Witz war, hätte er uns im nächsten Stück, in der Komödie nach dem »Heldenplatz«-Kampf, gewiß bewiesen.

Drei Freunde, Klavierspieler alle, Brüder in der Kunst, lungenkrank allesamt, sind die Helden von Thomas Bernhards Roman »Der Untergeher«. Das Buch ist vielleicht Bernhards schönstes – und im Augenblick der beste Trost. Ein Triptychon: jede der drei Figuren ist ein Porträt des Dichters – und ein Vexierbild, in dem das Porträt verschwindet. Nirgendwo sonst stehen auf so engem Raum so viele glanzvolle, endgültige Definitionen der Kunst und des Künstlers Bernhard.

Drei Freunde: das geglückte Genie, das gescheiterte Genie, der Erzähler. Glenn Gould, der weltberühmte Pianist, eines natürlichen Todes gestorben. Wertheimer, der von Goulds Genie vernichtete Pianist, am Selbstmord gestorben. Und der Erzähler, namenlos, der seinen Steinway verschenkt, der sich aus dem Klavierspiel rettet, ins Leben, in die Philosophie, in die allerdings ergebnislose Schriftstellerei.

Wertheimer, der Untergeher, wäre der vernichtete Thomas Bernhard. Glenn Gould, der Klavierspieler, »der hellsichtigste aller Narren«, wäre der gerettete Thomas Bernhard: »Er war von seiner Kunst in einer Weise besessen gewesen, daß wir annehmen mußten, er könne diesen Zustand nicht mehr lange hinausschieben und werde in kurzer Zeit sterben.« Der eine dem Unglück verfallen, der andere mit der Kunst, mit der Musik über das Unglück triumphierend. Schließlich der Erzähler: der unscheinbare Dritte, der blasse Bote, vom Unheil des einen, der Apotheose des anderen kündend.

Kunst ist vollkommen, oder sie vernichtet den Künstler, und zwar zu Recht. Genie ja, Talent nein. Thomas Bernhard, vom Leben, von der frühen Todeskrankheit zum Untergeher prädestiniert, ist seinem Untergang auf eine fast unglaubliche Weise immer wieder entkommen. Jeder Roman ein Aufschub für den Tod, jede Komödie eine Verhöhnung.

»Auch Glenn Gould, unser Freund und der wichtigste Klaviervirtuose des Jahrhunderts, ist nur einundfünfzig geworden, dachte ich beim Eintreten in das Gasthaus.« So fängt »Der Untergeher« an. Thomas Bernhard, unser Freund und der wichtigste Wortvirtuose des Jahrhunderts, ist achtundfünfzig geworden.

»Kaum saß Glenn am Klavier, war er auch schon in sich zusammengesunken gewesen, dachte ich, er sah dann aus wie ein Tier, bei näherer Betrachtung wie ein Krüppel, bei noch näherer Betrachtung aber dann wie der scharfsinnige, schöne Mensch, der er gewesen war ... Er redete allen Menschen immerfort aus, daß er ein unglücklicher Mensch sei, er sei *der glücklichste, der geglückteste.*«

Alle Figuren Thomas Bernhards (und in ihrem Schatten der Dichter) betreiben das nämliche Lebensspiel: Mit der Kunst kämpfen sie gegen die Krankheit, mit dem Hohngelächter verscheuchen sie den Tod, die Perfektion der Wörter ist ihre Waffe gegen die Verwesung der Körper. Ein vielköpfiger, vielstimmiger Chor von Querulanten, Wahn-Witzigen, Weltverbesserern spricht an gegen das endgültige Schweigen.

Bernhards Figuren haben das Pathos und die Lächerlichkeit der Stummfilmhelden – die Mißgeschicke des Daseins wiederholen sich unaufhörlich, und jedes Objekt ist ein Feind, von den Subjekten ganz zu schweigen. Voss, der Philosoph, möchte ein Weltdenker sein, der »Gegenkant«; doch seines Geistes Höhenflug zerschellt kläglich an so irdischen Zumutungen wie gebundenen (statt klaren) Saucen, seidenen (statt baumwollenen) Unterhosen, fürchterlich gemalten, vor allem aber falsch aufgehängten Bildern.

Der Bernhardsche Held wäre nur ein kleiner Hypochonder, ein Stänkerer und Haustyrann, hätte er nicht zwei wunderbare Gaben: das Genie der Rede und das Geheimnis des Schweigens. Zwei Personen: die eine spricht und schimpft und zetert, die andere schaut und lauscht und wartet – das ist die klassische Bernhard-Situation. Der eine ist der Despot, der andere der Sklave. Der eine foltert, der andere duldet. Doch nach einer Weile (und schon dieser Kunstgriff macht Bernhards Komödien unvergänglich) wird das scheinbar simple Machtverhältnis undurchschaubar. Der unaufhörlich Redende wirkt plötzlich wie der Gefangene des undurchdringlich Schweigenden. Wie alle großen Tonsetzer hat Thomas Bernhard gewußt, daß die Noten nur die eine Hälfte der Musik sind, die andere Hälfte sind die Pausen.

Der junge Thomas Bernhard ist Gerichtsreporter gewesen und Student der Musik. Das Juristische und das Musikalische – auch der Dichter Thomas Bernhard ist dabei geblieben. Seine Texte sind furiose Anklageschriften (auf der Strafbank: Österreich und die Welt), der Dichter hat alle beschuldigt, aber auch (wenn man genau hinhört) alle freigesprochen. Denn seine

Texte verwandeln Verwünschung, Fluch und Jüngstes Gericht in die grandiose, naturnotwendig tröstende, manchmal sogar rettende Sprachmusik.

Bernhards Höllenwelt ist auch ein Paradies der Klänge, wie Prosperos Insel »voll Lärm, voll Tön' und süßer Lieder, die ergötzen«. Die Musik ist nicht nur das Thema der Texte, sie ist auch der Stoff, aus dem sie gemacht sind – und die Utopie, die sie beschwören.

Vom kleinen Thema mit Variationen bis zur vielstimmigen Großen Fuge hat Bernhard alle Formen und Klänge, zu denen Sprache überhaupt fähig ist, erkundet. Daß er sich ständig wiederhole, haben seine Kritiker (die bekanntlich mit jeder Rezension neugeboren werden) gerne beklagt – der Vorwurf ist ungefähr so scharfsinnig wie der an Mozart, daß er immer nur zwölf Töne benutzt habe, und wo, bitte, bleibt der dreizehnte?

Wer Bernhards Wortorgel mit all ihren Registern noch einmal hören will, lese den Roman »Holzfällen. Eine Erregung«, vielleicht nur die letzten dreieinhalb Seiten. Ein einziger Satz, 95 Zeilen lang, und eine der kühnsten Wendungen in Bernhards Werk. Der Erzähler, soeben einem katastrophalen »künstlerischen Abendessen« bei ehemaligen Freunden entkommen, rennt panisch durch die Straßen Wiens. Und die Wörter jagen dahin, straucheln, aber stürzen nicht; und der einsame Läufer wird atemlos und mit ihm die Sprache; und ein Schwindel befällt ihn, und es drehen sich die Wörter und alle Gewißheiten stürzen in sich zusammen, »und daß diese Menschen, die ich immer gehaßt habe und die ich hasse und die ich immer hassen werde, doch die besten Menschen sind, daß ich sie hasse, aber daß sie rührend sind, daß ich Wien hasse und daß es doch rührend ist, daß ich diese Menschen verfluche und doch lieben muß und daß ich dieses Wien hasse und doch lieben muß ...«

So rennt der Dichter durch Wien, beinahe wie Lenz durchs Gebirg, und plötzlich spürt er die Liebe, vielleicht ist es Hellsicht, vielleicht auch nur Wahn, »und ich lief und lief und dachte ich werde *sofort* über dieses sogenannte *künstlerische Abendessen* in der Gentzgasse schreiben, egal was, nur *gleich* und *sofort* über dieses *künstlerische Abendessen* in der Gentzgasse schreiben, *sofort,* dachte ich, *gleich* immer wieder, durch die Innere Stadt laufend, *gleich* und *sofort* und *gleich* und *gleich,* bevor es zu spät ist.«

Mit seinen monumentalen, malstromartigen Prosawerken (von »Frost« bis zur »Auslöschung«) machte sich Thomas Bernhard unsterblich – mit seinen Komödien hielt er sich am Leben. In seinen Romanen feierte er die Delirien der Einsamkeit, mit seinem Theater mischte er sich lärmend, anstoßerregend unter die Leute, »das Volk«. Einerseits war er ein Eremit, von furchterregender Konsequenz. Andererseits hat er, wie niemand sonst, das Theater zu einem öffentlichen Ort gemacht, zum Kampfplatz, ja zuletzt zum Tollhaus. Als der Burgtheaterdirektor ein Interview gab, schien Thomas Bernhard ihn aus der Ferne zu lenken. Als Österreich sich auf den »Heldenplatz« verrannte, schien Thomas Bernhard das ganze Land zu inszenieren: alle Akteure nur Marionetten in seiner Hand.

Es war auch etwas Kindliches, Brandstifterisches in Thomas Bernhards Spiel mit dem Theater und den Skandalen – aber es hat die Szene erhellt, die Köpfe erhitzt und die Feuerwehr auf den Plan gerufen.

Mit dem »Heldenplatz«, dem größtmöglichen aller Skandale, war dieser Teil der Geschichte für Bernhard beendet. Das Burgtheater erobert, Österreich im Staub. Danach hätte er, von einem ganz anderen Punkt aus, ein ganz anderes Theater begonnen. Daß wir die Komödie nach »Heldenplatz« nun nicht mehr sehen werden, ist vielleicht die einzige wirkliche Tragödie an diesem Tod in Österreich. Denn das Theater, sagt der Theatermacher Herr Bruscon, »ist eine jahrtausendealte Perversität / in die die Menschheit vernarrt ist.«

Schätzungsweise neun Zehntel des Kontinents Bernhard sind besetzt von den Mächten des Bösen – von Schmährede, Verfluchung, Todesangst. Doch wer sich vorwagt in die hintersten und finstersten Regionen des Werks, sieht plötzlich überall die

Lebenszeichen. Die Überlebenssignale. Der Bernhardsche Held, Geistesmensch und Todeskandidat, ist jederzeit korrumpierbar auch durch die niedrigen Genüsse des Lebens. Er pflegt den Gasthausekel, aber auch den »Hotelfetischismus«. Und immer hat er Hunger, was nur ein anderes Zeichen ist für seine schier unersättliche Lebensgier – ob es die Frittatensuppe des Theatermachers ist; oder die Brandteigkrapfen des Philosophen Voss; oder das Wiener Schnitzel (»ein herrliches Schnitzel!«), das »Claus Peymann und Hermann Beil auf der Sulzwiese« verzehren; oder die Nudelsuppe, die »Nazinudelsuppe« der 98köpfigen Familie Bernhard im Dramolett »Der deutsche Mittagstisch«.

Friß jetzt, stirb später – das ist die keineswegs feinsinnige Devise der Bernhardschen Überlebenskämpfer. Und erst, wenn der Magen gefüllt ist, kann man sich auch den etwas subtileren Vergnügungen widmen. »Es gibt nichts Schöneres«, sagt Ritter am Schluß von »Ritter, Dene, Voss«, »als einen verregneten Nachmittag im Bett.«

Nichts Schöneres? Ein einziges Thema hat Bernhard, der unerschrockenste aller Poeten, mit beinahe knabenhafter Scheu von sich ferngehalten. Den Haß hat er besungen, über die Liebe hat er geschwiegen – weil man darüber nur schweigen kann, und weil so viele darüber so entsetzlich viel reden.

Doch auch dieser Schein trügt, und zwar gewaltig. An den verborgensten Plätzen der Romane, in den verschwiegensten Winkeln der Komödien finden wir überall Liebessignale, wie Lichter in stürmischer Nacht. Der alte Schauspieler Minetti und das Mädchen mit dem Kofferradio (Therese Affolter) in »Minetti«. Der alte Schauspieler mit der Pappkrone und das Kind in »Einfach kompliziert«. Denes verschämte Lust auf Bruder Voss, Ritters jäher, gieriger Kuß. Die trotzig-wortkargen Liebeserklärungen an den »Lebensmenschen«, die »Lebensfrau« in »Wittgensteins Neffe«.

Thomas Bernhard hat unvergeßlich den Haß gepredigt, noch unvergeßlicher über die Liebe geschwiegen. Viele, die ihm begegnet sind, sprachen hinterher von seiner *geradezu erschreckenden Freundlichkeit.* Im »Untergeher« steht der

Satz: »Jeder Mensch ist ein einmaliger Mensch und tatsächlich, für sich gesehen, das größte Kunstwerk aller Zeiten, so habe ich immer gedacht und denken dürfen, dachte ich.«

Noch Bernhards letzte Geste (das Testament, mit dem er jede Aufführung, jede Publikation seiner Werke in Österreich untersagte) hat den Vernichtungsfuror des enttäuschten Liebhabers.

Thomas Bernhard ist tot, die Folgen sind unabsehbar. Natürlich werden wir weiter unsere Nudelsuppen löffeln, unsere verregneten Nachmittage genießen, im Bett oder sonstwo. Natürlich werden wir weiter ins Theater, ins Burgtheater zumal, gehen, aber nichts wird mehr sein wie früher.

Wie viele Tage hat Bernhard gerettet! Wie vielen Deprimierten hat er aufgeholfen, indem er ihre Depressionen aus dem Schweigen befreite, triumphal zur Sprache brachte, im Gelächter untergehen ließ! Wie vielen brütenden Spießern hat er eine Erregung geschenkt, wie vielen witzlosen Kritikern eine Pointe!

Für seine Leser und Zuschauer ist Thomas Bernhard kein Erzengel des Hasses gewesen, kein unzugänglicher Einsiedler, sondern tatsächlich Freund, Helfer, Weltverbesserer. Wahrscheinlich war er (ausgerechnet er!) der am meisten geliebte Autor unserer Jahre. Natürlich hat er es gewußt.

Benjamin Henrichs

Die Zeit. 24. 2. 1989.

● *19. 2. – Walter Jens erhält in Darmstadt den mit zehntausend Mark dotierten alternativen Büchner-Preis. Die Auszeichnung ist eine private Stiftung und soll an Autoren vergeben werden, »deren schriftstellerische Arbeit sich im Sinne Büchners kritisch mit der politischen und gesellschaftlichen Wirklichkeit in der Bundesrepublik Deutschland auseinandersetzt«.*

In der Laudatio von Marcel Reich-Ranicki heißt es, Jens sei ein Schriftsteller, der »umstritten war, umstritten ist und hoffentlich immer umstritten bleiben wird«. Als Grundelement seiner Arbeit bezeichnet Reich-Ranicki das »Spiel« –

mit Gedanken, Formen und Worten. So wie Jens als Übersetzer mit Worten spiele, so spiele er als Essayist mit Fragen. Sein Glaube an die Macht des Wortes sei unerschütterlich:

»Daß die Menschen in unseren Tagen nicht aufhören nachzudenken, dafür haben die Schriftsteller in unseren Tagen zu sorgen, und niemand erfüllt diese Aufgabe so inbrünstig wie Walter Jens, unser Redner dieser Republik.«

Walter Jens stellt seinen Festvortrag unter den Titel »Georg Büchner, Poet und Rebell im Lichte unserer Erfahrung«. Nicht Schiller, sondern Büchner sei in der Zeit des Umbruchs vor 1848 der »große deutsche Redner« gewesen: »Wenn je ein junger Mann sein Handwerk mit der Souveränität eines alten Meisters beherrschte, dann ist es Georg Büchner.« Der junge Büchner habe den Traum von einer herrschaftsfreien Gesellschaft geträumt, »ohne daß er sich über das Hier und Jetzt Illusionen machte«. Er sei ein Schriftsteller gewesen, dessen Dossier »heute wie damals in den Dateien von Polizei und Staatsschutz stünde«. Wenn von Büchner in der heutigen scheinbar aufgeklärten Zeit, »wo es immer noch wenige Herrschende und Millionen Abhängige gibt«, etwas zu lernen sei, dann die Lektion, daß sich die Schriftsteller auf die Seite der Unterdrückten und Verfolgten zu begeben hätten. Mit seinem gewaltlosen Widerstand gegen die Arroganz der Macht sei Büchner zugleich ein »geheimer Kronanwalt« von Glasnost und Perestroika gewesen. Der Dichter Büchner wolle endlich heimgeholt werden »in unsere Zeit und unsere Wirklichkeit«. Gemäß dem Reglement des alternativen Büchner-Preises darf Jens im kommenden Jahr in Abstimmung mit der Stiftung seinen Nachfolger benennen.

In einer Presseerklärung übt die Deutsche Akademie für Sprache und Dichtung Kritik an der Einrichtung des alternativen Büchner-Preises. In einem Brief an Jens, den die Akademie in Darmstadt veröffentlicht, heißt es, es sei ein »schiefer Entschluß«, sich als erster Träger des Preises zur Verfügung zu stellen. Dieser Entschluß richte sich offenbar nicht gegen die Akademie, der Jens nach wie vor angehöre, sondern könne nur als Angriff auf den Georg-Büchner-Preis zu verstehen sein, den die Akademie seit 1951 jährlich vergibt. »Den Büchner-Preis durch eine Gegengründung anzugreifen heißt aber, sich von seinen Trägern absetzen«, schreibt das Präsidium der Akademie. Wie ein Mitglied der Akademie die Annahme eines Anti-Büchner-Preises mit der Zugehörigkeit zu ihr vereinbaren könne, »ist uns unklar«.

- *22. 2. – Das Stück »Die barmherzigen Leut' von Martinsried« von Oliver Storz wird am Württembergischen Landestheater in Esslingen unter der Regie von Roland Gall uraufgeführt.*

- *23. 2. – Hans Hellmuth Kirst stirbt im Alter von 74 Jahren in Bremen. Er wurde am 5. Dezember 1914 im ostpreußischen Osterode als Sohn eines Landgendarmen geboren. Während des Zweiten Weltkriegs war er Soldat. Nach seiner Rückkehr ins zivile Leben schrieb er über vierzig Bücher, die von Kriegsereignissen oder von den Heimkehrern aus dem Krieg erzählten. Sie erreichten eine Gesamtauflage von über 12 Millionen und wurden in 28 Sprachen übersetzt. Berühmt wurde er durch seinen Roman »08/15 – Die abenteuerliche Revolte des Gefreiten Asch« (1954). Große Aufmerksamkeit fanden zudem seine Romane »Die Fabrik der Offiziere« (1960), »Die Nacht der Generale« (1962) und »08/15 heute« (1963).*

- *28. 2. – Hermann Burger begeht im Alter von 46 Jahren in Brunegg im Kanton Aargau in der Schweiz Selbstmord. Zuletzt hatte er den »Tractatus-logico-suicidalis. Über die Selbsttötung« und den Roman »Brunsleben« publiziert.*

Artist am Abgrund. Zum Tode des Schriftstellers Hermann Burger
Noch stehen wir unter dem Eindruck des Todes von Thomas Bernhard, da erreicht uns die nächste schreckliche Nachricht: Der Schweizer Hermann Burger ist am 28. Februar in seinem Wohnort Brunegg im Alter von 46 Jahren gestorben. Als Todesursache wird Herzversagen angegeben. Die deutschsprachige Literatur hat einen ihrer originellsten und skurrilsten Schriftsteller verloren, eines der größten Talente der in den vierziger Jahren geborenen Generation.

Er war ein sprachgewaltiger Künstler. Ähnlich wie bei Thomas Bernhard dominierte auch in Burgers Prosa die Suada der Verzweiflung, die Eloquenz der Todesangst. Aber während dem Bernhardschen Werk eine in der deutschen Gegenwartsliteratur einzigartige Negativität zugrunde liegt, folgte Burger einem anderen Impuls: Aller Bitterkeit zum Trotz war seine Weltsicht frei von Haß und wütender Ablehnung, frei von Negativität.

»Brunsleben«, der erste Band seiner Tetralogie »Brenner«, der in diesen Tagen ausgeliefert wird, endet mit den Worten: »Zu Asche sollt ihr werden, denn nirgendwo steht verbrieft, der Mensch habe ein Anrecht auf ein Quentchen Glück.« Damit hat Burger indirekt den Urgrund seines epischen Universums angedeutet: Es ist nichts anderes als die Hoffnung des Individuums, es werde ihm gelingen, den Gegensatz von Wollen und Können zu überwinden, es ist seine Sehnsucht nach dem, was man heute Selbstverwirklichung nennt und was man früher einfach mit dem Wort »Glück« bezeichnete.

Diese auf jeder Seite seiner Prosa spürbare Sehnsucht verrät, was Burger in Wirklichkeit war: ein Geschlagener und ein Gezeichneter, ein Gejagter und ein Getriebener, einer der letztlich unheilbaren Monomanen. »Der Schriftsteller«, schrieb er klipp und klar, »ist kein vernünftiges Wesen.« Er meinte damit nicht nur seine Zunft, er meinte zugleich sich selbst. In der Tat: Auf ihn konnte man sich nicht verlassen, er gehörte zu den ganz und gar unsicheren Kantonisten. Aber Literatur, die zählt, schreiben immer nur jene, auf die man sich nicht verlassen kann, weil sie, anders als die Ordentlichen und die Mittelmäßigen, unberechenbar sind.

Die Figuren, die seine Bühne bevölkern, sind wie ihr Schöpfer Hermann Burger: Sorgenkinder des Lebens, wunderliche und bisweilen nicht ganz seriöse Individuen, einsame und egozentrische Existenzen. Ob sie es wollen oder nicht – diese Sonderlinge am Rande der Gesellschaft agieren stets in einem isolierten Bereich, sie sind zu einem monologischen Dasein verurteilt. Verstoßene und Zerrissene sind sie wie der Held des Romans »Schilten« (1976), ein Lehrer, der indes seine Schüler nicht für das Leben vorbereiten will, sondern für den Tod: Nicht Heimatkunde unterrichtet er, sondern Friedhofkunde.

Ob Burgers Geschöpfe die Hilfe der Medizin in Anspruch nehmen oder nicht – Patienten sind sie allemal, seine Romane und Erzählungen sind Dokumente einer Obsession. Wenn zunächst seine Prosa vom Gespenst der Abstraktion bedroht war, so vermochte er dieses Gespenst in seinen späteren Büchern, in dem Erzählungsband »Diabelli« (1979), der ihn bekannt gemacht hat, und in seinem reichsten und kuriosesten Buch, in dem Roman »Die künstliche Mutter« (1982), lachend in die Flucht zu schlagen. Hier zeigte sich, daß Hermann Burger ein seltener Vogel war – nämlich ein Philologe mit Phantasie, ein Wissenschaftler mit Verve, ein Germanist mit Geschmack.

Vor allem aber: Das Artistische war sein Element. »Hätte man mich«, sagt eine seiner Figuren, »die Welt erschaffen lassen, ich hätte sie von Anfang an als Circus erschaffen ...« Noch am Rande des Abgrunds fungierte Burger, besessen und doch in bester Laune, als ein souveräner *magister ludi.* Zu beneiden war dieser Spielmeister freilich nicht. Man müßte blind und taub sein, um nicht zu spüren, daß hier einer am Werk war, der sich nicht schonen konnte und keinen Augenblick zögerte, seine ganze Existenz zu gefährden. Er gehörte zu den Artisten, die aufs Ganze gehen müssen und stets nur ohne Netz arbeiten können.

Damit hat es zu tun, daß Burger in unseren Kulturbetrieb, den er keineswegs gemieden hat, nicht recht paßte: Obwohl ein promovierter und habilitierter Germanist, der sein Brot als Dozent, Redakteur und Kritiker verdiente, blieb er ein Außenseiter des literarischen Lebens – er befremdete, ohne ein Fremdling zu sein. Vielleicht war er zu sehr mit sich selber beschäftigt, um andere Menschen wahrzunehmen. Er hat viel gelitten, aber die Leiden anderer zu erkennen, auch der ihm Nächsten, war ihm nicht gegeben. An Kafkas berühmtes Wort »Schreiben als Form des Gebetes« anknüpfend, hat er sein Schreiben als eine Form von »Selbstgesprächstherapie« definiert.

So ist denn auch nahezu jede seiner Arbeiten autobiographisch – zumal der Roman »Die künstliche Mutter«, die höchst vertrackte Geschichte eines Dozenten, dessen Leben im Zeichen einer Frau steht, aber nicht einer, die er liebt, die er vielmehr haßt: Er ist ein Muttergeschädigter, der gejagt wird wie Orest, der Sohn Klytämnestras – nur eben nicht von Erinnyen, sondern von Traumata und Komplexen. Seit Jahren von Arzt zu Arzt, von Labor zu Labor wankend, landet er, der »Omnipatient«, in einem (von Burger erfundenen) unterirdischen Gotthardsanatorium: Ihn, den mit der Impotenz geschlagenen Intellektuellen, zieht es dorthin wie einst den Tannhäuser in den Venusberg.

Ähnlich wie in der »Künstlichen Mutter« wimmelt es auch in dem Roman »Brunsleben« von kulturgeschichtlichen Reminiszenzen, literarhistorischen Analogien und allerlei Verweisen und Anspielungen. Leicht machte es Burger niemandem – weder seinen Kritikern noch seinen Lesern und am allerwenigsten sich selber. Zwischen einer zuweilen schon hypertrophen Beredsamkeit und einer mitunter erschreckenden Sprachlosigkeit schwankend, artikulierte er sein Lebensgefühl.

Auf die Frage, was sein größtes Unglück sei, antwortete Burger: »Eine moderne Zivilisationskrankheit: die Depression«. Im letzten Brief an mich – er ist vom 10. Februar datiert – schrieb Burger: »Der depressive Zyklus hat sich trotz neuer chemotherapeutischer Erkenntnisse in den letzten Jahren so eingespielt, daß mir wie 1988 eine Schaffensperiode von ungefähr vier Monaten bleibt.« In diesen Monaten des vergangenen Jahres hat er neben dem Roman »Brunsleben« auch eine umfangreiche Abhandlung verfaßt: einen Traktat über den Selbstmord. Wir werden Hermann Burger nicht vergessen.

Marcel Reich-Ranicki

Frankfurter Allgemeine Zeitung. 3. 3. 1989.

- *5. 3. – Das Stück »Oblomow« von Franz Xaver Kroetz nach Motiven des gleichnamigen Romans von Iwan Gontscharow wird am Münchner Prinzregententheater in einer Inszenierung des Autors uraufgeführt.*

Der verlorene Optimismus. Kroetz inszeniert seine »Oblomow«-Bearbeitung

Die Standuhr auf der Bühne des Prinzregententheaters hat kein Zifferblatt. Herr Oblomow liegt im Bett. Kein Zeiger rührt sich an der Uhr, Oblomow rührt sich auch nicht. Die Zeit ist zum Stillstand gekommen. Wer sich nicht bewegt, mag glauben, das Vergehen des Lebens aufgehalten zu haben. Oblomow, der sich schon im Leben dem Tod ergeben hat, weil er das Leben verweigert, ist in Wahrheit von grenzenloser Todesfurcht umgetrieben. Auch die Liebe kann ihn nicht retten. Denn im Anfang der Liebe muß er schon ihr Ende fürchten. Oblomow ist klug und ehrlich, also hoffnungslos, gelähmt von der Einsicht in die Vergeblichkeit aller Lebensanstrengungen, die doch den Tod nicht aufhalten können.

Und Franz Xaver Kroetz, der Iwan Gontscharows Roman »Oblomow«, erschienen 1858, dramatisiert hat, gibt ihm recht. Anders als der Romanautor stellt Kroetz dem radikalen Lebensverweigerer (einer liebenswürdigeren Variante aller Bernhardschen Untergeher) keinen ernstzunehmenden Kontrahenten gegenüber. Stolz, der »Vertreter in Sachen Fortschritt«, bei Gontscharow die männlich-noble, handelnde Gegenfigur zum mählich verrottenden Oblomow, ist in der Fassung von Kroetz ein hinkender Karrieretyp, »von dem man nie weiß, ob er Chef oder Buchhalter sein wird«, ein Überkompensierer. Seine Bekenntnisse zum sozialen Fortschritt sind Phrasen, die vor allem dem eigenen Fortkommen förderlich sind. Wolkow, der Gesellschaftsdandy, der die Lebenslangeweile forttanzt, -reitet und -flirtet, ist ein armes Schwein, dem spätestens auf dem »Leibstuhl« die Enge seiner Existenz peinvoll gewiß wird.

Und Olga, die für eine kurze Weile den langsam verlöschenden Oblomow zu beleben vermochte und ihn schließlich resigniert verläßt, um an der Seite von Stolz dem Untergang vielleicht doch noch zu entkommen?

Im vorletzten Bild, »Jahre später«, sehen wir sie wieder, eine fett gewordene Matrone, die zuweilen von der Schwermut eingeholt wird, »als ob das Leben nicht alles enthalten würde«. Schnell werden solche Anwandlungen weggekichert, die doch die Grundbefindlichkeit dieser Kroetz-Figuren sind. Die »Oblomowerei« ist nur die ehrlichste, die radikalste Form der Resignation.

So tapfer wie Olga auf dem Gegenteil ihrer existentiellen Melancholie beharrt (»Ich muß glücklich sein. Wer könnte glücklicher sein als ich?«), so entschlossen versucht der Regisseur Kroetz, seine heillose Gontscharow-Bearbeitung mit zaghafter Operettenseligkeit zu kaschieren. Zu Bellinis Casta Diva-Arie, mit der Olga (als Callas-Playback) Oblomows Herz gewinnt, stürzt sich Kroetz gar tollkühn in den Versuch, auf dem prinzregentlichen Nudelbrett Theaterzauber zu entfesseln: Die schwarzen Stoffbahnen, mit denen Heinz Hauser den kärglichen Lebenswinkel Oblomows eingegrenzt hat, fallen und geben den Blick frei auf Nischen, in denen sich die Petersburger Gesellschaft ein Lemurenstelldichein gibt. Aus dem Souffleurkasten schießt irren Blicks die stimmgewaltige Souffleuse und stimmt in den Callas-Donner ein.

Am Ende öffnen sich noch einmal diese Nischen: seltsam verrenkt liegt sie da, die Society von Petersburg, tot allesamt. Übrig in seinem Bett bleibt nur und ausgerechnet Oblomow, nicht gerade eine Lichtgestalt. Weit und breit kein Hoffnungsträger.

Franz Xaver Kroetz hat einen schleichenden Tanz auf dem Vulkan inszeniert, tapfer und etwas müde. Tapfer und ziemlich müde klatschten die Premierenbesucher den trefflichen Schauspielern Wolfgang Reinbacher, Olivia Grigolli, Herbert Rhom, Gerd Anthoff und Heini Göbel Mut zu, die da seltsam überschwenglich im Cancan-Schritt ihre Applaus-Ordnung durchpaukten. Ein paar Buhs für Autor und Regisseur Kroetz, nicht ganz zu verstehen: Was kann schließlich der Kroetz dafür, daß ihm der Optimismus abhanden gekommen ist?

Barbara Schmitz-Burckhardt
Frankfurter Rundschau. 15. 3. 1989.

- *7. 3. – Der »Alfred-Kerr-Preis für Literaturkritik« wird an die »Weimarer Beiträge« und damit erstmals an eine Zeitschrift aus der DDR vergeben. Die mit fünftausend Mark dotierte Auszeichnung soll nach dem Willen der Jury würdigen, daß die Zeitschrift »offen, neugierig und kenntnisreich Literaturkritik übt in einer Gesellschaft, die zwar der Literatur einen hohen Stellenwert beimißt, in der jedoch das einzelne Werk eher vermittelt als beurteilt wird«.*

- *10. 3. – In Berlin findet eine öffentliche Lesung von Texten des anglo-indischen Romanciers Salman Rushdie statt. Von starken Polizeikräften geschützt, liest unter anderen Günter Grass aus Werken Rushdies, der nach der Veröffentlichung seines Romans »Die satanischen Verse« vom iranischen Revolutionsführer Khomeini mit der Ermordung bedroht worden ist. Durch die Veranstaltung soll die Solidarität auch der deutschen Schriftsteller mit Rushdie bekundet werden.*

  Im Rahmen der Lesung greift Günter Grass die Akademie der Künste in Berlin scharf an, da sie für die Solidaritätsveranstaltung keinen Raum zur Verfügung gestellt habe. Er kündigt an, die Akademie zu verlassen. Er war seit 1963 Mitglied der Akademie der Künste und von 1983 bis 1986 auch deren Präsident. Grass erinnert daran, daß die Berliner Akademie schon einmal, zur Zeit des Nationalsozialismus, politischem Druck nachgegeben habe. »Vor allen anderen Berliner Institutionen hätte die Akademie der Künste dieser Herausforderung gegenüber an Ort und Stelle Widerstand bezeugen müssen«, erklärt er. »Indem sie ihre Räume verweigerte, gibt sie dem terroristischen Druck nach, entledigt sie sich der Verpflichtungen der Vergangenheit und nimmt sie eine Haltung ein, die schlechtes Beispiel gibt.«

- *12. 3. bis 18. 3. – In Leipzig findet die alljährliche Frühjahrs-Buchmesse statt.*

Kampf mit roten Zahlen. Leipziger Buchmesse: Zur Lage der DDR-Literatur

Fast 150000 Besucher kamen zu den Ausstellungen bundesdeutscher Bücher in Ost-Berlin, Rostock, Dresden und Weimar: Indiz für das Interesse des DDR-Publikums an den Produkten der Verlage aus dem anderen Teil Deutschlands. Der Gegenbesuch der DDR-Verlage findet in Köln, Heidelberg, München und Hamburg statt, und schon wird über eine zweite Ausstellungsrunde westdeutscher Verlage in der DDR verhandelt. Die Kontakte zwischen den Börsenvereinen der Buchhändler zu Leipzig und zu Frankfurt am Main lassen kaum zu wünschen übrig. Die Kooperation westdeutscher Verlagshäuser mit Partnern in der DDR hat sich im Lauf der Jahre stabilisiert. So wie sich der Kulturaustausch zwischen den beiden deutschen Staaten seit Unterzeichnung des entsprechenden Abkommens von 1986 positiv entwickelt hat, so funktioniert auch der Literaturaustausch mittlerweile recht zufriedenstellend.

Natürlich gibt es große, unstrittige Themen für die DDR-Verlage, bei denen sie zum Teil Beachtliches leisten, handele es sich um das zweihundertjährige Jubiläum der Französischen Revolution oder um den fünfhundertsten Geburtstag Thomas Müntzers. Die Publikationen darüber in diesem Jahr werden wohl eine eigene kleine Bibliothek füllen. Aber je näher die Themen an der Gegenwart liegen, desto größer ist die Wachsamkeit, die man revolutionär zu nennen pflegt, desto schärfer die Zensur.

Auf dem letzten Schriftstellerkongreß der DDR hatten Autoren wie Günther de Bruyn und Christoph Hein heftig die herrschende »Druckgenehmigungspraxis« attackiert und sie »menschenfeindlich, überlebt, nutzlos, volksfeindlich« genannt. Darauf kündigte der stellvertretende Kulturminister Klaus Höpcke eine »Veränderung der Druckgenehmigungspraxis« oder eine »andere Handhabung« an. Das dürfte darauf hinauslaufen, daß die Verlagsleiter in Zukunft mehr Verantwortung erhalten, sie selbst sollen entscheiden, ob ein Text erscheint. Ob dies den Autoren mit umstrittenen Texten nutzt oder ob die Angst der Verleger um ihren Stuhl die Zensur womöglich noch rigoroser macht, muß die Zukunft zeigen.

Da nicht wenige Verlage der DDR mit roten Zahlen zu kämpfen haben – die Buchpreise sind seit Jahrzehnten, im Unterschied zu den Kosten, kaum gestiegen –, wird es wohl nicht ausbleiben, daß auch die Verlage über kurz oder lang die Verantwortung für ihr ökonomisches Gebaren übernehmen sollen. Aber vielleicht ist dies nur im Rahmen eines allgemeinen Subventionsabbaus und einer Reform der ganzen Volkswirtschaft möglich.

Eine der grundsätzlichen dialektischen Weisheiten lautet bekanntlich: »So wie es ist, wird es nicht bleiben.« Das gilt mit Sicherheit auch für die DDR und ihre Kulturpolitik. Eine Resolution wie die des PEN-Clubs der DDR zugunsten eines in einem Bruderland verhafteten Autors (Vaclav Havel in der ČSSR) wäre noch vor wenigen Jahren undenkbar gewesen. Auch auf der Leipziger Messe gab es gewisse Turbulenzen – das PEN-Mitglied Klaus Höpcke erkrankte möglicherweise diplomatisch und blieb der Messe fern –, aber ungeschehen ist die Resolution nicht mehr zu machen.

Und bis zu einem gewissen Grad ist selbst die DDR-Gerontokratie lernfähig. Der Dokumentarfilm zum hundertsten Geburtstag des Schriftstellers Friedrich Wolf im vergangenen Dezember war um Äußerungen seines Sohnes Markus, des früheren Chefs der »Westaufklärung« der DDR, über den Stalinismus der dreißiger Jahre gekürzt worden. Stephan Hermlin machte dies in einem Gespräch mit dem »Spiegel« vom 6. Februar 1989 bekannt, und daraufhin wurde der Film nun noch einmal, mit den zuerst herausgeschnittenen Passagen, ausgestrahlt.

Gewiß gehört Markus Wolfs literarisches Debüt »Troika«, die Geschichte eines nicht gedrehten Films, Projekt seines Bruders Konrad, zu den interessanten Büchern dieses Frühjahrs. Es ist schon Sensation genug, wenn einer der geheimnisumwitterten Männer des DDR-Staatsapparats seine Deckung verläßt und sich der Öffentlichkeit stellt. Aber darüber hinaus bietet sein Text genug Stoff für ernsthaftes Nachdenken.

Geschildert wird der Lebensweg dreier Jungen, die nach 1933 zusammen in Moskau aufwachsen, bis sich schließlich ihre Lebenswege trennen. Der eine (Konrad Wolf) wird Filmregisseur in Ost-Berlin, der andere sozialdemokratischer Bauunternehmer in West-Berlin, der dritte Sowjetologe in den USA: Drei exemplarische Schicksale dieses Jahrhunderts. Es ist bedauerlich, daß Konrad Wolf dieses Projekt, das ihn bis zu seinem Tod beschäftigte, nicht mehr realisieren konnte. Die Prosa seines Bruders Markus ist leider keine Eroberung neuer ästhetischer Dimensionen, aber in jedem Falle ein politisches Dokument und eine Sammlung bemerkenswerter Sätze.

Es war nicht zu erwarten, daß ein Mann wie Markus Wolf der Vergangenheit abschwört, aber er rechnet doch kritischer mit ihr ab, als man von einem Mann seiner Profession erhoffen würde. Über die Ausbürgerung Biermanns schreibt er etwa: »Hätte man die Nachwirkungen gekannt, wäre vermutlich anders entschieden worden.« »Die Reaktion auf unserer Seite war ... nicht immer differenziert und geduldig genug.« Oder er erinnert an die von Lenin vertretene »Notwendigkeit, eigene Fehler offen aufzudecken, auch wenn der Feind das ausnutzen kann«, und daß es gar nichts nutze, »heikle, unangenehme und schwierige Fragen in unseren Zeitungen und Rundfunksendungen« zu übergehen.

Sollte dies allgemeine Regel in der DDR werden, dürften sich in Zukunft nicht nur Pressekonferenzen auf der Buchmesse interessanter gestalten. Vieles brennt den Menschen in der DDR auf den Nägeln, und bis auf weiteres sind es oft nur die Kabarettisten, die derlei Wunden kühlen. Ginge es nach dem verflossenen »Auslandsaufklärer« Mischa Wolf, müßte es in der DDR wohl eine neue Form von massenhafter nichtkonspirativer »Inlandsaufklärung« geben, eine Form der Öffentlichkeit, die in der Sowjetunion noch immer »Glasnost« heißt: »Vieles, auch Entscheidendes, muß in der Praxis von heute noch bewiesen werden.« *Karl Corino*

Stuttgarter Zeitung. 15. 3. 1989.

- *14. 3. – Hans Magnus Enzensberger veröffentlicht in der »Frankfurter Allgemeinen Zeitung« den Essay »Meldungen vom lyrischen Betrieb«. In dem Text heißt es unter anderem:*
»Die Leser von Gedichten sind also, wohin man blickt, gestern wie heute, eine kleine, radikale, aber stabile Minderheit. Dieser Minoritätenstatus hat eine weitere Anomalie zur Folge, die Poeten und Verlegern derart vertraut ist, daß niemand mehr auf die Idee kommt, sie für erwähnenswert zu halten. Ich meine die Unmöglichkeit, Gedichte in Geld zu verwandeln. Die Klage hierüber ist die Antistrophe zu einem anderen alten Lied: dem von der Käuflichkeit der Kunst. Mühelos verbindet sich in solchen Gesängen die herzliche Abneigung gegen die Moderne mit dem heiligen Zorn auf den Kapitalismus. [...] Mit einem Wort: Wie überall sonst herrscht auch in der Kultur ein lücken- und gnadenloses Treiben. Markt ist Markt, und es ist ganz egal, ob es dabei um Töne oder Bilder, Romane oder Theorien geht. Erst vor diesem Hintergrund läßt sich ermessen, was es heißt, daß ein Mitspieler, der Lyriker, auf diesem Schauplatz fehlt. Einen Poesiemarkt gibt es nicht. Das Gedicht ist das einzige Produkt menschlicher Geistestätigkeit, das gegen jeden Versuch, es zu verwerten, immun ist. Ich muß schon sagen: In diesem Licht erscheint mir seine oft bejammerte Unverkäuflichkeit als rätselhaftes Privileg.«

- *28. 3. – Im Alter von 83 Jahren stirbt in Dresden die Erzählerin Ruth Seydewitz. Sie wurde durch ihre Bücher »Wenn die Madonna reden könnte«, »Liebe durch die Jahrhunderte« und die Autobiographie »Alle Menschen haben Träume« bekannt. Ruth Seydewitz 1905 als Tochter einer jüdischen Kaufmannsfamilie geboren, wurde 1923 Mitglied der Jungsozialisten, später der SPD. 1928 lernte sie Max Seydewitz kennen, damals Redakteur der Zeitschrift des linken Flügels der SPD »Der Klassenkampf«. Mit ihm gemeinsam publizierte sie zahlreiche Bücher, darunter »Das Dresdener Galeriebuch« und »Die Dresdener Kunstschätze«.*

- *2. 4. – Der rumäniendeutsche Lyriker Nikolaus Berwanger, der seit 1984 in der Bundesrepublik lebte, stirbt in Ludwigsburg. Der Autor wurde 1935 in Freidorf bei Temeswar im rumänischen Banat geboren und war zunächst als Textilfacharbeiter und von 1952 an als Journalist tätig. Berwanger verfaßte mehr als 20 Bücher, darunter »Steingeflüster – lyrische Bekenntnisse eines Rumäniendeutschen«, »Offene Milieuschilderung« und »In Liebe und in Haß. Der große Schwabenausverkauf und andere Texte«.*

- *8. 4. – Am Berliner Schiller-Theater wird in einer Inszenierung von Heribert Sasse das Stück »Unbefleckte Empfängnis« von Rolf Hochhuth uraufgeführt.*

Das Monster aus der Retorte. Rolf Hochhuths »Unbefleckte Empfängnis« uraufgeführt
Künstliche Befruchtung, Retortenbabys, Leihmütter, Genmanipulation – Rolf Hochhuth hat in seinem neuen Stück wieder bei brisanten zeitgeschichtlichen Themen zugeschlagen. Als Auftragsarbeit fürs Schiller-Theater geschrieben, wurde jetzt in Berlin »Unbefleckte Empfängnis« uraufgeführt, nachdem der Text schon vor einigen Monaten als Buch erschienen war.

Ein Ehepaar will ein Kind, doch die Frau kann weder empfangen noch eine Schwangerschaft austragen; als Retterin aus ihrem Leid erscheint die türkische (im Text jugoslawische) Verwalterin ihres landwirtschaftlichen Betriebs, die als Leihmutter fungieren will. Ein befreundeter Arzt, Pionier der künstlichen Befruchtung, bringt Ei und Samen glücklich zusammen und pflanzt den Embryo ein. Der Bauch wird dicker schon, da bedrohen Politiker, Juristen, Theologen, Sozialexperten die entstehende Idylle und machen den Müttern (und am Rand auch dem Vater) ihr Kinderglück streitig.

»Ein Kreidekreis« heißt das Stück denn auch im Untertitel, anspielend auf die bekannte chinesische Geschichte und natürlich auf Brechts »Kreidekreis«-Gestaltungen, in denen sich biologische und soziale Mutter gegenüberstehen. Mit Brechts Parabeln hat »Unbefleckte Empfängnis« jedoch nichts zu tun; Hochhuth geht es um den Zeitstoff, von dem Sensationsmeldungen, Leitartikel, Kongresse, Diskussionen handeln: Die neuen Reproduktionstechnologien haben dem Kampf ums Kind ganz neue Felder erschlossen.

Erwarten konnte man ein gut recherchiertes Argumentationsdrama nach dem Pro-und-Contra-Schema, herausgekommen ist jedoch ein krudes Propagandastück, dessen Botschaft heißt: Ungewollte Kinderlosigkeit ist eine Krankheit, die heute »geheilt« werden kann, und niemand darf die Rechte der einzelnen, der Betroffenen beschränken. Seinen Gegnern hat es der Autor hier sehr leicht gemacht, und die, die – etwa im »Stellvertreter«, in »Ärztinnen«, in »Juristen« – den Moralisten und Zeitkritiker lobten und dafür den schlechten Dramatiker gerne in Kauf nahmen, haben es sehr schwer.

Denn was er hier bietet, ist nicht ernst zu nehmen. Den ästhetischen Schwächen der dramatischen Konstruktion entsprechen die inhaltlichen Mängel der Argumentation ganz genau. Denn alles, was gegen seine Thesen sprechen könnte, muß Hochhuth denunzieren oder verdrängen. Der Arzt, der den starken und guten Mutterfrauen hilft, ist eine Mischung aus dem TV-Arzt Brinkmann und einem Raabeschen Hungerdoktor, der seine mitgebrachten Butterstullen verzehrt. Er forscht, so scheint's, wie die Entdecker und Erfinder in alten Kinderbüchern: Von modernen High-Tech-Labors ist er so weit entfernt wie die Bundesrepublik von diesem Hochhuthhausen, in dem sich alles abspielt.

Daß die neuen Gentechnologien mit enormen staatlichen und privaten Mitteln gefördert wurden und werden, daß die Neben- und Folgewirkungen nicht abzusehen sind, daß die Frauen sich Behandlungstorturen mit geringen Erfolgsaussichten unterziehen müssen – all das paßt in die schöne, neue Welt des heftigen Frauen- (sprich: Mutter-)Freundes Hochhuth nicht hinein. Die Kontrahenten seiner Sprachrohrfiguren baut er sich aus Karikaturen zusammen: etwa den verklemmt salbadernden Priester, der ob der Gotteslästerung, eine künstliche Befruchtung sei doch eine »unbefleckte Empfängnis«, wie sie die Jesus-Mutter erfuhr, empört aus dem Raum stolziert.

Hochhuth wäre jedoch nicht Hochhuth, würde er nicht auch gegen alle möglichen anderen Mißstände losziehen: also gegen die EG-Agrarwirtschaft (der samenspendende Ehemann hat seine Bauernexistenz gegen eine Funktionärstätigkeit in Brüssel eingetauscht), gegen die Korruption der Parteien und besonders ressentimentgeladen gegen Psychologen. Hier von Zeitkritik zu sprechen hieße so manche Stammtischmeinung lobend aufzuwerten.

Die Inszenierung eines solchen monströsen Theatertextes muß sich in Schadensbegrenzung erschöpfen. Und darauf hat sich Heribert Sasse, Hausherr des Schiller-Theaters, in seiner Regie konzentriert. Er hat den Text stark zusammengestrichen, umgestellt, hat die ärgsten Ausfälle und schlimmsten Dialogpartien weggelassen und damit den Autor offensichtlich so verärgert, daß der vor der Premiere abreiste. Retten läßt sich die Aufführung gleichwohl nicht.

Denn für das Dilemma, daß Hochhuth Typen, Positionsvertreter, auf die Bühne stellt, sie aber wie Individuen behandelt und ja schließlich für das Recht des einzelnen eintritt, fand Sasse keine Lösung. In den naturalistischen Bühnenbildern von Santiago del Corral, Funktionsbauten, die kaum mehr als den Ort der Handlung bezeichnen, stehen und sitzen die Figuren unbequem herum und debattieren, verlegen die Worte unterstreichend.

Am Anfang beginnt gleich Bernhard Minetti als alter Klinikchef mit den Hauptthesen des Autors, doch er ist so unsicher in seinem Text, daß man nicht weiß, ob die dargestellte Sitzung einer Ethik-Kommission auch seinetwegen so abrupt abgebrochen wird. Weil Sasse die schäumenden Affekte Hochhuths dämpft, verlieren die Figuren im unterkühlten Spiel ihr (allerdings reichlich künstliches) Theaterblut. So wirken die Eheleute von Patricia Litten und Max Volkert Martens blaß in ihrer Kindersehnsucht; der Gynäkologe von Thomas Schendel, der angeblich bahnbrechende Pionier, wird im Bestreben, das

Ärzteroman-Klischee zu vermeiden, zum brav-grauen Vertreter des akademischen Mittelbaus.

Im letzten Akt sehen wir, wie ein ärztliches Standesgericht über diesen Gynäkologen verhandelt. Uta Hallant leitet als Richterin das Verfahren mehr resolut als souverän, und bald könnte man meinen, Doc Holliday stünde in Dodge City vor dem Kadi: Mit einem Hieb von Frauenhand wird der lästige Staatsanwalt außer Gefecht gesetzt, die genetische Mutter schnappt sich ihr gerade geborenes Kind und haut ab »ins Ausland, egal wohin«. Hier steigert sich das unfreiwillige Kabarett zur Klamotte.

Am Schluß steht die türkische Leihmutter (Sema Engin mit einiger Bühnenpräsenz) allein im Gerichtssaal, betrachtet die leere Kindertasche und schaut nachdenklich ins Publikum. So versucht Sasse vorsichtig, die bornierte Einseitigkeit Hochhuths – da gibt es zwischen den Frauenmüttern kein Arg – auszugleichen und zu erweitern, genau wie es durch das Programmheft geschieht, in dem kritische Texte zur Reproduktionstechnologie zu lesen sind. Doch zum Besinnungsdrama veredeln läßt sich das propagandistische Retortenstück nicht.

Wolfgang Hammer

Frankfurter Rundschau. 11. 4. 1989.

- *11. 4. – Albert Vigoleis Thelen stirbt im Alter von 85 Jahren in Viersen.*

Fröhlicher Weltgram. Zum Tode des Schriftstellers Albert Vigoleis Thelen

Es gibt Schriftsteller, deren literarisches Renommee auf ein einziges Buch zurückgeht, neben dem sich alles, was sie sonst noch schrieben, nicht recht durchsetzen konnte. Ein Autor dieses Typus war Albert Vigoleis Thelen, der am Sonntag in Dülken am Niederrhein im Alter von fünfundachtzig Jahren gestorben ist. Sein Name wurde im Herbst 1953 mit einem Schlage durch den fulminanten Roman »Die Insel des zweiten Gesichts« berühmt. Und allein dieses Buch bestimmt bis heute das Bild Thelens beim breiteren literarischen Publikum. Daß er einen zweiten voluminösen Roman, kürzere erzählende Prosa und einige Gedichtbände veröffentlicht hat, ist kaum ins öffentliche Bewußtsein gedrungen.

Natürlich liegt darin eine Ungerechtigkeit, die Thelen selbst schmerzlich empfunden hat. Denn auch der »Schwarze Herr Bahßetup«, der 1956 erschienene zweite Roman, enthält einige glänzende Passagen. Und sicherlich gibt es auch unter den Gedichten, sowohl unter den an Rilke anknüpfenden des Bandes »Schloß Pascoaes« von 1942 als auch unter den skurril-verspielten Texten aus »Vigolotria« (1954) oder in der Alterslyrik, reizvoll und virtuos gemachte Stücke. Aber es kann kein Zweifel sein: Die künstlerische Kraft und Laune, die Thelen in der »Insel des zweiten Gesichts« an den Tag gelegt hat, findet man in seinen späteren und früheren Arbeiten nicht wieder.

Daß er erst jenseits seines fünfzigsten Lebensjahres bekannt wurde und daß er auch später nicht zu einer kontinuierlichen Produktion fand, hängt mit seiner sprunghaft und turbulent verlaufenen Biographie zusammen. Er wurde 1903 als Sohn eines Buchhalters im niederrheinischen Süchteln geboren und durchlebte seine Kinder- und Jugendjahre in einem streng katholischen Milieu. Das Gymnasium verließ er mit dem Einjährigen-Zeugnis und arbeitete fünf Jahre lang in handwerklichen Berufen, bevor er sich entschloß, in Köln Germanistik, Philosophie, Kunstgeschichte und Zeitungswissenschaft zu studieren.

Einen ordentlichen Abschluß seiner Studien hatte er nicht erreicht, als er sich 1931 endgültig von seinem Elternhaus löste und mit seiner späteren Frau, der Schweizerin Beatrice Bruckner, zunächst nach Holland und wenige Monate später nach Mallorca ging. Dort blieb er bis 1936, stets verfolgt von ökonomischen und bald auch von politischen Bedrängnissen. Diese Jahre haben der »Insel des zweiten Gesichts« ihren farbigen und lebensprallen Erzählstoff geliefert.

Die Flucht vor dem Franco-Regime führte den Schriftsteller zunächst nach Frankreich und in die Schweiz, dann für etliche Jahre nach Portugal, wo er bei dem Mystiker und Dichter Teixeira de Pascoaes ein Unterkommen fand. Nach dem Ende des Krieges kehrte er nach Holland (Amsterdam) zurück, 1954 siedelte er in die Schweiz über, wo er bis in die siebziger Jahre auf dem Besitz einer mexikanischen Millionärin als Verwalter lebte. Im Rückblick hat Thelen später diese Schweizer Jahre als versäumte und vertane bezeichnet. In der Tat: Hier hätte er mit seinen Talenten wuchern sollen, um dem Erfolg mit der »Insel des zweiten Gesichts« weitere folgen zu lassen. Aber offensichtlich ließ er sich entmutigen, als sein zweiter Roman von Kritikern und Lesern mit Zurückhaltung aufgenommen wurde. Einen dritten jedenfalls hat er nicht mehr publiziert.

Erst 1985 ist er nach Deutschland zurückgekehrt. Vorausgegangen waren Ehrungen durch staatliche Stellen, in denen der zweiundachtzigjährige Autor Gesten sah, die es ihm erlaubten, »von aller Bitterkeit befreit« wieder heimatlichen Boden zu betreten. Seine letzten Lebensjahre verbrachte er in unmittelbarer Nähe seines Geburtsorts.

Thelens Hauptwerk, der Roman »Die Insel des zweiten Gesichts«, hat auch 35 Jahre nach seinem ersten Erscheinen nichts an Frische und Vitalität eingebüßt. Das liegt an der sprachlichen Verve und der übermütigen Erzähllaune, die das Buch auf jeder Seite beweist. Das Merkwürdige ist, daß der Autor in der Rolle des Komödianten eine im Grunde bedrükkende, ja bisweilen verzweifelte Geschichte erzählt. Ihr Tiefpunkt liegt in der Episode, in der Vigoleis und seine Gefährtin Beatrice in einem Bordell und Schmuggel-Hauptquartier Unterschlupf suchen müssen. Hier leben sie in einem engen Verschlag, drangsaliert von zahllosen Ratten und dem Hunger ausgeliefert. Die Hoffnungslosigkeit ihrer Lage drängt sie bis an den Rand des Selbstmords.

Aber selbst bei der Schilderung dieser extremen Situation gibt der Roman die Haltung humoristischer Überlegenheit nicht auf. Überhaupt läßt sich der Pessimist Thelen, zu dessen Hausheiligen Schopenhauer gehört, nicht zu Weltverneinung und Verzweiflung treiben. Sein »Weltgram« bleibt fröhlich, und sein Roman bezeugt eine ungehemmte Empfänglichkeit für die Buntheit der Welt, insbesondere für die bizarren Eigentümlichkeiten der Menschennatur, und ein faszinierendes Staunen über den Aberwitz des Weltlaufs. So überwindet sich seine pessimistische Grundhaltung selbst in einem turbulenten, hochkomischen und geradezu welt- und wortsüchtigen Erzählen. Mit diesen Qualitäten behauptet »Die Insel des zweiten Gesichts« ganz ohne Zweifel einen hohen Rang unter den nach 1945 entstandenen deutschen Romanen. *Jürgen Jacobs*

Frankfurter Allgemeine Zeitung. 12. 4. 1989.

● *13. 4. – Ernst Jandl erhält den mit zwanzigtausend Mark dotierten Frankfurter Hörspielpreis. In der Begründung der Jury heißt es: »Jandl hat mit einer beispielhaften Radikalität, mit innovatorischer Kraft und epochemachendem Erfolg der Gattung Hörspiel neue literarische Bedeutung gegeben. Er hat diese Gattung mit der Formensprache der modernen Poesie (Montage, Lautdichtung, Sprachspiele) verknüpft und revolutioniert, zugleich aber auch als einer der ersten die Möglichkeiten der Stereophonie kühn und präzise eingesetzt.«*

● *15. 4. – Adolf Frisés Stück »Nachts« wird unter der Regie von Kitty Buchhamer im Braunschweiger Staatstheater uraufgeführt.*

● *16. 4. – Der Romancier Siegfried Lenz erhält den erstmals verliehenen und mit vierzigtausend Mark dotierten Preis der Heinz-Galinski-Stiftung, die nach dem Vorsitzenden des Zentralrates der Juden in Deutschland benannt ist. Die Auszeichnung soll das Lebenswerk von Lenz würdigen, das »von den Gedanken der Verständigung und der Toleranz geprägt« sei. Die Stiftung war anläßlich des 75. Geburtstages von Galinski im November vergangenen Jahres gegründet worden. Zu ihren Zielen gehört es, »die Religion, die Toleranz, die Bildung und den Gedanken der Völkerverständigung zu fördern«.*

● *18. 4. – Friedrich Christian Delius erhält in Hannover den mit fünfzehntausend Mark dotierten Gerrit-Engelke-Literaturpreis. In seiner Laudatio zählt Herbert Schmalstieg Delius zu jenen Autoren, »die sich nicht scheuen, unbequeme Wahrheiten zu sagen, die mit ihren Arbeiten Warnzeichen setzen in einer zunehmend inhumaner werdenden Welt«.*

In seiner Dankrede macht sich Delius vor allem über die politische Wirkung von Literatur Gedanken:
»Wer sich Lust und Erkenntnissen von Literatur aussetzt, ist als Unterwerfungsobjekt nicht mehr besonders brauchbar – ein Gedanke, auf dem Heinar Kipphardt immer wieder bestanden hat. Menschen, die sich auf Kunst einlassen, sind nicht so leicht zu unterdrücken, politisch zu manipulieren – denn wer liest, der fragt auch, der lernt zu zweifeln. Wenn die Literatur etwas lehrt, dann dies: ›Es gibt keine endgültige Lösung. Es gibt kein letztes Wort‹, daran hat Carlos Fuentes neulich noch einmal am Beispiel Salman Rushdie erinnert. [...] Meine Arbeit, Worte zu suchen, die nicht lügen – oder eine Sprache der vornehmen Lügen zu sezieren –, hat deshalb nichts mit Moralismus zu tun. Sie ist Opposition, sie sucht Opposition, also auch Verbündete. Die geringen Mittel der literarischen Sprache brauchen als Triebkraft Strenge, Bescheidenheit, Humor und die unverschämteste Utopie bis hin zu Joseph Brodskys Satz ›Der Staat ist von gestern, die Literatur von morgen‹.«

● *27. 4. – Der Schweizer Romancier und Dramatiker Friedrich Dürrenmatt erhält in Bonn den mit fünfzehntausend Mark dotierten »Ernst-Robert-Curtius-Preis für Essayistik«. Die Auszeichnung soll, wie es in der Urkunde heißt, sein »an neuartigen Gedanken reiches« Werk würdigen: »Raum schaffen durch den Geist, Angst zu bewältigen in der Freiheit sind Absicht und Wirkung seines Denkens und Schreibens.«*

In seiner Laudatio nennt der saarländische Ministerpräsident Oskar Lafontaine Dürrenmatt einen »Skeptiker«, der jedoch kein »Misanthrop« sei. Die Freiheit des Individuums stehe im Mittelpunkt des Dürrenmattschen Denkens. Der Autor habe den Politikern immer nahegelegt, nicht über Politik zu reden, sondern sie zu machen. Dürrenmatt stelle sich der »neuen Unübersichtlichkeit« und habe »befreiende Ausfälle gegen die Widersprüche der Moderne« geschaffen. Der mit siebentausendfünfhundert Mark dotierte Förderpreis geht an den 1955 geborenen Jens Jessen.

In der Dankrede von Dürrenmatt heißt es:
»Die Schadenfreude, der Marxismus habe endgültig versagt und man sei ihn endlich los, teile ich nicht. Der Marxismus ist eine Analyse der Bedingungen, unter denen der Mensch zu leben gezwungen ist, die in vielem und allzuoft in viel zu vielem immer noch gültig ist. Er ist als Ausweitung dieser Analyse zu einer Weltanschauung eine rationalistische Konzeption und als solche zu diskutieren und nicht zu verteufeln. Sie stimmt im Logischen, und das Logische und das Ontologische stimmen nie überein.

Der Marxismus scheiterte am Menschen, das Rationale am Irrationalen, das in der menschlichen Natur liegt, nicht nur in jener Lenins oder Stalins, sondern auch schon in Karl Marx, dem Stifter dieser ersten rationalistischen Religion. Die Geschichte des Marxismus war die blutige Katastrophe eines von einer irrationalen Welt erzwungenen rationalen Experiments mit irrationalen Menschen. Daß dieses Experiment eingestellt wird, läßt die Vernunft befreit aufatmen, doch nicht ohne Trauer. Es ist auch ihre Niederlage.«

Mai

- *1. 5. – Christoph Heins Stück »Ritter der Tafelrunde« wird im Staatsschauspiel Dresden in einer Inszenierung von Klaus-Dieter Kirst uraufgeführt.*

Hunger auf Hoffnung. Christoph Heins »Ritter der Tafelrunde« in Dresden uraufgeführt
Christoph Hein, zur Zeit einer der produktivsten und erfolgreichsten Schriftsteller der DDR, wurde hierzulande vor allem durch seine Novelle »Drachenblut« und sein letztes Stück »Passage« bekannt, das Essen zusammen mit Zürich und Dresden uraufgeführt hat. Soeben ist sein neuester Roman »Der Tangospieler« erschienen. Im Februar wurde dem Schriftsteller, der

einigen Zensoren Bauchschmerzen bereitet, der Lessingpreis der DDR verliehen. Jetzt hat Klaus-Dieter Kirst, der schon die Uraufführung von »Passage« inszeniert hat, auch sein neuestes Stück »Die Ritter der Tafelrunde« in Dresden herausgebracht. Es zielt unverhohlen auf die politische Situation der DDR, ohne sich in der Tagespolitik zu verlieren, und stellt trotz der immer kritischer werdenden Töne, die auf DDR-Bühnen zu hören sind, insofern ein Novum dar, als es direkt auf der Königsebene spielt: Die Tafelrunde ist in der Krise. Die Gerontokratie der großen alten Ritter hat sich überlebt. Mordret, der Sohn Artus', bezeichnet sie als einen Haufen unzufriedener, ratloser Greise, die das Leben verklagen. Er will das Reich nicht erben, er verweigert sich der Verantwortung, er glaubt nicht mehr an den Gral.

In den altgewordenen Kämpfern, deren Verdienste um den Aufbau des Landes aber nie bezweifelt werden, werden Haltungen miteinander konfrontiert, die sich durch die Krise verschärft haben.

Keie, der Ideologe der Tafelrunde, manövriert sich in nahezu faschistoide Positionen. Am Ende fordert er Mordrets Kopf, aus Angst, er könnte zerstören, wofür sie ein Leben lang gekämpft haben. Orilus, der Pragmatiker, erntet Publikumsgelächter, wenn er zur Überwindung der Krise ein Turnier »mit Fahnen und Musik« vorschlägt. Der Außenseiter Parzival gibt eine oppositionelle Zeitung heraus und hat seine Mitarbeit an der Tafelrunde aufgekündigt. Aber auch ihm gelingt kein Neuanfang, sein Stigma ist seine stalinistische Vergangenheit. Lanzelot, auf dessen Rückkehr von der Gralssuche alle noch Hoffnungen setzen, kehrt gebrochen zurück.

»Die Menschen da draußen«, sagt er, »glauben nicht mehr an unseren Traum.« Artus erscheint zunächst als vertrottelter alter Mann. Erst langsam erkennt man, daß hinter dem Zögern Kalkül, hinter der Naivität Schlitzohrigkeit verborgen ist. Am Ende wird er das Scheitern der Tafelrunde eingestehen. Vom Glauben an den Gral aber rückt er nicht ab. Auch Mordret, so weiß er, wird danach suchen müssen.

Um den Gral dreht sich das Stück. Jeder Ritter definiert ihn einmal für sich: »Der Gral ist der Friede«, sagt Orilus, »deshalb ist es nicht verwunderlich, daß er uns wie ein Kindermärchen vorkommt.« »Der Gral ist das menschliche Glück«, sagt Keie, und Parzival besteht darauf, daß wir den Gral in uns suchen müssen.

Der Männerwelt werden drei Frauenfiguren gegenübergestellt: Ginevra, die Frau Artus', deren Halt ihre Liebe zu Lanzelot war; Jeschute, die Frau Orilus', die durch ihre Sinnlichkeit ein anarchisches Moment ins Spiel bringt, und Kunnevare, eine Schneegans, die vergeblich in dieser zerfallenden Welt ihr kleines privates Glück zu finden sucht.

Das Stück fordert zu einem gelasseneren Umgang mit Geschichte auf. Den Höhepunkt bildet die letzte Zusammenkunft der Tafelrunde, bci der Artus ihr Scheitern eingesteht. Der Hunger auf Hoffnung aber, der aus dem Verlust der Suche nach dem Gral resultiert, würde alles zerstören. Am Ende bleibt er allein mit Mordret. Die Schlußworte Artus': »Ich habe Angst Mordret, du wirst viel zerstören«, erwidert Mordret mit: »Ja, Vater.«

Kirsts Inszenierung setzt ganz auf die politisch-philosophische Dimension des Stücks und hütet sich davor, zu kurz greifende Assoziationen zu wecken, das Politbüro auf die Bühne zu zerren. Keine der Figuren wird der Lächerlichkeit oder der Verachtung preisgegeben. So ist der Zuschauer permanent gefordert, selbst Stellung zu beziehen. Ebenso genau arbeitet Kirst mit der spröden, nur scheinbar alltäglichen Sprache Heins. Das Lapidare wird den Figuren zur Waffe.

Das Bühnenbild und die Kostüme Ursula Müllers entsprechen ganz diesen Intentionen. Die Halle der Artusburg ist ein klarer Saal, der ringsum von Säulen abgeschlossen wird, kein altes Gemäuer, kein bröckelnder Putz. Der helle Boden spiegelt ein wenig, es ist glattes Parkett, auf dem sich die Figuren bewegen. Nur die imposanten Ledermäntel der Ritter sind alt, abgeschabt, inzwischen zu groß geworden.

In den Darstellern hatte das Regieteam kongeniale Partner. Rudolf Donath gelang als Artus mit sparsamsten Mitteln und leisen Tönen die Gratwanderung zwischen Lächerlichkeit und Weisheit. Joachim Zschocke vermittelte als Keie Gefährlichkeit, die seine Verzweiflung verdeckte. Jochen Kretschmer spielte den Orilus leidenschaftlich, aber nie naiv. Hans-Jörn Weber ließ Abgründe hinter Parzivals Intellektualität und Überheblichkeit ahnen, und Thomas Stecher als Mordret traf den Ton zwischen Aggression, Arroganz und der verzweifelten Suche nach Sinn. Ginevra, die ihren Halt in der Haltung findet, wurde von Regina Jeske gespielt, die provozierende und verwirrende Jeschute von Helga Werner, Kunnevare von Janina Hartwig und Lanzelot von Peter Herden.

Zwanzigminütiger Applaus feierte ein aufregendes Stück Zeittheater. *Judith Senger*

Frankfurter Rundschau. 18. 5. 1989.

- *9. 5. – Das Stück »Die Mühle« von Peter Wagner wird unter der Regie von Sylvia Richter an den Bühnen der Landeshauptstadt Kiel uraufgeführt.*

- *12. 5. – Der Lyriker Hans Peter Keller stirbt im Alter von 74 Jahren in Büttgen. Der 1915 in Roselerheide bei Neuss am Rhein geborene Keller emigrierte 1934 nach Löwen, wurde durch die Bedrohung seiner Familie ins Deutsche Reich zurückgezwungen und kam in ein Arbeitslager in Pommern. Er studierte in Köln und veröffentlichte 1938 seinen ersten Gedichtband. Bereits zu Beginn des Zweiten Weltkrieges wurde er schwer verwundet und war danach untauglich für den Kriegsdienst. Nach dem Ende des Krieges wurde er zunächst Verlagslektor und später Lehrer an der Düsseldorfer Buchhändlerschule. Zwischen 1958 und 1971 publizierte er acht Lyrikbände, 1975 den Auswahlband »Exakt um 18 Uhr«.*

- *26. 5. – In einer Inszenierung von Goswin Moniac wird an den Städtischen Bühnen in Osnabrück das Stück »Empedokles« von Uwe Saeger uraufgeführt.*

● *2. 6. bis 4. 6. – Im Literarischen Colloquium Berlin findet zum ersten Mal der Wettbewerb um den »Berliner Preis für deutschsprachige Literatur« statt. Die von der Stiftung Preußische Seehandlung vergebene und mit siebenundvierzigtausend Mark dotierte Auszeichnung wird dem in Ost-Berlin lebenden Volker Braun für seinen Text »Bodenloser Satz« zuerkannt. In der Begründung der Jury heißt es: »Volker Braun erhält den Berliner Literaturpreis für seine literarische Arbeit, in der er den Brüchen und Widersprüchen unserer Zeit mit gedanklicher Schärfe und künstlerischer Erfindungskraft nachspürt. Indem er Literatur als ›Ernüchterungsarbeit‹ auffaßt, als Anschreiben gegen falsches Bewußtsein, behauptet und bewahrt er die subjektive Erfahrung als Voraussetzung für eine menschliche Zukunft. Seine Texte sind Stationen eines literarischen Prozesses, der in riskanter Offenheit ästhetische Traditionen und gesellschaftliche Übereinkünfte aufbricht.«*

Die Veranstaltung war in der Zeit ihrer Vorbereitung wegen der hohen Dotierung kritisiert worden. Einige Autoren und Juroren hatten daraufhin ihre Teilnahme abgesagt. Es lasen schließlich neun Autoren aus beiden deutschen Staaten. Herbert Achternbusch, der als zehnter die Lesungen beenden sollte, erschien nicht. Für ihre Teilnahme erhielten die übrigen Autoren, Jürgen Becker, Christian Geissler, Rolf Haufs, Günter Herburger und Peter Rühmkorf aus der Bundesrepublik sowie Fritz Rudolf Fries, Heinz Knobloch und Wulf Kirsten aus der DDR, je dreitausend Mark.

Meistergesänge am Wannsee. Berliner Literaturpreis erstmals vergeben

Nicht gerade leicht sei der Jury die Entscheidung angesichts der vielen preiswürdigen Texte gefallen, betonte Claus-Ulrich Bielefeld, Jurysprecher und Moderator, bei der ersten Vergabe des Berliner Literaturpreises am Sonntag im Literarischen Colloquium. Vorausgegangen waren zwei Tage mit Lesungen und

Diskussionen, in denen engagiert und sachlich im Sinne einer literarischen Werkstatt miteinander verhandelt wurde. In weiter, einmütiger Runde versammelt die neun Autoren, allesamt Meister ihres Metiers (Herbert Achternbusch war ohne Angabe von Gründen nicht erschienen), und acht Juroren, die meisten von ihnen nicht nur Literaturkritiker, sondern auch engagiert in der literaturwissenschaftlichen Forschung und Lehre.

Ausgezeichnet wurde Volker Braun für seine gesamte literarische Arbeit, in der er, so die Begründung der Jury, »mit gedanklicher Schärfe und künstlerischer Erfindungskraft ästhetische Traditionen und gesellschaftliche Übereinkünfte aufbricht«. Volker Braun, dessen Komödie »Die Übergangsgesellschaft« während des Theatertreffens zu sehen war, arbeitet seit 1965 als freier Schriftsteller und Mitarbeiter für das Deutsche Theater in Ost-Berlin. In seinen Theaterstücken, Gedichten und Prosatexten gibt er sich als unverhohlener Kritiker seines Staates zu erkennen. Hauptauftrag der Literatur sei das Einmischen und Eingreifen in die Wirklichkeit, als deren aktiver Mitgestalter er sich versteht. Seit 1983 ist Braun Mitglied der Akademie der Künste der DDR. Sein 1981 beendeter »Hinze-Kunze-Roman«, der mit vierjähriger Verspätung 1985 im Mitteldeutschen Verlag und als Lizenzausgabe bei Suhrkamp erschien, hatte hüben wie drüben gleichermaßen Erfolg.

Der »Bodenlose Satz«, für den er ausgezeichnet wurde, ein stilistisch, syntaktisch und rhythmisch kunstvoll komponierter Text über die verantwortungslose Ausbeutung der Natur durch den Menschen, erhält seine Spannung durch das Zusammen- und Wechselspiel von begrifflich-geschichtlichen und allegorisch-poetischen Passagen, wobei auch politische Anspielungen nicht ausgespart bleiben: »Weil sie uns gehört, sind wir so roh zur Erde, sagte sie lächelnd und hob die Hand, oder weil wir nicht wegkönnen, schrappen wir das Land, nicht wahr.« Vielschichtig in ihrer Struktur und polyphon in der Wirkungsweise, entzieht sich die Erzählung »Bodenloser Satz« einer eindeutigen Interpretation.

Die an die Lesungen anschließenden Diskussionen zeichneten sich großenteils durch Respekt vor Text und Autor aus.

Behutsam näherte man sich den Texten, suchte mit eher akademischer Akribie nach möglichst objektiven Beurteilungskriterien und zollte dem Charakter der Dichterwerkstatt Tribut, indem man sich spontaner, auf persönlichen Vorlieben oder Abneigungen beruhender Äußerungen weitgehend enthielt, einer noblen Dichterwerkstatt jedoch, aus der am Ende ein Gewinner der nicht unerklecklichen Summe von 47000 DM als Meistersinger hervorzutreten hatte. Volker Braun jedenfalls, der mit zwei Dritteln der Summe einen Umweltfonds in der DDR gründen will, bemerkte in seinen Dankworten, daß auch jeder andere der teilnehmenden Autoren den Preis hätte erhalten können. Stifter und Juroren müßten sich deshalb überlegen, nach welcher Seite sie das Pendel in Zukunft ausschlagen lassen wollen, in die Richtung einer Werkstatt mit Vergabe mehrerer kleinerer Preise (sprich: Stipendien) oder eines Preisgerichts, in dem gerungen, gestritten und gekämpft wird.

Denn daß auch die hehrste Literaturkritik nicht ganz frei ist von persönlichen, geschmäcklerischen Tendenzen, zeigte sich bei der Behandlung des Textes von Günter Herburger, der den Beginn des dritten und letzten Bandes seiner »Thuja-Trilogie« vorlas. Waren schon die beiden vorausgegangenen Romane, »Flug ins Herz« und »Die Augen der Kämpfer«, breit angelegte, monumentale epische Projekte, dem Vorwurf einer allzu redseligen Beliebigkeit ausgesetzt, so hielt man ihm auch hier fast einhellig einen preziösen Stil und eine unökonomische Erzählhaltung vor, ja sprach sogar vom »Erzählmüll« seiner übermäßig ausgestatteten »Beschreibungslandschaft«, was, zumindest in dieser honorigen Werkstattrunde, aus dem Rahmen fiel.

Auch in Jürgen Beckers »Gedicht von der wiedervereinigten Landschaft«, ein in Hexametern verfaßtes Erzählgedicht, stehen Erinnerungs-, Gedächtnis- und Reflexionsbilder nebeneinander. Und auch an diesem, durch die Fülle des Materials überbordenden Text, schieden sich die Geister. Ein Text voll »magischer Monotonie« für die einen, eine »Elegie, die ganz und gar trockengelegt ist« für die anderen. Schwierigkeiten bereitete auch die kritische Beurteilung des im vorigen Jahr erschienenen Romans »Kamalatta« von Christian Geissler, zumal nur wenige das 600 Seiten umfassende Epos gelesen hatten. Sein eigentümliches Pathos rührt von seinem schier unaufhaltsamen Sprachduktus.

Weniger Komplikationen bereitete die Präsentation der lyrischen Texte von Rolf Haufs, Wulf Kirsten und Peter Rühmkorf, von denen der »Artist und Trickesoteriker« Rühmkorf den meisten Beifall erntete. Stets bemüht um einen Ausgleich zwischen Lachen und Schmerz und immer auf der Suche nach Neuem (wie zum Beispiel die Durchforstung des Kursbuchs nach Ortsnamen mit sexuellen Anspielungen), mußten sich seine »leichtfüßig daherkommenden« Texte jedoch auch den Vorwurf der Künstlichkeit und Sentimentalität gefallen lassen, worauf Rühmkorf spöttelnd konterte: »Ich möchte diesen Ton erhalten. Was machen wir da?«

Ein Ausschnitt aus Fritz Rudolf Fries' parodistischem Schelmenroman »Die Väter im Kino«, in dem in witziger Manier die Wirklichkeit, gebrochen durch die schöne, leichte Welt des Kinos dargestellt wird, bildete, worauf Gerhard Wolf zu Recht hinwies, einen passenden Abschluß dieses Wettbewerbs der Meister: ein »Plädoyer für das Erzählen«, das, wenn auch nicht gänzlich in Frage gestellt, so doch seine Existenz in einer schnell sich wandelnden Zeit durch neue Inhalte und Formen stets neu unter Beweis stellen muß. *Cornelia Staudacher*

Der Tagesspiegel. 6. 6. 1989.

● *7. 6. – Wolf Biermann erhält den mit fünfzehntausend Mark dotierten Friedrich-Hölderlin-Preis der Stadt Bad Homburg vor der Höhe. In der Begründung der Jury heißt es, der Liedermacher »vereine in seinem Leiden an Deutschland das Erbe Hölderlins und Heines«, seine Lyrik zeichne sich durch Formenvielfalt und Musikalität aus, ihre Skala reiche »vom Auftrumpfenden bis zum Elegisch-Melancholischen, vom Derben bis zum Zärtlichen, vom Polemischen bis zum Erotischen«. Der mit fünftausend Mark dotierte Hölderlin-Förderpreis wird der in Berlin lebenden Lyrikerin Sabine Techel verliehen. Die Begründung der Jury rühmt ihre »sehr bewußte*

Sprachkunst«, in der alltägliche Wendungen poetische Kraft und Widerständigkeit gewinnen.

- *8. 6. – Christoph Ransmayr erhält den mit hunderttausend Schilling dotierten Anton-Wildgans-Preis der österreichischen Industrie.*

  In seiner Dankrede kritisiert Ransmayr unter anderem das Bedürfnis der Öffentlichkeit, den Schriftsteller zu einer Instanz zu stilisieren:

»Nachdem er unter der Anleitung von Kritik und Germanistik bereitwillig die Unterhaltung, Beratung und moralische Unterstützung seines Publikums übernommen hat, soll er – in einer arbeitsteiligen Gesellschaft durchaus logisch – auch noch das Gewissen und Gedächtnis seiner ganzen Nation verkörpern. Möglicherweise wird der freie Schriftsteller nun einwenden, daß einer, der ein gutes Kunstwerk zustande gebracht hat, nicht notwendig ein guter Mensch sein muß, daß er sich vorbehalte, unter Umständen selbstsüchtig, geldgierig und unmoralisch zu sein, ungerecht und ohne Mitleid – wie vieles in der Kunst. Aber solche Einwände wird man in der Begeisterung über die ehrenvollen Aufgaben, die man ihm und seiner Arbeit zugedacht hat, nachsichtig überhören.«

- *9. 6. – Franz Ruebs Stück »Gläubige ohne Götter, Helden ohne Phrasen« wird unter der Regie von Annette Rosenfeld im Theater am Neumarkt in Zürich uraufgeführt.*

- *9. 6. – Wolfdietrich Schnurre stirbt in Kiel im Alter von 68 Jahren. Er hat rund 150 Bücher veröffentlicht, darunter Romane, Gedichte, Erzählungen, Kinderbücher, Hörspiele und Drehbücher. Er wurde in den Nachkriegsjahren durch Kurzgeschichten nach dem Vorbild amerikanischer Short stories bekannt. Sein letzter großer Erfolg war der Roman »Der Schattenfotograf« (1978).*

3 × geboren, 5 × gestorben. Wolfdietrich Schnurre ist tot
Da kann einer viel schreiben in Deutschland, wenn der »große« Roman nicht darunter ist, bleibt er ewig der »Meister der

kleinen Form«. Wolfdietrich Schnurre hat auch dieses Mißverständnis mit dem ihm eigenen sarkastischen Humor ertragen.

Daß einer, der erst nach dem Krieg ein Leben als Schriftsteller beginnen konnte, in vier Jahrzehnten rund 150 Werke geschrieben hat, zählt wenig in einem Land, das erschüttert sein will durch ein Großwerk. Als ob das nichts wäre, wenn ein Dichter jungen und ganz jungen Lesern den Reichtum der deutschen Sprache – und das Paradies der Poesie – eröffnet mit solchen Reimen: »Mit Anna, da kanna« – und das Klangspiel steigert zu der kühnen Formel: »Mit Anna, da kanna da ja dann / auch nach Kanada.«

Da runzelt sich die deutsche Kritikerstirn. Das ist doch keine Dichtung. Das ist ja bloß Humor. Der am 22. August 1920 in Frankfurt geborene Sohn eines wanderseligen Bibliothekars war alles andere als ein Humorist. Der Verfasser von Gedichten und Erzählungen, von Kinderbüchern und Kurzromanen, von Fernseh- und Hörspielen war ein schwerer Melancholiker. Der langsam weiß werdende Schnurrbart hat die Trauer der dunklen Augen im schmalen Gesicht nicht etwa verstärkt, sondern aufgelöst in skeptische Heiterkeit.

Der Mann mit dem witzigen Namen, den er für den Titel eines seiner klugen Kinderbücher ausgeschlachtet hat – »Schnurren und Murren« – war ein leiser Kämpfer. Eine Streitschrift war sein erstes Buch: »Rettung des deutschen Films« (1950). Danach gibt es Titel, die man beim bloßen Hören sofort Schnurre zuschreiben konnte: »Funke im Reisig«, »Schreibtisch unter freiem Himmel«, »Spreezimmer möbliert«. Der gebürtige Frankfurter wurde ein echter Berliner: »Det is et ja, wat Berlin ausmacht: de Trauer . . . Aber et is ja keene Trauer zum Heulen; et is 'ne Trauer zum Jernhaben.«

Und so einer soll Soldat werden? Der Krieg hat diesen Mann bis in die Träume verfolgt. Wegen »Defätismus«, weil er bei all seiner Jugend klug genug war, am militärischen Sieg der Hitlerarmee über die ganze Welt zu zweifeln, mußte er die letzten Kriegsjahre in einer »Strafkompanie« Dienst leisten. Er hat das große Morden überlebt, als ewig kränkelnder Mann, der fortan besessen war von Bildern der Gefangenschaft. »Kassiber«, »Klopfzeichen«: So nannte er Texte, die er aus seiner Einsamkeit in die Welt schickte. Das Erschrecken über die Welt und die Menschen, die das Leben versauen, versteckte er hinter skurriler Verspieltheit, grotesken Späßen, aggressivem Witz. Er war einer der siebzehn Autoren, die am 10. September 1947 die ›Gruppe 47‹ ins Leben riefen – und er war der erste Autor, der in der Gruppe las. »Das Begräbnis« hieß die Erzählung, die vom Tod »eines gewissen Klott oder Gott« handelt.

»Dreimal auf die Welt gekommen«, nannte Schnurre ein »Selbstporträt«: die Geburt 1920, der Umzug nach Berlin 1928, die Befreiung 1945. »Nachts begann ich zu schreiben... Es war mehr ein Beschwören. All das Elend, das Grauen, die Toten –: das ließ einen nicht los...«

Von »vier Probetoden« sprach Schnurre in der Rede zur Verleihung des Büchnerpreises (1983): »Ich kann mich an den Probetod im Sauerstoffzelt und an drei soldatische in Rußland erinnern.« Nun ist er den letzten Tod gestorben, am 9. Juni, 68 Jahre alt, zehn Tage, ehe ihm der Kieler Kulturpreis hätte verliehen werden sollen.

Gebeten hatte er vor Jahren schon: »Am Grab keine Ansprache, keine Musik... Aber jemand ... soll die schönste Geschichte der Welt vorlesen: ›Unverhofftes Wiedersehen‹ von Johann Peter Hebel... Es wäre schön, wenn am Leichenschmaus auch Kinder teilnehmen könnten.« *Rolf Michaelis*

Die Zeit. 16. 6. 1989.

● *10. 6. – Das Stück »Rost« von Jürg Laederach wird in einer Inszenierung von Karl Baratta am Bonner Schauspielhaus uraufgeführt.*

● *16. 6. – Der in München lebende Schriftsteller Peter Jacobi wird für die WDR-Sendung »Wer Sie sind« mit dem Hörspielpreis der Kriegsblinden für das Jahr 1988 ausgezeichnet. In der Begründung der Jury heißt es, der 1951 geborene Jacobi präsentiere in seiner absurd-satirischen Farce zwei behördliche Radiohörer-Abhörer, die erkennen müssen, daß sie sich nichtsahnend gegenseitig abhören und dabei gesendet werden. Da-*

bei entstehe ein boshaftes medienkritisches Verwirrspiel, das hinter Spaß gegenwärtige Ängste und Unsicherheiten hervortreten lasse.

In seiner Laudatio sagte Friedrich Wilhelm Hymmen über das preisgekrönte Hörspiel:

»Es wartet mit immer neuen, immer überraschenderen Irritationen auf, mit immer neuen Veränderungen und Enthüllungen in der Position der beiden Hauptfiguren [. . .]. Zwei Menschen sehen sich unerkennbaren Mächten ausgeliefert, sie begreifen nicht so bald das Unsinnige ihrer Lage und ihres Tuns, aber der Hörer kennt diese Art von Angst, nämlich der Angst, gegen Dienstvorschriften zu verstoßen, beobachtet und belauscht zu werden, etwas falsch zu machen, ertappt zu werden – und es ist eine Angst aus Dummheit, widersinnig wie die gesamte absurde Situation. Ein Alptraum also, und doch voller aktueller Bezüge – bis hin zu leisem Spott über allzu modernistische Hörspiele. Was also bei oberflächlichem Hinhören als makaberer Ulk erscheint, dazu auch als lustiges Hantieren mit einer kuriosen Schachteldramaturgie, das zeigt bald neben Scherz, Satire und Ironie die tiefere Bedeutung.«

● *21. 6. – Martin Walsers Stück »Nero läßt grüßen« wird im Stadttheater Konstanz unter der Regie von Hartmut Wickert uraufgeführt.*

Spielen, um nicht leben zu müssen. Martin Walsers »Nero läßt grüßen« beim Meersburger Sommertheater

Der Raum ist eine Gruft. An den Wänden hängen zurückgelassene Gurte, auf dem Boden liegen leere Benzinkanister und vertrocknete Pflanzenbüschel, die Stühle sind unter Tüchern verborgen. Hier ist nur noch Verfall. Wer in die Schwüle und Modrigkeit hinaufsteigt, muß sich auf die Stühle setzen und zum Mitspieler werden, wenn das Tote erwacht.

Ein rauschhaftes Crescendo aus Trommeln, Schellen und Stimmen dröhnt durch den Raum. Als es abbricht, murmelt sich eine bandagierte und in Tücher gewickelte Gestalt ins Leben, als hätten die warmen Körper der Zuschauer der Mumie neuen Atem gegeben. Sie spricht leise und schnell, wie man auswendig Gelerntes wiederholt, kommt ins Stocken, wird nervös, reißt sich die Bandagen vom Kopf und sagt dann den Text mit fester Stimme noch einmal: ein Schauspieler, der eine Rolle übt.

Der Künstler als Kaiser

Der Schauspieler und die Rolle sind der Künstler und der Kaiser oder der »Künstler als Kaiser« in Martin Walsers Monodram »Nero läßt grüßen«. Der blutrünstige Tyrann, Christenschlachter, Mutter- und Gattinnenmörder gilt heute neben Hitler und Stalin als Inbegriff von Bestialität und Menschenverachtung. Walser hat sich davon nicht schrecken lassen und ein »Bruder-Nero-Gefühl« entwickelt. Die verachtete Gestalt wird ihm zu einer modernen Figur und zu einem heutigen Künstler.

In seiner letzten Nacht hält er Rückschau auf die Freuden, Ängste und Wünsche, auf den Haß und die Verletzungen in seinem Leben. Er wollte Künstler werden und mußte Kaiser sein, er wollte keine Kriege führen und konnte nur mit Morden überleben, er wollte das Leben durch die Kunst ersetzen und erfand die blutige Unterhaltungsindustrie des Circus Maximus, er war Moralist und lebte in einer »Kultur der Lüge«. Er war der absolute Narzißt und wurde von allen verlacht. Walsers Nero ist eine moderne Gestalt, weil er zutiefst tragisch und komisch zugleich ist. Wenn einer so in einem Selbstbild befangen ist, daß er seine Lebensrolle verkennt, ist seine Verblendung tragisch. Wenn er mit Gesang Aufständische befrieden will, ist diese Realitätsferne rührend. Wenn er sich trotz Piepsstimme für einen großen Sänger hält, ist seine Selbstüberschätzung komisch. Und wenn er Kritiker niedermetzeln läßt, weil er die Wahrheit über seine Stimme nicht erträgt, wird der Witz blutig.

Dieses Umschlagen von persönlichem Leid in öffentlichen Terror ist Walsers zweites Interesse an der historischen Figur. Hinter der kaiserlichen Bösartigkeit sucht er die ursprüngliche Vergewaltigung des Kindes. Die Tragödie Nero ist ihm zunächst die fortgesetzte Unterdrückung und Demütigung des schwachen Mannes durch die vitalen und rücksichtslosen Frauen. Die

Mutter Agrippina hat gemordet, um ihn zum Kaiser zu machen; sie zwingt ihn zu morden, als sie ihn beseitigen will. Die Geliebte fordert den Kopf der Frau als Gegenleistung für ihre »Pflaume«. Ihnen ist der Kaiser ausgeliefert.

Walsers Einfühlungsarbeit und das Vexierspiel zwischen Politik und Kunst, zwischen Schein und Sein, zwischen Wollen und Können dürfen aufgeklärter Sympathie sicher sein. Sie wären dennoch kaum mehr als eine virtuose Etüde, die zeigt, daß der Sprachkünstler das psychologische Einmaleins beherrscht und für komische Situationen zu nutzen weiß. Was das Stück in der Meersburger Hämmerle-Fabrik zu spannender Kunst werden läßt, sind die szenischen Umsetzungen, die Hartmut Wickert und sein Team gefunden haben. Walsers Monodram ist keine Vorgabe, sondern ein Libretto, zu dessen Text es ein eigenständiges, gleichberechtigtes und freies Spiel zu erfinden galt. Bereits die Vorüberlegung, mit einem mumifizierten Nero zu beginnen, zeigt, daß man dazu aufs glücklichste in der Lage war. Die historische Distanz und die Verschränkung der Zeitebenen werden auf diese Weise ebenso sinnlich faßbar wie die Zeitsprünge die assoziative Logik des Traums erhalten.

Nie bei sich selbst

Die Atmosphäre des Traum- oder Totenspiels läßt jede Freiheit für die Gestaltung der Figur. Helmut Mooshammer zeigt Nero als einen Virtuosen des Rollenspiels, der für jedes Gefühl eine andere Sprache parat hat. Er wienert einen Witz ins Mikrofon, zieht die Zuschauer gönnerhaft ins Vertrauen, stammelt unsicher nach Sätzen, donnert Befehle an die Sklaven, verhaspelt sich, wenn es um seine Stimme geht, poltert über seine Mutter, um gleich in leise Monotonie zu verfallen, wo er über ihre Leiche spricht. Er ist der Demagoge, Diktator, Entertainer, Künstler, der Angeber, Verletzte, Verkannte, er ist der Rachsüchtige und der Werbende. Nie aber ist er bei sich selbst. Mooshammers Nero spielt, um nicht leben zu müssen, er lacht, um nicht zu weinen. Den Todesgalopp der nahenden Reiter halluziniert er als tosenden Applaus.

Dem so sehr eine innere Stimme fehlt, ist eine äußere hinzugegeben. Während Nero nur seine Lippen bewegt, singt Suzanne McLeod seine Lieder (Musik: Rudi Spring). Sie ist die verstehende und schützende Frau, die heilende Schwester. Sie ist besorgt und entsetzt, sie leidet mit ihm und begleitet ihn. Wenn sein Inneres von ihren Lippen strömt, erlebt er Augenblicke der Ruhe. Weil ihr Gesang so oft ausbleibt und nicht zu seinem wird, wird er vom »falschen Leben« nicht befreit.

Man darf dem Konstanzer Theater zu seinem neuen Oberspielleiter gratulieren. Dem Ableger »Meersburger Sommertheater« haben er und der Initiator, Autor und gute Geist Martin Walser nach den Gefälligkeiten der letzten Jahre ein beeindruckendes Geschenk zum fünfjährigen Bestehen gemacht. Zeus, außer sich vor Glück, schleuderte Blitze. *Gerhard Mack*

Stuttgarter Zeitung. 26. 6. 1989.

● *26. 6. bis 1. 7. – In Klagenfurt findet zum dreizehnten Mal der Wettbewerb um den Ingeborg-Bachmann-Preis statt, an dem in diesem Jahr sieben Autoren aus der Bundesrepublik, je fünf aus der DDR und der Schweiz und vier aus Österreich teilnehmen. Nach dem dreitägigen Wettlesen erhält Wolfgang Hilbig den mit umgerechnet rund zwanzigtausend Mark dotierten Ingeborg-Bachmann-Preis. Der »Preis des Landes Kärnten« (umgerechnet rund zehntausend Mark) geht an den 1961 geborenen Tiroler Norbert Gstrein. Mit dem Ernst-Willner-Preis (umgerechnet siebentausendfünfhundert Mark) wird die 1961 in Neuwied geborene, in Ostfriesland lebende Sabine Peters ausgezeichnet. Zwei Stipendien von je etwa viertausend Mark werden Thomas Hettche, geboren 1964 in Gießen, und Bernd Schirmer, geboren 1940 in Ost-Berlin, verliehen. Die neugestiftete 3-SAT-Auszeichnung, die nach den Statuten der Stipendien vergeben wird, erhält der 1941 geborene Eberhard Häfner aus der DDR.*

Das Ingeborg-Bachmann-Fernsehquiz. Die 13. »Tage der deutschsprachigen Literatur« in Klagenfurt (26. Juni bis 1. Juli)

Omnipräsenz des Fernsehens

Die Reise schräg südöstlich über die Alpen kann man sich sparen fortan: Der Fernsehkanal 3SAT macht's möglich. Die »Klagenfurter Literaturtage« – in voller Länge direkt übertragen – haben sich aus der kärntnischen Hauptstadt gleichsam weggehoben in den Äther. Zu Hause oder im Klagenfurter Hotel bin ich – dank dem Kultursender – besser dabei als an Ort und Stelle. Doch daran liegt's nicht. Analoges kennen beispielsweise die Kollegen vom Sport.

Das aber kennen sie nicht, daß ein Anlaß, der seine eigenen Gesetze hat, hatte, haben sollte, sich dem Diktat des Fernsehens beugt bis zur Selbstaufgabe. Der Sender hat – in einem eher fragwürdigen Kulturverständnis – der Literatur Bürostunden verordnet: drei Tage wird von 9 bis 1 und von 2 bis 5 Uhr Literatur – ohne Unterbruch beinahe – gelesen, gehört, beurteilt. Verflüchtigt haben sich im Vergleich zu den Vorjahren die vielen Gespräche beim Mittagessen, ein solches kann nur noch hastig heruntergeschlungen werden. Verflüchtigt haben sich während der spärlichen Pausen die spontanen Begegnungen vor dem ORF-Theater, dem Ort des Geschehens. Diskutierende Gruppen werden jetzt vor allem vor den Kameras durch die Interviewer im Dienst von 3SAT gebildet. Sonst viel grelle, ausgeleuchtete Leere! Währenddessen, in eben der kurzen Pause, sieht man Autoren, Juroren, die Zuhörer von der Presse, Verleger, Lektoren nebeneinander in der Eingangshalle stehen, die Köpfe nach oben zum Bildschirm gerichtet: das live aufgenommene Gespräch wird gesendet. Eine Autorin, eine Wettkämpferin, die Hunderte von Kilometern angereist ist, kommt verspätet zu ihrem Auftritt, weil sie draußen am Fernsehschirm zuerst ihr Porträt zu Ende betrachten will.

Die Veranstaltung ist geisterhaft geworden. Alle spielen für 3SAT, wie Schwerarbeiter spielen sie. Nur das in der Umgebung ansässige Publikum kommt je nach Bedürfnis und Belieben.

Gewiß, ORF 2 hat schon früher aufgenommen und allabendlich berichtet. Jetzt aber ist das Fernsehen omnipräsent geworden. Es greift nicht nur massiv in die Zeitabläufe ein, sondern es schafft – anonym, kühl und zufällig – eine neue Realität, indem es eine hier sich in Varianten zu bildende Realität vereinheitlicht oder marginalisiert, zum bloßen Aufnahmematerial degradiert.

Das gilt gewiß weniger von den Lesungen und Diskussionen (obwohl sich auch die hier gelesene Literatur aus allen deutschsprachigen Ländern im Hinblick aufs andere Medium ändern könnte), direkt betroffen ist das innere Leben des Anlasses und damit seine vitale Richtigkeit, seine Legitimation.

Die Lesungen

Das ist schade. Denn gerade dieses Jahr waren – im Vergleich zum letzten und vorletzten – im Durchschnitt die Autoren interessanter, die Texte anregender, vielfältiger: die wichtigste Voraussetzung für atmosphäredichte Literaturtage. Auch die Jury bot einige spannende Debatten und einzelne bedenkenswerte Stellungnahmen. Wie nicht anders zu erwarten, wechselten plötzlich erhellende Einsichten und flache, kurzatmige Urteile in buntem Gemisch ab. Als Jurymitglieder waren da: Peter Demetz, New Haven (USA); aus der Bundesrepublik Deutschland: Karl Corino, Volker Hage, Hellmuth Karasek, Gisela Lindemann; aus der DDR: Helga Schubert und Werner Liersch; aus Österreich: Werner Krause und Heinz Schwarzinger; aus der Schweiz: Andreas Isenschmid und Peter von Matt.

Gleich fünf Schriftsteller aus der Schweiz traten auf: Christoph Geier, Klaus Merz, Rolf Niederhauser, Hansjörg Schertenleib, Bruno Steiger. Wiewohl ihre Texte von unterschiedlicher Qualität und in vielfältigen Tonarten angelegt und von je anderer Thematik geprägt und getragen waren, entbrannte an ihnen eine Diskussion, die, was die Rezeption der deutschsprachigen Schweizer Literatur in Deutschland betrifft, nicht ganz neu ist. Die größeren Brüder im Sprachraum urteilen verallgemeinernd, deuten Abwesenheit von großen Inhalten beispielsweise als Stoffarmut in einem ereignislosen Land. Schweizer Texte werden – und da nehmen sich Kritiker aus der BRD und der DDR schön bei der Hand – als Ausdruck einer von ihnen verniedlichten Nation genommen und damit als Sonderfälle in die Ecke gedrängt. Deutsche Kritiker werden, was Schweizer Literatur betrifft, gelegentlich ästhetisch blind. Aus solch verengter Perspektive hat man beispielsweise den Text von Klaus Merz, die Geschichte vom fallsüchtigen Vater, unterschätzt und auch die wenig geheuren dichten Momente in der Prosa von Hansjörg Schertenleib nicht wahrgenommen.

Zur DDR: Anwesend sind die gleichen Juroren wie letztes und vorletztes Jahr. Unverkennbar hat eine Öffnung der Argumentation stattgefunden. Der 1987 so peinlich vorsichtige Werner Liersch bekennt sich spontan zum vital-aufständischen Text von Wolfgang Hilbig, der die DDR vor drei Jahren, freilich auf Grund einer Genehmigung durch die eigenen Behörden, verlassen hat. Wenn er Vergleiche anstellt, nennt Liersch immerhin Irmtraud Morgner und Volker Braun, wird freilich aggressiv, wenn der Name Heiner Müller fällt oder wenn es einen unerbittlich feministischen Text wie jenen der Erfurterin Gabi Kachold zu beurteilen gilt.

Die Preisträger

Den Ingeborg-Bachmann-Preis in der Höhe von gut 18200 Franken bekam der 1941 im thüringischen Meuselwitz geborene und seit 1986 in Nürnberg lebende Wolfgang Hilbig. Er war ursprünglich Dreher, Schlosser und Heizer und ist seit acht Jahren freischaffender Schriftsteller. Es las den Text »Eine Übertragung«, indem er die Sätze wie große Eisenkugeln vor sich hin stieß. Hilbig greift hier weiter aus als in seiner früheren fast steinernen Prosa, bringt Allusionen und Witz, sogar Sprachexperimente wie Binnenreime ins Spiel, spricht vom Kindsein und Erwachsenwerden in der DDR der vierziger und fünfziger Jahre, vom Tod des Gottes Stalin, vom Land der Literatur und von Ilona, alias Mnemosyne, der »Mutter der Musen«, die »weg ist über die Mauer« und alle Geschichten in den Westen mitgenommen hat. Er kündet mit eindrücklichem Pathos von der Verheerung unserer Umwelt, von versinkenden Städten am Acheron, aus denen sich der Unrat in den Himmel hebt.

Norbert Gstrein (1961 in Mils [Tirol] geboren) erhielt den Preis des Landes Kärnten. Mit seinem Erstling »Einer« ist er im letzten Winter bekannt geworden. Sein Text »Dschungel. Ein Prolog« war wohl der künstlerisch konsequenteste, der am meisten verdichtete und reduzierte dieser Tage. »Unlösbar verstrickt« war eine Wendung, die wiederkehrte und die hier mit außerordentlicher Kunst gestaltete Unausweichlichkeit eines Familiendramas zwischen Vater und Mutter und zwei Kindern meinte.

Der Ernst-Willner-Preis wurde Sabine Peters (1961 in Neuwied [BRD] geboren) zuerkannt für eine hinterhältig-witzige Geschichte um Mann, Frau, Computer und um weibliche Ausgrenzung. Gisela Lindemann registrierte da einen spezifischen Ton der späten achtziger Jahre.

Für die auf zwei Gleisen angelegte Prosa »Roter Cox« bekam Eberhard Häfner (geboren 1941), Lyriker aus der DDR, das 3SAT-Stipendium. Entgegen ersten Absichten wurde nach einer Abstimmung unter den Beteiligten die Auszeichnung nicht von den akkreditierten Journalisten, sondern von der Jury verliehen.

Das Stipendium der Kärntner Industrie ging an Thomas Hettche (1964 in Gießen geboren), dessen rasante, ausgeklügelte Romanpassage »Ludwig muß sterben« eine beachtliche schriftstellerische Versiertheit offenbart.

»Cahlenberg« hieß der halb satirische, halb resigniert-sehnsuchtsvolle Ausschnitt aus einem Roman, den der 1940 geborene Bernd Schirmer aus der DDR verfaßt hat. Dafür erhielt er das Stipendium der Verlage.

Die Preisträger waren richtig gewählt, weitere wären denkbar gewesen. So viel schriftstellerische Begabungen kommen in Klagenfurt nicht alle Jahre zusammen.

Ein Vertrauen in körperhaft-sinnliche Sprache tat sich verschiedentlich und in individuellen Schwingungen kund. Vielleicht entspricht diese Feststellung auf ästhetischer Ebene der in den Texten oft radikal thematisierten Körpererfahrung. Mag sein, daß der Rückzug auf die Körperlichkeit derzeit eine notwendige Selbstvergewisserung in einer medial vermittelten Welt der flüchtig-flachen Bilder bedeutet. *Beatrice von Matt*

Neue Zürcher Zeitung. 4. 7. 1989.

Juli

- *5. 7. – Das Stück »Der König von Wien« von Hans Meyer-Hörstgen wird in einer Inszenierung von Ute Richter im Heidelberger Zimmertheater uraufgeführt.*

- *17. 7. – Heinz Risse stirbt im Alter von 91 Jahren in Solingen. Der Schriftsteller, in Düsseldorf als Sohn eines Arztes geboren, begann seine literarische Arbeit erst mit 50 Jahren. In seinen bekanntesten Romanen, »Wenn die Erde bebt« (1950), »Dann kam der Tag« (1953) und »Ringelreihen« (1963), sprach Risse den Überdruß am Materialismus und die Unlust aus, an einer als sinnentleert empfundenen Betriebsamkeit teilzunehmen. Aufsehen erregte 1951 der Roman »So frei von Schuld«, die Geschichte eines Justizirrtums.*

- *20. 7. – Das PEN-Zentrum deutschsprachiger Autoren im Ausland mit Sitz in London wird mit der Walter-Meckauer-Plakette für Verdienste um die Exilliteratur ausgezeichnet. Der Preis gilt Personen oder Institutionen, die sich durch ihr besonderes Engagement um die Werke verfolgter und vergessener deutschsprachiger Autoren verdient gemacht haben.*

September

- *3. 9. – Tankred Dorst erhält für sein Schauspiel »Korbes« den mit zwanzigtausend Mark dotierten Mülheimer Dramatikerpreis. Das Stück war zuvor bei den 14. Mülheimer Theatertagen »stücke '89« in einer Inszenierung des Bayerischen Staatsschauspiels Residenztheater München aufgeführt worden. Die nach langer Diskussion mit 5:4 Stimmen denkbar knappe Entscheidung trafen eine achtköpfige Jury und das Publikum, dessen Votum als eine Stimme zählte. In der Begründung der Jury heißt es: »Dorst bietet eine thematische Herausforderung, indem er das Böse als unveränderbare Macht und Verhaltensweise szenisch behauptet. Er hat einen in sich geschlossenen dramatischen Text geschrieben, der sich in seiner Holzschnittartigkeit jeder Verniedlichung entzieht. Eine Flucht in die Utopie wird verweigert. Mit Korbes' Passion in Einsamkeit und Kälte beleuchtet Dorst im Rückgriff auf Märchen und Mythos auch unsere Gegenwart.« Die Stimme der Zuschauer wurde für das Stück »Besucher« von Botho Strauß abgegeben.*

In Günther Erkens Laudatio auf Tankred Dorst heißt es: »Die Leitvorstellung des Stückeschreibers Dorst ist von 1967 an die ›offene Form‹. Sie hat einen genetischen, einen dramaturgischen und einen materialen Aspekt. Der erste: So wie Dorst in der Theaterarbeit stets die Proben interessanter und ›wahrer‹ fand als die Aufführung, so empfand er schon beim Schreiben von ›Toller‹, daß der unfertige, noch lückenhafte und nicht durchorganisierte Zustand eines Stückes dessen eigener Intention näher ist als die Endfassung. Wie läßt sich etwas von jenem fragmentarischen Charakter in die Inszenierung retten? Nur indem der Autor das abgeschlossene Werk nicht für endgültig erklärt, sondern als bloßes Materialangebot wieder für den Probenprozeß öffnet. Diese Einstellung erklärt vielleicht auch den Fragmentenstau in der Werkstatt Dorst/Ehler, das Zögern vorm Vollenden, vor dem Wort ›Punktum: opus 50‹. Selbst veröffentlichten Stücken steht Dorst mit Vorbehalten gegenüber, solange das Theater sie nicht erprobt, ihre Offenheit verlängert, erfüllt, wiedererschaffen hat. Und die exzellenten Drehbücher, die beim derzeitigen Zustand der Film- und Fernsehproduktion leider immer weniger Chancen haben, vom Autor realisiert, d. h. zum künstlerischen Werk gemacht zu werden, bleiben unpubliziert.

Zum zweiten, dem dramaturgischen Aspekt: Die offene Form verzichtet auf Kontinuitäten: die lineare Handlung, die kausale Verknüpfung der Geschehnisse mit finaler Ausrichtung, die Konstanz der Charaktere. Sie betont statt dessen die Autonomie der Einzelszenen, die mit bewußten Brüchen und Sprüngen, sozusagen in harten Schnitten aneinandermontiert sind. Daß da vieles vom Film zu lernen sei, versteht sich in einer Zeit, wo Godard ihn revolutionierte.«

- *15. 9. bis 17. 9. – In Darmstadt finden die siebenten Kranichsteiner Literaturtage des Deutschen Literaturfonds statt. Der mit fünfzehntausend Mark dotierte »Kranich mit dem Stein« geht an den achtundzwanzigjährigen Thomas Strittmatter. Das New-York-Stipendium erhält Alfred Gulden.*

Katastrophentourismus. Die siebten Kranichsteiner Literaturtage

Der Schriftsteller und Kritiker Reinhard Baumgart eröffnete die siebten »Kranichsteiner Literaturtage« am vergangenen Wochenende in Darmstadt mit einer beherzten Rede und einer glanzvollen Fehlleistung.

Mit einem imposanten Zahlenvergleich verteidigte er vehement und einleuchtend Sinn und Zweck der Literaturförderung gegen mögliche kritische Einwände: Was der Deutsche Literaturfonds, dessen Vorstand Baumgart angehört, in einem ganzen Jahr zur Förderung zeitgenössischer deutscher Literatur an Steuergeldern ausschüttet – rund eine Million Mark, die das Innenministerium zur Verfügung stellt –, würde den Etat der Münchner Kammerspiele gerade für vierzehn Tage decken. In der Tat übersteigen die Jahr für Jahr in der Bundesrepublik für Oper und Theater aufgewendeten Mittel die Zuwendungen an

Autoren um ein Vielhundertfaches. Literaturförderung, resümierte Baumgart mit Fug und Recht, müsse daher in einem wohlhabenden Land wie der Bundesrepublik ebenso selbstverständlich sein wie das monatliche Gehalt, das den Cellisten eines Rundfunkorchesters überwiesen wird.

Er schloß mit dem aufschlußreichen Versprecher, »hier in Klagenfurt« könne man alljährlich in einem öffentlichen Lesewettbewerb einige Ergebnisse der Förderung deutschsprachiger Autoren überprüfen. Natürlich meinte er nicht Klagenfurt, sondern Kranichstein: Aber die große Konkurrenzveranstaltung um den Ingeborg-Bachmann-Preis in Klagenfurt, von der Baumgart den Darmstädter Wettbewerb um den mit 15000 DM dotierten »Kranich mit dem Stein« abgrenzen wollte, hatte sich herrisch aufgedrängt.

Da half auch alles Beteuern der Jury nichts, der diesmal Sibylle Cramer, Elisabeth Endres, Walter Hinck, Heinrich Maria Ledig-Rowohlt, Martin Lüdke, Wilfried Schoeller und Martha Höhl als Vorsitzende angehörten; das Beteuern nämlich, man wolle die Autoren nicht – wie es in Klagenfurt regelmäßig geschehe – »zur Schlachtbank führen«, um sich als Kritiker auf ihre Kosten zu profilieren. Recht verständlich ist das nicht: Anders als in Klagenfurt lesen in Darmstadt Autoren, die schon ausgezeichnet wurden und ein Jahr lang monatlich 2500 Mark erhalten haben. Sollte man da nicht um so strenger sein, um so unerbittlicher auf sprachliche Ungenauigkeiten achten, auf unstimmige Bilder und raunende Anspielungen? Und woher kommt eigentlich die seltsame Vorstellung, strenge Kritiker seien bloß aus Profilierungssucht streng und nicht aus fordernder Solidarität? Denn auch der Umkehrschluß ist falsch: Die zumal am ersten Abend auf groteske Weise nachsichtigen Juroren enthielten sich keineswegs eitler Anmerkungen.

Eine bessere Dramaturgie der Veranstaltung als die durchs Alphabet vorgegebene hätte sich niemand für diese Kranichsteiner Literaturtage ausdenken können. So gab man am ersten Abend Blut und Katastrophen: von den Gedichten Friedrich Anis über einen Akt aus dem Schauspiel von Stefan Dähnert und den Prosatext von Luisa Francia bis hin zu dem Romanauszug von Alfred Gulden (den der Autor freundlicherweise gleich selber als »zusammengestückelten Text« bezeichnete). Raunende Geschichtsbeschwörung allenthalben: vom »hitlerhund« bis zum »gebrauten blut«, »das sie alle trinken müssen« (Friedrich Ani); von »zerschlissenen Gliedern« und »faulen Leibern« bis zu »hysterischen Soldaten«, die »hinter den Leichenbergen« hervorstürzen (Stefan Dähnert); von »Millionen toter Juden, toter Kommunisten, toter Zigeuner, toter Indianer, toter Neger, toter Ureinwohner und so weiter« bis zur »großen gaskammer unter der wir alle sitzen wie unter glas« (Luisa Francia); vom »zerborstenen Panzerwrack« schließlich, aus dem »Rümpfe ohne Beine« ragen, bis hin zu »gedunsenen Leichen, gestapelt« (Alfred Gulden).

Dieser Tourismus durch die Katastrophen der Menschheitsgeschichte war ein grauenhaftes Symptom. Die jungen Autoren aus der Bundesrepublik schienen das dumpfe Gefühl zu haben, sich irgendwie der Geschichte ihres Volkes annehmen zu müssen, ohne über die intellektuellen noch gar über die sprachlichen Fähigkeiten zu verfügen, dies auch angemessen zu tun. Fortwährend werden viel zu grelle, gleichsam überbelichtete Bilder gezeichnet; da wird die Gaskammer umstandslos mit dem Treibhauseffekt in eins gesetzt; dem Massenmord wird mit einem Massengedenken entsprochen, in das man der Vollständigkeit halber »den Rest der Welt« noch mit einbezieht.

Und was tat die Jury? Sie hob nur dort warnend den Finger, wo die aus lauter guter Absicht geborene Katastrophenfaszination ganz augenfällig war (Luisa Francia), und sprach treffend von einer »Freifahrt in die vollständige Unverbindlichkeit« (Wilfried Schoeller), von »Erfahrung aus zweiter Hand« (Martin Lüdke). Ansonsten zeigte man sich »erfreut« bis »beeindruckt«. Dafür holte sie am zweiten Tag an Kritik nach, was man am ersten Abend versäumte, obgleich die Texte besser wurden – nur besser werden konnten. Zunächst waren die drei aus der DDR stammenden Autoren an der Reihe. Wolfgang Hilbigs ruhiger und genau beschreibender Text über Kastanienbäume »In der Schillerstraße« wurde wohlwollend aufgenommen. Als Preisträger von Klagenfurt las er aber gleichsam außer Konkurrenz und kam für eine neuerliche Auszeichnung nicht mehr ernsthaft in Frage; gleichwohl gehörte sein Text zu den besten. Angelika Klüssendorfs sperriges, mit surrealen Elementen versetztes Prosastück über ein Kind namens Artur stieß weitgehend auf Unverständnis. Katja Lange-Müller trug »dramatische Prosa« mit dem Titel »Mich sollst du drücken – nicht das Heroin« vor: ein mitunter slapstickhaft komischer Monolog eines fixenden Herakles, dem eine literaturgeschichtlich aufgeladene Reflexion über die Figur der Medea folgte.

Den unprätentiösen, aber bildkräftigen Gedichten des aus Rumänien stammenden Horst Samson wurde prompt vorgeworfen, sie gingen kein Risiko ein und würden Leerlauf exerzieren. Nur weil der Dichter kein Blut fließen läßt? Dieter Schlesaks Fragment aus dem geplanten historischen Roman »Verweser« konnte bestenfalls Erwartungen auf das Ganze wecken, aber als Ausschnitt wenig überzeugen. Als dritter rumäniendeutscher Autor las Richard Wagner den wohl besten Text: Ausschnitte aus seiner bereits veröffentlichten Erzählung »Begrüßungsgeld«. In kurzen, protokollartigen Sätzen schildert sein Ich-Erzähler die Erfahrungen eines Rumäniendeutschen in West-Berlin. Seine durch den Blick des Fremden geschärften, nüchternen Beobachtungen machen die unzähligen kleinen Schrecknisse des Alltags sichtbar, für die man durch lebenslange Gewohnheit blind geworden ist. Es war eine Meisterleistung an Unvermögen, daß die Jury diesen einhellig begrüßten Text am Ende doch nicht auszeichnen konnte.

Der »Kranich mit dem Stein« nämlich ging an den 1961 in St. Georgen im Schwarzwald geborenen Thomas Strittmatter, der ein sprachlich ausgereiftes Kapitel aus seinem noch in Arbeit befindlichen Roman »Raabe Baikal« vortrug. Sicher kein Meisterstück, aber – wie Wilfried Schoeller mit »lobender Erleichterung« vermerkte – ein Text, der »glücklich bei seinen Möglichkeiten blieb«: Es ist die Schilderung der Gedanken eines Steinmetzlehrlings, der den Tod seines aus Rußland stammenden, greisen Meisters erlebt.

Obgleich längst bekannt war, daß Richard Wagner aus persönlichen Gründen sich für den zweiten zu vergebenden Preis, das dreimonatige New-York-Stipendium, nicht beworben hatte, schien man mit Erschrecken festzustellen, daß man den neben Strittmatter am meisten Gelobten nun überhaupt nicht mehr auszeichnen konnte. Strittmatter hingegen wäre gerne nach New York gegangen, war aber schon mit einem Preis bedacht. Und so verfiel man mit der denkbar knappsten Stimmenmehrheit auf Alfred Gulden – eher ein Verlegenheitskandidat und damit lachender Dritter. Die Jury hatte sich selbst ein Bein gestellt: Hätte man sich vorher ins Benehmen gesetzt, anstatt dem Publikum Transparenz bei der Entscheidungsfindung vorzuspielen – der eigentliche Gewinner Richard Wagner wäre nicht leer ausgegangen.

Waren die siebten Kranichsteiner Literaturtage nun »ein guter Wettbewerb«, wie die Jury resümierend behauptete? Sieht man die Mehrzahl indiskutabler Texte, waren sie es sicher nicht; hält man sich aber an die drei, vier guten oder ordentlichen Texte, wird man zufrieden sein. Bloß sollte die Jury nicht dem Irrtum erliegen, man müßte die Masse der schlechten Texte »gesundbeten«. Es sind die wenigen wirklich guten Arbeiten, die die Literaturförderung im ganzen rechtfertigen.

Matthias Rüb

Frankfurter Allgemeine Zeitung. 19. 9. 1989.

● *18. 9. – Rudolf Krämer-Badoni stirbt im Alter von 75 Jahren in Wiesbaden. 1913 in Rüdesheim geboren und 1938 in Frankfurt promoviert, lebte Krämer-Badoni seit 1948 in seiner Heimatstadt. Er arbeitete als freier Journalist vor allem für die Feuilletons der »Frankfurter Allgemeinen Zeitung« und der »Welt«. 1943 wollte er sein erstes Buch, »Jakobs Jahr«, in Deutschland veröffentlichen, das jedoch wegen verschlüsselter Kritik am Nationalsozialismus nicht an die Buchhandlungen ausgeliefert wurde. 1949 publizierte er den Roman »In der großen Drift«, später unter anderem die Sachbücher »Über Grund und Wesen der Kunst« (1966), »Die Last, katholisch zu sein« (1967) und »Galileo Galilei« (1985).*

Oktober

- *4. 10. – Nachdem am 25. September 5000 und am 2. Oktober 25 000 Menschen in Leipzig gegen das Verbot der Oppositionsbewegung »Neues Forum« demonstriert haben und dabei von der Polizei brutal angegriffen wurden, nachdem 15 000 Menschen aus der DDR über die Botschaften der Bundesrepublik in Prag und Warschau in den Westen ausgereist sind, formuliert die Ostberliner Akademie der Künste ein Positionspapier. Darin heißt es:*

»Das Präsidium der Akademie der Künste ist der Ansicht, daß das vierzigjährige Bestehen der Deutschen Demokratischen Republik, an der wir teilhaben mit Leben und Arbeit, ein geeigneter Grund ist, ein umfassendes offenes und öffentliches Gespräch zu beginnen. Der Sozialismus, der sich auch als alternativer Entwurf zur bürgerlichen Weltordnung versteht, ist für alle Menschen da, und die Mehrheit muß sich an ihm beteiligen, damit er die materielle, geistige und moralische Produktivität gewinnt, um sich durchzusetzen [...]. Der wissende und informierte Mensch ist handlungsfähig. Wer gebraucht wird, auch mit seinem Kopf, fühlt sich zu Hause [...]. Die alltäglichen Erfahrungen des Bürgers prägen die öffentliche Meinung in unserem Land, die oft genug im Gegensatz zu der veröffentlichten Meinung steht, ein Widerspruch, der zu empfindlichen Störungen des moralischen und geistigen Klimas in der Gesellschaft führt [...]. Entscheidungen, die Bürger unseres Landes betreffen, müssen begründet und durchschaubar sein. Wo dies nicht der Fall ist und Anonymität waltet, entsteht ein ohnmächtiges Bewußtsein von Bevormundung, das in direkten Gegensatz zu dem von der veröffentlichten Meinung propagierten Bild des mündigen Staatsbürgers gerät.«

- *11. 10. – Das Stück »Der Stein der Weisen« von Franz Helm wird am Staatstheater Darmstadt unter der Regie von Wolf-Dietrich Sprenger uraufgeführt.*

- *11. 10. bis 16. 10. – In Frankfurt findet die alljährliche Internationale Buchmesse statt. Auch in diesem Jahr stellt sie wiederum einen neuen Rekord auf: Es nehmen 8185 Aussteller aus 89 Ländern teil. Damit wird die Rekordbeteiligung vom Vorjahr um 2,8 Prozent übertroffen. Die Messe hat in diesem Jahr die Literatur Frankreichs zu ihrem Schwerpunktthema gewählt. Die französischen Verlage treten mit 293 Einzelausstellern an.*

- *14. 10. – Botho Strauß erhält in Darmstadt den mit sechzigtausend Mark dotierten Georg-Büchner-Preis der Deutschen Akademie für Sprache und Dichtung. Der mit fünfzehntausend Mark dotierte »Sigmund-Freud-Preis für wissenschaftliche Prosa« wird dem Soziologen Ralf Dahrendorf verliehen. Mit dem »Johann-Heinrich-Merck-Preis für literarische Kritik und Essay«, der ebenfalls mit fünfzehntausend Mark dotiert ist, wird der Schriftsteller und Essayist Lothar Baier ausgezeichnet.*

In Luc Bondys Laudatio auf Botho Strauß heißt es:
»Was ich stimulierend in seinen Stücken finde, ist, daß Botho Strauß die verschiedenen Elemente, moderne wie anachronistische, unseres Denkens hineinverwebt und er sich schließlich immer woanders befindet, als man ihn gern oder ungern sehen möchte. Ein Alchimist, ein störender Eklektiker ist Botho Strauß mehr als nur einer, der eine Geschichte mit Anfang, Entwicklung und Epilog schreibt. Ihn gibt es auch als Diagnostiker der gegenwärtigen Bundesrepublik: der scheue Dichter mit dem Blick auf das Monströse, eine Art Eugène Labiche der Gegenwart. Nicht umsonst hat er für Peter Steins Inszenierung ›Das Sparschwein‹ übersetzt, ja, er ist auf dem Theater jedenfalls einer, wenn nicht *der* wichtigste Zeuge eines bestimmten Deutschland nach 1968. Dank seiner Komödien, Farcen, Sketche, dank seiner Theaterstücke werden alle Neuankömmlinge dieses Deutschland – wenn sie es nicht schon durch Aufzeichnungen im Fernsehen gesehen haben – ein wenig besser kennenlernen; so übrigens, wie wir die DDR durch den Dramatiker Heiner Müller.«

In der von Michael Krüger verlesenen Dankrede von Botho Strauß heißt es:

»Büchner, Anatom, Erfinder der Verstörungsliteratur: Am Anfang steht die Autopsie, am Anfang der verhängnisvollen Suche nach dem Inneren und Allerinnersten. Sie führt über die Schädelnerven der Barben und die Bewußtseinsklüfte des Lenz geradewegs bis in die Moderne, bis in das Bennsche Gehirnleben, und von dort weiter bis zu den heutigen, neuesten Begriffen von der neuronalen Maschine ›Mensch‹, vom Netzwerk ›Mensch‹, das sein Inneres nach außen stülpt, wie Leonce seinen Handschuh.

Der zwangvolle Lenz, der auf dem Kopf zu wandern wünscht, ist der einsame Vorläufer dieser um sich greifenden Verhirnung, dieser Zerebralverschiebung der Erde. Die Geisteskrankheit freilich – zentrales Motiv der Moderne – erlebt unter diesen Auswüchsen eine Krise ihrer Metaphorik. Irrealität gehört zum Gewöhnlichsten unserer nüchternen, technisch-ästhetischen Alltagserfahrung. Der Wunsch, auf dem Kopf zu gehen, um sich selbst und das Äußere ins Lot zu bringen, ist nicht mehr symbolkräftig genug, wo beide zu einer einzigen untrennbaren Gewebfläche verwachsen sind; und wo zwischen Wille und Welle, als den Systemen des Ich und der Physik, eine Unschärfe besteht und sich nicht sicher sagen läßt, was aus dem eigenen und was aus dem Welt-Schädel kommt.«

- *15. 10. – Das Stück »Der Donaufürst« von Harald Kislinger wird in einer Inszenierung von Markwart Müller-Elmau am Theater in Ulm uraufgeführt.*

- *19. 10. – Max Frischs Stück »Jonas und sein Veteran« wird am Schauspielhaus in Zürich uraufgeführt.*

Nur eine Polit-Talkshow?
»Jonas und sein Veteran« in Zürich: Wie Benno Besson Max Frisch nicht inszenierte

Wie in alten Zeiten: Man fuhr nach Zürich zu einer Premiere von Max Frisch, einer regelrechten Welturaufführung, und das am alten Ort, im »Haus am Pfauen«, im Schauspielhaus. Wie in alten Zeiten: Man durfte hoffen auf ein Regiewunder von Benno Besson, der sich endlich wieder einmal an ein neues, unerprobtes Stück heranwagt, statt sich zu erschöpfen in Remakes seiner eigenen Inszenierungen, und auch das in seiner alten Heimat und gleich doppelt: Diese Frisch-Premiere wird in deutscher und französischer Fassung von Zürich und Lausanne in einer Koproduktion herausgebracht.

Da wundert es schon nicht mehr, daß auch im Stück so oft von alten Zeiten die Rede ist, allerdings bitter. Der »Veteran«, der in diesem »Palaver« (so demütig hat Frisch die Gattung des Textes benannt) ein Kamingespräch mit seinem Enkel Jonas führt, hat nichts vergessen, nicht den November 1918, als die Armee in Zürich gegen den »roten Mob« antrat, nicht die zwielichtige Schweizer Neutralität im Zweiten Weltkrieg, nicht den feindbildseligen Kalten Krieg. »Schweiz ohne Armee?« – ein Referendum wird die Frage Ende November entscheiden. Für den Veteran ist sie beantwortet: Die Schweiz braucht die Armee als »Brauchtum« und als »Leibgarde unserer Plutokratie«, als Garant also ihrer innigen wie ihrer verlogenen Identität. Ohne Armee keine Schweiz. Oder aber eine vollkommen andere, zwar wünschbare, doch unvorstellbare.

Das klingt sarkastisch, halb finster, halb witzig, doch wer in das (vom Limmat Verlag, Zürich, veröffentlichte) Pamphlet für zwei Stimmen nur kurz hineinliest, mag trotzdem zunächst finden: Linker Stammtisch, mit etwas erhöhter Tischplatte, doch kein Bühnentext. Mithin das alte Dilemma: gut gemeint, mäßig gedichtet?

Erst auf den zweiten Blick erkennt man, wie in allen späten Büchern Frischs, in einer glatten, planen Oberfläche die Widerhaken, die Haarrisse, die Spiegelreflexe. Frisch hat nämlich hier, sich ausgiebig selbst zitierend und fortschreibend, vor allem die noch heimat- und wehrgläubigen »Blätter aus dem Brotsack« von 1940 und die späte Abrechnung im »Dienstbüchlein« von 1974, nicht nur ein Meinungspanorama entworfen, sondern vor allem ein Selbstbildnis. »Porträt des Autors als alter Hund«: knurrig, kauzig, müde, bissig und heiter, unberechenbar. Wer ihn in letzter Zeit gehört und gesehen hat, ob leibhaftig oder in Filminterviews, der hört nun im Text des »Veteranen« Stimme und Ton, der erkennt hinter und neben seiner Rede dauernd die ausdrucksvolle Gestik des alten Max Frisch, da ein Schulterzucken, hier ein Händewerfen, dann ein Leuchten auf dem Gesicht, das sorgenvolle Saugen an der kalten Pfeife. Diesmal hat er keinen Stiller, Gantenbein, Montauk-Erzähler oder Blaubart zwischen sich und die Figur gezogen. Er spielt sich selbst durch. Als Politzuschauer und als Bühnenwesen, als *dramatis persona.*

Auch ein Selbstporträt braucht schließlich einen Autor, der sein Ich von außen sieht, es nachsimuliert als ein Ensemble aus Erinnerungen und Meinungen, Hoffnungen und Obsessionen, aus Wahn und Hellsicht. Kein Zweifel zwar, daß Frisch mit seinen Bitterkeiten über die Schweiz im Schatten ihrer Armee oder die Armee im Lichte dieser Schweiz heftig sympathisiert. Um so bewundernswerter, wie rücksichtslos er sie doch zeichnet als die Ansichten einer Figur.

Dieser Veteran ist listig, bissig, aber auch larmoyant, er hängt an traumatisch fixen Ideen, die er anderen nicht verzeiht, er ist derart vernarrt in seine Trauer und Radikalität, daß er seine Schweizer Armee so rücksichtslos durchschauen möchte, wie man gemeinhin die Armeen in Chile oder Rumänien oder auch China durchschaut, als Schutzschild nur für die herrschende Kaste. Von der eigenen Heimat scheint der Veteran nur noch zweierlei zu genießen: den roten Jeninser im Glas und die Holzscheite im Kamin. Aber so ganz klar wäre nicht auszumachen, ob ihm der Wein und die Glut nicht mindestens ebenso wichtig sind wie seine radikalen Meinungen. »Gemütlich« möchte er es haben an diesem Abend, das wiederholt er immer wieder. Oder stellt er auch damit wieder eine Falle?

Ob er »im Ernst« redet oder nur »einen Witz« macht, das weiß der Palaverpartner, des Veteranen Enkel Jonas, in kaum einem Augenblick. Wieder hat Frisch, statt für seine Argumente nur eine Ping-Pong-Wand oder einen folgsamen Zögling in den Text zu setzen, eine Figur umrissen, einen jungen Bewohner dieser achtziger Jahre. Der hängt kaum am Jeninser, eher an seiner Honda. Die Frage, ob er nun Offizier werden oder den Dienst verweigern oder auswandern soll, sieht er ziemlich pragmatisch nur im Hinblick auf eine Karriere in Informatik. Was er an Großvaters Schweiz-Beschwerden am allerwenigsten verstehen und ausstehen kann, ist der in ihnen immer noch verborgene, offenbar unauslöschliche Patriotismus.

Da hat sich der Veteran von seiner Gegenfigur auf dem falschen Bein erwischen lassen, nicht unverhofft allerdings. Die Erkenntnis, daß alles Leiden am und Wüten gegen das eigene Land im Grunde nur gekränkter Nationalismus ist, steht schon in Frischs frühem Tagebuch. Zwei Menschen, zwei Generationen reden miteinander, aneinander auch vorbei. Der Alte lebt und spricht unter der Last eines historischen und gesellschaftlichen Gedächtnisses, Jonas mit Blick auf eine kühl berechnete, vage auch gefürchtete Zukunft. An der einen Figur ist alles definiert, auch im schrecklichen Sinne eingegrenzt. Die andere ist offener, launischer, nicht so deutlich lesbar, unfertig wie die Zukunft, die ihr noch bevorsteht.

Womit, spätestens jetzt, diese kurze Schwärmerei über die Spielmöglichkeiten eines zunächst so unscheinbaren Dialogs abbrechen sollte. Denn von diesem ganzen spröden Reichtum war in Zürich kaum etwas zu hören und zu sehen. Dabei hatte das Bühnenbild (Jean-Marc Stehlé) doch einen spielerischen Akzent gesetzt. Hinten glühen vom Rundhorizont majestätische Alpenketten, vorn flammt im Tessiner Cheminée prächtig und gemütlich das Feuer. Für den Veteranen, der gern weit zurückgelehnt doziert und sich ereifert, steht ein Sessel, für den wißbegierig immer vornübergebeugten Enkel ein harter alter Wirtshausstuhl bereit. Auf dem Tisch als Stundenglas des Palavers die Jeninser-Flasche. Das sah adrett-ironisch aus, die richtige Atmosphäre für einen antimilitant sokratischen Dialog, in dem es zwar um Macht und Tod und Heimat geht, der selbst aber eingefriedet ist in ein Spitzwegsches Idyll.

Dann die erste Verwirrung: Der engagiert schweizerische Disput wird exekutiert von zwei betont hochdeutsch, ja norddeutsch artikulierenden Sprechern, von Jürgen Cziesla als Großvater und Marcus Kaloff als Jonas. Gewonnen wird dadurch nicht etwa Allgemeinverbindlichkeit, Weltniveau, sondern verloren gehen nur Farbe, Schärfe, Vitalität. Die beiden Schauspieler, den Lese- und Stellproben noch nicht weit entkommen, bedienen dann den Text mit korrekten Betonungen, das engagierte Publikum mit Pointen.

Von Bessons Regie, früher musikalisch bis zum leuchtenden Manierismus, spürt man: kaum einen Hauch. Was Frisch an Spannung und an Timing in seinen Text hineingeschrieben hat, die Pausen, das Sich-Räkeln oder Gähnen, ein Korkenziehen, das Knistern oder Rauchen im Kamin, das Akzelerieren und dann wieder Verdämmern des Streitgesprächs – es wird alles säuberlich und beflissen wie vom Blatt mitgespielt, nur, leider, nichts lebt.

So reduzierte sich der Text auf seinen baren Inhalt, das Theater zur szenischen Lesung, das Katz- und Maus-Spiel zwischen Veteran und Enkel zu einer Polit-Talkshow für zwei Personen. Spät, zu spät flackerten noch ein paar komödiantische Lichter, ein paar Trauerschatten auf.

Dann, zum Ende, doch ein, zwei bewegende Momente. Zunächst als Cziesla, nachdem der Enkel schon mit Honda von der Bühne gebrummt ist, noch einmal ein nachdenklich-schuldbewußtes Geständnis des Kanoniers Frisch aus dem »Dienstbüchlein« von 1974 nachliest, ohne Brille, den Text also weit weg von den Augen in Nabelhöhe haltend, mühsam die Buchstaben entziffernd, mit tastender, brüchiger Stimme. Danach wirft er das Büchlein, leicht, aus dem Handgelenk ins verglimmende Kaminfeuer und kommentiert: »Ja, man ist schon ziemlich feig...«

Feig – vielleicht Frischs letztes Wort auf der Bühne, und es faßt schneidend und knapp alles zusammen, was der Bürger Frisch als dunklen Kern seiner, unserer Bürgerlichkeit schon immer unaufgeklärt und unaufgelöst am Ende seiner Bücher stehen ließ. Als er dann selbst unter den Schauspielern erschien, in Ovationen von Beifall, den junge Sympathisanten noch mit einer Art Indianergeheul übertönten, gefeiert also für seinen Bekennermut eher als für seinen Mut zur Feigheit, da konnte man sich kurz und heftig etwas Unerfüllbares wünschen: Ach, hätte er doch dieses letzte Mal leibhaftig auf der Bühne mitgespielt, als Veteran und als Max Frisch, als Bekenner und als Komödiant. Diesen Auftritt, diesen Abgang hätten wir nie vergessen.

So aber kann das Buch aus dem Limmat Verlag die Reise nach Zürich preiswert ersetzen. Frisch ist dem Theater noch einmal einen Schritt entgegengegangen. Benno Besson und seine Schauspieler sind vor diesem Angebot zwei Schritte zurückgewichen. *Reinhard Baumgart*

Die Zeit. 27. 10. 1989.

● *19. 10. – Ernst Jünger erhält die Ehrendoktorwürde der Universität des Baskenlandes in Lejona (Provinz Biskaya, Spanien). Dies ist das erste Mal, daß Jünger eine ihm angetragene Ehrendoktorwürde annimmt. In der Begründung der Universität heißt es, der vierundneunzigjährige Schriftsteller habe sich sein Leben lang mit dem Thema der menschlichen Freiheit beschäftigt und dabei absolute geistige und politische Unabhängigkeit bewahrt. In seiner auf Deutsch gehaltenen Dankrede spricht Jünger unter anderem über die Zahl Zwei, die in seinen Augen »für die Teilung, aber auch für die Wiederholung« stehe. Er könne »Beispiele für Wiederholungen – Fehler eingeschlossen – geben: Ich habe in zwei Jahrhunderten gelebt und ich habe an zwei Weltkriegen teilgenommen, und beide Male auf der Seite des Verlierers.«*

● *19. 10. – Nachdem Erich Honecker nach achtzehnjähriger Herrschaft in der DDR am 18. Oktober als Staats- und Parteichef zurückgetreten ist, verabschiedet die Plenartagung der Akademie der Künste in Ost-Berlin einen »Offenen Brief an den Präsidenten der Volkskammer«. Darin heißt es:*

»Die Mitglieder der Akademie sind entsetzt über die zahlreichen Fälle von brutaler Gewalt, die in letzter Zeit in verschiedenen Städten der DDR durch Sicherheitskräfte an Demonstranten und Unbeteiligten verübt wurden [. . .]. Es wäre uns unerträglich, wenn diese Vorgänge nicht restlos geklärt und die Verantwortlichen für die Befehle sowie diejenigen, die sie ausführten, nicht bestraft werden. Wir fordern die unverzügliche Einsetzung einer unabhängigen Untersuchungskommission durch die Volkskammer, in der auch Mitglieder der Akademie der Künste, anderer gesellschaftlicher Organisationen und Angehörige informeller Vereinigungen sein sollen.«

- *21. 10. – Am Staatstheater in Braunschweig wird das Stück »Zahngold« von Jörg Graser in einer Inszenierung von Wolfgang Gopper uraufgeführt.*

- *28. 10. – Der stellvertretende Kulturminister der DDR Klaus Höpcke plädiert in einem vom »Neuen Deutschland« abgedruckten Gespräch für »mehr literarische Polemik, die ein streitbarer Gedankenaustausch zu Fragen des Lebens ist«. Höpcke teilte darüber hinaus mit, Verlage der DDR bereiteten die Publikation der Romane »Schwarzenberg« von Stefan Heym und »Flugasche« von Monika Maron vor sowie die Herausgabe der Erinnerungen des ehemaligen Leiters des Aufbau-Verlages Walter Janka, »Schwierigkeiten mit der Wahrheit«.*

November

- *3. 11. – Hans Joachim Schädlich erhält den mit dreißigtausend Mark dotierten Thomas-Dehler-Preis. In der Begründung der Jury heißt es, Schädlich sei »ein fabulierender Realist mit der Lust am Beobachten historischer, sozialer und psychischer Phänomene, mit einer sprachlichen Erfindungs- und Beschreibungsfreude, die sich bei aller Eigentümlichkeit und Modernität aus einer klassischen Tradition herleitet«.*

  In seiner Dankrede sagt Hans Joachim Schädlich:

»Die wirklichen Feinde der meisten Schriftsteller sind jene Inhaber von Autoritätspositionen, welche nicht demokratisch legitimiert sind – gleichgültig, in welcher Weltgegend sie herrschen. Das eine Instrument dieser Herrscher ist die Zensur, diese Köpfmaschine im Reiche des Geistes. Das andere Instrument – Geschichte und Gegenwart belegen es – ist die Verfolgung und Einsperrung, die Verjagung und – schlimmstenfalls – die Tötung von Schriftstellern. Beides aber – die Zensur und die Abschaffung von Schriftstellern – folgt aus ein und derselben Politik. Es ist die Politik derer, die – solange es eben geht – auf einem unumschränkten Machtmonopol beharren. Das Bedürfnis, jedem Machtmonopol Widerstand entgegenzusetzen – dieses Bedürfnis scheint glücklicherweise immer wieder zu entstehen. Die schwärmerischen Anbeter der Gewaltherrschaft, die – weitab – bequem und gelangweilt auf dem Sofa sitzen und auf Abenteuer aus sind, mögen an Herrn Schi Dsi-gao erinnern, der alle Zimmer seines Hauses mit Drachenbildern schmückte. Als der Himmelsdrache davon hörte und seinen Kopf durch das Fenster steckte, erstarrte Herr Schi.«

● *4. 11. – In Ost-Berlin demonstrieren nach einer Aufforderung des Bundes für Kulturschaffende rund eine Million Menschen auf dem Alexanderplatz für Demokratie und freie Wahlen in der DDR. Zu den Rednern gehören unter anderem Heiner Müller (der die Erklärung einer Aktionsgruppe verliest, in der zur Gründung unabhängiger Gewerkschaften aufgefordert wird), Christa Wolf, Christoph Hein und Stefan Heym.*

In der Rede Christa Wolfs, die vor allem ihrer Skepsis gegenüber der politischen »Wende« der SED Ausdruck gibt, heißt es:

»Liebe Mitbürgerinnen und Mitbürger, jede revolutionäre Bewegung befreit auch die Sprache. Was bisher so schwer auszusprechen war, geht uns auf ein Mal frei von den Lippen. Wir staunen, was wir offenbar schon lange gedacht haben und was wir uns jetzt laut zurufen. ›Demokratie – jetzt oder nie!‹, und wir meinen Volksherrschaft. Wir erinnern uns der steckengebliebenen oder blutig niedergeschlagenen Ansätze in unserer Geschichte und wollen die Chance, die in dieser Krise steckt, da sie alle unsere produktiven Kräfte weckt, nicht wieder verschlafen. Mit dem Wort ›Wende‹ habe ich meine Schwierigkeiten. Ich sehe da ein Segelboot. Der Kapitän ruft: ›Klar zur Wende?‹, weil der Wind sich gedreht hat oder ihm ins Gesicht bläst. Und die Mannschaft duckt sich, wenn der Segelbaum über das Boot fegt. Aber stimmt dieses Bild noch? Stimmt es noch in dieser täglichen vorwärtstreibenden Lage?

Ich würde von ›revolutionärer Erneuerung‹ sprechen. Revolutionen gehen von unten aus, unten und oben wechseln ihre Plätze in dem Wertesystem, und dieser Wechsel stellt die sozialistische Gesellschaft vom Kopf auf die Füße.«

In der Rede Stefan Heyms heißt es:

»Es ist, als habe einer die Fenster aufgestoßen. Nach all den Jahren der Stagnation, der geistigen, wirtschaftlichen, politischen; nach den Jahren von Dumpfheit und Mief, von Phrasengewäsch und bürokratischer Willkür, von amtlicher Blindheit und Taubheit – welche Wandlung! Vor noch nicht vier Wochen die schon gezimmerte Tribüne hier um die Ecke mit dem Vorbeimarsch, dem bestellten, vor den Erhabenen. Und heute, heute ihr, die ihr euch aus eigenem freien Willen versammelt habt, für Freiheit und Demokratie und für einen Sozialismus, der des Namens wert ist.«

In der Rede von Christoph Hein heißt es:

»Ich möchte uns alle an einen alten Mann und wahrscheinlich jetzt sehr einsamen Mann erinnern. Ich spreche von Erich Honecker. Dieser Mann hatte einen Traum. Und er war bereit, für diesen Traum ins Zuchthaus zu gehen. Dann bekam er die Chance, seinen Traum zu verwirklichen. Es war keine gute Chance, denn der besiegte Faschismus und der übermächtige Stalinismus waren dabei die Geburtshelfer. Es entstand eine Gesellschaft, die wenig mit Sozialismus zu tun hatte. Von Bürokratie, Demagogie, Bespitzelung, Machtmißbrauch, Entmündigung und auch Verbrechen war und ist diese Gesellschaft gezeichnet. Es entstand eine Struktur, der sich viele gute, kluge und ehrliche Menschen unterordnen mußten, wenn sie nicht das Land verlassen wollten. Und keiner konnte mehr erkennen, wie gegen diese Struktur vorzugehen sei, wie sie aufzubrechen ist. Und ich glaube, auch für diesen alten Mann ist unsere Gesellschaft keinesfalls die Erfüllung seiner Träume. Selbst er, an der Spitze dieses Staates stehend und für ihn und für seine Erfolge, aber auch für seine Fehler, Versäumnisse und Verbrechen besonders verantwortlich, selbst er war den verkrusteten Strukturen gegenüber fast ohnmächtig.«

- *5. 11. – Thomas Bernhards Stück »Elisabeth II.« wird unter der Regie von Niels-Peter Rudolph am Schiller-Theater in Berlin uraufgeführt.*

An der Donau in langen Ekel-Tiraden. »Keine Komödie«, die doch eine ist: Uraufführung von Thomas Bernhards »Elisabeth II.« in Berlin

Die Spannung hat sich gelöst. Thomas Bernhards testamentarischer Fluch, daß kein einziges seiner Werke nach seinem Tode in Österreich verlegt, verkauft oder aufgeführt werden dürfte, wurde befolgt. Die Uraufführung seines nachgelassenen Stükkes findet statt im Berliner Schiller-Theater. Die fast monologische Hauptrolle (obgleich deutlich Bernhards Lieblingsschauspieler Bernhard Minetti zugedacht) – hier wird sie nunmehr verkörpert von Kurt Meisel. Zehn Monate nach Bernhards Tod schon die Uraufführung dieser Variation des vorsätzlich wieder misanthropisch-bösen, immer überraschend witzigen und auch freiweg komischen Nachlasses. Titel: »Elisabeth II.«.

Bernhard hat ihm den Untertitel: »Keine Komödie« gegeben. Es ist, wenigstens im Begriff seiner frühen Stücke, doch eine! Wenigstens wird sie hier in Berlin – richtigerweise – doch als eine solche gespielt. Bernhard ist seinem szenischen Grundsatz treu geblieben: daß Sauer lustig mache. Er schimpft wieder. Er haßt. Er zieht seinen österreichischen Landsleuten das Fell über die Ohren wie vordem eh und je. Er speit mit klugen Worten. Er kotzt Ekel aus – auf denn doch wieder amüsante Weise.

Mit der englischen Königin, die im Titel genannt ist, hat das wieder ausladende Sprechstück nur sehr nebenbei zu tun. Sie kommt auf Staatsbesuch nach Wien. Die Wiener Gesellschaft bereitet ihr jubelnden Empfang. Ein immens reicher Großindustrieller und Unternehmer bewohnt eine pompöse Etage, direkt an der Jubelstraße. Von ihm und durch ihn handelt Bernhards letztes Stück. Elisabeth tritt nicht auf.

Das dramatische System ist nicht mehr als eine Variation. Fast nur einer redet. Eher seicht lange, oft komisch wiederholsame, vertrackte, immer wieder fast manisch verbohrte Monologe. Die Figur des Großunternehmers Herrenstein erbricht sich, fast ganz monologisch, in Abscheu und verwundeter, mißtrauender Verachtung dieser Welt. An der Donau in langen Bernhard-Tiraden.

Der Großindustrielle ist vielfach körperlich gebeutelt und behindert. Er ist durch einen Verkehrsunfall seit Jahren ohne Beine und Füße. Er existiert im Rollstuhl. Er ist so gut wie blind. Aber er glaubt, ein souveräner Herrenmensch, alles zu durchschauen. Alles Theater, wie's sich bei Bernhard versteht, findet er dubios. Nur Goethes »Wahlverwandtschaften« läßt er sich vorlesen.

Dieses armselige Ekelpaket wird überrascht von einer Flut von Besuchern. Sie haben sich versammelt, um von dem Balkon seines Hauspalastes dem königlichen Einzug jubelnd zuzusehen. Die Schar der meist unwillkommenen Besucher rührt wieder Abscheu und Ekel bei dem reichen, armen Menschenfeind auf.

Hier Bernhards überraschender Trick und Knalleffekt: Er läßt, als sich endlich bei der Vorbeifahrt der Regentin die ganze verachtete Meute der Wiener Gesellschaft vor dem Fenster drängt, den Balkon zusammenstürzen. Alles kracht in die Tiefe. »Wahrscheinlich alle tot?« registriert der Menschenfeind im Rollstuhl trocken. Sein treuer, aber immer dubioser Adlatus und Rollstuhlschieber antwortet, ebenso gefühllos: »Sicher!« Der Vorhang fällt.

Kurt Meisel spricht den allmächtigen Unternehmer in all seinen Sprachkurven, Absurditäten und eben auch wahren Äußerungen eines Monomanen faszinierend. Ein Ekelpaket mit Geist, Bosheit und plötzlich in all seiner ganz armseligen Verlassenheit. Wie Meisel das variiert, wie er Bernhards langwierige Sätze voneinander absetzt, wie er sie immer wieder interessant macht, das ist sehr zu bewundern. Herrlich, als sein stummer Dialogpartner, Walter Schmidinger. Er schiebt den Rollstuhl, er mault schweigend. Er dient dauernd – und opponiert doch.

Diesmal hat Niels Peter Rudolph den nicht unerheblichen Auftrieb inszeniert. In dem fast kahlen Spielraum (Paul Lerchbaumer) stellt er die diversen Gruppen der Besucher und unterschiedlicher Störenfriede schön anschaulich. Sabine Sinjen, als eine von Musik vergiftete Haushälterin. Holger Kepich, ein trotziger, dämlicher Angestellter. Lieselotte Rau mit einem kleinen, herzlich fulminanten Auftritt. Erich Schellow, als ein aus Oxforder Emigration nach Wien zurückgekehrter Philosoph-Professor. Den spielt Schellow ganz zurückhaltend, fast durchsichtig, aber eben doch mit einem hellen, überzeugenden Optimismus.

Rudolph hat die mehreren Dutzend Eindringlinge der verachteten, unliebsamen Jubelbesucher für die Königin, so gut es in diesem eigentlich monologischen Vorgang geht, redlich und recht geschickt arrangiert.

Grundsätzlich also von Bernhard mit dieser letzten Uraufführung gewiß nichts Neues. Aber faszinierend und ständig erheiternd war doch, wie der Autor wieder eine neue Variation seines Uraltthemas gefunden hatte. *Friedrich Luft*

Die Welt. 7. 11. 1989.

● *6. 11. – Stefan Heym publiziert im »Spiegel« einen Essay über die politische Situation in der DDR nach den Demonstrationen vom Oktober:*

»Nein, der große Lehrmeister des Aufruhrs ist die Partei selber: diese Partei, die bei allen Verdrehungen und Entstellungen, bei allem Verschweigen und Verniedlichen, doch immer noch ein wenig Marx hinblätterte und das Kommunistische Manifest, in dem zu lesen steht über die Herrschaftsverhältnisse in der Gesellschaft und über die Revolution. Und mit Recht hat der Herr von Schnitzler, bevor er abtrat als Adlershofs Fernsehkommentator, noch einmal betont, daß stets die Geschichte eine Geschichte von Klassenkämpfen war; doch vergaß er, die Klassen zu nennen, um welche es sich handelt im spezifischen Falle DDR. Hier, im ersten deutschen Arbeiter-und-Bauern-

Staat, wurde die Rolle der Feudalherren übernommen von der Großbürokratie; nur der Pöbel blieb der Pöbel.

Hurra für den Pöbel, der den Generalleutnant Rausch zwang, öffentlich Abbitte zu tun für die Gewalttätigkeiten und Mißhandlungen, begangen von seiner Polizei an unschuldigen jungen Menschen in den Tagen des Oktober. Es war wie im glorreichen Jahr 1848, als der König den Hut ziehen mußte vor der Revolution, zum Gedenken an deren Tote, und die Lokalitäten, wo dies beides geschah, liegen nur wenige Schritte entfernt voneinander.«

- *17. 11. – Wolf Biermann veröffentlicht in der »Zeit« einen Brief an Sarah Kirsch, in dem er zu der Demonstration auf dem Alexanderplatz in Ost-Berlin Stellung nimmt. In dem Beitrag, der noch vor der Öffnung der innerdeutschen Grenze am 9. November geschrieben wurde, heißt es unter anderem:*

»Eine gewaltige Revolution und ohne alle Gewalt. Und schwer als Revolution zu erkennen, weil man solch eine sanftradikale Revolution eben nie kannte. Ich saß am Bildschirm und rieb mir die Augen und merkte, es wird! ja, es ist schon geworden. [...] Ich war neidisch auf jeden, der da ans Mikro durfte, und neidisch auf jeden, der auf dem Alex zuhörn und klatschen und mitpfeifen konnte. Ach, Sarah, es war nicht der schwarze, wie die Russen sagen, aber es überkam mich doch der weiße, der neidlose Neid. Und ein Goethegefühl wie bei der Kanonade von Valmy: Von hier und heute beginnt eine neue Epoche der Weltgeschichte ... und wir, Sarah, können sagen: Ich bin nicht dabei gewesen. Dabei war ich doch bißchen dabei. Die Leute um Bärbel Bohley hatten zehn Tausend Exemplare meines neuen Liedes ›Wir hatten es wohl schon halb vergessen‹ vervielfältigt und verbreitet.«

- *23. 11. – Der Bezirksverband des Schriftstellerverbands der DDR entschließt sich, die gut zehn Jahre zuvor über sieben Mitglieder verhängte Relegierung wiederaufzuheben. In der Erklärung des Verbandes heißt es:*

»Der am 7. Juni 1979 erfolgte Ausschluß der Mitglieder Kurt Bartsch, Adolf Endler, Stefan Heym, Karl-Heinz Jacobs,

Klaus Poche, Klaus Schlesinger, Rolf Schneider, Dieter Schubert und Joachim Seyppel sowie dessen Folgen für andere Kollegen war nicht wiedergutzumachendes Unrecht, für das wir um Entschuldigung bitten. Die Vollversammlung beschließt: Der Ausschluß wird annulliert, und damit wird die Mitgliedschaft dieser Kollegen rückwirkend vom 7. Juni 1979 wiederhergestellt.«

- *26. 11. – Monika Maron hält in den Münchner Kammerspielen im Rahmen der Vortragsreihe »Reden über das eigene Land: Deutschland« eine Rede mit dem Titel »Ich war ein antifaschistisches Kind«. Mit Bezug auf die politischen Ereignisse in der DDR stellt sie unter anderem fest:*

»Endlich also haben die Deutschen es geschafft, höre und lese ich jetzt überall, endlich ist den Deutschen ihre Revolution gelungen. 1848 mußten sie sich mit dem Ruf ›Hut ab‹ vor den Toren begnügen. 1918 verjagten sie den Kaiser und sonst keinen. Und diesmal, haben die Deutschen es diesmal geschafft? Ist das Auswechseln der Oberhäupter gegen ihre Stellvertreter, ist die späte Zurücknahme der Mauer; ist die neue Rede alter Parteien schon die siegreiche Revolution? Oder ist das nur ihr Beginn? Oder ist es wieder nur ein Beginn?

Ich wünsche mir, daß das Volk in der DDR, das sich während der letzten Monate über seine eigene Macht so nachdrücklich belehrt hat, die Schmerzen und die Schande des gebeugten Gangs nicht vergißt und nicht das erlösende Gefühl, den Rücken endlich zu strecken und den Blick zu heben. Es sollte niemandem gestatten, sich dieses Augenblicks zu bemächtigen. Nicht den Wölfen, die Kreide gefressen haben; nicht den Kalten Kriegern der Vergangenheit, die jetzt ihren späten Triumph feiern wollen; nicht der westdeutschen Linken mit ihrer späten Trauer um die Utopie DDR, die sie sich nur durch vorsätzliche Blindheit und Taubheit hat bewahren können.«

- *29. 11. – Der neue Kulturminister der DDR, Dietmar Keller, spricht sich im »Neuen Deutschland« gegen die Fortsetzung der bislang üblichen Druckgenehmigungspraxis aus.*

- *29. 11. – Die »Frankfurter Allgemeine Zeitung« veröffentlicht den Appell »Für unser Land«, der unter anderem von Christa Wolf, Stefan Heym und Volker Braun unterzeichnet ist. Der Text plädiert dafür, »in unserem Land eine solidarische Gesellschaft zu entwickeln, in der Frieden und soziale Gerechtigkeit, Freiheit des einzelnen, Freizügigkeit aller und die Bewahrung der Umwelt gewährleistet sind [...]. Noch haben wir die Chance, in gleichberechtigter Nachbarschaft zu allen Staaten Europas eine sozialistische Alternative zur Bundesrepublik zu entwickeln. Noch können wir uns besinnen auf die antifaschistischen und humanistischen Ideale, von denen wir einst ausgegangen sind.« Am Tag nach seiner Veröffentlichung wird der Appell auch von den SED-Politikern Hans Modrow und Egon Krenz unterschrieben.*

- *30. 11. – Günter Kunert veröffentlicht in der »Frankfurter Allgemeinen Zeitung« den Aufsatz »Traumverloren. Die Idee des Sozialismus scheitert«, in dem er seine Skepsis gegenüber marxistischen Gesellschaftsutopien formuliert:*

»Trotz überwältigender Kenntnis der trostlosen Lage und ihrer kaum minder trostlosen Ursache wird die längst mumifizierte Utopie beschworen. Ob Christa Wolf auf dem Alexanderplatz in Ost-Berlin oder der aus seiner Versenkung auferstandene Rudolf Bahro im Fernsehen – entgegen jeder Erfahrung, auch ihrer eigenen, meinen sie ernsthaft, nun sei der Zeitpunkt gekommen, den ›demokratischen Sozialismus‹ einzuläuten. [...]

Der ›demokratische Sozialismus‹, die ›freie Assoziation freier Menschen‹ basiert auf der irrigen Überzeugung, der Mensch wäre ein durchaus rationales Wesen, das zur Einsicht in Notwendigkeiten in der Lage sei. Auch der ›demokratische Sozialismus‹ geht von der vorpsychologischen Prämisse aus, der Mensch bestünde aus einem Körper mit Bewußtsein, und zwar mit einem Bewußtsein, das veränderbar, belehrbar, also formbar ist.«

Dezember

- *2. 12. – Wolf Biermann kann – fünfundzwanzig Jahre nachdem er mit einem Auftrittsverbot belegt wurde, und dreizehn Jahre nach seiner Ausbürgerung – zum ersten Mal wieder in der DDR öffentlich auftreten. Er singt in Ost-Berlin gemeinsam mit Bettina Wegner, Stefan Krawczyk, Gernulf Pannach und anderen.*

- *4. 12. – Stefan Heym publiziert im »Spiegel« den Aufsatz »Aschermittwoch in der DDR«, in dem er die Konsumbegeisterung seiner Landsleute kritisiert, die zum ersten Mal seit vielen Jahren in den Westen reisen können:*

»Die großen, die erhebenden Momente sind vorbei – auf dem Ring zu Leipzig, als die Masse plötzlich skandierte ›Wir sind das Volk!‹, und zu Berlin, auf dem Alexanderplatz, als die Menschen, jetzt eine Million stark, begriffen, daß sie über Nacht gelernt hatten, aufrecht zu gehen, und eine Art kollektives Aufatmen hörbar wurde, und schließlich am Übergang Invalidenstraße, als die Grenze sich auftat und die Leute, fassungslos noch, einander in die Arme fielen und erst der eine es sagte, dann der andere, und dann ein dritter und vierter ›Wahnsinn‹!

Danach, Aschermittwoch. Aus dem Volk, das nach Jahrzehnten Unterwürfigkeit und Flucht sich aufgerafft und sein Schicksal in die eigenen Hände genommen hatte und das soeben noch, edlen Blicks, einer verheißungsvollen Zukunft zuzustreben schien, wurde eine Horde von Wütigen, die, Rücken an Bauch gedrängt, Hertie und Bilka zustrebten auf der Jagd nach dem glitzernden Tinnef. Welche Gesichter, da sie, mit kannibalischer Lust, in den Grabbeltischen, von den westlichen Krämern ihnen absichtsvoll in den Weg plaziert, wühlten; und welch geduldige Demut vorher, da sie, ordentlich und folgsam, wie's ihnen beigebracht worden war zu Hause, Schlange standen um das Almosen, das mit List und psychologischer Tücke Begrüßungsgeld geheißen war von den Strategen des Kalten Krieges.«

- *5. 12. – Martin Walser veröffentlicht in der »Frankfurter Allgemeinen Zeitung« einen Essay über den »Stand der deutschen Dinge«. Darin heißt es:*

»Die Leute in der DDR erklären sich zum Volk. Das Wort ist unseren vom Mißbrauch eingeschüchterten Lippen fremd geworden. Jede Sprache, die sich nicht soziologisch sterilisieren ließ, verfiel bei uns sofort dem entsetzlichsten Verdacht. Genaueres Hinschauen nicht nötig. Wer statt Gesellschaft Volk sagt, darf, nein, der muß niedergeschimpft werden. Jetzt gibt es also das DDR-Volk. Es will einen anderen Staat. Ob es mit uns in einem Staat leben möchte, wissen wir nicht. Nach dem, was wir jetzt erlebt haben, wissen wir nur, daß das DDR-Volk sich keinen Staat mehr verpassen läßt, in dem es nicht leben will. Keine Partei mehr, die alles, was sie verbricht, mit marxistischem Wahrheitsmonopol legitimiert. Wir haben erlebt, daß das demokratische Ausdrucksmittel Demonstration zu unerwarteten Genauigkeiten fähig ist. Hunderttausende, also Massen, haben sich wahrhaftiger und genauer, also richtiger ausgedrückt als alle Intellektuellen.«

- *8. 12. – Brigitte Kronauer erhält in Köln den mit fünfundzwanzigtausend Mark dotierten Heinrich-Böll-Preis der Stadt Köln. Der Schriftstellerin wurde die Auszeichnung für ihr erzählerisches Werk zugesprochen, das »kunstvoll und realitätsbewußt den Alltag, das ganz normale Leben heute« neu und auf elementare Weise »demokratisch anschaulich« mache, wie es in der Begründung der Jury heißt. In seiner Lobrede stellt Reinhard Baumgart fest, die Romane dieser Autorin*

»insistieren auf einem Thema, das Romane motiviert hat, seit es Romane gibt: Sie erzählen Liebesgeschichten, lassen sich also ein auf das ›berühmteste, beschriebenste aller Ereignisse‹. Im Mühlenbeck-Roman geschieht das noch mit einer Diskretion, die das Ereignis selbst hinter den Horizont rückt. Denn dort wagt die junge Lehrerin nur zu sprechen von ihrer ›Sehnsucht nach einem totalen Erzittern, einer lebensgefährlichen Überschwemmung, einer Liebe unter höchster Aufmerksamkeit wie ein tierisches Aufeinanderzuspringen‹. Da ist er wieder, der Ingeborg-Bachmann-Ton, der Drang nach Grenzüberschreitung, der Sog ins Extreme. Rita Münster wird dann in diese Glücks- und Gefahrenzone hineingeschickt, mit Intensität zwar, doch mit einer erstaunlichen Hemmung: Die Person des Geliebten nämlich wird nur als Schattenriß aus Gesten gezeigt, sie bleibt fast unsichtbar, verborgen außerdem hinter dem Allerweltsnamen Horst Fischer. Das sieht aus wie ein Programm, denn ganz auf sich zurückgeworfen und doch ergriffen von Liebe erlebt Rita Münster statt diesen Horst Fischer nun – sich selbst, allerdings ›glühend‹, endlich hineingerissen in den ›Zusammenhang‹ der Welt«.

● *9. 12. – Nachdem auch Egon Krenz, der Nachfolger Erich Honeckers im Amt des Staatsratsvorsitzenden, am 6. Dezember zurückgetreten ist, spricht der Vorstand des Schriftstellerverbandes der DDR dem Verbandspräsidenten Hermann Kant in geheimer Abstimmung mit sechzig zu zwei Stimmen das Vertrauen aus: Die Vorstandskollegen seien, so heißt es in einer Erklärung, dafür, daß Kant »bis zum vorgezogenen Kongreß seine Arbeit so weitermacht, wie er sie nach ihrem Urteil bislang betrieben hat, nämlich ordentlich«. Kant bleibt dennoch unter den Mitgliedern des Verbandes umstritten, da er nach der Ausbürgerung Wolf Biermanns den Ausschluß zahlreicher regimekritischer Schriftsteller aus der Organisation betrieb.*

● *9. 12. – Hans Magnus Enzensberger veröffentlicht in der »Frankfurter Allgemeinen Zeitung« den Aufsatz »Die Helden des Rückzugs«, in dem er die Schwierigkeiten der Politiker Osteuropas reflektiert, überlebte ideologische Positionen zu räumen. In dem Artikel heißt es unter anderem:*

»Die Epigonen des Rückzugs sind Getriebene. Sie handeln unter einem Druck, der von unten und von außen kommt. Der wahre Held der Entmachtung ist dagegen selbst die treibende Kraft. Michail Gorbatschow ist der Initiator eines Prozesses, mit dem andere mehr oder weniger freiwillig versuchen Schritt zu halten. Er ist – soviel dürfte heute bereits feststehen – eine säkulare Figur. Die schiere Dimension der Aufgabe, die er sich gestellt hat, ist beispiellos. Er ist dabei, das vorletzte monolithische Imperium des zwanzigsten Jahrhunderts zu demontieren, ohne Gewalt, ohne Panik, ohne Krieg. Ob das gelingen kann, steht dahin. Doch hätte noch vor wenigen Monaten niemand das, was er bisher auf diesem Weg erreicht hat, für möglich gehalten. Es hat sehr lange gedauert, bis die Welt auch nur anfing, sein Projekt zu begreifen. Die überlegene Intelligenz, die moralische Kühnheit, die weitreichende Perspektive dieses Mannes – das alles lag, im Osten wie im Westen, so weit jenseits des Horizonts der politischen Klasse, daß es keine Regierung wagte, ihn beim Wort zu nehmen.«

- *10. 12. – In den Städtischen Bühnen in Heidelberg wird das Stück »Der letzte Wähler« von Detlef Michel in der Regie von Peter Stoltzenberg uraufgeführt.*

- *12. 12. – Reiner Kunze wird, dreizehn Jahre nachdem er vom Schriftstellerverband im Bezirk Gera ausgeschlossen wurde, rehabilitiert. In einem Schreiben des Bezirksverbandes an das Präsidium heißt es, die »aufmerksame Durchsicht« der Protokollauszüge lasse nur die Deutung zu, daß das Verfahren »ein typisches Beispiel für die Willkürjustiz auf Weisung der seinerzeit führenden Partei« gewesen sei, »die massiv auch in die Belange des Schriftstellerverbandes eingriff«.*

- *13. 12. – Die »Süddeutsche Zeitung« veröffentlicht ein Interview mit dem stellvertretenden Kulturminister der DDR Klaus Höpcke. In dem Gespräch sagt er auf die Frage, was die Mitarbeiter seines Ministeriums nach der Abschaffung der »Druckgenehmigungspraxis« als ihre neue Aufgabe betrachteten:*

»Sie haben sicherlich verfolgt, daß wir, der Anregung des Schriftstellerkongresses vom Herbst 1987 folgend, bereits seit 1. Januar 1989 keine Manuskripte mehr zur Ansicht bekommen haben. Dies hat zu einer Umverlagerung geführt; es werden nun sehr viel mehr anhand der erschienenen Bücher Tendenzen, Trends usw. untersucht. Das halte ich nach wie vor für gut, daß der Staat sich dafür interessiert, wie die gesamte Entwicklung auf verschiedenen Gebieten vor sich geht.«

- *13. 12. – Max Frisch erhält den mit fünfundzwanzigtausend Mark dotierten Heinrich-Heine-Preis der Stadt Düsseldorf. In der Begründung der Jury heißt es, die Schriften und Reden Frischs seien »durchdrungen vom Gedanken des Friedens und vom Geist der Aufklärung«.*

In seiner Dankrede geht Frisch ausführlich auf die politischen Veränderungen in der DDR ein: Die jetzt dort offen über Demokratie redeten, und das »viel offener als je ein freier Schweizer vor einem Mikrophon«, meinten »offenbar nicht unser Paradies mit Eigenheim und Zweitwagen«, sondern eine »Gesellschaft ohne Machtlügen«. Die Bürger der DDR wollten augenscheinlich eine solidarische Gesellschaft, »was wir nicht anzubieten haben«. Die Vorstellung, die Menschen dort hätten »kein anderes Ziel als die Übernahme unserer Miseren, kann Unheil stiften«. Der Westen werde nun nicht länger um die Frage herumkommen, »wieviel Demokratie denn in einem real-existierenden Kapitalismus überhaupt möglich ist«. Das Elend des Kapitalismus, so Frisch weiter, sei »das Elend einer Kaufkraft ohne Hoffnung, die Verblödung durch Ware«. Mit »großem Respekt«, aber auch »nicht ohne Sorge« blicke er auf die politischen Veränderungen im anderen Deutschland. Manche im Westen rieben sich nämlich die Hände und sähen dort »nicht Aufbruch, sondern Zusammenbruch« des Sozialismus.

Die Laudatio auf Max Frisch hält der in Ost-Berlin lebende Erzähler und Dramatiker Christoph Hein. In seiner Rede heißt es: Eine »Ellenbogengesellschaft« auf Kosten anderer »ist nicht meine Hoffnung für mein Land«. In der DDR sei es zwar gelungen, einen »Drachen« zu besiegen: »Aber schon lauern andere Gefahren auf uns, andere Drachen, freundlichere, buntere, die uns großen Konsum verheißen.« Wenn die sozialistische Idee in Europa scheitere, dann werde der Kapitalismus »einige seiner freundlichen Farben und Tupfer aufgeben« und deutlicher als bislang »seine Werte durchsetzen«.

- *15. 12. – Rolf Schneider tritt, nachdem sein 1979 erfolgter Ausschluß aus dem Schriftstellerverband der DDR drei Wochen zuvor rückgängig gemacht wurde, aus dem Verband aus. Er erklärt, nicht Mitglied in einer Organisation sein zu wollen, deren Präsident Hermann Kant ist.*
- *15. 12. – In der »Zeit« veröffentlicht der in Ost-Berlin lebende Dramatiker Heiner Müller das Gedicht »Selbstkritik«:*

»Meine Herausgeber wühlen in alten Texten / Manchmal wenn ich sie lese überläuft es mich kalt Das / Habe ich geschrieben IM BESITZ DER WAHRHEIT / Sechzig Jahre vor meinem mutmaßlichen Tod / Auf dem Bildschirm sehe ich meine Landsleute / Mit Händen und Füßen abstimmen gegen die Wahrheit / Die vor vierzig Jahren mein Besitz war / Welches Grab schützt mich vor meiner Jugend«.

- *17. 12. – In Ost-Berlin veröffentlichen 24 Schriftsteller aus der DDR eine Erklärung, die sich gegen Hermann Kant, den Präsidenten des Schriftstellerverbandes ihres Landes richtet. In der Erklärung heißt es:*

»Wir haben weder Zeit noch Lust, uns in Abhängigkeit bislang gültiger statutbedingter Amtshandlungen des Schriftstellerverbandes die Chance nehmen zu lassen, überfällige gravierende Veränderungen in diesem Berufsverband zu konzipieren. Wir sehen uns durch den Vorstand des Verbandes, der jüngst Hermann Kant bestätigt hat, in keiner Weise vertreten.«

- *20. 12. – Nachdem Demonstrationen in Rumänien von Sicherheitskräften blutig beendet wurden, veröffentlichen die ehemals im Banat lebenden rumäniendeutschen Autoren Gerhard Csejka, Helmuth Frauendorfer, Klaus Hensel, Johann Lippet, Herta Müller, Werner Söllner, William Totok, Richard Wagner und Ernest Wichner in der Bundesrepublik einen Aufruf an Armee, Polizei und die »Securitate« Rumäniens. Darin heißt es unter anderem:*

»Ihr schießt auf das Volk. Warum dient ihr immer noch diesem Verbrecher und seiner Familie? Auch ihr seid Teil der Nation, und eure Aufgabe wäre, die Nation zu schützen, nicht die Verbrecher. Vergeßt das nicht.«

- *22. 12. – Der Präsident des Schriftstellerverbandes der DDR, Hermann Kant, erklärt seinen Rücktritt, da er den »psychischen und physischen Druck«, dem er ausgesetzt sei, nicht mehr ertragen könne.*

- *23. 12. – Nachdem der Staatschef Rumäniens, Nicolaie Ceausescu, gestürzt und wenig später hingerichtet wurde, veröffentlicht die »Frankfurter Allgemeine Zeitung« den Aufruf »Freiheit in Rumänien« von Werner Söllner. Darin heißt es:*

»Freudentaumel in Bukarest. Und die Toten? Sie müssen ehrenhaft beerdigt werden. Man wird ihrer gedenken. Und man muß die Schuldigen bestrafen. Und mit dem, was in Rumänien nun seinen Anfang nimmt, muß man ihrem Opfertod einen Sinn geben: den Sinn der Freiheit und Demokratie! Rumänien hat seine Würde wiedergefunden. Es braucht unsere Solidarität: Heute mehr denn je!«

- *23. 12. – Die »Süddeutsche Zeitung« veröffentlicht ein Interview mit Stephan Hermlin. Darin heißt es unter anderem:*

»Ganz wesentlich erscheint mir heute die Forderung nach Gedächtnis. Und zwar, weil unter dem Eindruck der kolossalen Ereignisse seit Oktober in Vergessenheit gerät, daß so eine Bewegung nie von allein und plötzlich entsteht. Diese Bewegung des Volkes – es handelt sich um eine echte Volksbewegung! – hat ihre Ursprünge gehabt, genauso wie die Perestroika Gorbatschows nicht aus heiterem Himmel kam, sondern ihre Vorstufen hatte. Und es ist interessant – hier bilden wir eine Parallele gerade auch zur Sowjetunion –, daß es der kulturelle Bereich war, der Dinge hervorgebracht und in die Öffentlichkeit gestellt hat, die Vorstufen waren zu der großen politischen Bewegung, die jetzt stattfindet. Nicht sie hat auf dem Gebiet der Kultur Freiheit zu schaffen. Die Freiheit hat sich die Kultur schon vor der Volksbewegung erobert. Die Kultur schuldet also der Volksbewegung eigentlich nichts; höchstens umgekehrt.«

- *29. 12. – Das Stück »Tanz, Marie!« von Gerlind Reinshagen wird unter der Regie von Lore Stafanek am Staatstheater in Darmstadt uraufgeführt.*

- *29. 12. – Die ehemals im Banat lebende rumäniendeutsche Erzählerin Herta Müller veröffentlicht in der »Frankfurter Allgemeinen Zeitung« einen Aufsatz, in dem sie zu den Schnellgerichtsverfahren und den Hinrichtungen in Rumänien nach dem Sturz Ceausescus Stellung nimmt. Darin heißt es:*

»Stimmen der Unzufriedenen werden laut. Es sind die Stimmen der westlichen Journalisten und Regierungen. Leichtfüßig gehen sie durch ihre Demokratien. Ich erschrecke vor dem großen Unterschied zwischen mir und diesen Stimmen: Sie haben keine Angst. Sie haben vieles nicht erlebt. Und vieles haben sie vergessen. Ja, ich bin gegen das Todesurteil. Ich würde gerne immer und überall dagegen sein. Doch in diesem Fall, was nützt mir das? [. . .] Die Stimmen der Unzufriedenen fordern auch einen fairen Prozeß für die Verhafteten der Securitate [. . .]. Faire Prozesse? [. . .] Ja, ich bin für faire Prozesse, würde gerne immer und überall dafür plädieren. Doch in diesem Fall, was nützt mir das? In der westeuropäischen Welt ist das Problem des Terrorismus sowohl den Journalisten als auch den Regierungen bekannt. Nicht nur ihnen, allen, die hier leben. Und alle wissen, daß man im Falle einer Geiselnahme die Geisel befreien muß, auch um den Preis des Tötens der Geiselnehmer. Das ist ein Konsens.«

- *Preistelegramm:*
  Im »Handbuch der Kulturpreise und der individuellen Kulturförderung« (1985) werden allein für die Bundesrepublik Deutschland 212 Literaturpreise nachgewiesen. Da jedoch nicht jede Auszeichnung jährlich, viele aber dann gleich an mehrere Empfänger verliehen werden, rechnet das Handbuch mit etwa 754 Literaturpreisvergaben in der Bundesrepublik pro Jahr. Mit anderen Worten: Es werden durchschnittlich jeden Tag zwei Autoren für ihre Arbeiten prämiert – und in dieser Rechnung sind jene Kulturpreise, die nach einem Architekten, einem Maler oder Komponisten auch einmal einem Schriftsteller zufallen können, noch nicht berücksichtigt. Über alle diese Auszeichnungen zu informieren ist unmöglich. Deshalb hier ganz kurz noch einige Angaben zu

wichtigen 1989 an deutschsprachige Autoren vergebene Literaturpreise:

Preis der Peter-Suhrkamp-Stiftung (50000 DM): Paul Nizon. – Großer Literaturpreis der Bayerischen Akademie der Schönen Künste (30000 DM): Dieter Kühn. – Stadtschreiberin von Bergen-Enkheim (30000 DM): Katja Lange-Müller. – Jean-Paul-Preis (25000 DM): Horst Bienek. – Kleist-Preis (25000 DM): Ernst Augustin. – Schiller-Gedächtnispreis des Landes Baden-Württemberg (25000 DM): Käthe Hamburger. – Märkisches Stipendium für Literatur (24000 DM): Keto von Waberer. – Baseler Literaturpreis (20000 Franken / 23000 DM): Urs Widmer. – Literaturpreis des Kulturpreises im Bundesverband der Deutschen Industrie (20000 DM): Friederike Mayröcker. – Kunstpreis der Stadtsparkasse Düsseldorf (20000 DM): Ingrid Bachér. – Dramatikerpreis des Bundes der Theatergemeinden (20000 DM): Ria Endres. – Rolf-Dieter-Brinkmann-Stipendium (18000 DM): Liane Dirks. – Kasseler Literaturpreis für grotesken Humor (15000 DM): Irmtraud Morgner. – Literaturpreis des Kulturkreises im Bundesverband der Deutschen Industrie (15000 DM): Ruth Rehmann. – Peter-Huchel-Preis für Lyrik (15000 DM): Luise Schmidt. – Südwestfunk-Literaturpreis (15000 DM): Paul Wühr. – Adalbert von Chamisso-Preis der Robert Bosch Stiftung (15000 DM): Yüksel Pazarkaya. – Alfred-Döblin-Preis (je 15000 DM): Edgar Hilsenrath und Einar Schleef. – »Aspekte«-Literatur-Preis (15000 DM): Irina Liebmann. – Andreas-Gryphius-Preis der Künstlergilde Eßlingen (15000 DM): Ilse Tielsch. – Thomas-Mann-Preis (15000 DM): Günter de Bruyn. – Karl-Sczuka-Preis des Südwestfunks für Hörspiele als Radiokunst (15000 DM): Hartmut Geerken. – Förderpreis Literatur der Jürgen-Ponto-Stiftung (15000 DM): Arnold Stadler. – Franz-Kafka-Literaturpreis (100000 Schilling / 14000 DM): Libuse Moniková. – Fördergaben zum Schiller-Gedächtnispreis des Landes Baden-Württemberg (je 12500 DM): Ludwig Fels, Rainald Goetz. – Georg-Trakl-Preis (75000 Schilling / 11000 DM): Julian (Jutta) Schutting. – Würdigungspreis der Stadt Wien (75000 Schilling /

11000 DM): Elfriede Jelinek. – Ernst-Reuter-Preis (10000 DM): Gert Loschütz. – Literaturpreis der Stadt Gandersheim (10000 DM): Helga M. Novak. – Nicolas-Born-Förderpreis (10000 DM): Eva Schmidt. – Förderpreise zum Jean-Paul-Preis (10000 DM): Susanne Röckel, Georg Brun. – Literaturförderpreis des Kulturkreises im Bundesverband der Deutschen Industrie (je 10000 DM): Ralf Rothmann, Robert Schindel. – Kunstpreis der Stadt Cloppenburg (10000 DM): Peter Kurzeck. – Brüder-Grimm-Preis (10000 DM): Natascha Wodin. – Friedrich-Märker-Preis für Essayistik (10000 DM): Carl Amery. – Literaturpreis der Stadt Stuttgart (je 10000 DM): Maria Csollany, Ludwig Greve, Hanns-Josef Ortheil. – Bodensee-Literaturpreis (10000 DM): Hans Boesch. – Literaturpreis der Stadt Bad Wurzach (10000 DM): Hilde Spiel. – Kogge-Literaturpreis 1989 der Stadt Minden (10000 DM): Anton Fuchs. – Fritz-Reuter-Preis der Hamburger Stiftung F.V.S. (10000 DM): Waltraud Bruhn. – Die gordische Schleife (10000 DM): Bernhard Schlink. – Kieler Kulturpreis (10000 DM): Wolfdietrich Schnurre. – Ida-Dehmel-Preis (10000 DM): Brigitte Kronauer. – Marieluise-Fleißer-Preis der Stadt Ingolstadt (10000 DM): Herta Müller. – Peter-Härtling-Preis für Kinderliteratur 1988 (10000 DM): Margaret Klare. – E.T.A.-Hoffmann-Kulturpreis der Stadt Bamberg (10000 DM): Hans Wollschläger. – Gustav-Heinemann-Friedenspreis für Kinder- und Jugendbücher (10000 DM): Inge Meyer-Dietrich. – Pfalzpreis für Literatur (10000 DM): Günter Barudio. – Drehbuchpreis des Landes Nordrhein-Westfalen (10000 DM): Beate Müller-Blattau, Ernst Pfeffer. – Henning-Kaufmann-Preis (10000 DM): Herta Müller, Gerhardt Csejka, Helmuth Frauendorfer, Klaus Hensel, Johann Lippet, Werner Söllner, William Totok, Richard Wagner. – Kulturpreis der Städte Ravensburg und Weingarten (8000 DM): Peter Hamm. – Preise der Frankfurter Autorenstiftung (je 7500 DM): Kerstin Specht, Sewan Latchinian. – Manuskripte-Literaturpreis (50000 Schilling / 7000 DM): Barbara Frischmuth. – Ehrengabe zum Andreas-Gryphius-Preis (7000 DM): Alfred Kittner. – Ida-Dehmel-Förder-

preis (6000 DM): Verena Nolte. – Schillerpreis der Deutschschweiz (je 5000 Franken / 5500 DM): Franz Böni, Kuno Raeber, Hansjörg Schneider, Otto F. Walter. – Buchpreis des Deutschen Verbandes Evangelischer Büchereien (5000 DM): Sigrid Damm. – Eichendorff-Literaturpreis des Wangener Kreises (5000 DM): Walter Neumann. – Stefan Andres-Förderpreis (5000 DM): Christoph Hein. – Der Erste Roman, Preis der Neuen Literarischen Gesellschaft Hamburg (4000 DM): Rolf Niederhauser. – Zürcher Kinderbuchpreis (3000 Franken / 3000 DM): Inge Meyer-Dietrich.

Neue Bücher

JÜRGEN ALBERTS
1946 in Betzdorf (Sieg) geboren, lebt in Bremen.

- »Keplers Traum«. Roman. Stuttgart: Klett-Cotta.

ANITA ALBUS
1942 in München geboren, lebt dort.

- »Farfallone«.* Ein Roman in Briefen. München: Hanser.

JÜRG AMANN
1947 in Winterthur (Schweiz) geboren, lebt in der Nähe von Zürich.

- »Tod Weidigs«. Acht Erzählungen. München: Piper. Enthält die Erzählungen »Tod Weidigs«, »Der Aufenthalt«, »Ist dieser dunkle Raum die Welt«, »Die Brunnenentgifter«, »Die Zerstückelung«, »Der Tunnel«, »Nachruf« und »An der Ruhe gemalt«.

HANS CARL ARTMANN
1921 in Wien geboren, lebt in Salzburg.

- »gedichte von der wollust des dichtens in worte gefaßt«. Salzburg: Residenz Verlag.
- »Grünverschlossene Botschaft«. 90 Träume. [Gedichte.] Salzburg: Residenz Verlag.

ERNST AUGUSTIN
1927 in Hirschberg (Schlesien) geboren, lebt in München.

- »Der amerikanische Traum«. Roman. Frankfurt a.M.: Suhrkamp.

JÜRGEN BECKER / RANGO BOHNE
Jürgen Becker und Rango Bohne, beide 1932 in Köln geboren, leben bei Köln.

- »Frauen mit dem Rücken zum Betrachter«. Bilder von Rango Bohne, Stimmen von Jürgen Becker. Frankfurt a.M.: Suhrkamp.
  Enthält 19 Prosastücke, teils in Dialogform, die allesamt nach Radierungen von Rango Bohne entstanden sind.

PETER VON BECKER
1947 in Mannheim geboren, lebt in München.

- »Die kopflose Medusa«.* Gedichte. Frankfurt a.M.: Suhrkamp.

THORSTEN BECKER
1958 in Köln geboren, lebt in West-Berlin.

- »Schmutz«. Erzählung. Zürich: Ammann.

HANS BENDER
1919 in Mühlhausen (Kraichgau) geboren, lebt in Köln.

- »Postkarten aus Rom«. Autobiographische Texte. München: Hanser.
  Enthält 15 Skizzen aus den Jahren 1966 bis 1988, die mit Ausnahme des titelgebenden Beitrags zuvor schon in Zeitungen, Zeitschriften oder Anthologien gedruckt wurden.

* Ein Sternchen nach dem Titel markiert das literarische Debüt eines Autors.

THOMAS BERNHARD
1931 in Heerlen (Niederlande) geboren, 1989 in Ohlsdorf (Oberösterreich) gestorben.

● »In der Höhe«. Rettungsversuch, Unsinn. [Prosaskizzen.] Salzburg: Residenz Verlag.

Hohe Schule der Einsamkeit. Aus den Anfängen eines großen Schriftstellers: Thomas Bernhards frühe Prosa-Skizzen, Kurz-Erzählungen, poetische Miniaturen und Aphorismen »In der Höhe«

»Die Welt ist ein riesiger Katafalk«
»Kein größeres Gesindel als Schriftsteller«
»Alles ist lächerlich, nur der Tod nicht«

Wie kann einer atmen, wie soll einer leben, wenn doch alles »Unsinn« ist? Lebenslang war Thomas Bernhard geschockt – und fasziniert – durch die Gleichzeitigkeit von Entstehen und Vergehen, vom Tod im Leben. Schon der erste überlieferte Prosatext des Dreiundzwanzigjährigen, gedruckt im Sommer 1954 in der Zeitschrift »Handschreiben der Stifterbibliothek« unter dem Titel »Die Landschaft der Mutter«, schlägt dieses Leid-Motiv an: »Henndorf im Salzburgischen ist der abgeschiedene Ort meiner Väter und Mütter. Hier steht noch das Tuffsteinhaus mit einem Garten davor und einem Garten dahinter« – und die Erinnerung drängt dem jungen Autor die Frage auf: »Wie viele Früchte wurden hinein-, wie viele Särge hinausgetragen?«

»Die Welt ist ein riesiger Katafalk« – so lesen wir in einem aus Poesie und Prosa, Erzähl-Entwürfen und Lebensmaximen seltsam gemischten Buch, das der siebenundzwanzigjährige Thomas Bernhard 1959 noch vor den Erzählungen und Romanen geschrieben hat, die ihn berühmt gemacht haben, das er aber erst kurz vor seinem Tod, dreißig Jahre später, zur Veröffentlichung freigegeben hat: »In der Höhe – Rettungsversuch, Unsinn«.

Das Wort »Unsinn« aus dem Titel erscheint gleich wieder als zweites Wort im Text: »Vaterland, *Unsinn*«. Und gegen Ende wiederholt der junge Autor: »der Staat, sage ich: *der Staat ist ein großer Dreck!*«

Formulierungen, wie wir sie aus späteren Romanen oder Theaterstücken kennen – hier sind sie zum ersten Mal geprägt: »Alles ist lächerlich, alles und jedes . . . nur der Tod nicht.« Das klingt ein Lebensalter später fast genauso. In dem Band »Aus Gesprächen mit Thomas Bernhard«, zusammengestellt vom Redakteur am Landesstudio Salzburg des Österreichischen Rundfunks, Kurt Hofmann, aus Interviews, die er in den Jahren 1981 bis 1988 in Bernhards Bauernhof in Ohlsdorf bei Gmunden gemacht hat, hören wir es so: »Es scheitert letzten Endes alles, alles endet am Friedhof.« Dabei klingt die erste Hälfte des Satzes wie ein Echo des Halbsatzes, den Bernhard in seinem frühen Buch, ohne Subjekt, einfach so zwischen zwei Kommas stellt: »daß jeder Mensch auf jeden Fall versagt hat«.

Die beiden zuletzt erschienenen Bücher mit Texten Bernhards erhellen sich gegenseitig – und Leben und Werk des Autors. Wie eine Lebensmaxime liest sich im frühen Buch der ebenfalls isoliert stehende, mit kleinen Anfangsbuchstaben anhebende Satz: »mit klarem Denken durch den Morast«. Charakteristisch für diesen Autor, der bei allem selbstgewissen Stolz nie der auf andere Menschen herab-guckende oder -polternde, eitle Besserwisser war, als den ihn manche schmähen: er notiert gleich darauf einen Satz – und unterstreicht ihn, indem er ihn in Schrägschrift in den Text stellt: *»ich bin der Unrat«*. Und mit der ihm eigenen, sich bis ins Groteske steigernden Beschimpfungswut, die mit immer neuen Schmähwörtern um sich wirft, heißt es bald darauf:

»ich bin als Ganzes aus einem Witzblatt herausgerissen!,
mein ganzer Kopf ist ein Bierkopf!, ein Speckkopf!, ein Eiterkopf!, ein Käskopf!, ein *Sulzkopf!, Sulzkopf!, Sulzkopf!, Sulzkopf!.*«

Eigenwillige Schreibung, Zeichensetzung und Anordnung der Sätze auf der Seite zeigen auch, daß hier ein junger Mann dabei ist, den eigenen Stil zu suchen. Das Buch mit seinen vielen Erzähl-Entwürfen und Schreibversuchen in wechselnden Tönen hat durchaus Etüden-Charakter. Was im Französischen treffend *»se faire la main«* heißt, Schreib- und Stilübungen machen – das läßt sich hier studieren. Das geht weit über Einübungen in die Existenz als Schriftsteller hinaus: »Rettungsversuch« – das Wort aus dem Untertitel ist hier schon in den Anfängen eines von tödlicher Krankheit bedrohten Autors, in existentiellem Sinn ernst zu nehmen als Lebens-Rettungsversuch. So wie der junge Mensch sein Leiden als »Selbsterhaltungskrankheit« definiert und erkennt: »der Abgrund ist es, der uns alle am Leben erhält, nichts als der Abgrund«, so wählt er das Schreiben als Selbsttherapie, nicht nur gegen die Todeskrankheit, sondern wie wir gut Bernhardisch sagen dürfen: gegen die Lebenskrankheit. Sarkastisch spricht Thomas Bernhard in Kurt Hofmanns Mikrophon nach der Beerdigung von Attila Hörbiger: »So ist es. Schauspieler kriegen Blinddarmentzündungen und sterben. Buchstaben sterben nicht, das ist der Vorteil der Prosa!«

Im Gespräch mit Kurt Hofmann erinnert sich Thomas Bernhard an diese Jahre, in denen er sich zum Schriftsteller ausgebildet hat: »Ich bin monatelang in einem Sanatorium gelegen im Hochgebirge. Immer der gleiche Berg vor mir. Bewegen habe ich mich nicht können, und aus dieser Langeweile heraus und das Alleinsein mit diesem Berg, Monate und Monate – dann wird man entweder verrückt oder man fängt zu schreiben an. Und dort habe ich den Haß gegen Bücher und Schreiben und Bleistift durch Schreiben überwunden. Und das ist sicher die Ursache allen Übels . . . Und trotzdem mahlt man die Mühle weiter. So wie man sich angewöhnt hat, in der Früh einen Kaffee zu trinken oder einen Tee – Tee ist noch gescheiter –, so geht's mit dem Schreiben. Da werden Sie süchtig. Das ist auch ein Rauschgift . . . Ich will mich ja befreien. Das wird hinausgeschmissen, wie von so einem Ballon. Man wirft Sandsäcke ab, das sind die Bücher, da steigt man höher.«

Auch im Sinn dieses »höher« Steigens ist der Titel des frühen Buches zu verstehen. »In der Höhe« – das benennt hier oft einfach den geographischen Ort eines Gasthauses im Gebirge: »ich fahre *in aller Frühe* in die Berge, in die Höhe.« Bald aber schiebt sich eine andere Bedeutung über die bloß räumliche –

eine moralische, hierarchische der Erhebung und Erhöhung über andere: »manchmal behandelt mich der Studienrat von oben herunter: *von hoch oben herunter*, von dort, wo man nichts mehr ausnehmen kann, wo die Würfel gefallen sind; vom allerhöchsten Standpunkt aus.«

Darf man da aus der Bezeichnung »In der Höhe« nicht auch ein Echo hören jener christlichen Sprache und Welt, in der Bernhard im katholischen Salzkammergut aufgewachsen ist und die noch seine ersten Publikationen, die Gedichtbände »Auf der Erde und in der Hölle« (1957) und »in hora mortis« (In der Todesstunde, 1958), bis in die Titel prägt? »Allein Gott in der Höh' sei Ehr'«, »Ehre sei Gott in der Höhe« – Ortsbestimmungen, kniefällig demütige Anbetungsrufe, Mensch- und Welt-Definitionen, die der junge Bernhard gehört hat, gegen die er sich bald auflehnt. So lesen wir diese Sätze, die Bernhard oft einzeln freistellt, wie Gedichtzeilen oder wie die einzelnen Posten einer (Ab-)Rechnung, auch als Auflösung oder doch Relativierung des Titels »In der Höhe«, denn auch ihn trifft der Bannstrahl »Unsinn« aus dem Untertitel:

»da und dort und da: in den Gräbern unten und in der Luft oben, oben in den Gräbern, unten in der Luft,

die an den Himmel grenzt, an die Vorstellung, die ich vom Himmel habe, und von der Hölle,

meine Arme, mein Kopf, alles was ich bin,

ohne jemals in den Himmel zu können, ohne jemals in die Hölle zu kommen, denn es gibt weder Himmel noch Hölle: hinaufzufahren, hinunterzurollen, hineinzufallen.«

Der ewige Gegensatz von oben und unten, in der Höhe und in der Tiefe, wie wir ihn aus Religion, Politik, Beruf und aller gesellschaftlichen Ordnung kennen, wird bei Bernhard zugleich beschworen und aufgehoben in den – auf den ersten Blick absurden – Widerspruchsformeln, die sich in all seinen Werken finden. In »Amras«, der Erzählung, mit welcher der dreiunddreißigjährige Autor 1964 bekannt, ja berühmt wurde, wofür der Julius Campe- und der Bremer Literaturpreis nur die äußerlichsten Zeichen sind, zwingt Bernhard sein Welt- und Lebensverständnis in die unvergleichliche, unauflösliche Denk-

und Sprach-Chiffre »höher unten«: »Alles bleibt immer in Finsternis ... alles ist immer, *ist nicht* ... unsere Gleichzeitigkeit, Charaktere, Geometrie ... von unten nach oben, um höher *unten* zu sein ...«

Mit der Sprache die Welt aus den Angeln heben: auch dies lernt Thomas Bernhard in seinem ersten Buch nach der, wie er zu Kurt Hofmann sagt, »Gedichtezeit«. Mit dem durch Krankheit geschärften Blick sieht er auf seine poetische Produktion und findet: »Das ist überhaupt ein Schmarrn. Also hundert Gedichte, und im Grund ist es nichts.«

Dabei ist Bernhards Werk nur aus diesen Anfängen in der christlich-bäuerischen Dichtung Österreichs zu verstehen, nicht nur wegen so hellsichtiger Verse wie »die Krankheit / meiner Lieder / dieser Verse Krankheit« (»in hora mortis«) oder wegen solcher Zeilen aus Bernhards erstem Buch »Auf der Erde und in der Hölle«, die man nach dem Tod des Autors in der Nacht zum 12. Februar 1989 anders liest: »Auf den schwarzen Truhen der Bauernerde / steht geschrieben, daß ich sterben muß im Winter, / verlassen von meinen Sonnen ...«

Wie »der Fürst« im Roman »Verstörung« (1967) sagt Bernhard etwas – und sieht »sogleich das Gegenteil«. So erklären sich die geradezu zwanghaft gesuchten, einander widersprechenden Aussagen schon in diesem frühen Buch. Wir lesen vom »kleinen, größenwahnsinnigen« oder vom »erhitzten, eiskalten Kopf«. Zwischen »ich« und »er« wechselnd, manchmal auch, pathetisch, in die Anrede der zweiten Person Singular übergehend (»du stehst vor dem Grab der Mutter: keine Antwort«), heißt es: »ich esse *mit Vergnügen und Abscheu zugleich*« oder: »die Trostlosigkeit ist der Ruhm, den ich immer geliebt habe, den ich immer verachtet habe ... hinter der Trostlosigkeit bin ich zu hören.« Da gibt es, schon 1959, den »*sozialistischen Kapitalisten*«, da sieht sich der Autor selber mal so: »halb Schwein und halb Vogel« (vorwegnehmend die Definition einer Person in »Amras«: »abwechselnd Schwein/ Mensch«) oder als »Hund« und »aufgeblähte Krähe«.

Und dann heißt es, im Verwirr-Stil dieses wie eine Collage aus lauter Erzähl-Miniaturen und aphoristischen Mosaiksteinen gefügten Buches: »er heuchelt, lügt alles durcheinander, heuchelt und sagt die Wahrheit« – und sieht sich dann selber »aus furchtbaren Menschen zusammengesetzt« (Keim einer Charakteristik, die in »Amras« entfaltet wird: »Ich war eine ungeheure Anzahl von Existenzen, eine ungeheure Anzahl verheerender, alles bedeutender Existenz*möglichkeiten* ...«).

Trotz aller Unterschiede kann Bernhards frühes Buch verglichen werden mit Max Frischs »Tagebuch«: Hier wie dort ein Arsenal von Erzählungen, eine Sammlung stilistischer Variationsmöglichkeiten, ein Kompendium des Künstlers auf dem Wege zu sich selber. Unerschöpflich die Möglichkeiten, nach Gestalten, Situationen, Formulierungen in späteren Werken zu suchen. Es genügt, vom »Wahnsinn dieser Sängerin« zu lesen, um an Bernhards virtuoses Spiel »Der Ignorant und der Wahnsinnige« zu denken. Hier schon, dreizehn Jahre vor der Uraufführung in Salzburg, die Quintessenz: »aber das Furchtbare ist doch nur, daß ich sterbe, ohne die Koloratur gefunden zu haben«.

Neben der »Sängerin« sind »der Studienrat«, »das Fräulein«, »meine Jüdin«, »die Journalistin« oder »Doktor Vogl« – nicht zuletzt »mein Hund« wiederkehrende Figuren eines nicht chronologisch, sondern in wilden Assoziationen komponierten Buches. Es gibt auch, stärker als in späteren Büchern, Ansätze von Liebesgeschichten (»Die Kellnerin«). »... von hinten zupakken, um ihre Hand zu erwischen: aber sie zieht sie zurück, so, als wäre sie die ganze Zeit auf der Lauer gelegen«; »die viel zu dünn gedrechselten Frauenbeine, die dich umklammern« – solche Direktheit oder gar die über 120 Seiten in einzelnen Sätzen verteilte Liebesgeschichte mit der Frau des Ingenieurs: sie finden sich in den mehr als dreißig Büchern der dreißig Jahre, die der Autor noch zu leben hatte, nicht wieder. Nur denke niemand, bei Thomas Bernhard gebe es keine Liebesszenen mehr. Wie ergreifen die – nur für den Leser/Zuschauer fast sprachlosen, für die Bernhard-Menschen selber vor Ausdruckskraft blühenden – Begegnungen von Einsamen, die eine(n) Andere(n) suchen. Wer den Blick hat für diese verschwiegene, deshalb um nichts weniger heftige Art, Zuneigung zu bekennen, wird

Bernhard zustimmen, wenn er im Interview mit Kurt Hofmann sagt: »Die Leute glauben immer, wovon nicht direkt die Rede ist, das ist nicht da, das ist ja ein Unsinn ... Ohne Erotik lebt nichts.«

Dreißig Jahre hat Thomas Bernhard dieses Buch zurückgehalten, das er geschrieben hat, als er für das »Demokratische Volksblatt« in Salzburg Reportagen schrieb, Feuilletons, Berichte aus dem Gerichtssaal. Sein Hund scheint ihm der Nächste gewesen zu sein in jener Zeit. Das »Hunderl«, das er zum Ärger der Redaktionskollegen frei rumlaufen ließ, gab diesem genauen Beobachter, der stundenlang in Wirtshäusern saß, um es warm zu haben, den bösen Blick für diesen Aphorismus: »Die Frauen haben die Männer und die Männer haben die Frauen an der Hundeleine.«

Wenn der seit Jahren sterbenskranke Autor das Buch jetzt doch veröffentlicht sehen wollte, wenige Wochen vor dem (geahnten?) Tod, besteht die Gefahr, dieses Skizzenbuch eines werdenden Autors mißzuverstehen als Nachlaß zu Lebzeiten. Der auf penible Lebens- und Lebensbuchführung bedachte Autor wollte wohl keine Brocken liefern für raunende Beschwörungen, sondern schlicht Unterlagen für seine weniger biographische als stilistische, literarische und geistesgeschichtliche Herkunft als Schriftsteller in der zweiten Hälfte des zwanzigstens Jahrhunderts. Für Bernhard-Leser (von Forschern zu schweigen) ist dieses Buch eines sich selbst vergewissernden Autors eine Schatzgrube – etwa zu beobachten, wie Bernhard die ohne Absatz über Hunderte von Seiten – mit musikalischer Anmut, aber auch kompositorischer Strenge – brodelnde Sprach-Lava späterer Bücher vorbereitet in den (noch ungeschickt) durch Kommas und neuen Absatz getrennten Sätzen hier.

Das Schönste, was über dieses Buch zu sagen ist, das weit mehr ist als ein Grundlagenwerk für Bernhard-Freaks: Der Leser, auch wenn er gar nichts von diesem Schriftsteller weiß, lernt einen interessanten, zerrissenen, mit sich selber im Streit liegenden Menschen kennen. »Wir sind niemals einsam, aber immer allein«, schreibt Bernhard im Roman »Verstörung«.

Hier sieht man einen zum Leben wild entschlossenen Todeswütigen am Werk, der sich übt in der Hohen Schule der Einsamkeit. *Rolf Michaelis*

Die Zeit. 24. 3. 1989.

MANFRED BIELER
1934 in Zerbst bei Magdeburg geboren, kam 1968 aus der DDR nach München, lebt dort.

- »Still wie die Nacht«. Memoiren eines Kindes. [Autobiographischer Roman.] Hamburg: Hoffmann und Campe.

Manfred Bielers »Memoiren eines Kindes«
Daß jemand der Nation größter Dichter werden und zugleich bekennen kann, er habe vom Vater des Lebens ernstes Führen, vom Mütterchen aber die Frohnatur und die Kunst zu fabulieren zu eigen bekommen – ach, die Zeiten sind vorüber. Heutzutage fahren die Eltern nicht mehr gut unter den Händen unserer Fabulierer. Väter- und Mütterbeschimpfungen gibt es zu Hauf, und nun hat auch noch Manfred Bieler zugeschlagen. Seine zahlreiche Lesergemeinde freilich muß sich umstellen. Nicht mehr wird eine verschlungene Familiensaga anschaulich und mit weitem Blick erzählt wie im »Mädchenkrieg«, nicht mehr wird spannend und amüsant von den Launen der Münchner Schickeria berichtet wie im Roman »Der Kanal«, und auch kein Menschenschicksal entfaltet sich auf dem Hintergrund der Irrungen deutscher Geschichte dieses Jahrhunderts wie im Roman »Der Bär«. Nichts von alledem.

Bielers »Memoiren eines Kindes« sind ein Monolog von 382 Seiten, niedergeschrieben von einem Schriftsteller Anfang Fünfzig, der sich gelegentlich aus dem Rauch von dreißig Zigaretten pro Tag zu Wort meldet. Wie Bieler war er einst Seemann, und an Bielers Geburtsort Zerbst beginnt auch die lange Geschichte. Aber ob Autobiographie gemeint ist oder nicht, bleibt unerheblich, denn der kleine Held des Buches feiert am Ende erst seinen siebenten Geburtstag.

Mit dem Versuch zur Beschreibung solcher Frühe geht jeder Autor ein Risiko ein, stellt er sich doch vor das sachkundige Gericht seiner gesamten Leserschaft. Eine Kindheit hat schließlich jeder gehabt, und jeder weiß, wieviel oder wie wenig davon im Gedächtnis zu haften pflegt. Sind andererseits Literatur und Leben nicht zwei sehr verschiedene Dinge? Immerhin beginnen Tristram Shandys Memoiren bereits im Moment seiner Zeugung, und Oskar Matzerath weiß gleichfalls viel Erwachsenes über seine Dreijährigkeit zu berichten. Aber weder Laurence Sterne noch Günter Grass kokettieren mit der eigenen Biographie. Die Surrealität ihrer Figuren, deren närrischer, böser, spöttischer oder belustigter Blick auf die Erwachsenen ist ihr alleiniges Daseinsrecht.

Bielers Knabe hingegen ist nicht zum Scherzen aufgelegt und erhebt Anspruch darauf, für voll genommen zu werden. Schon als Säugling ist er elegisch: »Es wird Sommer. Die Nächte werden heiß, und die Eulen schreien. Große Nachtfalter und Fledermäuse fliegen am dunkelblauen Himmel. Die Mutter trägt ein kurzes Hemd und spielt bei offenem Fenster Klavier. Der Vater torkelt durch den Korridor und schmettert die Türen ins Schloß. Die Großmutter stöhnt im Schlaf. Ich schiebe die Hände in die klebrige Gummihose, um mir das Bruchband vom Leib zu reißen.«

Spätestens hier, auf Seite 13, habe ich mich gefragt, ob Bieler uns auf den Arm nehmen will. Immerhin hat er sich mehrfach als vorzüglicher Parodist verdient gemacht, und die gesamte aggressive Abnabelungsliteratur wäre kein unwürdiges Objekt für einen kräftigen Spaß. Aber braucht man dazu ein ganzes Buch? Ich fürchte, Bieler meint es ernst.

Die zitierten Sätze enthalten im übrigen das gesamte maßgebliche und unerquickliche Personal der Memoiren. Die Mutter ist eine eiskalte Nymphomanin, der Vater ein warm geneigter, schwindsüchtiger Trunkenbold, und nur die Großmutter verfügt über gewisse liebenswürdige Züge, obwohl sie am Ende auch nicht viel besser ist als die anderen. Der junge Erdenbürger hat, wie man sieht, einen schlechten Start. »Doch was das schlimmste ist: Ich, der Fünfzigjährige, bin der Erbe ihrer Gefühle.«

Von Gefühlen läßt sich allerdings in diesem Buch nur mit Einschränkung reden. Mama grinst, hechelt, schreit, brüllt, rast, keift, zischt, schnauzt, raunzt, giftet, kreischt, meckert, schimpft, jault, plärrt, quäkt, donnert, ohrfeigt, äfft, mault, schnauft und bellt. Vor allem aber faucht sie, wohl an die fünfzigmal im Buch, und ein paar Onkel, Tanten, Freunde und Bekannte beteiligen sich an solchem Konversationston, der durch Kosenamen ergänzt wird wie Rabenaas, Rotznase, Ekelpaket, Krümelkacker, Drecksau, Miststück und widerliches Vieh. Luder ist am beliebtesten. Auch der Junior flucht wie ein Rohrspatz, kocht, kotzt oder schäumt vor Haß, Wut oder Ekel, fällt in Ohnmacht, macht sich in die Hosen oder hegt, noch ehe er bis fünf zählen kann, diverse Selbstmordgedanken.

Anlässe für seine Nöte sind die gewöhnlichsten, also Sonntagsspaziergänge, Kindergeburtstage, Familienfeiern, Ferienreisen, Arztbesuch, das Feuerwehrfest, ein Umzug und ein Einkaufsbummel. Die Gründe bleiben unspezifisch. Was es auch sei, es läuft immer auf die gleiche Kalamität hinaus: die schlimmen Erwachsenen laden alles auf das kleine Opferlamm ab, »ihre Verbitterung, ihre Wut, ihre Geilheit, ihre ungestillten Sehnsüchte, ihr Scheitern im Beruf, ihren grenzenlosen Neid, ihren Geltungsdrang, ihre Eifersucht auf Männer und Frauen, ihre schmutzigen Witze« und vieles weitere.

Nur ein einziger zuverlässiger Trost erwächst dem kleinen Geplagten schon früh: sein »Schniepel«. Bereits im Stubenwagen liebkost er ihn: »Ich reibe meinen Schniepel Tag und Nacht«, denn »er ist alles, was ich habe«. Am fünften Geburtstag lernt der Knirps das Onanieren, und bald darauf interessiert sich selbstverständlich auch die wüste Mutter, diese »Sau«, für die kleine, vielbetätigte Männlichkeit.

Um es rundheraus zu sagen: Ich glaube Bieler kein Wort von dem, was er in diesem Buch erzählt. Dazu hat er allzu dick aufgetragen. Was nach Sprachfülle aussieht, ist eher Produkt des Synonymenlexikons; die Wörter sind allesamt austauschbar und damit leer. Leer aber sind auch diese Memoiren selbst, die weder Verständnis noch Sympathie zu erzeugen vermögen. Die Figuren sind samt und sonders Schemen. Wie die Wörter bleiben sie immerfort die gleichen und sie existieren auch in einem geschichtslosen Raum. Drei oder vier Erwähnungen eines Hakenkreuzes lassen lediglich noch stärker hervortreten, wie beziehungslos zu jeder Wirklichkeit sie sind. Man braucht nur ein paar Seiten von Thomas Bernhards Kindheitserinnerungen zu lesen, um die tiefsten Wurzeln für die Qualen eines Sohnes unter mütterlicher Haßliebe zu erkennen, und einen Blick in die »Blechtrommel« zu tun, um die ganze miese Mischung von Geilheit und politischem Opportunismus in deutschen Kleinbürgerseelen zu erfassen. Nichts davon findet sich in diesem Buch.

Wie kann das einem Erzähler geschehen, den Rezensenten als Realisten loben und den sie sogar in der Tradition Fontanes und Thomas Manns gesehen haben? Ich glaube, Bieler hat ganz einfach auf fremdem Felde zu bestellen gesucht. Statt der Fülle erzählten Lebens stehen als Füllsel Selbstmitleid und hilflose Fragen, die Tiefe nur vortäuschen: »Wie groß ist die Seele? Wie umfangreich? Welche verborgenen Zimmer gibt es darin? Wo liegen die Schlüssel zu den geheimen Kammern? Ich frage danach, weil ich oft nicht begreifen kann, was alles im Gemüt eines Kindes, das meinen Namen trägt, Platz findet.« Und angesichts eines leeren Spucknapfes heißt es: »Es gibt andere Geheimnisse, tiefere, und mein tiefstes Geheimnis bin ich mir selbst.« Dabei bleibt es dann auch für den Leser.

Frühgereift und traurig beurteilt dieser Dreikäsehoch als moralische Instanz die Menschen nach Maßstäben, die jedem philiströsen Sittenprediger gut zu Gesicht stünden. Seine ausgebreitete Schniepellust hingegen, die Beobachtung des »kleinen Barts« zwischen den Schenkeln der Großmutter, das im mütterlichen Nachttopf schwimmende Kondom sowie die reichliche, detaillierte Beschreibung mütterlicher Unterwäsche und mütterlicher Sexualpraxis aus der Perspektive eines alternden Voyeurs sind kalkulierte Schlüpfrigkeiten für einen lust-süchtigen Leserkreis. Wird sich damit ein Bestseller erzwingen lassen?

Was schließlich die Moral von der ganzen Geschichte angeht, so ist zu fragen, ob es wirklich so einfach mit unserer Verantwortung für uns beschaffen ist, daß der Fünfzigjährige seine Mutter die Frau nennen darf, die »mich geboren und mein Leben verdorben hat«. Ich respektiere die Arbeit, die ein Buch von fast vierhundert Seiten gekostet hat, aber über der Arbeit hat Bieler vergessen, daß Kunst nicht ohne Wahrheit auskommen kann. *Gerhard Schulz*

Frankfurter Allgemeine Zeitung. 10. 10. 1989.

ALOIS BRANDSTETTER
1938 in Pichl (Oberösterreich) geboren, lebt in Klagenfurt.

- »Romulus und Wörthersee«. Ein poetisches Tagebuch. Salzburg: Residenz Verlag.

HERMANN BURGER
1942 in Burg (Schweiz) geboren, 1989 in Brunegg (Schweiz) gestorben.

- »Brenner«. Erster Band: »Brunsleben«. [Roman.] Frankfurt a. M.: Suhrkamp.
  Erstes Stück einer geplanten Roman-Tetralogie.

Vom Pneuma der Cigarren und der Erinnerungen. »Brunsleben«, der erste Teil von Hermann Burgers letztem erzählerischen Groß-Vorhaben »Brenner«
Ist dieser Roman nach dem Freitod Hermann Burgers noch der von zuvor? Wie sehr verändert sich der Sinn, wenn eingetreten ist, was sein Urheber »wissend« im Buch behauptete: »daß der Mensch nur einmal in seinem Leben ernsthaft die Suche nach der verlorenen Zeit betreibt, dann, wenn seine Stunde unabänderlich geschlagen hat«? Denkwürdig, wie sehr die Anzeichen der Finalität, die in den vergangenen Büchern Burgers unübersehbar definitiver sich ausmachten, nun ad ultimum zu einer einzigen Schrift zusammentreten, nachgerade zu

einer Partitur der Ankündigung oder gar zu einem Testament vom Tode sich verdichten.

Dagegen sollte man diese Erzählungen eines Hermann Arbogast Brenner, Abkömmling einer Dynastie von Schweizer Cigarrenfabrikanten, diese »Ansätze zu einer sachbuchartigen Enzyklopädie meiner gesammelten Erinnerungen«, vor allem als Anlauf zum Neubeginn werten: mit »Brunsleben«, als erster Band einer »Stumpenroman«-Tetralogie über »Brenner« angekündigt, versprach Hermann Burger einen mehrteiligen Großroman. Fürs erste ging es um ein Gegenbild zur »Künstlichen Mutter« in Gestalt des Vaters, der zwar früh verlorenging, aber hier beschworen und durch Zuneigung haltbar gemacht wird; um das »Cimiterische« nicht ohne »das Cigarristische und das Circensische«; im übrigen um eine ausschweifende Exkursion in Lebensstoff, an dem es Burger, schon seit den Erzählungen »Blankenburg« (1986) in der Spirale des alexandrinischen Selbstbezugs befangen, zuletzt entschieden gemangelt hatte. Also eine Energie hin zum epischen Fluß ohne Ufer, obwohl es an diversen Selbstreferenzen auf frühere Bücher nicht fehlt: daß diesem Brenner nur noch zwei, drei Jahre vergönnt seien und die literarischen Todesboten wie Götzenbilder des Untergangs die Erinnerungen begleiten. Gerade weil dieser Roman einen »neuen« Burger ankündigte (eine Erwartung, die er gesprächsweise befeuerte), geriet das Buch in das schnelläufige Circular einer Kritik, die mit ihm bereits »fertig« war, bevor es erscheinen konnte. Wahrzunehmen ist bei dieser flinkfingerigen Musterung kaum mehr als eine ausgedehnte Suada über Cigarren und eine Kindheit. Wer nicht in den vorherrschenden Urteilsgalopp einfallen mußte, hatte Zeit, eine ebenso leichte wie ironische Konstruktion zu erkennen.

Ein Roman wie eine geöffnete Cigarrenkiste: in 25 Kapiteln (so viel wie Cigarren in einer üblichen Schachtel) Gespräche und Erinnerungen im aargauischen »Stumpenland«, wobei das Wort doppelsinnig ist: hier die Cigarre mit ihren diversen Geruchswundern, dort der Erzähler als Junge, als »Stumpen«. In jedem Kapitel wird ein besonderes Exemplar aus dem Raucherparadies von Havanna, Brasil, Sumatra und Java entfacht:

Romeo y Julieta oder Montechristo Nr. 2 oder Hoyo de Monterrey oder San Luis Rey oder einfach Krummer Hund. Hermann Arbogast Brenner – von der Dynastie der Tabakmanufakteure ist ihm nur eine »Tabakrente« geblieben – kreist in seinen Monologen um die Kultur- und Sinnengeschichte der Cigarre, und während er im gelassenen Wechsel von Ein- und Ausatmen den blauen Dunst erzeugt, entstehen und vergehen wie flüchtige Figuren des Rauchs die Bilder aus seiner Kindheit. Zwischendurch unterhält er sich mit dem Schloßherrn von Brunsleben, dem Historiker Jerôme von Castelmur-Bondo, bei dem er eine Art Gesellschafter abgibt; im Gespräch mit dem Literaturkenner Adam Nautilus Rauch spielt der Erzähler seine Skepsis gegenüber der Literaturkritik durch und ironisiert manche Einwände gegen die Redetiraden in Burgers früheren Büchern. Musikalische Kenntnisse und Assoziationen werden in Unterhaltungen mit dem Komponisten Edmond de Mog ausgebreitet, der auch als Proust-Kenner figuriert. Es sind jedoch nur imaginäre Gesprächs-Schemen, Brenner unterhält sich quasi fiktiv mit ihnen (oder nur mit sich).

Brunsleben (gleich Brunegg), Menzenmang und Leonzburg, die Ortsnamen bezeichnen die Aargauer Winkelheimat, das Kuhschnappel-Territorium des Erzählers, wohinein er die exotischen Düfte und die literarischen Fernen holt. Zwei literarische Topographien sind, wie Übermalungen des Heimatbildes, ins Stumpenland gelegt. Brenner bezieht sich auf Fontanes Stechlin, was ja eine Figur und ein Gut und eine Landschaft ist: ein eigenes Reich und mit der großen Welt auf geheimnisvolle Weise verbunden, eingehüllt in die milde Alterssouveränität und Lebensskepsis des Dubslav von Stechlin. Und überdies wird gesprächsweise erprobt, wie Leonzburg sich mit dem Proustschen Combray aus der »Recherche« decken könnte. Zu der Suche nach der verlorenen Zeit kommt das Buddenbrook-Bewußtsein des Spätlings, Gottfried Benns Wörterglissando und Ausdrucks-Trauer werden berufen, sehr gegenwärtig ist Meister Thomas Bernhard, aber bisweilen wirkt dieser Brenner auch wie eine Kombination von Jean Paul und Stifter: von dem einen die Bemeisterung der Widersprüche durch eine bisweilen schmerzhafte Ironie, vom anderen das melancholische Bereden der Dinge.

Ein Connaisseur stellt sich vor: behagliche Gefühle in der kleinen Welt auf dem Lande, die durch Literatur zum Großen geadelt ist; ruhige Kontemplation, gebildet-sinnige Gespräche und darüber die Duftwolke des Tabakarkanums. Der von der Depression Gelähmte, von der Verzweiflung Gejagte, vom Todestrieb Gepeinigte aus den früheren Büchern Burgers, dieser Schmerzensahasver erscheint hier begütigt zum melancholischen Bedenker – »vom Sucht- zum kontemplativen Genußverhalten, das dürfte die Devise sein«. Beruhigung: die über viele Stellen gedehnten Gespräche, das »Parler au papier« mit imaginären Partnern weisen ostentativ auf das Programmwort hin. Ein Regent des blauen Dunstes auf der Suche nach der entschwundenen Kindheitszeit, im magisch-verklärten Licht des Nachsommers, zuschauend, wie sich Muster bilden: beim Rauchen wie in der Erinnerung, befaßt mit der Chromatik, der Färbung der Töne und Bilder, das ergibt alles andere als den nur zu bekannten Exzentriker Burger, diesen vom Wörterkampf berauschten, im Wortkrampf oft starren Erzähler.

Für jeden halbwegs merkfähigen Burger-Leser enthält »Brunsleben« einen Gegenplan zum Roman »Die künstliche Mutter«. Dort geht der Gletscherkundler Wolfram Schollkopf auf die Suche nach der Mamamnese, hier wird ein verklärendes Bild des Vaters entworfen. Dort der Gang zur Kälte des Gebirgsmassivs, hier finden die Gespräche im warmen Sommer statt. Versprach einst ein künstlicher Stollen die Erlösung von der Vereisung und Impotenz, bedingt durch den Mutterkomplex, so ist nun das Vaterhaus der selige Ort des erinnerten Reichtums. In der Tat: es gibt berückende Seiten in diesem Roman, der im Rhythmus des Atems, dem »Pneuma« der Cigarren folgend, Bilder entstehen und vergehen läßt: »Husch! da fällt's in Asche ab.« Brenner, der »Meister der trockenen Trunkenheit«, versenkt sich ins Arom gewesener Zeit, kreist, ohne durchgängige Handlung anzustreben, in Hyperbeln um diesen vorgestellten Typus des Genießers, dessen Tage von manchen Memorabilien der Kindheit besonnt werden.

Doch hat dieser Brenner keine gesicherte Existenz als Tabakologe, Melancholiker und Genießer. Er ruft nicht nur die zarten Bilder aus Haus und Hof, das vertrauliche Zusammensein mit dem Vater, die Wonnen der Spielzeuge, den Paradieszauber herbei, sondern auch ein befremdlich schrilles Crescendo. Daß Burgers autobiographische Spielfigur die Schmerzen, die ihm bereitet sind, durch Ironie auf Dauer in der Schwebe zu halten vermöchte, sich anhaltend der Resignation als Souveränität zu versichern wüßte, ist ihm nicht gegeben. So überwältigt Burger seinen Brenner auf doppelte Weise: er zwingt ihn zu einer ausschweifenden Rede über die Kulturgeschichte der Cigarre, die Herstellung des Schnupftabaks; das Trocknen, Fermentieren und Wässern des Tabaks, über Anbaugegenden und Formate, zu Passagen von gähnender Langeweile, wobei man dem Autor geradezu zusieht, wie er von seinen Fachbüchern abschreibt. Und auf der anderen Seite sabotiert er seinen Brenner, indem er ihm all die grellen Beckmessereien, das peinigende Bramarbasieren der Verzweiflung, das Omnipotenzwissen des Versagenden, all die Fluchtmotive der unaufhörlichen, monomanen Sprachhuberei eingibt. So fällt Brenner gleichsam unter seinem Sprachzwang zusammen, er zerbricht in divergierende Maulhelden, und die Wunschform des moribunden Ironikers wird von einer Kamalatta-Lawine an unbestimmter Rede überrollt.

In seinem allerletzten Roman ist sich Burger zeitweilig entronnen – in eine Wunschexistenz, und doch ist er von sich selbst wieder eingeholt worden. Die gepreßte Vielrednerei in diesem umfangreichsten aller Burger-Bücher weist darauf hin. Es fällt schwer, die enervierenden Mängel des Romans nur als ästhetische Schwächen anzuzeigen. Eine solche Verrechnung der Diskrepanzen in »Brenner« unterschlägt, daß sie auf den letzten Lebenskampf Hermann Burgers hinweisen. Die Benennung dessen, wogegen sich Burger verzweifelt wehrte, ist in seinem Werk zunehmend verschärft worden: von der »Unterleibsmigräne« in »Die künstliche Mutter« über die »endogene Depression« bis hin zu dem lakonischen, mehrfachen Wort-Einsprengsel in »Brenner«: »Geisteskrankheit«. Burger hat sich in seinem ganzen Werk mit Finten und Tricks, sprachlichen Coups, mit zauberischen Listen, mit vielstimmigem Aufwand – mit der Energie des Artisten dagegen gewehrt. Auch das »sanfte Gesetz«, das er seinem Brenner im letzten Buch verschrieb, hat nicht gehalten. Aber welche künstlerische Würde liegt noch in den Haltlosigkeiten und Schwächen dieser Bücher. Und welche Gemessenheit in den letzten Worten des Romans, mit denen sich Burger von seinem Publikum an dem Tag verabschiedete, als er erschien: »Zu Asche sollt ihr werden, denn nirgendwo steht verbrieft, der Mensch habe ein Anrecht auf ein Quentchen Glück.« *Wilfried F. Schoeller*

Süddeutsche Zeitung. 31. 5. 1989.

BERND CAILLOUX
1945 in Erfurt geboren, lebt in West-Berlin.

- »Die sanfte Tour«. Erzählungen. Frankfurt a. M.: Suhrkamp.
  Enthält die Erzählungen »Trauer auf den ersten Blick«, »Begegnung im Waschraum«, »Kritik der Gastronomie«, »Abenteuer beim Zitatenhandel«, »Das Reiseroulette«, »Gutgeschriebene Verluste«, »Ein Mann erschrickt« und »Die winkende Stadt«.

HEINZ CZECHOWSKI
1935 in Dresden geboren, lebt in Leipzig.

- »Mein Venedig«. Berlin: Wagenbach.

FRIEDRICH CHRISTIAN DELIUS
1943 in Rom geboren, lebt in West-Berlin.

- »Japanische Rolltreppen«. Tanka-Gedichte. Reinbek bei Hamburg: Rowohlt.

EVA DEMSKI
1944 in Regensburg geboren, lebt in Frankfurt a. M.

● »Käferchen & Apfel. Kleine Anleitung zum Lesen und Verschlingen«. Frankfurt a. M.: Frankfurter Verlagsanstalt. Enthält die Texte der fünf Vorlesungen, die sie im Wintersemester 1988/89 an der Universität Paderborn gehalten hat.

DORIS DÖRRIE
1955 in Hannover geboren, lebt in München.

● »Was wollen Sie von mir?« Und fünfzehn andere Geschichten. [Erzählungen.] Zürich: Diogenes Verlag.

KURT DRAWERT
1956 in Henningsdorf geboren, lebt in Leipzig.

● »Privateigentum«. Gedichte. Frankfurt a. M.: Suhrkamp. Ein Teil der Gedichte ist 1987 im Band »Zweite Inventur« (Berlin und Weimar: Aufbau-Verlag) erschienen.

FRIEDRICH DÜRRENMATT
1921 in Konolfingen (Kanton Bern) geboren, lebt in Neuchâtel (Schweiz).

● »Durcheinandertal«. Roman. Zürich: Diogenes Verlag.

»Alles befand sich im Gegensatz«. Friedrich Dürrenmatts neuer Roman »Durcheinandertal«
»Lust«: das ist ein Stichwort in diesem neuen Dürrenmatt. Darauf läuft's hinaus. Nein: nicht Lust im schwül-trivialen Sinn, nicht als ungemütliche Altmännererotik, wie man das gegenwärtig in der Literatur auch haben kann, sondern Lust umfassend, Lust als letzter Schluß, Lust als Theologie: als »Lust Gottes« und »Schöpfung als Orgasmus«. – Nicht unterschlagen sei dabei der Satz als ganzer: »Schöpfung und Vernichtung der Schöpfung als Orgasmus.« Zur göttlichen Lust gehört die Zerstörung.

Abstrakt ist diese aufbauende und destruktive Lusttheorie keineswegs. Sie wird entwickelt von einem Bewohner des Dorfes im Unteren Durcheinandertal, der einen Horror hat vor bloßen Begriffen und daher Gott nicht Gott, sondern den Großen Alten nennt und sich ihn mit Bart vorstellt. Es ist Moses Melker, der anrüchige Held in diesem Roman, halb sektiererischer Missionar, halb Gangster, ein Mörder aus Berechnung und ein Mörder aus Lust – aber, wie der Autor nahelegt, ein Mensch, ein Mensch von einer »ungeheuren, nie gestillten Sinnlichkeit«. Er ist häßlich, hat wulstige Lippen, einen krausen Bart, das Aussehen eines »Neandertalers«. Er ist von sexuellen Minderwertigkeitsgefühlen geplagt und gleicht eigentlich sehr dem »Gottmenschtier« Minotaurus, dem Dürrenmatt 1985 ein faszinierendes Werk gewidmet hat. Und seine fromme Seele ahnt: »Seine eigene Sinnlichkeit war nur ein Abglanz der Sinnlichkeit dessen, der ohne sie die Welt nie erschaffen hätte und die Welt vielleicht nur erschaffen hatte, um sie [oder wohl gar: sich?] in dem schier unendlichfachen Entstehen und Zugrundegehen des Erschaffenen zu spüren.«

Nicht gerade harmlos, was der fragwürdige Gottsucher formuliert. Er schafft sich – wie jeder – den Gott, der ihm entspricht, einen Gott ohne Moral, findet ihn gar am Ende im »Menschen Christus«, den er im Geist den »Huren und Zöllnern« zurückbringt, herausgelöst aus dem geschlechtslosen Oberammergau, zu dem sich sonst das Christentum der Gläubigen entwickelt habe. Der zwielichtige Melker sieht zum Schluß alles so genau, weil seine Lebensuhr, die er irgendwann im Roman bekommen hat, stehengeblieben ist: er ist 61, weiß, daß er jetzt dann gleich umkommt im brennenden Ostturm des Kurhauses im Durcheinandertal.

Dürrenmatt legt nahe, daß mit Melker auch dessen Gottesvision untergeht. Jede Gottesvision geht unter mit dem, der sie hat. Wobei nicht auszuschließen ist, daß der Untergehende nur darum untergeht, weil er von seinem Gott fallengelassen wird: ». . . nur wenn ich nicht mehr gedacht werde, bin ich, was ich bin: nichts«, heißt es im letzten Satz des »Selbstgesprächs« (in »Versuche«, 1988).

Ist Zuversicht trotz dem Fegefeuer- oder Vorhöllenblick in diesem Buch gestattet? Der Autor hängt eine ganz kleine Schlußpassage an:

»Vor dem Haus des Gemeindepräsidenten lag der Hund, neben ihm stand Elsi. Sie schaute auf den brennenden Wald, auf die lodernde Feuerwand jenseits der Schlucht, welche die Bewohner des Dorfes verschlungen hatte und noch verschlang. Sie lächelte. Weihnachten, flüsterte sie. Das Kind hüpfte vor Freude in ihrem Bauch.«

Der neue Mensch, der wieder einen Gott schaffen wird, ist verheißen. Und Elsi, seine Mutter, ist die neue Maria: eine Minderjährige im Durcheinandertal mit beträchtlicher sinnlicher Begabung. Das zusammenkrachende Kurhaus erweist sich als eine Art emmentalischer Zauberberg der Dürrenmattschen Weltreligion. Im Sommer kuren dort die Reichen der Welt ganz ohne Luxus, um der Gnade der Armut teilhaftig zu werden, im Winter verbergen sich hier die Gangster aller Welt mit Namen wie aus der »Dreigroschenoper«, Marihuana-Joe und Big Jimmy ... zusammengetrieben vom Gangsterchef, den man den Großen Alten nennt und der dem anderen Großen Alten verdächtig gleicht ...

So ist das überhaupt in diesem Buch: das eine ist zugleich das andere, jeder ist auch sein eigener Gegensatz. Das stiftet unglaubliche Verwirrung beim Lesen. Man weiß nie, woran man sich halten soll. Als erste Reaktion möchte man denn auch das Ganze fortwerfen und ihm »grandios mißlungen« nachrufen. So einfach geht's aber nicht.

Die Verwirrspiele haben Methode, ergeben genau die geschilderte Erkenntnis Melkers vom Großen Alten als einem Gott der Entstehung und der Vernichtung. Als Spiegelbild des Großen Alten geistert der Antichrist, Jeremiah Belial, durchs Buch. Und schon jetzt, ein paar Wochen nach Erscheinen, ist eine Schlüsselszene in aller Munde: Beim rituellen Treffen der beiden in der Antarktis dreht zwecks Betätigung der Sonnensysteme der Große Alte die Kaffeemühle im Uhrzeigersinn, und Belial dreht sie dem Uhrzeigersinn entgegen. Der Engel Raphael hat sein Spiegelbild in Beelzebub und Gabriel in Belials

Sekretär Sammael, Uriel ist auch Azetôt. Doch nicht nur das: Uriel ist alt und jung, ein Mann und eine Frau. In einem Auftritt mit Uriel findet sich ein entscheidender Satz in diesem Roman. Wir haben ihn als Titel über unsere Besprechung gestellt: »alles befand sich im Gegensatz«:

»Als er aufblickte, saß ihm ein weißgekleideter Mann gegenüber, dessen pechschwarzes Haar im Gegensatz zu seinem uralten Gesicht stand; alles befand sich im Gegensatz zu diesem Gesicht, die jünglinghaften Hände, die Geschmeidigkeit seines schlanken Körpers – ihres schlanken Körpers, denn im Ledersofa saß eine Frau, wie Melker plötzlich erkannte. Auch war das Gesicht nicht uralt, sondern von einer alterslosen Schönheit: Es war die Ehrendame, von der er sich vor dem Hotel verabschiedet hatte, und alle Ehrendamen waren diese Ehrendame gewesen. Sie sei Uriel, sagte sie und gab Melker eine Taschenuhr.«

Zusammengedrängte Gegensätze auf allen Ebenen: Die aufgesplitteten Raphael, Raphael und Raphael sind in ihrem schmierigen Anwaltsbüro zugleich so etwas wie mafiose Chefbeamte; das unschuldige Elsi, leichtes Mädchen und Weihnachtsmutter, ist begleitet von Mani, dem Bauernhund, einem braven Bernhardiner. Der aber scheint mit dem Teufel im Bunde zu stehen: Woher ihn Elsis Vater, der Gemeindepräsident Pretánder, hat, weiß man nicht. Abgöttisch liebt er das Tier, ist ihm verfallen – eine ähnlich unheimliche Kreatur wie jener kleine Hund von Storms Schimmelreiter. Die schläfrigen Talbewohner: brandschatzend und heulend fallen sie als neue alte Eidgenossen über das Kurhaus her. Entsprechend dem Zusammenfall der Pole werden die entlegensten Schauplätze aneinandergeschoben: Das verlotterte Bungalowhotel in der Karibik steht in Verbindung mit dem 19.-Jahrhundert-Kurhaus im Durcheinandertal, von da ist's wiederum nicht weit zum Penthouse über dem Hudson; der dösende Gott am Pazifikstrand Niederkaliforniens entspricht jenem von Westaustralien. Doch überall das gleiche Geschehen: Berge von Briefen werden über ihm abgeworfen, die er alle nicht öffnet. Notdürftig verbunden sind die Lokalitäten allenfalls durch Flugzeuge ohne Fenster, deren Insassen (Engel etwa oder auch Melker ...) nicht wissen, wohin sie fliegen: »Wußte niemand, wer da flog, so wußte der nicht, der da flog, wohin er flog...«

Was angestrebt wird, ist mit der Sprache eigentlich fast nicht zu machen: die »coincidentia oppositorum« in allem, was da entworfen ist: in Gott und Engel, im Menschen Melker, dem »genmanipulierten Schimpansen«, im Hund und in der Bauerntochter ... man wünscht manchmal, Dürrenmatt müßte seine Vision filmen, so sehr geht eines ins andere über. Mit filmischer Technik könnte der Große Alte sekundenschnell die Züge Belials annehmen ... oder er könnte auch unversehens den Bart verlieren, mit dem ihn das naive Hirn Melkers ausstattet, und dastehen als »der Unfaßbare«. Die Mittel des sprachlichen Nacheinanders werden anders als im letzten größeren Werk, dem strengen »Auftrag«, bis zur Grenze ausgeschöpft.

Lesern mit einigem Durchhaltevermögen erweist sich die Reise durch das chaotische, sperrige und aberwitzige »Durcheinandertal« als ein aufregender theologischer und künstlerischer Parforceritt. *Beatrice von Matt*

Neue Zürcher Zeitung. 13. 10. 1989.

HELMUT EISENDLE
1939 in Graz geboren, lebt in West-Berlin und Wien.

- »Beiläufige Gedanken über Etwas«. Essays. Wien: Zsolnay. Enthält 22 Aufsätze, Vorträge, Reden, Rundfunkbeiträge aus den Jahren 1979 bis 1989.

HANS MAGNUS ENZENSBERGER
1929 in Kaufbeuren (Allgäu) geboren, lebt in München.

- »Der Fliegende Robert«. Gedichte, Szenen, Essays. Frankfurt a.M.: Suhrkamp.
  Gibt einen Querschnitt durch das lyrische, dramatische und essayistische Werk seit 1959.

DIETER EUE
1947 in Berlin geboren, lebt seit 1982 in West-Berlin.

- »Alles Kino. Ein Trip durch die Republik«. Frankfurt a. M.: Luchterhand.
  Aufzeichnungen von der Reise des Autors als »Nichtseßhafter« durch die Bundesrepublik.

URS FAES
1947 in Aarau geboren, lebt in Baden (Schweiz).

- »Sommerwende«. Roman. Frankfurt a. M.: Suhrkamp.

GERHARD FALKNER
1951 in Nürnberg geboren, lebt dort.

- »Wemut«. Gedichte. Frankfurt a. M.: Luchterhand Literaturverlag.

LILIAN FASCHINGER
1950 in Tschöran (Kärnten) geboren, lebt in Graz.

- »Lustspiel«. Ein Roman. München: List.

JÜRG FEDERSPIEL
1931 in Kempthal (Kanton Zürich) geboren, lebt in Zürich.

- »Geographie der Lust«. Roman. Frankfurt a. M.: Suhrkamp.

Lauras Haut. Jürg Federspiel: »Geographie der Lust«
Die unheilige Legende trägt den Titel »Geographie der Lust« und ist als Roman deklariert. Weder das eine noch das andere erscheint zwar ganz richtig; aber anders als in den meisten Werken des Schriftstellers Jürg Federspiel handelt es sich diesmal nicht um eine Kombination aus Report und Fiktion, son-

dern um einen ganz und gar fiktiven Text, und da dieser erst noch einen ansehnlichen Umfang hat, mag die Bezeichnung als Roman immerhin auch nicht ganz falsch sein.

Was die Geographie betrifft, muß gesagt werden, daß Federspiels jugendliche und schöne Heldin eine geographische Karte, genau gesagt die Mercatorprojektion des Globus, auf die rosige Haut ihrer vollkommen geformten Hinterbacken tätowiert bekommt. Um dieses Hautkunstwerk dreht sich in der Folge fast alles. Insofern könnte man sogar sagen, der Autor sei auch in dieser Erzählung der wißbegierige und recherchierfreudige Erforscher der Arten- und Abartenvielfalt menschlicher Laster und Torheiten, als den wir ihn kennen. Ihm ist natürlich nicht entgangen, daß die Tätowierung längst nicht mehr bloß bei rauhen Seeleuten der Brauch ist, sondern als Hautkunst feinere Schichten erobert hat, die unter Fachleuten als höchste Kunstform diskutiert wird und – in Japan zum Beispiel – eine kulturgeschichtliche Tradition hat. »Die Haut« – so das Motto von Paul Valéry, das Federspiel gewählt hat – »ist das Tiefste am Menschen.« Von ihr also handelt »Geographie der Lust«.

Wenn übrigens Laura Granati, die Schönheit mit der Weltkarte, mit ihrem blinden Mann (der das Kunstwerk niemals erblicken wird) und den beiden Kindern nach abenteuerlichen Episoden in Amerika im heimatlichen Italien ihren häuslichen Frieden gefunden hat, ist sie in kurzer Zeit wegen ihrer Hilfsbereitschaft und ihrer guten Taten im Städtchen so beliebt, daß man sie nur noch »l'angelo« nennt. Der Pfarrer pflegt gelegentlich gar zu seufzen, Gott sollte die Weltkugel »unserer Laura« anvertrauen. Der Erzähler fügt den das Buch abschließenden Satz hinzu: »Niemand sollte erfahren, wie weit ihm der Herr bereits entgegengekommen war.«

Derartige Bemerkungen, trocken und knapp formuliert, oft auch sarkastisch, manchmal von makabrem Humor, sind für den Stil des Buches charakteristisch. Ein wenig erinnern sie an die Sätze, die in Federspiels Legenden des Bändchens »Die Liebe ist eine Himmelsmacht« als Moral von der Geschichte hingesetzt sind und eher auf eine Verweigerung moralischer Nutzanwendung hinauslaufen. Im neusten Werk des Autors sind diese Zwischenrufe und Feststellungen wie beiläufig eingefügt, kaum, daß sie den Erzählfluß unterbrechen. Aber sie haben die Funktion des prüfenden Blicks aus größerer Distanz.

Jürg Federspiel läßt sich auch diesmal ganz auf seine Geschichte ein, rückt seinen Figuren als Erzähler auf den Leib (oder also: auf die Haut) und folgt ihnen auch da, wo jener Moralist und Ästhet Baldach aus der Erzählung »In den Wäldern des Herzens« sich abgewandt hätte, aus Entrüstung und weil er Anstoß nähme. Wäre er ein Künstler gewesen, so kommentiert Federspiel – man erinnert sich – in jener Geschichte das Verhalten Baldachs, so hätten ihn Undankbarkeit und Übeltaten, wie sie in der Welt nun einmal vorkommen, »nicht nur unerschüttert gelassen, sondern sogar fasziniert«. Dies genau ist die Haltung des Erzählers von »Geographie der Lust«, und nur in den erwähnten Zwischenbemerkungen tritt er für einen Moment von der Staffelei zurück, auf der das Panoptikum aus Männerphantasien, Wollust und Geldgier entsteht. »Im Jenseits gibt es kein Irrenhaus«, konstatiert er zum Beispiel, unmittelbar nachdem er den Herztod des reichen Primo Antonio Robusti geschildert hat. Der Mann, der Lauras vollkommene Rundungen durch den berühmtesten Hautkünstler tätowieren ließ, stirbt nach einem wilden Liebesakt, der ihn – einem Magellan, Kolumbus, Amundsen und Marco Polo nicht unähnlich – die ganze Welt neu entdecken und erobern läßt.

Eine Legende mehr als einen Roman möchte ich die Geschichte von Lauras Abenteuern auch darum nennen, weil in ihr stets – und zahlreicher noch als die Menschen, die darin auftreten – Engel gegenwärtig sind. Der Erzähler ist offensichtlich von ihrer Existenz überzeugt, wenn er auch über ihre Natur keine eindeutigen Angaben machen kann. Es gibt sie einfach, beinahe für jeden Bereich des menschlichen Lebens, also auch Engel der Sexualität zum Beispiel. Unsterblich sind sie, im Gegensatz zu dem, was das Volk von ihnen glaubt, wahrscheinlich nicht. Selbst in den urkomischsten Situationen lachen sie nicht. Einer der Engel taucht einmal kurz auf der Durchreise zum Vatikan auf, und von diesem, dem Kirchenstaat, merkt der Erzähler an, daß er unter Engeln als eine Art Las Vegas beliebt sei.

Mit all dem soll hier jedoch nicht der Anschein erweckt werden, »Geographie der Lust« sei etwa gar eine erbauliche Geschichte. Im Gegenteil, Moralisten und Ästheten könnten sich wie Baldach von einem Macho wie Robusti, von Lauras Leichtsinn und auch von ihrer unverhohlenen Sinnlichkeit, selbstverständlich erst recht von den verbrecherischen Praktiken der japanischen Mafia, Yakuza genannt, mit Abscheu distanzieren. »Geographie der Lust« besteht aus zwei Teilen, die sich wie Prolog und Haupthandlung verhalten. Im ersten ist Laura Objekt, im zweiten selbstbewußtes Subjekt. O'Haras, des Hautkünstlers, letztes Werk auf ihren Hinterbacken ist jetzt nicht mehr, wie im ersten Teil, das Ziel wollüstiger Begierde allein, sondern ein rarer Wertgegenstand, der für Geld zu besichtigen ist, von alten Generälen zuerst und von Senioren des »Geographic Magazine«, zuletzt jedoch von den japanischen Gangstern, die sich – durch Bestechung und wenn nötig durch das Skalpell – in den Besitz von Lauras Haut bringen möchten. Nur die Engel bewahren die Schöne vor dem Schlimmsten und helfen ihr zuletzt aus allerhöchster Not. Und außerdem hat sie ja David, den blinden Geliebten und Ehemann, der das Bildwerk O'Haras zwar nicht sehen, der aber hören kann, was der Künstler mit zauberischer Flüssigkeit in die Linien und Farben der Tätowierung ebenfalls eingeätzt hat: Vivaldis »Die vier Jahreszeiten«, die leise erklingen, wenn er ihr beiwohnt.

Jürg Federspiel erneuert mit diesem Buch eine literarische Gattung, die bis auf Apulejus zurückgeht, die in Boccaccio einen großen Meister hat und die in der deutschen Literatur kaum je Kontinuität erreichte. Die Rede ist von den Erotika, und gemeint ist da nicht einfach das Thema, sondern eine literarische Kultur. Vitalität und Sarkasmus geben in »Geographie der Lust« (Wäre »Lauras Haut«, der ursprüngliche Arbeitstitel, nicht besser gewesen?) den Ton an: Wenn der reiche Robusti ganz zu Beginn seine Schätze zählt, ein Macho und Lebemann von siebzig Jahren, überzeugt von seiner Unwiderstehlichkeit und im Fitnesstraining vor dem Liebesakt ein wahrer Artist, ein Angeber mit Macht und Einfluß (Federspiel soll sich beim Schreiben Mussolini vorgestellt haben), ist nicht Abscheu die Wirkung, sondern ein beinahe naturwissenschaftliches Interesse für eine der vielen Kuriositäten, die es auf Erden gibt. Der Erzähler moralisiert nicht, er erzählt nur, hart an den Fakten. Er mischt sich als Person nicht ein und verfällt auch nicht dem, was Wolfdietrich Schnurre einmal die »epische Krankheit« genannt hat, sondern er formt Sätze und Abschnitte und kurze Kapitel wie einer, der seiner Fabel mehr vertraut als allen Erörterungen der Innerlichkeit oder also der Haut, die ja »das Tiefste am Menschen« ist, mehr als den Zweifeln und Ängsten, die sich literarisch gebärden. *Anton Krättli*

Neue Zürcher Zeitung. 1. 9. 1989.

HUBERT FICHTE
1935 in Perleberg geboren, 1986 in Hamburg gestorben.

- »Der Platz der Gehenkten«. Roman. (Die Geschichte der Empfindlichkeit, Band 6.) Frankfurt a.M.: S. Fischer.
- »Forschungsbericht«. Roman. (Die Geschichte der Empfindlichkeit, Band 15.) Frankfurt a.M.: S. Fischer.
- »Das Haus der Mina in São Luiz de Maranhão«. Materialien zum Studium des religiösen Verhaltens zusammen mit Sergio Ferretti. (Die Geschichte der Empfindlichkeit, Paralipomena 2.) Frankfurt a.M.: S. Fischer.

FRITZ RUDOLF FRIES
1935 in Bilbao (Spanien) geboren, lebt in Petershagen (DDR).

- »Herbsttage im Niederbarnim«. Gedichte. München: Piper / Berlin und Weimar: Aufbau-Verlag (1988).

BARBARA FRISCHMUTH
1941 in Altaussee (Steiermark) geboren, lebt in Wien.

- »Mörderische Märchen«. Erzählungen. Salzburg: Residenz Verlag.

WERNER FRITSCH
1960 in Waldsassen geboren, lebt in München.

- »Steinbruch«. [Prosa.] Frankfurt a. M.: Suhrkamp.

WALTER HELMUT FRITZ
1929 in Karlsruhe geboren, lebt dort.

- »Zeit des Sehens«. Prosa. Hamburg: Hoffmann und Campe.

WILHELM GENAZINO
1943 in Mannheim geboren, lebt in Frankfurt a. M.

- »Der Fleck, die Jacke, die Zimmer, der Schmerz«. Roman. Reinbek bei Hamburg: Rowohlt.

Künstler ohne Öffentlichkeit. Zum neuen Roman von Wilhelm Genazino
Wäre da nicht jenes literarische Verfahren, das Genazino in seinen früheren Romanen schon ausgebildet hat, die an Raum und Zeit gebundene, *manifeste* Handlung könnte leicht nacherzählt werden: Der Roman handelt von einer Reise, die zwei Menschen durch europäische Städte unternehmen. Er handelt von den Aufrauhungen, die in der Begegnung mit dem Fremden geschehen.

Bilder gegen Ruinensprache

Aber diese dürre Zusammenfassung trifft nicht den Kern der Sache, denn zum literarischen Verfahren Genazinos gehört, daß die Grenzen und Brüche zwischen Innen- und Außenwelt aufgehoben sind, daß eine feste strukturelle Verortung der Sprache nicht möglich ist. Die Hauptkategorie von Genazinos Roman ist Erfahrung, eine Erfahrung allerdings, bei der die Außenwelt lediglich Gerüst und Kulisse für unverhoffte Spiegelungen ist: Die Eindrücke und Begegnungen des Ich-Erzählers W. und seiner Lebensgefährtin Gesa werden in einer Weise mit Erinnerungen und Reflexionen aufgeladen und verwoben, daß daraus ein Netz von Bildern entsteht, ein literarischer Kosmos der feinsten Art.

Irritiert vom Leben in der glattpolierten Boom-Stadt Frankfurt mit ihren abwesenden Menschen, reisen W. und Gesa nach Wien. Unmittelbar ausgelöst wird die Reise durch eine jener Episoden, denen W. nicht entkommt, weil sie sich ihm aufdrängen, ihn bedrängen: Er beobachtet eine Gruppe von Jugendlichen und ist unwillkürlicher Zeuge eines Gesprächs, das diese in ihrer verstümmelten Sprache führen.

»Sie reden fast alle gleichzeitig, jeder mit allen anderen und zugleich zu einem Bestimmten hin, der seinerseits redet und doch auch verstehen will, was die andern sagen. Sie sprechen in einem hellen begeisterten Ton, aber sie bringen nur halbe Sätze und Ausrufe über neue Filme, neue Mopeds, neue Hosen, neue Pullis, neue Lehrer und neue Liebhaber hervor. Mit knappen Bemerkungen erinnern sie sich der Filme, die sie am Abend zuvor im Fernsehen gesehen haben, und legen fest, welche sie sich heute ansehen werden. Sie lassen nur an sich heran, was schnell und glückhaft durch sie hindurchrauscht. [...] Mehrmals höre ich den Wortstummel Moz, bis ich begreife, daß Mozarts Name in der Ruinensprache angekommen ist. Sofort habe ich das Bedürfnis, Mozart vor diesen netten jungen Leuten zu warnen.«

Dem wörtlichen Gefasel, das in einer doppelten Bewegung die Geschichte austreibt und den Gegenstand als Ware verfügbar macht, möchte W. entkommen. Die Suche nach einer geschichtlichen Spur, mit der das eigene Leben einigermaßen in Einklang zu bringen wäre – das ist der Gestus von Genazinos Roman.

Das Unerhörte ist nun, daß W. und Gesa tatsächlich nach Wien fahren: Der Zusammenstoß zwischen Alltagserfahrung (hier mit den Jugendlichen) und ihrer assoziativen Verarbeitung mündet konsequent in Handlung. – In Wien führen die Stadtwanderungen der beiden Protagonisten unter anderem in die Domgasse in Mozarts Wohnung. Und wie jede Begegnung wird auch diese zu einem kleinen Gravitationszentrum von fast unmerklichen Verschiebungen, Verzerrungen und Verrücktheiten. Der Held hängt an unzeitgemäßen Gedanken und stellt sich vor, wie Mozart damals, vor seinem Abstieg in ärmliche Verhältnisse, gelebt hat. Die getrennten Wirklichkeiten von Geschichte und unmittelbarer Erfahrung geraten im assoziativen Verfahren des Ich-Erzählers in Bewegung, und aus den Berührungen der beiden Sphären entstehen neue Einsichten.

»In den Erkern der Arbeitszimmer sind schmale Seitenfenster eingelassen; von hier aus sah Mozart auf die Leute in der Schulergasse hinab und fragte sich, warum sie ihn nicht mehr so schätzten wie früher. Der Platz hinter den Seitenfenstern ist ein guter Platz für einen zunehmend verschmähten Künstler. Hier wurde er exzentrisch, hier konnte er sich die Faxen und Fratzen angewöhnen, mit denen er die Leute irritierte. Ich mache selbst ein paar Fratzen und spüre sofort die Erleichterung, die das komische Verziehen des Gesichts gewährt.«

Unterbrochen und dann vertrieben werden W. und Gesa durch die Ankunft einiger Touristen aus der Schweiz, die umherlaufen, »als sei Mozarts Wohnung schon immer ihre Wohnung gewesen«. Später, während die beiden Protagonisten auf eine ungewöhnlich beharrliche und langsame Weise den Spuren Kafkas und Wittgensteins folgen, stauen sich die alltäglichen Irritationen in der Straßenbahn und im Hotel zu schwer aushaltbaren »Schmähungen« auf. Wer darauf beharrt, in der Aufmerksamkeit für das Nebensächliche und für sich selbst ein altmodischer Mensch zu sein, wird vertrieben.

Privater Eigensinn

In Wien ist es die »alte Unbarmherzigkeit der Stadt, die schon Mozart gespürt haben muß«, die sie vertreibt. Wiederum lassen sich W. und Gesa durch eine ephemere Assoziation verführen: Auf dem Fernsehschirm einer Kneipe sieht W. beiläufig, wie Fußballspieler herumrennen, die auf ihren Trikots das Wort Erdgas vorzeigen. Während es Gesa auch hier besser gelingt, sich gegen alltägliche Anfechtungen dieser Art abzuschirmen, beginnt sich W. geradezu zwanghaft mit diesem Wort und einem Spieler, der sich ungerecht behandelt fühlt, zu beschäftigen. Wie der Spieler sich auf den Platz fallen läßt und mit beiden Fäusten auf den Boden schlägt, beneidet W. ihn »um die Darstellbarkeit seiner Empörung«. W. kann sich vom Sog des Bildschirms nur losreißen, indem er in einem anagrammatischen Prozeß das Wort *Erdgas* zum Namen des Malers *Edgar Degas* umwandelt.

Dieser Vorgang ist paradigmatisch. Genazino montiert verschiedene, sich bekämpfende Sprachen gegeneinander. Der Roman ist, übrigens wie seine Vorgänger, der Schauplatz, wo sich *Individualität* gegen die öffentlichen Worthülsen und die abgegriffene Formelsprache zur Wehr setzt. Nicht jene zum Markenzeichen herabgedrückte Individualität der postmodernen Gesinnungssurfer ist dabei gemeint; schon eher müßte von *Eigensinn* gesprochen werden.

Gesa und W. fahren im Zug nach Paris, um dort ein Bild von Edgar Degas anzuschauen. Dort müssen die beiden feststellen, daß sie das Bild nicht sehen können: es ist umstellt, belagert von japanischen und amerikanischen Touristen, denn die Museen sind inzwischen zu einer »Mischung aus Kaufhaus und Schwimmbad« verkommen. Daraufhin will die eigensinnige, exzentrisch anmutende Gesa das Bild im Hotelzimmer nachstellen.

Aber auch das gelingt nicht, denn die dazu notwendigen Gegenstände sind nicht mehr aufzutreiben. Unter dem Eindruck dieser Enttäuschung können die beiden eine Weile nicht miteinander sprechen. Sie warten, und sie führen auf unaufdringliche Weise eine Tugend vor Augen, die in der von Genazino gezeichneten Welt anachronistisch anmutet: sie schweigen und warten. Die beiden bewegen sich autonom nebeneinander und sind doch aufeinander angewiesen, um – wenigstens für

Augenblicke – die Kluft zwischen Privatem und Öffentlichem zu schließen. In dieser Ambivalenz können sie sich helfen, die ständig lauernden Enttäuschungen zu überwinden.

Kunst und Erinnerungsarbeit

Auf der Suche nach einem Zipfel von jenem Wahren im großen Falschen, auf der Suche nach dem noch nicht zur Ware Niedergedrückten und Beleidigten gehen die beiden merkwürdig behutsam und versöhnlich miteinander um. Gesa und W. führen beiläufig Gespräche über Kunst und über »private Gefühlsausscheidungen«, die seelische Tiefen ausloten, ohne daß sie gestelzt daherkämen. In solchen Szenen gelingen Genazino Bilder von seltener Luzidität. Gleichzeitig bezeichnen sie die beiden inhaltlichen *Hauptachsen* des Romans: das Thema *Kunst* in der *»Kulturgesellschaft«* und das Thema *Erinnerung*, wie sie im Roman durch die Beobachtung von Bediensteten, Kindern und Vögeln ausgelöst wird.

Im Hotel in Paris werden W. und Gesa von Afrikanerinnen bedient, deren Schweigen ihnen die »Pein der Fremdheit« und jene »glückliche Enttäuschung« von Afrikanern in Europa vor Augen führen. Die Hoffnung ist eine Schlampe, die man trotzdem lieben muß, meint W. einmal. Über solche Brücken führt die Erinnerung zurück in die eigene Kindheit. Der Ich-Erzähler W. beschreibt jene enigmatischen Standbilder, die aus dem Meer der Amnesie wie erratische Blöcke auftauchen: das Bild einer verdutzten und nachsichtigen Mutter etwa, die am Bügelbrett in gedankenvoller Abwesenheit verharrt.

In quälend langsamen Wirklichkeitsausschnitten beobachten die beiden Reisenden, wie Kinder sich gegen das Gefüttertwerden wehren, und sie beobachten die Aussichtslosigkeit von Kindern, die ihre Eltern zum Lachen verführen möchten. W. erinnert sich an seinen Vater, der mit einer ernsten, ordnenden Geste tote Fliegen aus einem Lampenschirm holt und der den dreizehnjährigen W. immer wieder an den richtigen Wochentag erinnern muß.

Von Paris führt die Reise nach Amsterdam. Sie wundern sich über die nette Ahnungslosigkeit von jungen Leuten, die nicht wissen, daß in ihrer Wohnung einmal *Max Beckmann* gewohnt hat. Und immer wieder erinnern die in den Städten herumflatternden Amseln, Tauben und Sperlinge an den stummen Irrsinn der Geschäftigkeit und an die Gefährdungen dieser Städte.

Der Ich-Erzähler W. und seine Freundin Gesa sind Künstler ohne Öffentlichkeit. Ihre Kreativität entfaltet sich im Privaten. Als Bild dafür läßt Genazino den Protagonisten am Anfang des Romans eine kleine Mahlzeit herrichten. Auf dem Tisch sieht er Brot, Kaffee, eine Tomate, Papier. Er widersteht der Versuchung, das Bild zu photographieren, denn er weiß, daß damit das Bild wieder »zu einem Bild für andere« wird. »Wir brauchen zufällige, abräumbare und persönliche Kunstwerke«, denkt er. W. und Gesa suchen eine Kunst, die nicht an die Gesellschaftsmaschine angeschlossen ist und nach Beifall schielt, eine Kunst, die ihren Stachel im Verborgenen, im Privaten hat. Genazino gelingt es, im Roman eine alte *Funktion der Kunst* bildhaft zu vergegenwärtigen: ihre Widerstandsarbeit, das Beharren auf dem Vergänglichen, das Mißtrauen gegenüber den glatt polierten Oberflächen. Genazino hat die Ästhetik Adornos in einen Roman umgegossen.

Die beiden Reisenden bleiben unter sich. Ihr Bezug zur Außenwelt beschränkt sich auf die Erfahrungen und ihre Verarbeitung. Der Protagonist trägt mit sich die Tagebücher Max Beckmanns herum, und beiläufig ist die Rede von Filmen von Alexander Kluge. Jenes Widerspenstige und Sperrige von Beckmann haben auch die beiden Protagonisten. Und der langsame, kühle und gnadenlos sachliche Blick Kluges ist im Tonfall des Romans wiederzufinden. Erinnerungsfetzen und Wahrnehmungsflecken fügen sich im Kopf des Lesers zu einem Film, ein Verfahren, das in den vier Titelworten schon angedeutet wird: Durch die Erinnerungshydraulik getrieben, wird das scheinbar Nebensächliche zur Hauptsache, im Verborgenen zur Kunst.

Wilhelm Genazino ist ein Meister beim Registrieren der Verkleidungen und Verschiebungen, die in unserem Bewußtsein unablässig vor sich gehen. Seine Sprache oszilliert zwischen Erinnerung und Wünschen, zwischen alltäglicher Beobachtung und ihren Verdichtungen in tagtraumartigen, hyperrealistischen Zeitlupen. In der Moderne führen die Spuren dieses Verfahrens, das nur ungefähr mit dem Begriff vom Bewußtseinsstrom umschrieben wird, bekanntlich zurück zu Schnitzler, Döblin, Joyce oder Robert Walser. Greifbar wird es allenfalls in der Psychoanalyse, wo die Erinnerung mit ihren abenteuerlichen Wandlungen als Magnet und Einfallstor des Unbewußten das Leben beherrscht.

Bleibt zu fragen, warum Wilhelm Genazino bisher ein großer Unbekannter geblieben ist, obwohl schon seine Romantrilogie über den vom Stumpfsinn der Arbeit und seinen Wünschen geplagten Angestellten *Abschaffel* und seine weiteren Romane breiteste Aufmerksamkeit verdienten.

Arthur Zimmermann

Neue Zürcher Zeitung. 18. 4. 1989.

REINHARD P. GRUBER

1947 in Fohnsdorf (Steiermark) geboren, lebt in Stainz.

- »Nie wieder Arbeit. Schivkovs Botschaften vom anderen Leben«. [Erzählung.] Salzburg: Residenz Verlag.

UNDINE GRUENTER

1952 in Köln geboren, lebt in Paris.

- »Nachtblind«. Erzählungen. München: Hanser.
  Enthält die Erzählungen »Wie war der Himmel blau«, »Postkarten vom Marché aux Puces«, »Fontaine de Médicis«, »Unter Milchglas«, »Nachtblind«, »Der Traum der Sprache«, »Flucht in die Wälder«, »Sand in den Augen« und »Das besetzte Zimmer«.

Labyrinth der Wünsche. Undine Gruenters Liebesgeschichten

Liebesgeschichten sind solche, in denen zwei Menschen alles voneinander erfahren und am Ende nichts mehr voneinander wissen wollen. Sofern die Sache glimpflich verläuft und man sich noch rechtzeitig zu trennen vermag. Zurück bleiben ein paar schöne Erinnerungen, ein paar verschwiegene Träume und eine unstillbare Sehnsucht: danach, daß es ein einziges Mal anders ausgehe als gewöhnlich.

»Aber in Wirklichkeit gehörst du zu niemand, und das Schlimme ist, daß du dich weniger davor fürchtest, als daß du dich darin einkapselst und es genießt.« So pflegen ältere Freundinnen zu sprechen, die das über viele Jahre mitangesehen haben und endlich Recht bekommen. »Du bist hart und trocken wie Leder, und du liebst nichts und niemanden. Du rennst herum mit einem rasenden Herzklopfen vor Erwartung. Du gerätst in Verzückung, wenn die Straße in der Hitze plötzlich glitzert wie Glas oder das Licht sich im Junilaub bricht. Aber das Leder wird brüchig werden, und die Jagd nach diesen kleinen Wundern wird dich wundscheuern, und eines Tages wirst du kaputt sein, weil du niemanden liebst.«

Das sind endlose Monologe, gegen die Wände gepredigt mit wachsendem Eifer und unnachsichtiger Strenge. So redet, wer mit der Liebe, wer mit dem Leben schon abgeschlossen und also nichts mehr zu verlieren hat. So schwadroniert das vernünftelnde Alter, die Tugend aus Mangel an Gelegenheit, die Angst der späten Jahre vor Gefühlen, die noch einmal von Grund auf alles in Frage stellen würden. Herzklopfen vor Erwartung? Ausdauerndes Kopfschütteln, ein vernehmlicher Seufzer: »Dir ist nicht zu helfen.«

Den Liebenden in Undine Gruenters Erzählungen ist wahrhaftig nicht zu helfen. Sie gehören zu niemandem – und sie fürchten sich nicht davor, sondern genießen es. Sie glauben an Wunder und scheuern sich die Seele wund, damit man ihr Leid sieht und ihre Lust: das Leiden an der Wirklichkeit und die Lust, in aller Einsamkeit sich daraus fortzustehlen. Ein einziges Mal, gleich in der ersten Geschichte (»Wie war der Himmel blau«), versucht eine schrille Freundin es mit Handauflegen: »Du brauchst die Verweigerung und das Unerreichbare und den Spielraum für deine Träume.« Sagt sie. »Aber in Wirklichkeit«, sagt sie dann – und redet längst in den Wind. Sie hat tatsächlich nichts verstanden, sondern bloß ein wenig mit den Worten geraschelt wie mit Bonbonpapier im Kino.

Das sollte uns, offenbar, eine Lehre sein, Einstimmung in die erbetene Lesart. Doch schon in der zweiten Geschichte (»Postkarten vom *Marché aux Puces*«) ist das anders, ist weder eine wohlmeinend schulmeisternde Freundin zur Stelle noch einer, in dessen Briefen wir nachlesen müßten, was die Erzählerin uns, wenn auch ohne Not, lieber durch andere mitteilen läßt. Da schnurrt die sogenannte Wirklichkeit, »eingefangen in der Ordnung der Vertikalen« und retuschiert wie eine Ansichtskarte, gleich zur Kulisse zusammen, gibt den Blick frei auf ein Traumspiel mit bizarren Regeln, verstörenden Gesetzen.

Die wichtigste Regel lautet: »Sich nie mehr auf etwas zu freuen und unverwundbar zu werden.« Die Figur, die sie für sich ersonnen hat, senkt den Kopf, schlägt die Augen nieder, versteckt die Hände hinter dem Rücken – und ist von nun an gefeit gegen trügerische Hoffnungen, bittere Enttäuschungen. Eine reduzierte Existenz in wohltemperierter Enge und Beschränktheit also, aber vor allen Erschütterungen, allen inneren Beben sicher. Freien Auslauf hat allein die Phantasie, ein paar Straßen weit, zu den Verkaufsständen und Kirmesbuden des Marché aux Puces und zu Georges, der nicht viel fragt, sondern sich zu seiner kleinen Freundin in den Regen stellt und ihr die klatschnassen Haare aus dem Gesicht streicht. Eine zärtliche, mehr noch eine fürsorgliche Geste. Und wer weiß, ob dieses Kind, das sonst den Himmel nicht zu Gesicht bekommt, eine andere Form der Zuwendung wirklich ertrüge.

Liebesgeschichten sind ferner solche, in denen ein Mensch den anderen sucht, um sich selbst zu finden. Das erklärt die vielen Mißverständnisse, die leicht gekränkte Eitelkeit, den unversöhnlich verletzten Stolz, den blindwütig sich gebärdenden Beziehungswahn. Ein langer Blick wird gern als Frage und noch lieber als Antwort gedeutet, eine Berührung an Hand und Fuß allemal als Signal in der Körpersprache. Und wenn der Wink in Wahrheit einem anderen, einer anderen galt, wenn die mit lauter Stimme gerufene Adresse nicht die eigene und nur für den Taxifahrer bestimmt war? Dann mögen wir ein Lächeln nicht unterdrücken, ein schadenfrohes womöglich, aber doch nicht ohne Wohlwollen.

Wie souverän, wie raffiniert Undine Gruenter die Spielarten artistischer Ironie einsetzt, um den melancholischen Grundton ihrer Erzählungen von Zeit zu Zeit durch ein paar schräge Akkorde aufzumischen, zeigt die Geschichte »Fontaine de Médicis«: das Szenario für eine tieftraurige Groteske am Brunnen vor dem Tore, die einen mißverstandenen Blick, eine falsch gedeutete Geste zur Ursache hat und in elementarster, nämlich semiologischer Verstörung endet. Was zählt ein Lächeln, was wiegt ein Wort, wenn einer alles auf die Goldwaage legt, weil er sehnsüchtig auf ein Zeichen wartet? Der vergebliche Liebhaber greift einsam zu seinem Briefpapier und notiert: »Vielleicht ist die Liebe nichts anderes als ein Labyrinth von Wünschen, in denen man sich verliert. Ein Delirium der Phantasie.«

Labyrinth? Delirium? Aus der Perspektive des wohlgefällig beobachtenden Zeugen, die Frau Gruenter dem Leser einräumt, nimmt diese Affäre den natürlichsten Verlauf. Allerdings mag dies wiederum die Raffinesse der Autorin sein, die uns den sinnverwirrt Verliebten in rasch wechselnden Szenen, teils zurückblickend, teils schon vorausgreifend, teils Raum und Zeit in vager Schwebe haltend, als landläufigen Normalfall vorführt. Er hat, für die Dauer eines ziemlich fadenscheinigen Glücks, den Verstand verloren und darf unseres Mitgefühls sicher sein. Schließlich sind wir nun, auf seine Kosten, ein wenig klüger als zuvor.

Das ist mit unaufdringlichem Augenzwinkern erzählt, in einem sanften Parlando, das die notwendige Dramatik, gleichsam *en passant*, aus dem Gegeneinander vieler Mosaiksteinchen schöpft, zugleich aber die Figuren in wohltuender Distanz hält: ohne den mindesten Anflug von Feierlichkeiten also und völlig frei von gravitätischem Ernst. Die Konflikte, mit lockerer Hand in Umrissen skizziert, drohen sich in dieser mit List und Bedacht zum Stilprinzip gewählten Beiläufigkeit fast zu verflüchtigen – so unaufgeregt geht es allenthalben zu und so unangestrengt.

Da liebt niemand über seine Verhältnisse, treibt es niemanden in den Tod, weil er sich gründlich unverstanden fühlte, und niemanden in eine Ehe, weil er der Suche nach dem vollkommenen Glück überdrüssig geworden wäre. Sie enden im Offenen, diese Liebesgeschichten, überlassen sich der Phantasie des Lesers, seinen Harmoniebedürfnissen, seinem Traumpotential, seinen emotionalen Ressourcen. Daß wir nachhaltig angerührt sind von diesen Erzählungen, ist noch das geringste Kompliment an deren Verfasserin. Wer sich an Undine Gruenters Roman »Ein Bild der Unruhe« erinnert, mit dem sie vor drei Jahren zum ersten Mal von sich reden machte, wird feststellen, daß der epische Wildwuchs novellistischer Erzählaskese gewichen ist, daß die aufreizend gelackte Oberfläche neuerdings Risse und Schründe hat, die einen Blick in die Tiefe gestatten – und in Abgründe auch.

Wie sagt doch eine dieser Gestalten, deren Amouren wir meist mit angehaltenem Atem zuschauen wie einem Balanceakt auf dem Drahtseil, neugierig und mit wohligem Schauder: »Nichts scheue ich mehr als die Vulgarität der Nähe.« Dies gilt für die meisten Figuren in diesem Buch. Sie rennen mit rasendem Herzklopfen durch die Welt, aber sie lassen es niemanden fühlen, sondern genießen es am liebsten allein, auffallend oft übrigens in verdunkelten Hinterzimmern. Bis dann, eines Tages, ein Kind dahergeht und alles auf den Kopf stellt: »Hör zu. Du bist nicht deine Träume. Du bist nichts als deine Geschichte.«

Dies ist die schönste Erzählung der Sammlung, »Unter Milchglas« ist ihr Titel. Sie handelt, am Beispiel der Zuneigung eines Lehrers zu seiner Schülerin, von der Spannung zwischen Jugend und Alter, Möglichkeit und Wirklichkeit, Traum und Leben. Eine Liebesgeschichte, ohne Zweifel, und die einzige, die uns mit einem Lächeln entläßt. Vielleicht, weil sie mit dem allerletzten Satz erst beginnt: einer verhalten, aber um so wirkungsvoller gesetzten Pointe. So weist sich, unter allen diesen fürchterlichen Beziehungskisten, die augenblicklich zu Literatur hochgestapelt werden, die Poesie aus. *Franz Josef Görtz*

Frankfurter Allgemeine Zeitung. 10. 10. 1989.

MARTIN GRZIMEK
1950 in Trutzhain (Hessen) geboren, lebt in Caracas (Venezuela).

- »Die Beschattung«. Roman. München: Hanser.

NORBERT GSTREIN
1961 in Mils (Tirol) geboren, lebt in Innsbruck.

- »Anderntags«. Erzählung. Frankfurt a. M.: Suhrkamp.

ERICH HACKL
1954 in Steyr geboren, lebt in Wien.

- »Abschied von Sidonie«. Erzählung. Zürich: Diogenes Verlag.

GISBERT HAEFS
1950 in Wachtendonk am Niederrhein geboren, lebt in Bad Godesberg.

- »Hannibal«. Der Roman Karthagos. Zürich: Haffmans.

PETER HANDKE
1942 in Griffen (Kärnten) geboren, derzeit ohne festen Wohnort.

- »Das Spiel vom Fragen oder Die Reise zum sonoren Land«. [Schauspiel.] Frankfurt a. M.: Suhrkamp.
- »Versuch über die Müdigkeit«. Frankfurt a. M.: Suhrkamp.

In der Mitte der Müdigkeit. Peter Handkes Versuch über einen scheinbar wohlbekannten Zustand

Jeder kennt sie: die Müdigkeit.

Seinen müden Körper legt man allabendlich ins Bett, und auch die müde Seele erfrischt man mit Schlaf. Müde Menschen gehören zum klassischen Inventar der Décadence-Literatur. Müdigkeit und Ennui, Langeweile, Überdruß, Kraftlosigkeit – ein dem Leben entfremdetes Schwebestadium charakterisiert viele fiktionale Figuren zumal in Texten der Jahrhundertwende, fragile Frauen, träge Männer. Müdigkeit gilt als psycho-physiologischer Mangelzustand, als störend; sie muß überwunden werden. Müdigkeit hat gemeinhin eine negative Semantik.

Wer kennt sie: die Müdigkeit?

Wie das Defizitmodell eines scheinbar jedermann bekannten Zustands aufgebrochen werden kann, zeigt Peter Handkes neues Buch. In seinem knappen, doch ungemein facettenreich differenzierenden »Versuch über die Müdigkeit« läßt der Schriftsteller sich auf jenen Schattenbereich des Bewußtseins ein, von dem jeder sprechen zu können glaubt, über den man aber, Macht der müden Gewohnheit, kaum je nachdenkt. Anders als die Tradition indes entwirft Handke keine müden Figuren, sondern betrachtet dezidiert das Phänomen Müdigkeit: er macht sie zu seinem Gegenstand.

Indem er skizzenhaft unterschiedlichste Episoden von Erfahrungen der Müdigkeit aufeinander folgen, eine aus der anderen sich entwickeln läßt, betrachtet er die eine, die wohlbekannte, aber auch eine ganz andere Seite der Müdigkeit. Dem im wahrsten Sinne des Wortes Alltäglichen gewinnt Handke ungewöhnliche Dimensionen ab. So entsteht ein halb essayistischer, dennoch hoch literarischer Text mit deutlich autobiographischen Zügen.

Für Handke – beziehungsweise das erzählende Ich – ist die Müdigkeit weniger Thema als vielmehr Problem. Doch er nähert sich, und darin unterscheidet sich dieser Text wohltuend von anderen des Autors, seinem Gegenstand »nicht bloß halbherzig [. . .], sondern herzlos«. Wer aber statt Herzbluts Tinte zum Schreiben verwendet, vermeidet auch leichter die Gefahren des Pathos. Zu große Nähe kann den Blick trüben. Handke hat Abstand gewonnen.

Zumal beim Vergleich mit dem »Gedicht an die Dauer« – auch diese ein origineller, entlegener, nicht alltäglicher Gegenstand der Literatur – wird deutlich, daß Handkes Sprachduktus, der vielgeschmähte »hohe Ton«, ruhiger, betrachtender, offener geworden ist. Mit einer derartigen Öffnung, die etwas wie Erleichterung ausstrahlt, geht trotzdem kein Absinken des Sprachniveaus einher. Handke fügt die Wörter nahezu jeden Satzes sehr sorgfältig; ein paar schiefe Formulierungen wirken allerdings um so störender (es ist beispielsweise nicht möglich, die unterschiedlichen Satzbaupläne von *etwas loswerden* und *etwas werden* einfach folgendermaßen zusammenzukonstruieren: »Dank meiner Müdigkeit wurde die Welt ihre Namen los und groß.«) Herzlos gesetzt wirken die Sätze gar nicht, aber entschlackt, bar solch nicht nur hochtoniger, sondern befremdlich weihevoller Formulierungen wie etwa »im Zustand der Gnade der Dauer«.

Die Dauer: »das flüchtigste aller Gefühle«; die Müdigkeit: Zustand der Gewalttätigkeit und der Friedfertigkeit zugleich. »Ich will erzählen von den unterschiedlichen Weltbildern der verschiedenen Müdigkeiten«, nimmt sich das Erzähl-Ich vor – und hierin liegt die Brillanz des »Versuchs« (ob diese Geste der Vorläufigkeit nun als eitel oder als uneitel zu interpretieren ist, sei dahingestellt): Handke begibt sich in die Mitte der Müdigkeit, er entdeckt und zeigt ihre mannigfachen Erscheinungsweisen. Dazu gehört neben Wertendem, also »bösartigen« sowie »schöneren und schönsten« Müdigkeiten, auch nach Anlaß Kategorisierendes: Müdigkeit der Kindheit, der Studienzeit, der Liebeszweisamkeit, der Schichtarbeit.

Die Methode, mit der Handke auf die Suche nach der Müdigkeit, besser: den Müdigkeiten geht, ist die Erinnerung. Einsetzend an einem absoluten Zeitpunkt, dem des Schreibens im Hier und Jetzt, beginnt der Text mit der lakonisch-traurigen Feststellung: »Früher kannte ich nur Müdigkeiten zum Fürchten.«

Am langen Faden des Erinnerns läßt sich der Erzähler zurücksinken in ferne Müdigkeitserfahrungen, die im anamnestischen Schreiben neues Leben gewinnen. Vieles wird sehr dicht und atmosphärisch gezeichnet, mit sensiblem Gespür für Zwischentöne, Stimmungen, Lichteffekte – besonders schön die Reminiszenz des mühseligen Dreschens, des Strohwagens, »sein Leichterwerden anzeigend durch ein Lichterwerden in der Scheune«. Resultat jener Mühen ist, neben gedroschenem Getreide, eine »Wir-Müdigkeit«. Aktuellere Szenen gewinnen gerade im kontrastierenden Vergleich zum Vergangenen ihre Kontur.

Seinen Müdigkeits-Kosmos entwirft Handke mit glänzend immer neu komponierten Formulierungen: als »das Müdkranke« sitzt das Kind in der Kirche; die Müdigkeit des Schlaflosen läßt diesen zur »Müdigkeitssäule« erstarren; es gibt die königliche und die erotische, die entzweiende und die weltvertrauende und sogar eine wache Müdigkeit; man kann ebenso »von dem Müdteufel besessen« oder »durchmüdet« wie »strahlend müde« sein, so daß man der Welt als »der Müdstolze«, als Unberührbarer begegnet.

Müdstolz ist das erzählende Ich, und an derartigen Bezügen lassen sich autobiographische Lesarten festmachen, nach dem Schreiben. Im Zustand der »Schaffensmüdigkeit« trennt eine vom Subjekt wohlig akzeptierte Wand diese von der Umwelt. Den Vorwurf, in derartigen Distanzierungen sei der Keim von Hochmut angelegt, erhebt der Text selbst.

Der ganze »Versuch über die Müdigkeit« ist dialogisch strukturiert, ein Formprinzip, aus dem nicht zuletzt die bereits erwähnte leichtere Bewegung der Sprache resultiert. Denn was Kritiker auf die verkündenden Monologe entgegneten, nimmt der Autor, potentielle Einwände quasi antizipierend, diesmal bereits selbst in seinen Schreib- und Reflexionsprozeß auf. So folgt gleich auf das im ersten Satz absolut eingeführte »früher« die Frage »Wann früher?«. Immer wieder mischt sich diese fragende, einwendende, präzisierende und modifizierende zweite Stimme ein, erinnert ein wenig an Friederike Mayröckers imaginären »Vorsager« aus der »Reise durch die Nacht«.

Für einen sokratischen Dialog sind die Fragen selten subtil genug (und ist der Fragende selten sicher genug), doch benennen sie meist einen in der vorhergehenden Textpassage offengebliebenen Punkt, legen auch, oft mit einem adversativen »aber« versehen, ideologisches Veto ein.

Daß Handkes Text in der Lage ist, sich selbst einen immanenten Widerpart zu setzen, darf als Zeichen gelten, daß die

Isolation von der Gesellschaft, die Fixierung allein auf das wahrnehmende, empfindende, schreibende Ich aufgebrochen ist. Vielleicht verdankt sich diese neue Dimension einer Müdigkeit des Autors, gibt es doch eine Müdigkeit »als ein Zugänglichwerden, ja als die Erfüllung des Berührtwerdens und selber Berührenkönnens«. Fragen sind letztlich verbale Berührungen. Doch viel häufiger, dies bildet das Zentrum des schmalen Buchs, ist eine andere, sehr indirekte Form der Berührung: der Blick.

Über den wahren Blick verfügt, folgt man Handkes Ausführungen, allein der Müde: allein der friedlich Müde. Von dieser Differenzierung hängt viel ab, da auch von einer im Blick geäußerten Gewalt der Müden die Rede ist: »Jene Art Müdigkeit, sprachlos, wie sie bleiben mußte, nötigte zur Gewalt. Diese äußerte sich vielleicht nur im Blick, der das andre entstellte, nicht bloß als einzelne Person, sondern auch als das andere *Geschlecht*«.

Dem kontrastiert und dies überwiegt die »Müdigkeit im Frieden«: »Und das Erstaunliche ist, daß meine Müdigkeit dort an dem zeitweisen Frieden mitzuwirken schien, indem ihr Blick jeweils schon die Ansätze zu Gesten der Gewalt, des Streits oder auch nur einer unfreundlichen Handlung beschwichtigte? milderte? – entwaffnete, durch ein ganz anderes Mitleid als das verächtliche manchmal der Schaffensmüdigkeit: das Mitgefühl als Verständnis.«

Manches erscheint allerdings doch etwas übertrieben, überfrachtet mit Anspruch. Ob die Müdigkeit eines Menschen in einem anderen bewirken kann, daß der »seiner Sache Aura« empfindet? Aber besonders spannend wird der »Versuch«, wo im Schreiben über die Müdigkeit der Zusammenhang von Schreiben und Müdigkeit reflektiert wird. Dem positiv Müden ordnet sich die Welt im Akt des Schauens »von selbst zum Epos«, zu einer Erzählung ohne Wörter.

Von dieser Spannung zwischen dem ganz Averbalen: dem Blick, und dem rein Verbalen: den Wörtern, ist das Handkesche Erzähl-Ich geprägt. Zwischen dem »Sprach-Ich« und der Welt können verschiedene Beziehungsmuster bestehen:

Stummheit, Widerhall, eigenes Erzählen und, als Höhepunkt, der beispielsweise im Stadium der »klaräugigen Müdigkeit« einzutreten vermag, ein Zustand, in dem »die Welt, unter Schweigen, vollkommen wortlos, sich selber erzählt«.

Am Ende gleitet, was sich in erster Linie aus dem Erinnern der Vergangenheit gespeist hatte, tendenziell visionär in die Zukunft. Eine utopische Zukunft. Aus Wunsch und Phantasie geboren, erscheint ein müder, machtloser, allgegenwärtiger Gott. Und der Traum von einer Menschheit, »versöhnt in ihren allerletzten Augenblicken, in kosmischer Müdigkeit«. Nicht mehr die Stunde der wahren Empfindung, sondern die Vision von der »Stunde der letzten Müdigkeit«.

Weniger phantasmatisch, wenngleich auch nicht ohne weiteres nachvollziehbar, sind die wohl wichtigsten Gedanken über jenen so vielgestaltigen Bewußtseinszustand. Müdigkeit, die vom Alltags-Ich meist als Schranke zur Welt erlebt wird, kann nach Handkes Erfahrung – oder Meinung? aber es geht ihm ja um das »reine Bild« – verbindend wirken. »Meine höchsten Müdigkeiten erschienen mir immer zugleich als die unsrigen.« Und wie er dies Gemeinschaftspostulat begründet, erscheint zumindest als Ahnung schlüssig. Vom Müden fällt das »Ich-Selbst« ab, Müdigkeit ist »das Mehr des weniger Ich«, sie »macht durchlässig«.

Etwas eigenwillig im Sprachgebrauch weist der Autor auch die Frage nach den Handlungsmöglichkeiten, die Müdigkeit eröffnen solle, zurück, zugunsten der Behauptung, sie sei selbst schon Handlung. Ein Rezept jedoch, wie der positive Zustand der Müdigkeit zu erlangen wäre, weiß Handke (glücklicherweise) auch nicht. So etwas kann dem Subjekt nur geschehen. Und man muß es zulassen.

So wäre die Utopie der friedlich Müden herleitbar von einer meditativen Offenheit, einem Loslassen bedeutungsloser Strukturen, denn die »Inspiration der Müdigkeit sagt weniger, was zu tun ist, als was gelassen werden kann«. Übrig bliebe »nichts mehr als die gelösten Augen«.

Die Handkesche Müdigkeit teilt nichts mit dem dekadenten Ennui. Was er beschreibt, sind stets sehr bewußt wahrgenommene Zustände, Zustände zudem, die die Wahrnehmungsfähigkeit gerade des müden Subjekts hochgradig schärfen. Das klingt paradox, doch der Text vermag jenen scheinbaren Widerspruch überzeugend aufzulösen, indem er *Bilder* zeichnet, Bilder der verschiedenen Müdigkeiten. Was Handke souverän praktiziert, ist eine Technik szenischen Schreibens.

Brigitte Haberer

Süddeutsche Zeitung. 10. 10. 1989.

LIOBA HAPPEL

1957 in Aschaffenburg geboren, lebt in Eschede (Niedersachsen).

- »Grüne Nachmittage«.* Gedichte. Frankfurt a. M.: Suhrkamp.

LUKAS HARTMANN

1944 in Bern geboren, lebt in Alblingen bei Bern.

- »Einer stirbt in Rom«. Roman. Frauenfeld (Schweiz): Nagel & Kimche.

CHRISTOPH HEIN

1944 in Heinzendorf (Schlesien) geboren, lebt in Ost-Berlin.

- »Die Ritter der Tafelrunde«. Eine Komödie. Frankfurt a. M.: Luchterhand Literaturverlag.
- »Der Tangospieler«. Roman. Frankfurt a. M.: Luchterhand Literaturverlag / Berlin und Weimar: Aufbau-Verlag.

Kammerkonzert mit Trillerpfeife. Die Talente und die Untugenden des Christoph Hein

Manchmal meint es ein Schriftsteller einfach zu gut. Dann kann es ihm passieren, daß er ein Buch schreibt wie Christoph Heins Roman »Der Tangospieler«. Ein Buch, das über unbestreitbare Qualitäten verfügt, von dem man sich aber schließlich doch mit einem Schulterzucken abwendet.

Hein erzählt die Geschichte eines nicht mehr ganz jungen Mannes namens Dallow, der Ende der sechziger Jahre in der DDR aus politischen Gründen ins Gefängnis gekommen ist. Er war Historiker an der Universität in Leipzig und hat – mehr aus Gefälligkeit als aus Überzeugung – an der Stelle des plötzlich erkrankten Pianisten an einer Aufführung des Studentenkabaretts teilgenommen. Zu seinem Pech enthielt das Programm auch ein Lied, einen Tango, der den damals schon ältlichen Walter Ulbricht verspottete. Am Morgen nach der Premiere wurde er verhaftet, von seinen eifrigen Kollegen aus dem akademischen Lehrbetrieb ausgeschlossen und nach kurzem Prozeß zu einundzwanzig Monaten Haft verurteilt.

Der Roman beginnt mit der Entlassung Dallows aus dem Gefängnis im Februar 1968. Das Vorspiel, mit dem sich zeigen ließe, wie schnell und leichtfertig die Behörden im realen Sozialismus einen eigensinnigen Intellektuellen zum Staatsfeind befördern, kümmert Hein nur am Rande. Das setzt er vielmehr als selbstverständlich voraus. Ihn interessiert statt dessen, wie das Opfer, an dem ein solches Exempel statuiert wurde, in der geschlossenen Gesellschaft der DDR mit ihrem notorisch guten Gewissen weiterlebt.

Zu Anfang ist Dallow noch bereit, die Affäre als ein schicksalhaftes, nicht mehr zu revidierendes Verhängnis hinzunehmen, das ihm zudem die seltene Chance bietet, ein ganz neues Leben zu beginnen. Er beschließt deshalb, vorerst keine neue Arbeit zu suchen, sondern von seinen Ersparnissen zu leben und alle sich ihm bietenden Vergnügungen zu genießen. Doch diese Ungebundenheit ist schwerer zu ertragen, als er es erwartet hat. Von zwei Stasi-Beamten abgesehen, die ihn mehrfach vergeblich als Spitzel anzuwerben versuchen, kümmert sich niemand um ihn. Aller Verpflichtungen ledig, beginnen seine Gedanken doch um das ihm angetane Unrecht zu kreisen: Unüberlegt und zornig manövriert er sich in die nächste Bredouille, die noch viel ernstere juristische Folgen zu haben droht als sein unbedachter Auftritt im Kabarett.

Was sofort für diesen Roman einnimmt, ist seine schlichte, sachliche und doch ungemein dichte Sprache. Hein beherrscht die Kunst, mit einfachen Worten viel zu sagen. Bevor er mit der Novelle »Drachenblut« (1983) seinen ersten großen Erfolg erzielte, hat er lange Jahre als Theaterautor für die Ost-Berliner Volksbühne gearbeitet. Diese Vergangenheit konnte er bislang nicht verleugnen: Seine Prosa war, von wenigen Ausnahmen abgesehen, Rollenprosa. Er erzählte nicht, sondern legte seinen Figuren lange innere Monologe in den Mund. Mit dem »Tangospieler« hat er jetzt seinen ersten »echten« epischen Text geschrieben. Das Buch zeugt von erstaunlicher handwerklicher Sicherheit und großem dramaturgischen Geschick. Wie Hein beispielsweise die Neugier der Leser weckt, indem er ihnen anfangs die Gründe für Dallows Verhaftung vorenthält, um sie später in einem Dialog zu enthüllen, der seinerseits wieder für Spannung sorgt, da er neue, andere Fragen offenläßt – das ist eines erfahrenen Erzählers würdig.

Hein verfügt zudem über ein Talent, das in der deutschen Gegenwartsliteratur nicht eben häufig anzutreffen ist: Er versteht es, die psychische Verfassung seiner Figuren nuanciert in ganz unaufwendig, aber stimmungssicher beschriebenen Szenen zu veranschaulichen. So gelingt es ihm, Charakter und Seelenlage seines Helden schon durch dessen scheinbar belanglose Gesten spürbar zu machen: Die ersten Zigaretten, die er in der Freiheit raucht, das erste Essen in einem Leipziger Restaurant und die begehrlichen Blicke, mit denen er die Frauen mustert – das alles wird zurückhaltend, ohne jeden Aufwand skizziert, und es entsteht daraus das präzise Porträt eines Mannes, der sich in der Zelle geschworen hat, von nun an nur noch den angenehmen Seiten des Lebens zu frönen, der jedoch zu seiner Überraschung bei alldem wenig Freude, sondern eine unauslotbare Leere verspürt.

Allerdings ist Hein offenbar der festen Überzeugung, seinen Lesern alle zwanzig bis dreißig Seiten eine besonders poetische Formulierung schuldig zu sein. Das geht dann leicht schief: So beschwört er zum Beispiel die »Sehnsüchte und unaussprechbaren Wünsche« Dallows, »die ihn auf den Flügeln seiner Tagträumereien . . . in versunkene Zeiten und reiche, glücklichere Welten« führten. Solche Ausbrüche wirken, als würde jemand während des Kammerkonzerts auf einer Trillerpfeife blasen.

Doch es sind nicht diese stilistischen Ausrutscher, die das Vergnügen an der Geschichte schmälern. Vielmehr verfällt Hein in der zweiten Hälfte des »Tangospielers« zunehmend einer Neigung, die sich schon in seinen früheren Büchern andeutete: Er macht aus seiner Hauptfigur mehr und mehr ein Demonstrationsobjekt, er reduziert seinen Roman zum Lehrstück. Anfangs ist Dallows Persönlichkeit noch schwer einzuordnen, nicht zuletzt weil ihm als Opfer einer politischen Intrige die Sympathien aller Leser (im Westen und natürlich erst recht im Osten) zufallen. Doch schon bald läßt es sich nicht mehr übersehen, daß sein radikaler Rückzug von der Gesellschaft, trotz der schönen pseudophilosophischen Begründungen, die er sich zurechtlegt, im Grunde genau das ist, was ihm vor allem seine Begleiterinnen ins Gesicht sagen: eine unreife, kindische Reaktion auf die ungerechte Bestrafung.

Damit aber auch dickfellige Leser merken, wie dumm und asozial in des Wortes ursprünglicher Bedeutung sich der grollende Dallow verhält, bringt ihn Hein nun immerzu in Situationen, die nach seinem Engagement geradezu schreien. Während er ziellos und mürrisch durch Leipzig stapft, blüht in der Tschechoslowakei der Prager Frühling auf, der jeden in Dallows Umgebung in erregte Erwartung versetzt, ihm aber lediglich demonstratives Desinteresse entlocken kann. Seine Eltern brauchen dringend seine Hilfe auf ihrem Bauernhof, doch er winkt nur müde ab. Eine neue Geliebte hat offenbar ernste Absichten mit ihm, doch er hält sie auf Distanz, um seine Unabhängigkeit zu wahren – eine Unabhängigkeit, der er sich insgeheim gar nicht gewachsen fühlt.

Kurz: Hein trägt viel zu dick auf, er macht Dallow immer mehr zu einem Popanz, mit dem er etwas zeigen will, was ohnehin auf der Hand liegt – daß man nämlich mit seinem Schicksal nicht fertig werden kann, solange man sich in Bitterkeit und Selbstmitleid ergeht, anstatt an einem ernsthaften Neubeginn oder an seiner Rehabilitierung zu arbeiten. In einem Interview hat Christoph Hein einmal die alte Einsicht hervorgehoben, daß jeder, der seine »Vergangenheit nicht wahrnimmt«, genötigt sei, »sie zu wiederholen«. Mit Dallow, der schmollend über sein zurückliegendes Unglück gleich in das nächste stolpert, liefert er dieser These jetzt nur noch eine literarische Illustration nach.

In Heins erster umfangreicher Prosaarbeit »Drachenblut« ging es um eine Ärztin, die sich von der Banalität der Menschen so abgestoßen fühlt, daß sie sich innerlich bis zum Lebensende von ihnen fernhalten möchte. In seinem darauffolgenden Roman »Horns Ende« (1985) war es ein Historiker, der in die DDR-Provinz strafversetzt wird und sich dort erst in Menschenverachtung und dann in den Selbstmord flüchtet. Im »Tangospieler« ist es wiederum ein Historiker, der sich nach seiner unverdienten Haft emotional von allen Menschen zurückzieht und schließlich lustvoll den eigenen Tod imaginiert. Die Parallelen liegen auf der Hand: Alle drei Figuren haben sich aus Verbitterung von ihrer Umwelt abgekapselt, bis ihnen nur noch der Wunsch nach Selbstvernichtung bleibt.

Auch wenn man es zunächst kaum merkt: Hein hat jetzt zum dritten Mal das gleiche Buch geschrieben. Aber ein wirklich gutes Buch ist es nicht geworden. *Uwe Wittstock*

Frankfurter Allgemeine Zeitung. 6. 5. 1989.

HELMUT HEISSENBÜTTEL
1921 in Wilhelmshaven geboren, lebt in Glückstadt a. d. Stör.

- »Das Durchhauen des Kohlhaupts«. Dreizehn Lehrgedichte. Projekt 2. Stuttgart: Klett-Cotta.

MONIKA HELFER
1947 in Au (Bregenzer Wald) geboren, lebt in Hohenems (Vorarlberg).

- »Ich lieb Dich überhaupt nicht mehr«. Roman. München: Piper.

PETER HENISCH
1943 in Wien geboren, lebt dort.

- »Hamlet, Hiob, Heine«. Gedichte. Salzburg: Residenz Verlag.

ECKHARD HENSCHEID
1941 in Amberg (Oberpfalz) geboren, lebt in Frankfurt a. M.

- »Die drei Müllerssöhne«. Märchen und Erzählungen. Zürich: Haffmans.
  Enthält 18 Beiträge aus den Jahren 1970 bis 1989, von denen 11 zuvor in Zeitschriften publiziert waren.

- »Was ist eigentlich der Herr Engholm für einer?« Ausgewählte Satiren und Glossen. Erste Folge: 1969–1989. Zürich: Haffmans.

KERSTIN HENSEL
1961 in Karl-Marx-Stadt geboren, lebt in Ost-Berlin.

- »Hallimasch«. Erzählungen. Frankfurt a. M.: Luchterhand Literaturverlag / Halle und Leipzig: Mitteldeutscher Verlag.
  Enthält die Erzählungen »Lilit«, »Grus«, »Hol über, Charon«, »Katzenbericht«, »Hallimasch«, »Kotterba«, »Veilchen im Knopfloch« und »Da ward gutes Essen aufgetragen«.

MATTHIAS HERMANN
1958 in Bitterfeld (DDR) geboren, lebt in Großumstadt (Odenwald).

- »72 Buchstaben«.* Gedichte. Frankfurt a. M.: Suhrkamp.

THOMAS HETTCHE
1964 in Gießen geboren, lebt in Frankfurt a.M.

- »Ludwig muß sterben«.* Roman. Frankfurt a.M.: Suhrkamp.

Ein Geniestreich. Thomas Hettches Roman »Ludwig muß sterben«
Die Zeit hat schlanke Hände, ein wunderbares Skalpell, und sie ist in Eile, so programmatisch zitiert Thomas Hettche in seinem Roman »Ludwig muß sterben« Louis Aragon, dessen Worte er für das 35. Kapitel wählte und die wie ein poetisches Programm klingen, klingen sollen, denn wie die Zeit / der Tod uns Menschen umkreist, so umkreist der 25jährige Autor Hettche Ludwig, seinen kranken Helden, der, unter einer Herzkrankheit leidend, die Worte anzieht wie den Tod, den er in endlos scheinenden Wortspiralen umzingelt. Er dient dem 25jährigen Autor als Reflexion über die vielfältigen Reaktionen auf sich und andere, die zu dokumentieren er sich vorgenommen hat.

Ludwig muß sterben, das scheint sicher, dieser Herzkranke, dessen Antwort auf eine Operation Flucht heißt, die ihn nach Italien/Ligurien treibt, zu Lene, die von dem zehn Jahre jüngeren Bruder mit den Augen der Phantasie verfolgt wird. Eifersüchtig, fast manisch beobachtet dieser ebenfalls Kranke aus der Wohnung in Frankfurt jeden Schritt seines ebenfalls in Behandlung befindlichen Bruders, zeigt dem Leser, hier ist nicht das Herz krank, es ist der Kopf.

Wie nur Einsame extreme Phantasien erschaffen können, zur Linderung ihrer unerträglichen Situation, so bringt Thomas Hettche Bilder so imaginär, wie sie sonst nur Kranken gelingen. Dieser kranke Kopf mit seiner irrealen Phantasie gebiert Wesen, deren literarische Traditionen von E. T. A. Hoffmann bis zu der Moderne reichen, der frühe surrealistische Aragon wurde schon erwähnt, dessen starke Sprachphantasien (in »Anicet ou le panorama«, 1921) bei Hettche nachklingen. Hettche, dessen phantastische Märchengebilde virtuos gehandhabt werden, erzielt aber nicht durch seine phantastischen Figuren Spannung und Intensität, bei dem jungen, erst 25jährigen Hettche sind die wirklichen Abenteuer seine Sätze.

Wie die Finger des Erzählers über den offenen Schädel eines Mannes streichen, dessen Abbildung sich in einem Anatomieatlas befindet, zusammen mit anderen Abbildungen, von denen zwei aus dem Papier gleiten, lebendig werden, plötzlich zu sprechen beginnen, diese Reinkarnation der Toten, die den Erzähler in ungeahnte Situationen verstrickt, ist für ein literarisches Debüt einzigartig. Zwei Personen, entstiegen aus einem Anatomieatlas ein Mann und ein junges 15jähriges Mädchen mit offenen Hautpartien und offenem Schädel, in den Ludwig womöglich gewichst hätte, so der Erzähler distanzierend, ja, diffamierend über die Sexualität des Bruders und Konkurrenten Ludwig, wird dieses Mädchen zwangsläufig zum erotischen Objekt der Begierde, wie auch das Mädchen Lene in den Armen Ludwigs seine erotischen Phantasien entzündet.

»Die Dinge begehren sich ohne Zungen, lieben stumm, nie können wir wissen, wie es sein mag, sich ohne Zunge zu küssen, mit dieser Leere im Mund.« Diese Leere im Mund, dieses »wie ist es, wenn man stirbt«, diese wiederholt aufflackernde Todesangst vor dem endgültigen Herzstillstand, zirkuliert durch Hettches Text, versucht cine Orientierung; deshalb die nie endenden Sätze, die dichte, komprimierte Sprache bis zur Unerträglichkeit, vor allem, wenn er sich selbstverliebt in seine Sprache verliert, der er sich uneingeschränkt anvertraut, oder wenn er sich genüßlich dem Zitieren des medizinischen Jargons überläßt, da wäre weniger oft mehr, so kennt er keine Ruhe, kennt nur Addition, Hinzufügung, fesselt, verzaubert dadurch auch, schöpft aus den besten Traditionen der Literatur, die man einer Generation von Yuppies nicht zugetraut hätte, und allen Kritikern, die Autoren vor dem Verlust einer sinnlichen Sprache beim Schreiben mit dem Computer warnten, beweist Hettche, welche Sinnlichkeit möglich ist.

Als Lene und Ludwig eine Autofahrt Richtung Triest unternehmen und in einem Hotel kein Doppelzimmer bekommen, frei sind nur noch Einzelzimmer, benutzt Hettche präzise die italienische Formulierung: le prendo, ja, er will sie beide, nicht wir nehmen beide oder jeder ein Zimmer, nein, le prendo, beide Zimmer, beide Realitäten will er besitzen, so wie er die beiden fiktiven Figuren, deren Transzendenz er geschaffen hat, wie auch Ludwig und das Mädchen Lene zwei Möglichkeiten einer Realität sind, die er begleitet, denen er sich totalisierend hingeben will, in ihnen sucht er seine Verdrängung, seine *Flucht sind die Anderen,* deren imaginäre, virtuos vielschichtig beschriebene Onaniephantasien ihm helfen sollen zu verschmelzen mit einer Welt, der er nicht angehört, die er poetisch beschwört, nach deren Besitz er giert.

Einsamkeit, Krankheit und die überall zu findende Sucht nach einer intensiveren Realität, Hettche, dessen Buch sich den Grenzbereichen des Wahnsinns nähert, erklärt, »ein Werk kann seinen Ursprung nicht im Wahnsinn haben, stellte ich fest, es kann höchstens sein, daß die Sprache, aus deren Tiefe es herkommt, sich dem Raum des Wahnsinns öffnet«, und dies tut sein Roman unaufhörlich. »Auf sich selber zuzusteuern«, wie er schreibt, wie er ferngesteuert einen Crash zweier Autos erwägt, tödlich auf diesen Ludwig zusteuern will, will er diese Zunge im Hirn sein, eine tiefere Erfahrung, eine Berührung bis zum Tod, wo durch ihn erst die Bilder beginnen oder vielleicht auch erlöschen.

»Der Zeit fällt nichts mehr ein«, so Hettche, dessen junge Karriere im Literaturbetrieb über das Hessische Literaturbüro begann, wo er 1988 den ehemals als Gegenpreis zur Frankfurter Buchmesse konzipierten Hungertuchpreis 1989 erhielt, der 1989 in Klagenfurt beim Ingeborg-Bachmann-Preis ein Stipendium erhielt und derzeit, für ein halbes Jahr, Gast des Literarischen Colloquiums in Berlin ist, dieser 1964 in Frankfurt geborene Autor, der beim Suhrkamp Verlag seinen ersten Roman als Hardcover vorlegen durfte, verlegt ohne Angaben zur Person, ist uneingeschränkt eine literarische Entdeckung, und er wird, wenn er weiter schreibt und seine Kreativität anhält, einer der Autoren der 90er Jahre sein und hat schon mit seinem ersten Roman widerlegt, was er in einem Satz seines Romans verkündet, der Zeit ist etwas eingefallen.

Ich gebe zu, ich bin durch diesen Roman überzeugt, ja fasziniert, Literatur soll eine Verführung sein, zum Verführen verleiten, ihr Thema war und ist stets das Imaginäre, die imaginäre Transzendenz. Hettches Roman ist ein einzigartiges, durchkomponiertes Leseerlebnis, dem der Leser Aufmerksamkeit widmen muß, um den vielfältigen Sprachspielen und dem Labyrinth folgen zu können, in das uns Hettche zu führen sucht. Hettche wird älter werden, existentielle Narben werden nicht ausbleiben, nie wieder wird er sich dem Tod so federleicht und verspielt nähern können, auf diesem Weg, den nachzuvollziehen man gespannt sein darf, müssen wir hoffen, daß wir seine Literatur ausmachen, seine Sprache wird eine andere werden.

Genial, dieses Buch. Es nivelliert viele, setzt Qualitätsmaßstäbe, trotz einiger Schwächen. Das Wort genial sollte ein Rezensent wenn möglich nicht verwenden, ich streiche es nicht, denke vielmehr – auch wenn es nicht präzise sein sollte –, welches Wort wäre für diesen Roman zu verwenden? Es verbleibt kein anderes.

Schweigen wir, lassen wir kurz einige Sätze, die seinem Roman als Anfang dienen, ein Ende sein:

»Wiederbelebungsversuch. Coney Island 1940. Einer, beim Baden verunglückt, liegt am Strand, in der unteren Mitte des Bildes, in eine Decke gehüllt, ein Beatmungsgerät auf dem Mund, zwei in weißen Kitteln beugen sich über ihn, in Badehosen die Retter, einer mit einem weißen T-Shirt und Mütze, der Strandwächter, stehen dabei, dahinter, vor einem Holzkai, der im Dunst des Sommertages mit dem schmalen Streifen verschmilzt, eine Menschenmenge, die in die Kamera schaut. Das Meer sieht man nicht. Der Tote hat keinen Blick für mich. Doch hinter ihm kniet ein Mädchen im Badeanzug und lächelt. Ist hübsch. Kniet zwischen den weißen Kitteln in der Mitte des Bildes, und als ich mich in ihrem Bild verfange, gruppiert sich plötzlich alles, selbst der Tote, so, daß mein Blick ihr zufällt. Keiner der Umstehenden bemerkt, daß sie den, der vor ihr liegt, mit ihrem Lächeln umbringt. Ich kenne sie. Das ist die aus der Geschichte. Aus dem, was war.« *Frank Mühlich*

Die Tageszeitung. 11. 10. 1989.

WOLFGANG HILBIG
1941 in Meuselwitz geboren, lebt in Nürnberg und Leipzig.

- »Eine Übertragung«. Roman. Frankfurt a. M.: S. Fischer.

WOLFGANG HILDESHEIMER
1916 in Hamburg geboren, lebt in Poschiavo (Graubünden).

- »Klage und Anklage«. [Prosa.] Frankfurt a. M.: Suhrkamp. Enthält drei Beiträge (»Klage und Anklage«, »Notat eines Verlierers« und »In den Wind geschrieben«), die als Glossen 1984, 1986 und 1988 in der »Bündner Zeitung« erschienen sind, sowie die Niederschrift eines Fernsehfeatures zum Totensonntag 1986 (»Herr, gib ihnen die ewige Ruhe nicht«).

EDGAR HILSENRATH
1926 in Leipzig geboren, lebt in West-Berlin.

- »Das Märchen vom letzten Gedanken«. Roman. München: Piper.

Mord im Märchenton. Edgar Hilsenraths Roman über Armenien
Verletzend, unvergeßlich, ungeheuerlich ist der Erzählton des Anfangs: eine von Schocks zerrissene Gemütlichkeit. Hilsenrath schwelgt im Orientalischen, erfindet Meddah, den Märchenerzähler, eine Herrenrunde trinkt Raki und süßen Kaffee, es kreist die Wasserpfeife Nargileh; vom Müdir und vom Mutessarif, von Tütünschis, Urbadschis und Saradschis wird geplaudert und von Mechmet Efendi, dem blinden Bettler, der alles weiß. Man könnte genüßlich zurücktauchen in die Atmosphäre von Karl Mays Reiseroman »Von Badgad nach Stambul« – wenn das Gräßliche nicht wäre, das Widerliche, Obszöne und Ordinäre, das Würgen des Ekels immer wieder, so daß man manches Mal das Buch zuklappt und sich über die Stirne streicht.

Der Roman ist streng gegliedert. Prolog und Epilog bilden den Rahmen. Thovma Khatisian liegt im Sterben. Sein Leben lang hat er die Spuren seiner Eltern verfolgt. Nun, im Augenblick seiner letzten Gedanken, kennt er die ganze Geschichte und läßt sie sich von dem Märchenerzähler in seinem Kopf berichten.

Innerhalb dieses Rahmens geht es um die Geschichte des Vaters Wartan Khatisian, seiner Familie und des armenischen Dorfes Yedi Su in Anatolien – es liegt nicht weit von der Stelle, wo einst Noahs Taube den Ölzweig fand. Der Roman setzt im Jahre 1915 ein. Wartan wird gefoltert. Er soll gestehen, daß er in Sarajewo das österreichische Thronfolgerpaar erschossen hat, um im Auftrag einer armenischen Weltverschwörung den Krieg auszulösen. Sein Geständnis soll den Vorwand bilden, die armenische Minderheit in der Türkei auszurotten. Diese Vorgänge berichtet das erste und beste Drittel des Buches. Das zweite Drittel besteht aus einer großen Rückblende, die Wartans gleichsam sonnenbeschienene Kindheit, Jugend und Hochzeit schildert. Das Leben ist schön, im Brauchtum geborgen. Sogar die regelmäßigen Überfälle grausamer Kurden bestätigen im höheren Sinne eine gottgewollte Ordnung.

Das letzte Drittel schließlich berichtet vom türkischen Vernichtungsschlag des Jahres 1915. Alle wehrfähigen Männer werden erschossen, Alte, Frauen und Kinder deportiert: sie kommen auf endlosen Wegen durch Wüsten und Gebirge ums Leben. Irgendwo am Rande der Landstraße wird Thovma Khatisian geboren, irgendwo stirbt seine Mutter.

Der Vater aber lebt. Einmal halbtot gefoltert, einmal so gut wie totgeschossen, einmal für Jahre spurlos verschwunden, taucht er doch immer wieder auf: zuletzt im Jahre 1943 als russischer Emigrant mit Schweizer Paß, der Juden in Warschau hilft, seinen Paß verliert, bei einer Razzia aufgegriffen, deportiert, vergast und verbrannt wird. In Auschwitz.

In diesem Schlußteil versagt der Märchenerzähler. An die Stelle des inneren Dialogs zwischen Thovma und seinem Meddah tritt häufig der einfache Bericht. Das gemächliche orientalische Fabulieren weicht einem hastig raffenden Nachrichtenton. Der Roman zerfällt. Merkwürdigerweise ist das eher ein Grund zum Aufatmen. Auf die Länge geht einem der Meddah nämlich auf die Nerven – zumal er das Niveau des Anfangs nicht halten kann. Wir sind keine Hirten und Jäger mehr. Der moderne Völkermord ist kein Stoff für Winterabende am summenden Samowar. Die mythisierende Erzählform ist zu schwach und zu gekünstelt für den gewaltigen Gegenstand. Sie wird von innen her aufgesprengt. In ihrem Scheitern erst offenbart sich die Betroffenheit auch des Autors. Denn dessen manierierte Souveränität läßt vorher den Eindruck aufkommen, als habe er den Holocaust gestalterisch voll im Griff. Bei diesem Thema aber kann man nur siegen, indem man scheitert.

Wartan Khatisian ist der Repräsentant des armenischen Volkes, aber er nimmt das Ende eines Juden. Sein Tod in Auschwitz zeigt den wunden Punkt des Romans. Hilsenrath kann der Versuchung nicht widerstehen, das Schicksal der Armenier unaufhörlich mit dem der Juden zu vergleichen, beide Völker einander anzugleichen. Sein Meddah kennt das Wort »Holocaust«, es findet eine Art Wannseekonferenz statt, der Henker hat Pianistenhände. Die Türken verwenden das Vokabular der Nazis. Die Armenier sind »Ratten«, eine »Sonderorganisation« sorgt für die »Endlösung« der »armenischen Frage«, und ein Gruppenführer der Sonderorganisation sagt im Hitler-Stil: »Sollte es dem internationalen Armeniertum gelingen, eines Tages die ganze Welt gegen uns aufzuhetzen, dann wird das die Vernichtung dieser Rasse bedeuten.«

Wer den Holocaust als Thema wählt, steht vor kaum überwindbaren ästhetischen Schwierigkeiten. Jedes Wort schleppt Zentnerlasten. Vom armenischen Volk zu schreiben statt vom jüdischen wäre eine Chance gewesen, in einem sprachlich weniger verkrampften Feld die Freiheit des Schreibens wiederzugewinnen. Hilsenrath verdirbt sich diese Chance durch das Faustdicke seiner Hinweise. Ich hätte ihm die Diskretion gewünscht, strikt und rein nur von den Armeniern im Jahre 1915 zu schreiben und jede, auch die leiseste Anspielung auf die Juden zu unterlassen. Dann hätte der Leser die Freiheit gehabt, die Beziehungen selbst zu bilden.

So aber werden die Leiden der Armenier zum Vorwand degradiert. Der »kleine« Völkermord ist nur die Folie für den großen. Das Interesse wird von ihm abgezogen und auf die Juden gelenkt. Es ist deshalb unwahrscheinlich, daß die Armenier diesen Roman als Nationalepos begrüßen werden, wie sie es einst mit Franz Werfels »Die vierzig Tage des Musa Dagh« getan haben. Sie werden ihn als eine Geschichte mit armenisch kostümierten Juden betrachten.

Wenn man den Roman nicht am Anspruch des Themas Armenien, sondern am Anspruch des Themas Auschwitz mißt, stößt man schnell an seine intellektuellen Grenzen. Er rennt weit offene Türen ein. »Die Historiker werden sich ins Fäustchen lachen« (angesichts des Genozids), behauptet der Märchenerzähler. Ich kenne solche Historiker nicht. Hilsenrath schreibt gegen das Vergessen. Er will die Lücken in den türkischen Geschichtsbüchern füllen. Sollte er aber die deutschen Geschichtsbücher meinen, kommt er zu spät, fast vierzig Jahre zu spät. In der einfältigen Form, in der sein Epilog die Verdrängung thematisiert, gibt es sie in Deutschland nicht mehr, und die subtileren Formen, die es noch gibt, trifft er nicht mit seinem groben Geschütz.

So schematisch wie seine Geschichtsschreiber von heute sind Hilsenraths Türken von gestern. Es fehlt an jeder Täterpsychologie. Die wenigen Verantwortlichen, die auftreten, sind glasäugige Monokel-Zyniker bekannter Art. Ihre Motive kennen sie selber nicht. Gründe brauchen sie nur für die Presse. Sie sind einfach die Bösen, wie im Kasperltheater, und damit fertig. Die Armenier sind die Guten auf eine ähnlich selbstverständliche Weise. Unschuldig, wehrlos, friedliebend, zärtlich, menschlich, christlich. Thovma wird »Lämmchen« angeredet. Der Gott der Türken hat ein Glasauge wie der grausame Müdir. Der Gott der Armenier aber ist Christus der Gekreuzigte, ihm folgen sie im Leiden nach.

Edgar Hilsenrath, Jude, nach Rumänien ausgewandert, deportiert, 1941 bis 1944 im Getto Mogilew, dann in Palästina, Frankreich, New York, heute in West-Berlin, hat vielleicht ein Recht, alles auf die Leiden der Juden zu beziehen. Über die

Leiden der Armenier weiß man auch nach seinem Buch immer noch viel zuwenig. Weil er von seiner eigenen Geschichte nicht loskam, konnte die fremde Geschichte nicht genügend glaubwürdig werden. Vielleicht wäre es besser, er schriebe einmal, was er kennt wie kein anderer: eine radikal ehrliche Lebensgeschichte, ohne den läßlichen Umgang mit Wahrheit und Wahrscheinlichkeit, zu dem die Gestaltungsfreiheit des Romans verführt.

Hermann Kurzke

Frankfurter Allgemeine Zeitung. 14. 11. 1989.

ROLF HOCHHUTH
1931 in Eschwege geboren, lebt in Riehen bei Basel.

- »Sommer 14«. Ein Totentanz. [Drama] Reinbek bei Hamburg: Rowohlt.

FRANZ HOHLER
1943 in Biel (Bern) geboren, lebt in Zürich.

- »Der neue Berg«. Roman. Frankfurt a.M.: Luchterhand Literaturverlag.

ULRICH HORSTMANN
1949 in Bünde geboren, lebt in Münster.

- »Schwedentrunk«. Gedichte. Frankfurt a.M.: S. Fischer.

ALOIS HOTSCHNIG
1959 in Berg (Kärnten) geboren, lebt in Innsbruck.

- »Aus«.* Erzählung. Frankfurt a.M.: Luchterhand Literaturverlag.

THOMAS HÜRLIMANN
1950 in Zug (Schweiz) geboren, lebt in Willerzell bei Einsiedeln (Schweiz).

● »Das Gartenhaus«. Novelle. Zürich: Ammann.

Tanz der Verletzungen. Ehe als kühl hinhaltende Verbindung: Thomas Hürlimanns feingewirkte Novelle
Wo sind wir? Was ist das für ein Geriesel von hier und da quer durch den Text aufleuchtenden Worten?! – Der Oberst und seine Gattin Lucienne ... schon das ein seltsames Paar, gewiß nicht aus Castrop-Rauxel. Der Oberst, ein »ehemaliger Troupier«! ... Ein Veteran also, in Ehren entlassen, mit der Lektüre der Armee-Zeitung die letzten Lebensjahre verbringend. Oberst und Gattin gehen in fremdelnder Distanz miteinander um, da ist die Teestunde, drei Uhr nachmittags, dann der obligatorische Gang zum Friedhof. Mit ausgewählten Freunden verkehrt man »privatim«, im kleinen Familienkreis hat man »en famille«, wenn – etwa zu Allerseelen – die ganze Familie zusammen ist, wächst es sich zu einem »Café complet« aus. Alles in diesen Runden opfert dem Motto »on a du style«, es ist das Lebens- und Familienmotto, und wenn der Oberst seiner Gattin den Vortritt läßt, weiß er die passende Wendung: »age after beauty«. In einsamen Stunden, bei seinen streunenden Runden durch die Stadt, trinkt er einen Whisky in der City Bar du Bœuf und bringt eine Schachtel Gitanes mit nach Hause, wo er sich zurückzieht in seine Trauer. Manchmal fährt der Toyota der Tochter vor, nichts als ein übles Rauschen! Nach etwa zwanzig Seiten hat der Leser begriffen, und es braucht nicht mehr den Hinweis, daß in diesem Haus die »Neue Zürcher Zeitung« gelesen wird: Schweizer Verhältnisse, beste Seelage, Grundstück mit Aussicht, in der Nähe die Fabrik des Industriegiganten Meier-Labiche, das Gartenhaus ein letzter Traum!

Thomas Hürlimann, 1950 in Zug geboren, hat mit »Das Gartenhaus« nach dem Erzählungsband »Die Tessinerin« seinen zweiten Prosaband vorgelegt. »Das Gartenhaus« trägt die Gattungsbezeichnung »Novelle«, und das mit gutem Grund. Auf

150 Seiten entwickelt der junge Schweizer Autor nämlich ein Kammerspiel von wenigen Motiven, Klängen und Worten, die sich in kunstvoller Manier immer um dieselbe Achse drehen: die Ehe, jene kühl hinhaltende Verbindung, die der Oberst und Lucienne eingegangen sind und aus der sie durch den unerwarteten Tod ihres Sohnes gerissen werden. Dieser Tod setzt die inneren Bezüge frei, allmählich fordert er Bewegung heraus, eine delikat angespannte Bewegung, einen untergründigen Terror der Blicke und zerstreuten Handlungen, der sich schließlich zur Katastrophe auswächst. Das Zentrum dieser Intrigen und knapp belichteten Auftritte kann kein anderer Ort sein als der Friedhof, auf dem das Grab des Sohnes wie der Hort des Geheimnisses wartet: der Hort, symbolisch geworden durch den Grabstein, den Luciennes Wille dorthin brachte, ein Grabstein, um den herum der makabre Tanz der gegenseitigen Verletzungen beginnt. Lucienne werkelt vor diesem Stein, sie schrubbt ihn, sie ist an seine Schwere gebunden, auf seltsame Weise mit diesem Gewicht verschmolzen; der Oberst aber lauert im Hinterhalt, hinter dem Stein, dort streunt eine Katze herum, ein abwegiges Tier, das er zu füttern beginnt, dessen Spuren er nachgeht, mit dessen aus dem Dunklen kommenden Sätzen er sich innerlich verbindet, ein Abtrünniger, der seine Trauer um den Sohn aufzulösen versucht in der Liebe zu einer ganz und gar heimlichtuenden Kreatur.

Um diesen inneren Bezirk des Geschehens, das – auch in mehrdeutiger Weise – immer ein Friedhofsgeschehen bleibt, hat Hürlimann die kleinen Kreise der Familiengeschichte geschlungen, behutsam, vorsichtig. Die Kunst seines Erzählens ist die Kunst der gegenständlichen Andeutungen: ein Whiskyglas, zu hoch gefüllt, ein Husten, zu plötzlich, ein verlegter Gegenstand. Die Sprache, die dieses Szenarium der dinglichen Auftritte begleitet, ist eine Sprache der Observation: Flüstern, knappe Dialoge, Andeutungen auch hier. Etwas durchaus Veraltetes, Absterbendes erhält in Hürlimanns Novelle seine letzten Konturen: die Welt der Schweizer Nicht-Kriegsteilnehmer, die die Kälte des Kleinkrieges in fast bewußtloser Naivität und Strenge zugleich leben. Ein alternder Oberst schafft Fleischvorräte für eine streunende Katze an das Grab seines Sohnes, und die Gattin hat dieser militärisch und geheim durchgeführten Aktion zu begegnen...

Das Veraltete dieser Bezüge gibt den Personen eine Art Patina. Sie scheinen aus der Gegenwart hinausgefallen zu sein, rückwärtsgewandt und doch auf fast kindische Weise mit den Attributen der Gegenwart verbunden, mit diesen Toyotas, die fremd durch die Umgebung streifen. Die Patina holt Hürlimann durch einen oft überpointierten Gebrauch Schweizer Vokabeln in sein Erzählen, es sind diese matten Glanzlichter, diese Streu, die die Bewegungen immer wieder zu Bildern erstarren lassen. Mit äußerster Geduld werden diese Bilder gemalt, Pinselstriche nur, gerade die Ökonomie der Erzählung (Grundgesetz des Novellistischen) überzeugt.

Denn unterhalb dieser ökonomisch gezogenen Linien wächst es sich aus wie ein Geschwulst, dem keine der Figuren je nahe genug kommt. Sie alle leben in seltsamer Abseitigkeit, und doch werden sie nicht eigentlich vom Erzähler verworfen. Ihr haltloses Schweben hat etwas Morbides und doch immer schon Vergebliches, als leuchtete nirgends ein ferner Funke. So muß das Grübeln nach den Gesetzen, die das Geschwulst bedingen, abstrakt bleiben. Es scheint mir der einzige Fehler Hürlimanns in dieser Novelle zu sein, daß er auch diese Abstraktion noch zu benennen versucht (außerdem kommt diese Benennung zu früh). Gleichwohl spricht die kleine Passage, die besser unterblieben wäre (Überökonomie?!), vom Zentrum des Geschehens: »Wie entsteht ein Verhängnis? Indem es seine Entstehung verbirgt. Es schleicht sich heran, es gewöhnt sich an uns, und im Augenblick, da wir seine Fratze erkennen, lacht sie uns aus.« *Hanns-Josef Ortheil*

Rheinischer Merkur. 1. 12. 1989.

BERND IGEL
1954 in Leipzig geboren, lebt dort.

- »Das Geschlecht der Häuser gebar mir fremde Orte«.* Gedichte. Frankfurt a.M.: S. Fischer.

FELIX PHILIPP INGOLD
1942 in Basel geboren, lebt in Zürich.

● »Echtzeit«. Gedichte. München: Hanser.

ERNST JANDL
1925 in Wien geboren, lebt dort.

● »idyllen«. Gedichte. Frankfurt a. M.: Luchterhand Literaturverlag.

HELENA JANECZEK
1964 in München geboren, lebt in Mailand.

● »Ins Freie«.* Gedichte. Frankfurt a. M.: Suhrkamp.

ELFRIEDE JELINEK
1946 in Mürzzuschlag (Steiermark) geboren, lebt in Wien und München.

● »Lust«. [Roman.] Reinbek bei Hamburg: Rowohlt.

Grimmige Charaden von Sexualität mit Herrschaft. Elfriede Jelineks »Lust«: Literarisches Vabanquespiel und leserische Herausforderung
Nichts sorgt für den Absatz eines Buchs in breiten Kreisen heute mehr, als es vor seinem Erscheinen bereits ins Gerede und dann durch Rezensionen ins Gespräch zu bringen. Ob es mit Lust & Gewinn zu lesen sei oder ob man davon besser die Finger lassen sollte: solche begründeten oder unbegründeten Urteile von Rezensenten sind dann längst nur noch Wasser auf die Mühle des Verkaufs und des Anschaffens.

Ob ein Buch, das schon besprochen wurde wie ein Tabu (oder ein Tabu-Bruch), bevor es jemand zu Gesicht bekommen hatte, und das als Gerücht eines »weiblichen Pornos« oder dem Dementi dieses Lust-Versprechens in Illustrierten- und

Fernsehinterviews mit der Autorin kursierte und das nur durch den unvorhergesehenen Druckerstreik nicht druckfrisch vorlag, als drei Herren und eine Dame im »Literarischen Quartett« des ZDF den casus delicti durchhechelten: – ob ein solches Werbekunst-Medien-Produkt dann nach dem Kauf auch gelesen wird (gar bis zum Ende), das wage ich zu bezweifeln.

Denn die »Lust« von Elfriede Jelinek ist weder von Patrick Süßkind und verströmt keine Narrativ-Lust noch von Umberto Eco und reizt nicht mit kriminalistischem Suspense; und selbst in Ransmayers »Letzter Welt« (obgleich mir Gepflegt-Langweiligeres kaum im vergangenen Jahr begegnet ist) dürften seine 100000 Käufer leichter ans Buch-*Ende* gelangt sein – als auch nur eine(r), der (oder die), animiert durch die Vorausreklame, an Elfriede Jelineks »Lust« geraten ist. Frust dürfte häufig die einzige (ärgerliche) Reaktion auf diese »Lust« (gewesen) sein.

Die kolportierte Story wirkte als Appetizer: Der sexuell unersättliche Papierfabrikant, Hermann ist sein Name, verbietet sich wg. Aids aushäusige Abenteuer. Seine Frau Gerti wird ihm zur »Kloschüssel«, in die sich der Sex-Maniak gleich mehrfach täglich »ergießt«; Gerti, die Mutter eines Knaben, der Geige spielt und Ski fahren will, ergibt sich, derart sexuell mißbraucht, dem Trunk und flieht gelegentlich den heimischen Herd. Auf einer ihrer Fluchten – wir sind in einem winterlichen Alpental – wird sie von dem jungen Rechtsstudenten Michael aufgelesen, der sie sofort seinerseits als Sexualobjekt benutzt. Nach Gebrauch bringt er sie nach Hause, wo sich sofort wieder der Gatte über sie hermacht. Erneut ausgebüxt, taucht sie wieder bei Michael auf, der einen zweiten Durchlauf verschmäht, aber von Angesicht zu Angesicht mit Hermann, der Gerti vor seinen Augen im Auto vergewaltigt, sich selbst befriedigt. In die Villa zurückverbracht, erstickt sie des Ehemanns kindliches Eben- (& Ekel-)Bild und übergibt die Kinderleiche dem reißenden Bergbach. »Aber nun rastet eine Weile«, ruft die Erzählerin Tätern und Opfern im letzten Satz nach – und auch den Lesern wohl zu.

Der Schnittmusterbogen für einen Modellfall von Pornographie: Unersättlichkeit allüberall beim »wechselseitigen Gebrauch der Geschlechtswerkzeuge« (mit Immanuel Kants Ehe-Definition zu sprechen), wobei die Frau als Empfängerin des männlichen Ejakulationssenders dient, wofür die Autorin die ekelbesetztesten Wortfelder durchmißt und variiert, als habe Jonathan Swift Henry Millers »Sexus« gegen den Strich gebürstet, auf dem der noch in aller Macho-Unschuld mit Lust flaniert war. Und zuletzt der moralisch erigierte Zeigefinger, der darauf verweist, was die sexuelle Verschwendung des Mannes schließlich kostet: Leben & Liebe des Kindes.

Jedoch Story und moralische Bewertungen sind Phantome in Elfriede Jelineks literarischem Zu- & Eingriff. In ihrem Buch werden solche Erzähl-Realien vom Kannibalismus ihrer Sprachaktionen verzehrt und verschlungen wie am Ende von Süßkinds »Parfüm« dessen unmenschliches Monstrum vom Abschaum der Menschheit. Wer sich erhofft hatte, daß ihm saft- & kraftvoll, von Stelle zu Stelle die Stellungen wechselnd, das Fleischgemengsel der Kopulierenden vors Auge aufgegeilter Phantasie gestellt würde, sah sich unablässig von Elfriede Jelinek abgeduscht: Züchtigung sexueller Erwartung durch exzentrischste Sprachunzucht.

Von Lust (sprich: Sexual-Sinn-Reizung) also: weder Rede noch Schreibe; außer eben jener, welche die Autorin dabei masochistisch empfunden und sadistisch an die Leser weitergegeben haben mag, als sie den kruden Stoff Stück für Stück auftrennte, Faden um Faden einfärbte, verhäckselte und verknotete zur Textur ihrer wahrhaft polymorph-perversen Umtriebe mit Worten, Sätzen, Gedanken und Vorstellungen.

Darin und nicht in der Wahl des Sujets wird das *literarische* Äquivalent (und der *Gegensatz*) des Jelinekschen Textes zur herkömmlichen Praxis literarischer oder visueller Pornographie zu suchen sein: daß sie *Sprache* so buchstäblich nimmt wie die lustbetonte Pornographie den menschlichen Körper. Dieser ist der »klassischen« Pornographie sowohl Instrument, auf dem sie die Phantasmen orgiastischer Zustände sich erspielt, als auch materialistisch zerstückeltes Objekt, das sie zerlegt, um es in den Funktionszusammenhang ineinander verklammerter, Lust erzeugender Glieder zu übersetzen.

Sprache war für Elfriede Jelinek schon in ihren früheren Romanen (z. B. »Wir sind Lockvögel, Baby«; »Die Liebhaberinnen«; »Die Klavierspielerin«) nicht Transport-, sondern Produktionsmittel, und zwar für eine Imagination, die sich pointillistisch aus unendlich vielen scharf umrissenen Partikeln zusammensetzt, statt beschreibend bildliche Vorstellungen zu illustrieren. Mehr noch als früher läßt sie sich jetzt in »Lust« von Wörtern alliterierend-assoziativ zur permanenten Abschweifung verführen. Die methodische Abschweifung vom Erzählen zum Montieren vorgefundener sprachlicher, bildlicher, gedanklicher Fertigteile, die sie alle einer Optik der Groteske unterwirft, ist geradezu Bauprinzip dieser Prosa schrillsten Sprachterrors. Wer Rubens erwartete, bekommt gewissermaßen von George Grosz eins in die Fresse.

»Der Mann kommt vom zweiten Rasieren, die Frau wie ein Schifferl vor seinem Schwall herzutreiben. Ihre Berge und Täler samt Gezweige sind zwar reichliche Entwürfe, doch es fehlt durch Entwürdigung der letzte Schliff daran. Der Mann erschafft, vom Wind emporgeweht, die Frau, er zieht ihr den Scheitel und wirft ihre Beine auseinander wie welke Knochen. Er sieht Gottes tektonische Verwerfungen an ihren Oberschenkeln, sie machen ihm nichts aus, er klettert in seinen Hausbergen herum auf sicherem Steig, er kennt jeden Tritt, den er austeilt. Der stürzt nicht ab, der ist hier zuhaus. Endlich die Beine unter den Tisch strecken zu können, wer wünschte sich das nicht. Eigentum verpflichtet den Besitzer zu nichts, den Konkurrenten zu Neid. Diese Frau hat schon seit Jahren ihren Rückwärtsgang ins Buch des Lebens eingelegt, was erwartet sie noch. Er greift ihr unter den Rock, er prasselt durch die Wände ihrer Unterwäsche. Er will sich (die Familie ist unter sich, einer unter dem anderen) in seine Frau hineinzwängen, damit er seine Grenzen spürt. Er würde über die Ufer treten, ich glaube bald, wenn ihm, dem Steuerlosen, nicht schwindelig würde auf seinem eigenen Pfad. Überhaupt die Männer würden uns über den Kopf wachsen, wenn wir sie nicht manchmal in uns einschlössen, bis sie klein und still von uns umgeben sind. Die Frau streckt jetzt unwillkürlich die Zunge heraus, denn der Direktor hat einen Muskel an ihrem Kiefer betätigt, mit dessen Hilfe eine Schlange jederzeit Gift kotzen könnte, man muß es ihr nur zeigen.«

Wenn man sich diese beliebig herausgegriffene Passage aus »Lust« näher ansieht (und sofern man *dieses* Buch *liest*, wird einem kaum etwas anderes übrigbleiben), dann offenbart eine solche Mikrolektüre, wie bewußt die Autorin den Text aus Sprachbildern, Slogans, Metaphern, Chiffren der (unbewußten) Alltagssprache montiert hat. Daß der Direktor seiner Frau »an die Wäsche geht« (was ja ebenso konkret wie metaphorisch gemeint sein kann), ist die reale Grundschicht der Szene. Sie verschwindet aber unter den sprachassoziativen Ausschweifungen, welche die Autorin in immer neuen parallelisierten Anläufen hervorbringt. Die Gewalt, die dieses eheliche, sexuelle Verhältnis bestimmt, wird mannigfach angesprochen: wie der Mann die Frau als »Schifferl vor seinem Schwall hertreibt«, ihr »den Scheitel zieht«, wie er sich in sie »hineinzwängt« und sie schließlich wie eine Schlange hinter den Kopf greift. Daß er sie besitzt, ist eine weitere Assoziationskette: er »wirft ihre Beine auseinander wie welke Knochen«, er »klettert in seinen Hausbergen herum ... der ist hier zuhaus«, kann »endlich die Beine unter den Tisch strecken«, und: dieses »Eigentum verpflichtet« – »zu nichts«. Die gottgleiche Suprematie des Mannes wird in seinem Gang durchs Gebirg des Frauenkörpers reflektiert, und – wie das Wild durch das Gesträuch – »prasselt« er, in einem komischen-abstrakten Bild, »durch die Wände ihrer Unterwäsche«. Daß die Frau schon lange ihr Leben abgeschrieben hat, metaphorisiert der Text durch das Bild vom »Rückwärtsgang«, den sie »eingelegt hat« – »ins Buch des Lebens«, wie ein Lesezeichen für das Innehalten ihrer abgebrochenen Entwicklung. Werden hier zwei Bilder riskant verschmolzen, so wechselt der Text an anderen Stellen mitten im Bild den Sinn: auf gewohntem Steig kennt er »jeden Tritt« – »den er austeilt«; oder »die Familie ist unter sich«, d. h. »einer *unter dem andern*«. Kommentierend greift die Autorin ein, wenn sie davon spricht, daß an den »reichlichen Entwürfen« der weiblichen Natur noch »der letzte Schliff durch Entwürdigung fehlt«, wenn sie schreibt, »die Männer würden uns über den Kopf wachsen, wenn wir sie nicht manchmal einschlössen« oder wenn die Handhabung der Frau als Schlange vollendet wäre, zeigte man ihr, wie sie »Gift kotzen könnte«.

Neben den »Kardinalverbrechen« schiefer oder abstrakter Sprachbilder und eingreifenden Kommentierens macht sich die Autorin noch anderer Untugenden geläufigen Erzählens schuldig: sie hat ein ziemlich intimes Verhältnis mit dem Kalauer (»Natursekt/Natursex«; »Würste der Herren, Wülste der Damen«), ein vollständig respektloses zu allen hohen, edlen oder bloß peinlichen Tatsachen des Lebens und des Leibes, der Männer und der Frauen, der Herren und der Knechte; neben den erhabenen lyrischen Tönen Goethes und Rilkes hat es ihr vor allem Hölderlin angetan, besser: sie tut ihm und dem Pathos seiner großen lyrischen Momente den Tort an, sie im parodistischen Gebrauch zu verätzen. Nichts, niemand, nirgends, nie ist etwas sicher vor ihrem schneidenden Sarkasmus, ihrer beißenden Ironie, ihrem verletzenden Witz, dem Furor ihres in ausgreifendster Verbalität aufflammenden Hasses. Worauf? Auf das Ist-wie-es-ist von Herrschaft & Sexualität. Wie der Teufel die arme Seele verfolgt, so treibt sie diese beiden über die Weite ihrer Wortfelder vor sich her, und nimmermüde stöbert sie deren wechselseitige Unzucht in immer anderen Sprachcharaden auf. Ein Catonisches »Ceterum censeo« gibt den hämmernden Grundrhythmus ihrer wahrhaft unendlichen Variation an.

Man kann natürlich auch ganz einfach sagen, das sei ein in falschem, schlechtem, nicht-erzählerischem Deutsch geschriebenes Buch, in dessen bizarrem Metaphern-Gestöber, in dessen monomanischer Insistenz auf immer dem gleichen Thema jegliche bildliche Vorstellungskraft verlorengehe. Es sei kein Roman, sondern eine pamphletistische Tortur – verständlich wäre mir das, es ist ja auch so – aber . . .

Wer der Prosa kategorisch verbietet, was einzig der Sprach-Lyrik erlaubt sein soll – nämlich die Zertrümmerung der Kontinuität, den mehrfachen Perspektivwechsel, die Kernspaltung von Sinnzusammenhängen, die assoziative Zitierung naher und ferner Echo-Ursachen, das Vabanque-Spiel der Literatur mit den Versteinerungen unserer Sprache und unseres Sprechens, Charaden und Vexierspiele mit Wort und Sinn –, der steht hier dann vor einer unübersehbaren Geröllhalde. (Die läge ihm, gewiß doch auch: unvergleichlich viel anders, in »Finnegans Wake« vor Augen.) Ihm ginge es womöglich wie einem Betrachter, der zum erstenmal vor Arcimboldis manieristischen Gemälden steht, auf denen der Italiener aus Tieren, Blüten und Gemüsen Porträts oder Landschaften zusammengesetzt hat: ein bizarres Universum exzentrischer und satirischer Phantastik, in dem laut Kindlers Malerei-Lexikon »Arcimboldi gelegentlich die Grenzen des Geschmackvollen weit überschritt«.

In der Tat, behaupte ich, haben wir es in Elfriede Jelineks »Lust« mit einem höchst seltenen literarischen Werk bizarrsten sprachlichen Manierismus zu tun, das auf eine vertrackte, riskante und vielleicht auch partiell gescheiterte Weise eine merkwürdige Spezialität der österreichischen Gegenwartsliteratur *übertrumpft*: deren ebenso obsessive wie monomanische, breit angelegte und ausdifferenzierte Beschäftigung mit der Sprache als Material des Lebens. Das reicht von der »Wiener Gruppe« der fünfziger Jahre zu Jandl, Fried und Artmann; und wer wollte leugnen, daß Sprach- & Weltverständnis in der Prosa Friederike Mayröckers lyrisch in eins gehen und Auf- & Verwerfung beider in die Prosaexpeditionen Thomas Bernhards, Josef Winklers und Marianne Fritz' (speziell in deren, bis zur Setzung einer eigenen Sprache gehenden Monumentalwerk »Dessen Sprache du nicht verstehst«) tief hineinreichen?

So einsam wäre also Elfriede Jelinek doch nicht: aber doch einzigartig, weil sie – wie Bernhard das Leben, die Welt und Österreich, Winkler das Dorf, die Religion und den Vater – wie keine zweite *Autorin* mit der mitleidlosen Treffsicherheit ihres (freilich auch sardonischen) Witzes und der unversöhnlerischen Ironie, mit der sie Wort und Welt kühl und überlegen auf

Distanz hält, die Macht, die Herrschaft und die Sexualität zu aggressiven Tatbestandserhebungen des Grauens zu vereinen versteht.

Nahe im berserkerhaften Wüten eines verzweifelten Hassens und eines Amoklaufs der Wut auf dem Terrain der Misanthropie wären dieser »Lust« nur Rolf Dieter Brinkmanns »Rom, Blicke« oder Bernward Vespers »Die Reise«; eine vergleichbare sprachliche und intellektuelle Leseherausforderung wie diese »Lust« gibt es jedoch in der deutschsprachigen Gegenwartsliteratur augenblicklich nicht. *Wolfram Schütte*

Frankfurter Rundschau. 6. 5. 1989.

Ist alle Liebe nur Gewalt? Elfriede Jelineks »Lust« will ungenießbar sein

Das neueste Buch der auch als Dramatikerin ehrgeizigen Elfriede Jelinek, »Lust«, will ungenießbar sein! Eine Sache, die sexuelle Liebe nämlich, die für Frauen nichts als Erniedrigung, Schmerz und Ekel bedeuten kann, in einer Sprache darzustellen, die nicht selbst schon Widerwillen erregte, wäre – bei einer Schriftsteller*in* – Verrat an sich selbst und Kapitulation vor dem männlichen Angriff. Schließlich zeigt die Weltliteratur die unermüdliche Anstrengung der Männer, für ihre Gewalttaten und Vergewaltigungen säuselnde Worte der Verführung zu finden, um den Frauen die Liebe als verlockendes Abenteuer darzustellen; und dieser tausendjährigen Lügenpropaganda gilt es endlich Einhalt zu gebieten. So hinreißend sich also die Liebe bisher in der Literatur ausnahm, so abschreckend erscheint sie in diesem Buch.

Nun hätte es die Österreicherin Jelinek leicht gehabt, die Männer und sogar die von ihnen belogenen und betrogenen Frauen zu ihrer Ansicht der Lustlosigkeit der Lust zu bekehren, wenn nur die Sprache der Gewalt ihre eigene Erfindung wäre. Doch: »Ist die Frau auf Böses aus, der Mann ist tausend Schritt voraus.« Jedenfalls haben von de Sade bis Bataille die männlichen Autoren schon längst alles getan, um Vergewaltigungen und Schmerz selbst in Motive der Verführung zu verwandeln. Die Autorin hat die Gefahr erkannt, daß jede Gewalttat, die sie schildert, als Darstellung sadistischer und masochistischer Lust mißverstanden, daß jede Warnung, die sie ausspricht, jede Abscheu, die sie zeigt, als Pornographie genossen werden könnten, und so sieht sie sich also ein weiteres Mal zur Überbietung der Männer, ihrer Gewaltphantasien und Sprachvergewaltigungen herausgefordert. Aus dieser potenzierten Anstrengung entsteht die wirkliche Ungenießbarkeit dieses Buches – nicht die, die im feministischen Programm der Autorin vorgesehen ist, sondern die, die ihr als Schriftstellerin unterläuft.

Im sozialen Gefängnis

Um das Strafmaß der Lust, zu der die Figuren verurteilt sind, in seinem vollen Umfang spürbar zu machen, sperrt die Autorin ihre Figuren in ein soziales Gefängnis ein: Von Reichtum und Ansehen lassen sich Frauen auf jeden Fall blenden, und also entkommt bei Elfriede Jelinek die Ehefrau ihrem Papierfabrikanten sowieso nicht; der durch ihn verliehene soziale Rang verpflichtet sie dazu, ihm stets zur Verfügung zu stehen. Zur Rolle des Papierfabrikanten freilich gehörte es nun, daß er zugleich auch der Pascha seines weiblichen Fabrikpersonals wäre; die Gefahr, an Aids zu erkranken, zwingt ihn aber dazu, sich nur noch des sicheren Mittels seiner Ehefrau zur Befriedigung seiner Triebe zu bedienen. Durch diese sehr modische Motivierung der zwanghaften Fixierung des Ehepaares aufeinander tritt der sozialkritische Aspekt des Buches, den Elfriede Jelinek auch verfolgt, in den Hintergrund zugunsten der feministischen Anklage. Jedenfalls vollzieht sich nun der phallische Angriff auf das Weib in jeder Minute und in allen Lebenslagen und veranlaßt es, kopfüber – kopfunter, zu einer akrobatischen Liebesgymnastik.

Um zu beweisen, daß nicht nur der Papierfabrikant ein Unmensch und Tier ist, sondern daß alle Männer einander gleichen, gönnt die Autorin ihrer weiblichen Figur in der Mitte des Buches auch einen Liebhaber, einen Studenten, von dessen Jugendlichkeit und Bildung immerhin ein gewisses Maß an Romantik und Zartgefühl zu erwarten wäre. Es stellt sich aber heraus, daß sich die Männer aller Klassen und Alter in derselben Rücksichtslosigkeit vereinigen. Der Stoff, die Erzählung wiegen ohnehin wenig gegen die Absicht des Buches. Selbst das Ende mit Schrecken, jene Rachetat der unterdrückten Frau, die ihren wehrlosen Knaben in einer Plastiktüte erstickt und in den Fluß wirft, bedeutet nur wieder: daß auch mit ihm, wie mit jedem männlichen Wesen, ein Gewalttäter heranwachsen würde.

Realistische Details, psychologische Beobachtungen zu verlangen hieße Sinn und Stil des Buches verfehlen. Seine Qualität könnte überhaupt nur in der sprachlichen Variation der immergleichen Szene des Geschlechtsaktes liegen.

Akrobatik der Worte

Und in der Tat hat Elfriede Jelinek diese Notwendigkeit erkannt. Der reichen Akrobatik der Liebespositionen korrespondiert eine entsprechende Akrobatik der Worte. Der Einfallsreichtum, der sich auf die Sprache richtet, reicht von der abenteuerlichen Diktion über die kühne Metapher bis zum müden Kalauer. Der Anwandlung irgend pornographischer Phantasien begegnet die Autorin mit einer möglichst vieldeutigen, ja unverständlichen Ausdrucksweise: »Kompliziert liegen die Anzeiger auf ihren Matratzen und beschreiben die Pfade, die sie wandeln.« Es kostet einige lusttötende Überlegung, um dahinterzukommen, daß hier von schlafenden Männern, ihren Geschlechtswerkzeugen und erotischen Träumen die Rede ist.

Nun wären aber Geist und Witz der Sprache das Einzige gewesen, wodurch sich das Buch hätte rechtfertigen können. Das Ideologem von der unausweichlichen Vergewaltigung der Frau ist entweder eine Unwahrheit oder ein literarisches Konstrukt, entworfen, um andere ästhetische Absichten – etwa das Spiel mit der Sprache, die Erfindung grotesker Szenen – zu ermöglichen. Die Autorin, die die verkrampften Witze ein ganzes Buch lang aber nicht durchhält, flüchtet sich schließlich in ein drolliges sozialkritisches Engagement, ersetzt also die ästhetische Leistung durch Moral.

Die Mitglieder der Fabrikantenfamilie tragen dann die Charaktermasken der kapitalistischen Ausbeuterklasse; um sie schleichen, geduckt und depraviert, die Fabrikangestellten als Proletariat herum. Mit diesem Milieu siedelt die Autorin ihre feministische Anklage atavistischerweise im neunzehnten Jahrhundert an. Die sozialkritischen Partien hätten ebensogut von Robert Prutz geschrieben werden können. Elfriede Jelinek hat sich die ganze Naivität der Studentenbewegung bewahrt und glaubt noch an das einfache und durchschaubare Herrschaftsverhältnis von Herr und Knecht, Ausbeuter und Ausgebeutetem.

Wenn, so bleibt zu vermuten, die Autorin an die sozialkritischen Klischees glaubt, so mögen ihr auch die feministischen Übertreibungen Wahrheit sein. Das ästhetische Spiel ist nicht nur nicht gelungen, es war nicht einmal gewollt, und Aufklärung war das Ziel des Buches. Vergewaltigung als Weltzustand bleibt aber dennoch eine Fiktion, und die einzig wirkliche Vergewaltigung, die da stattfand, scheint die gewesen zu sein, die sich die Autorin selbst zugemutet hat bei der Niederschrift ihrer verquälten Sätze. *Hannelore Schlaffer*

Stuttgarter Zeitung. 16. 6. 1989.

DIANA KEMPFF
1945 in Thurnau (Oberfranken) geboren, lebt in Ammerland am Starnberger See.

● »Das blaue Tor«. [Gedichte und Prosa.] Salzburg: Residenz Verlag.

MARIE-THÉRÈSE KERSCHBAUMER
1936 in Garches (Frankreich) geboren, lebt in Wien.

● »Neun Canti auf die irdische Liebe«. [Gedichte.] Salzburg: Wieser.

INGOMAR VON KIESERITZKY
1944 in Dresden geboren, lebt in West-Berlin.

● »Anatomie für Künstler«. Roman. Stuttgart: Klett-Cotta.

Beelzebub und die Pharisäer. Ingomar von Kieseritzkys neuer Roman »Anatomie für Künstler«
Ingomar von Kieseritzkys neues Buch ist ein lebenswichtiges Werk. Es ist spielerische Beschreibung der Welt und ihrer verhängnisvollen Verstrickungen und Lebenshilfe zugleich. Doch Vorsicht beim Ratsuchen, denn Kieseritzkys pädagogischer Eros – wenn es überhaupt erlaubt ist, ihm einen solchen zu unterstellen – ist auf unnachahmlich bissige und zugleich geistvolle Weise der negativen Erziehung verpflichtet. Aber nicht wie Rousseau etwa, der in positiver Negation durch das Fernhalten aller schädigenden Einflüsse den von Natur aus guten Menschen erhalten wollte, tritt er als Wohltäter der Menschheit auf, sondern in negativer Negation als Beelzebub.

Zeigen nicht die Pharisäer auf ihn wie auf Jesus in der Bibel, wenn er die körperliche Deformation preist? Genau gesagt, Kieseritzky empfiehlt die Konstellation der reduzierten Beine beim Beischlaf im Bett. »Beinarbeit im Bett, sagt Pistor, ist nicht so wichtig. Die Damen finden seine Beinlosigkeit sogar pikant und schwören darauf, daß es ohne vier Beine insgesamt viel besser geht.« Ist dieses Hoch auf das amputierte Raucherbein nicht ein schöner Beitrag zur Dialektik der Aufklärung? Kieseritzky, der Philosoph mit der violetten Satirikerfeder, rächt sich sowohl an den thomistischen Positivisten als auch an den dialektischen Negativisten. Er genießt die Rache kalt. Er analysiert nicht in der Weise der negativen Dialektik, noch argumentiert er in ihrer Manier: Er erzählt sie in einer Geschichte.

Wie in allen seinen Romanen herrscht auch in »Anatomie für Künstler« die Atmosphäre naturwissenschaftlicher Cleanness, dieses gewisse Kieseritzkysche Flair des unterkühlten Geschehens auf allen Ebenen. Diesmal geht es um Mord, um feinsinnig ausgeklügelte Arten und Weisen des Mordens, damit endlich etwas Sinnvolles zur »allgemeinen Verbesserung vieler Lagen« beigetragen werde. Max Marun, ein skurriler Antiquar, der sich auf Einladung seines Onkels nach England begibt, um dort ein Symposion zur Rettung der Welt auszurichten, erzählt seine Lebensgeschichte, die ihn schließlich an den Rand gesellschaftlicher Normalität führt, »bis zu einem dreifachen vorsätzlichen Mord, lassen wir die kleinen Totschläge beiseite, und endete glücklos, aber gefaßt, nicht mehr vollständig Herr seiner Sinne, in einer Klapsmühle für neurotische Straftäter.« Er konsultiert Dr. Ardisson, er verliebt sich in Laura, und er ist es auch, dessen Raucherbein abgenommen wird.

Kieseritzky läßt Marun sagen: »Ich fragte, ob man die beiden Raucherbeine begraben hätte, also irgendwie ordentlich bestattet. Pistor nahm einen heftigen Lungenzug, hustete und sah mich schweigend an. Es ist, sagte er, nicht üblich, Beine zu begraben, im übrigen hätte ich seine religiösen Gefühle verletzt. Ich sagte, das täte mir leid, aber neuerdings würden alle möglichen Dinge bestattet, sogar abgetriebene Föten, ja, in dem immer fortschrittlichen Amerika habe es sogar eine Massenbeisetzung von abgetriebenen Föten gegeben, kurz, es interessierte mich wirklich, was die amputierten Extremitäten so machten.«

Spätestens an dieser Stelle wird deutlich, daß es nicht eigentlich die Story selbst ist, die das Interesse des Lesers hervorruft, sondern Kieseritzkys ketzerischer Aufklärungsdrang. Er scheut sich nicht, die heißen Eisen anzufassen, die heiligen Kühe zu schlachten, er spricht aus, was sonst hinter vorgehaltener Hand über das Ekel Mensch getuschelt wird.

Wer spricht denn so salbungsvoll von der Würde des Menschen? Wer ereifert sich künstlich über die Unantastbarkeit des mündigen Bürgers? Falsche, wohlfeile Autoritäten, Politiker zumeist, auch Theologen und Pädagogen. Hat nicht schon Horkheimer in seiner »Dialektik der Aufklärung« von den abgegriffenen Parolen gesprochen, deren Leere sich offenbare, sobald jemand ihrer spezifischen Bedeutung nachfrage? In den Hellsichtigen, von den Machtmitteln der Zivilisation unterworfenen Kreativen, vor allem in den Irren, den Verbrechern, den »schwarzen Rebellen«, sah er die zum Sprung auf die tönenden und tönernen Institutionen gedruckten Löwen voraus. Er hat sich leider getäuscht. Niemand ist wirklich gesprungen, ein paar sprangen durch den Reifen, den ihnen die Dompteure vor die Nase hielten, ein paar andere sprangen durchs Feuer und verbrannten sich die Nase, die Zunge und die Pfoten.

Nichts scheint mir plausibler zu sein als Kieseritzkys artifizielle Argumentationsstruktur. Da er mit seinem Roman nicht nur die Gewitzten erreicht, die es ohnehin schon wissen, sondern auch gutwillige Menschheits- und Fortschrittsgläubige, die nach neuen Autoritäten lechzen, erregt er Widerspruch und ruft Ärgernis hervor. Er entwirft seine Negativbilder quasi für alle, die wie seine erfundenen englischen Symposionsteilnehmer etwas Greifbares zur Rettung der Menschheit erhoffen. Auf spielerische Weise wirkt er hochpolitisch. Und der Leser erschrickt bei der Aufdeckung verhängnisvoller Kausalitäten im subversiven Spiel. Kieseritzky erzählt, knapp und unterkühlt: »Irgendwann nahm das Gesundheitsbewußtsein weltweit zu, und die Gesundheitstrips wurden immer deliranter; gleichzeitig nahmen die Schwermetalle in der Nahrungsmittelkette zu, die abstrakten Werte der Radioaktivität, die toxischen Emissionen in der Luft und die unaufhörliche Verseuchung der Terra firma. Die Position des Rauchers wurde schwieriger, während die Affektlagen der Antiraucher immer einfacher wurden.«

Die Mörderhaie sind unter uns, suggeriert uns der Autor, doch wir suchen nur nach den kleinen Fischen: nach Dreißiger, der ein sanfter Muttermörder gewesen sei, nach psychisch Verkorksten, die als Kindermörder keine gute Presse hätten, nach armen Killern, nach armseligen Blaubärten. Und die großen Fische, die Hechte im Karpfenteich? Wer kennt sie schon? Wer kennt das Lappinsche Dilemma, die Premmsche Ethik, die Messeldykesche Versenkungsgymnastik? Wer hat sich je mit Rabinows Widerstand, mit Ardissons Therapie, mit Roeders Überlebens-Container auseinandergesetzt, der übrigens elfenbeinfarben lackiert ist und auf fatale Weise einem Kindersarg ähnlich sieht? Wer all das noch nicht kennt, lerne es so bald wie möglich kennen, und wer sich weigert, es kennenzulernen, muß fürchten, daß er in seinem fürderen Leben nicht mehr zurechtkommen wird mit den sogenannten Überlegungen und Entscheidungen auf höchster Ebene.

Also: Kieseritzky lesen! Denn Kieseritzky geht bis ans Ende, er bricht das letzte deutsche Tabu, er schlachtet die heiligste Kuh und liest die Zukunft aus den Gedärmen. »Der Theologe Mischkin (235 Publikationen, die Vorträge nicht mitgezählt)«, der durch eine Kongreßteilnahme in Münster leider verhindert sei, nach England zu kommen, erzählt Kieseritzky, hätte uns wohl Entscheidendes über die »Rechte der Ungeborenen auf einen Holocaust« sagen können. Kieseritzky spricht das Unaussprechliche aus. Und dabei wird in seinem Roman mehr geschwiegen als gesprochen. Kieseritzky spricht, seine wortreiche, wunderbar weitschweifige Art, Bedingungen, Umstände, Gründe auszumalen, besticht um so mehr, als er lieber zu einem Fremdwort (dem Terminus technicus) als zu einem verschwommenen, falsche Tiefe andeutenden deutschen Wort greift. So verschafft er der Kunst den wissenschaftlichen Respekt und nimmt ihr das beliebige Schwafeln. Selbst Beelzebub, treibt er die Teufel mit akkurat gesetzten diabolischen Wörtern aus; die Pharisäer, wie bei Matthäus im 12. Kapitel, haben es schon bemerkt. »Die Dame Norwich hörte mit leidender Miene zu«, erzählt Kieseritzky von den Gesprächen des Menschheitskongresses, »vielleicht hätte sie den Fundamentalontologen gern noch vor Zen als Klienten gehabt; allein: zu spät, wie so vieles.« *Ludwig Harig*

Süddeutsche Zeitung. 10. 10. 1989.

RAINER KIRSCH
1934 in Döbeln (Sachsen) geboren, lebt in Ost-Berlin.

- »Kunst in Mark Brandenburg«. Gedichte. München: Hanser. In der DDR 1988 erschienen.

SARAH KIRSCH
1935 in Limlingerode (Harz) geboren, lebt bei Bremen.

- »Schneewärme«. Gedichte. Stuttgart: Deutsche Verlags-Anstalt.

THOMAS KLING
1957 in Bingen am Rhein geboren, lebt in Köln.

- »geschmacksverstärker«.* Gedichte 1985–1988. Frankfurt a. M.: Suhrkamp.

UWE KOCH
1954 in Düsseldorf geboren, lebt in Hamburg.

- »Der Mann aus Sand«. Roman. Reinbek bei Hamburg: Rowohlt.

MICHAEL KÖHLMEIER
1949 in Hard (Bodensee) geboren, lebt in Hohenems (Vorarlberg).

- »Die Musterschüler«. Roman. München: Piper.

HELGA KÖNIGSDORF
1938 in Gera geboren, lebt in Ost-Berlin.

- »Die geschlossenen Türen am Abend«. Erzählungen. Frankfurt a. M.: Luchterhand Literaturverlag.
  Auswahl aus den in der DDR erschienenen Bänden »Meine ungehörigen Träume« (1978), »Der Lauf der Dinge« (1982) und »Lichtverhältnisse« (1988). Enthält die Erzählungen »Unterbrechung«, »Sachschaden«, »Reise im Winter«, »Die Himmelfahrt des Philosophen Bleibtreu«, »Wenn ich groß bin, werde ich Bergsteiger«, »Die geschlossenen Türen am

Abend«, »Die Ameisenmetamorphose«, »Kirchgang«, »Gewitter«, »Heimkehr einer Prinzessin« und »Der Rummelplatz«.

GERHARD KÖPF
1948 in Pfronten (Allgäu) geboren, lebt in München.

- »Eulensehen«. Roman. München: Hanser.

WERNER KOFLER
1947 in Villach geboren, lebt in Wien.

- »Hotel Mordschein«. Drei Prosastücke. Reinbek bei Hamburg: Rowohlt.
  Enthält die Prosastücke »Mutmaßungen über die Königin der Nacht«, »Hotel Mordschein« und »Verdeckte Selbstbeobachtung«.

ALFRED KOLLERITSCH
1931 in Brunnsee (Steiermark) geboren, lebt in Graz.

- »Allemann«. Roman. Salzburg: Residenz Verlag.

JAN KONEFFKE
1960 in Darmstadt geboren, lebt in West-Berlin.

- »Gelbes Dienstrad wie es hoch durch die Luft schoß«. Gedichte. Frankfurt a. M.: Frankfurter Verlagsanstalt.

ANGELA KRAUSS
1950 in Chemnitz geboren, lebt in Leipzig.

- »Kleine Landschaft«. Erzählungen. Frankfurt a. M.: Suhrkamp.
  Auswahl aus dem 1988 in der DDR erschienenen Band »Glashaus«. Enthält die Erzählungen »Ströme«, »Die Tag-

träumerin«, »Schicksalhafte Fügung«, »Entdeckungen bei fahrendem Zug«, »Ein Morgen auf dem Land«, »Kleine Landschaft«, »Frau in Chamois«, »Stilleben mit Amphibie« und »Glashaus«.

URSULA KRECHEL
1947 in Trier geboren, lebt in Frankfurt a. M.

- »Kakaoblau«. Gedichte für Erwachsene. Salzburg: Residenz Verlag.

FRIEDERIKE KRETZEN
1956 in Leverkusen geboren, lebt in Basel.

- »Die Souffleuse«.* Roman. Frauenfeld (Schweiz): Nagel & Kimche.

FRIEDRICH KRÖHNKE
1956 in Darmstadt geboren, lebt in West-Berlin.

- »Was gibt es heut bei der Polizei?« Zürich: Ammann.

KARL KROLOW
1915 in Hannover geboren, lebt in Darmstadt.

- »Auf Erden«. Frühe Gedichte. Frankfurt a. M.: Suhrkamp. Der Band faßt die ersten vier Gedichtbücher zusammen: »Hochgelobtes gutes Leben« (1943), »Gedichte« (1948), »Heimsuchung« (1948) und »Auf Erden« (1949).

MICHAEL KRÜGER
1943 in Wittgendorf (Kreis Zeitz) geboren, lebt in München.

- »Idyllen und Illusionen«. Tagebuchgedichte. Berlin: Wagenbach.

JOHANNES KÜHN
1934 in Tholey (Saarland) geboren, lebt in Hasdorf (Saarland).

- »Ich Winkelgast«. Gedichte. Hrsg. von Irmgard und Benno Rech. München: Hanser.

REINER KUNZE
1933 in Oelsnitz (Erzgebirge) geboren, lebt in Erlau bei Passau.

- »Das weiße Gedicht«. Essays. Frankfurt a.M.: S. Fischer. Enthält die Texte seiner im Wintersemester 1987/88 an der Universität München gehaltenen Poetik-Vorlesungen über die »Konsequenzen des Ästhetischen«, außerdem, unter dem Titel »Hommagen«, Beiträge u. a. über Heinrich Böll, Heinrich Heine und den Tierbildhauer Heinz Theuerjahr, sowie Anmerkungen zur Lyrik.

JOCHEN LANGER
1953 in Hameln geboren, lebt in Köln.

- »Patrizia sagt«.* Roman. Zürich: Ammann.

HERMANN LENZ
1913 in Stuttgart geboren, lebt in München.

- »Jung und Alt«. Erzählung. Frankfurt a.M.: Insel Verlag.

IRINA LIEBMANN
1943 in Moskau geboren, lebt in Ost- und West-Berlin.

- »Mitten im Krieg«. [Erzählungen.] Frankfurt a.M.: Frankfurter Verlagsanstalt.
  Enthält die Erzählungen »Berlin«, »Recherche«, »August 1987«, »Hast du die Nacht genutzt?«, »Auf der Mühle«, »Rüberkommen«, »Brüder der Welt«, »Alles zu« und »März«.

ERICH LOEST
1926 in Mittweida (Sachsen) geboren, lebt seit 1981 in Osnabrück.

- »Fallhöhe«. Roman. Künzelsau: Linden-Verlag.

HUGO LOETSCHER
1929 in Zürich geboren, lebt dort.

- »Die Fliege und die Suppe und 33 andere Tiere in 33 anderen Situationen«. Zürich: Diogenes Verlag.
  Enthält 34 Fabeln.

RAINER MALKOWSKI
1939 in Berlin geboren, lebt in Brannenburg (Oberbayern).

- »Das Meer steht auf«. Gedichte. Frankfurt a.M.: Suhrkamp.

MATTHIAS MANDER (d.i. Harald Mundl)
1933 in Graz geboren, lebt in Gerasdorf (Österreich).

- »Der Sog«. Roman. Graz/Wien: Verlag Styria.

OTTO MARCHI
1942 in Luzern geboren, lebt dort.

- »Landolts Rezept«. Roman. Frankfurt a.M.: Frankfurter Verlagsanstalt.

AXEL MARIA MARQUARDT
1943 in Insterburg (Ostpreußen) geboren, lebt in Wewelsfleth.

- »Standbein Spielbein«. Gedichte. Zürich: Haffmans.

MANFRED MAURER
1958 in Steyr (Oberösterreich) geboren, lebt in Wien.

- »Das wilde Schaf«. Roman. München: List.

CHRISTOPH MECKEL
1935 in Berlin geboren, lebt in West-Berlin.

- »Das Buch Shiralee«. [Gedichte.] Düsseldorf: Eremiten-Presse.
- »Erinnerung an Johannes Bobrowski«. München: Hanser.
- »Von den Luftgeschäften der Poesie«. Frankfurter Vorlesungen. Frankfurt a. M.: Suhrkamp.
  Enthält die Texte der fünf im Wintersemester 1988/89 an der Frankfurter Universität gehaltenen Vorlesungen.

HELEN MEIER
1929 in Mels (St. Galler Oberland) geboren, lebt in Heiden (Appenzell-Außerrhoden).

- »Lebenleben«. Roman. Zürich: Ammann.

GERHARD MENSCHING
1932 in Riga geboren, lebt in Bochum.

- »E. T. A. Hoffmanns letzte Erzählung«. Roman. Zürich: Haffmans.
- »Die violetten Briefe«. Drei kriminelle Novellen. Zürich: Haffmans.
  Enthält die Erzählungen »Grimmelshausen und der Mörder von Soest«, »Der Mann im Faß« und »Die violetten Briefe«.

WALTRAUD ANNA MITGUTSCH
1948 in Linz (Oberösterreich) geboren, lebt dort.

- »Ausgrenzung«. Roman. Frankfurt a. M.: Luchterhand Literaturverlag.

KLAUS MODICK
1951 in Oldenburg (Oldenburg) geboren, lebt in Hamburg.

- »Privatvorstellung«. Sieben Liebesgeschichten nebst einem Essay »Über das Glück«. Hamburg: Edition Nautilus.

HEINER MÜLLER
1929 in Eppendorf geboren, lebt in Ost-Berlin.

- »Kopien I«. Berlin: Rotbuch.
  Enthält Müllers Übersetzung der Molière-Stücke »Don Juan oder der steinerne Gast« und »Der Arzt wider Willen« sowie Lu Hsüns Erzählung »Der Misanthrop«.
- »Kopien II«. Berlin: Rotbuch.
  Enthält Müllers Übersetzung von Tschechows Komödie »Die Möwe«, Suchowo-Kobylins Farce »Tarelkins Tod« und Majakowskis »Wladimir Majakowski Tragödie«.

HERTA MÜLLER
1953 in Nitzkydorf (Kreis Timis) geboren, lebte bis Februar 1987 in Temeswar (Rumänien) und seitdem in West-Berlin.

- »Reisende auf einem Bein«. [Roman.] Berlin: Rotbuch.

GERT NEUMANN
1942 in Heilsberg (Ostpreußen) geboren, lebt in Ost-Berlin.

- »Die Klandestinität der Kesselreiniger«. Ein Versuch des Sprechens. [Roman.] Frankfurt a. M.: S. Fischer.

PAUL NIZON
1929 in Bern geboren, lebt in Paris.

- »Im Bauch des Wals«. Caprichos. Frankfurt a.M.: Suhrkamp.
  Enthält die Erzählungen »Soldaten«, »Der Marschierer«, »Die Gärten des Glücks«, »Die Nackte und ihr Freund« und »Epitaph auf einen dicken Mann«.

HANS NOLL
1954 in Ost-Berlin geboren, lebt seit 1984 in West-Berlin.

- »Der goldene Löffel«. Roman. Stuttgart: Deutsche Verlags-Anstalt.

HELGA M. NOVAK
1935 in Berlin-Köpenick geboren, lebt in West-Berlin.

- »Märkische Feemorgana«. Gedichte. Frankfurt a.M.: Luchterhand Literaturverlag.

HANNS-JOSEF ORTHEIL
1951 in Köln geboren, lebt in Stuttgart.

- »Agenten«. Roman. München: Piper.

Ein Gelingen aus Versehen? Hanns-Josef Ortheils neue Bemühung um den Zeitroman: »Agenten«
Bevor der Erfolgsmensch als Leitbild der achtziger Jahre das Rennen machte, gab es eine Phase der geistigen Verwirrung, die den Vorteil hatte, daß vieles möglich und offen erschien. Der erkenntnistheoretische Feyerabend-Spruch »anything goes« bezog sich noch auf die Vielfalt denkbarer Anschauungsweisen, obwohl unübersehbar war, daß er sich auch glänzend als Marschbefehl für postmoderne Aufstiegsjogger eignen würde.

Damals, in der ersten Hälfte des Jahrzehnts, versuchten manche Zeitanalytiker, die aktuellen Veränderungen und Entwicklungen, über die der Blick aufs Ganze keine schlüssige Auskunft mehr gab, durch die Hinwendung zum Einzelnen, Konkreten zu erfassen: zum Biographischen etwa, dessen Material der allgemeinen Verflüchtigung ideologischer Fronten und Orientierungen zu widerstehen schien. So ähnlich verfuhr auch Hanns-Josef Ortheil in seinen Aufsätzen, die er unter dem Titel »Suchbewegungen« zusammenfaßte. In einer luziden Mischform von Erzählung und Essay skizzierte er – so könnte man es nennen – individuelle Bewußtseinsbiographien, um Perspektiven zu erschließen, die sich allgemein nicht mehr zureichend begründen ließen. Obwohl diese Gedankengänge sich zunehmend von der Schwerkraft der Verhältnisse leiten ließen, war das subtil, interessant und gut.

Zwei Jahre danach, 1987, veröffentlichte Ortheil ein voluminöses Werk mit dem Titel »Schwerenöter«, das er selbst als »ZEIGRODEURO« annoncierte, als »Zeitgenössischen großen deutschen Roman«. Das Biographische diente auch in diesem Buch als Leitfaden: Geschichte, Kultur und Problematik der Bundesrepublik wurden im Lebensweg zweier ungleicher Brüder gespiegelt. Das war ehrgeizig und interessant, auch wenn es nicht unbedingt gut war.

Bei Ortheils neuestem Werk »Agenten« wird dagegen die Frage, ob das Buch subtil, ehrgeizig, interessant und gut ist, völlig in den Hintergrund gedrängt vom Rätseln darüber, wo das Ganze überhaupt anzusiedeln wäre.

Beschrieben wird eine seltsame Szene junger Männer, die allesamt in Wiesbaden einen Reifungsprozeß durchmachen, in dessen Verlauf sich faule, arrogante Oberschüler zu arroganten Agenten fauler Geschäfte mausern. Lautner, dem das Charisma eines Mafiabosses eignet, betreibt eine Stadtzeitung und führt sich als Anzeigenakquisiteur auf, als ließe sich mit einem Szenenblättchen Kanonenbootpolitik betreiben. Minder furchterregende Exemplare von Jungbossen und Klitschenkapitänen sind Blümchen, der Antiquitäten verschiebt, und Männie, die das Monopol in Koks und Konspiration hält.

Von ganz anderem Schlag ist Blok (wie deutlich die Namensgleichheit mit dem russischen Symbolisten signalisiert): Tatsächlich pflegt dieser junge Herr schon in der Oberstufe einen gewissen intellektuellen Dandyismus und gestaltet später die Fusion von Business & Existenz vorwiegend nach ästhetischen Maßstäben.

Zwischen den Fraktionen der eifernden Geschäftemacher hie und des kühlen Ästheten da sucht Meynard, der Ich-Erzähler, seinen Weg, und das ist eine Persönlichkeitsbildungsreise, auf der falsche Erfahrungen gegen echte Illusionen eingetauscht werden.

Was Frauen anbelangt, sind dem Autor drei Varianten eingefallen: der Theatervamp, den die Männer sich durch Machtspiele gegenseitig abjagen; der Blaustrumpf mit hysterischen Zügen, der schließlich paranoid wird; und die Karriere-Doris, die mit Design und schwarzen Klamotten anfängt und kompromißlos beim Fernsehen endet.

Soweit die tragenden Rollen. Nun zur Handlung: Meynard langweilt sich in der Kleinstadt, folgt seinem Freund und Mentor Blok nach Wiesbaden, lernt dort den Stadtzeitungsmann Lautner kennen, der den Paten raushängen läßt und den aufstrebenden Provinzler freundlicherweise zum Interview mit dem aufstrebenden Bühnenstar Linda Francis schickt, was dem Jungjournalisten Meynard die Redaktion der Scene-Seite des »Wiesbadener Boten« einträgt. Sein Programm: »Biographien! ein Forum für Biographien! Was fangen Menschen, die hier leben, mit der Gegenwart an?«

Meynard vollbringt das Kunststück, sich bei einem Gehalt von 3000 Mark eine Luxuswohnung einzurichten, konkurriert anschließend mit Lautner um Linda, doch ohne dabei seine journalistische Berufung zu vergessen, der er Genüge tut, indem er Freund Blok, inzwischen Inhaber einer American Bar, klatschspaltenweise unterstützt, der aber seinerseits die Gemeinheit begeht, klammheimlich Linda zu erobern, worauf der schwer genervte Meynard erkennt: »Nirgendwo Klarheit, nur laufend Ränkünen!«, während Blok abwiegelt: »Meynard, renn jetzt nicht davon!«, doch der ist schon unterwegs zu manchen weiteren Verwicklungen, an deren Ende der Verlust seines Redakteurspostens steht, den künftig die flotte Doris und ihr gut angepaßter Freund ausfüllen sollen, was dem stolzen Meynard einige bittere Worte über »Trends, buntes Geschwafel und *Zeitgeist*-Sauce« entlockt, bevor er sich schließlich auf Nimmerwiedersehen zum Spaziergang in die neunziger Jahre abmeldet.

Dieser Meynard und seine Clique sind nämlich nicht irgendein zusammengewürfelter Haufen, der sich in ein Szenario von Tiller-Giller-Filmen verlaufen hat, nein, ihr Schöpfer schickt sie als beinharte Repräsentanten an die Rampe: naturgetreu sollen sie offenbar das Perspektivagententum der achtziger Jahre verkörpern.

Damit dieser Anspruch jedem unmißverständlich klar wird, sind in Kursivschrift – philologisch absolut sauber! – ausgewählte Beispiele des zeittypischen Vokabulars in den Text eingestreut: »Youngster«, »HiFi«, »68er-Kram«, »soziale Relevanz«, »cool«, »fashion shop«, »Gesellschaftskritik«, »Reha-Center« usw.

Ortheil hat auch in diesem Roman das biographische Muster benutzt, um das Profil einer Zeiterfahrung –: den Siegeszug des Erfolgsmenschen – zu umreißen. Aber er geht dabei nicht von der Geschichte des Einzelnen ins Allgemeine – und genau darin hatte ja der Rückgriff auf die individuelle Lebensgeschichte seinen Sinn –, sondern er verfährt, wie schon in seinem großen BRD-Roman, umgekehrt.

Meynards Geschichte ist zusammengesetzt aus Daten, die exemplarisch und repräsentativ sein sollen, und das ist ihr Konstruktionsfehler. Denn dadurch wird dieser Bursche, wie alle anderen Figuren des Romans, zum unseligen Verwandten jener Puppen, die in den landauf, landab »lebendig« inszenierten Ausstellungen dieses Gedenkjahrzehnts stocksteif herumstehen.

Unterstrichen wird das durch ungelenke Handlungsführung und Unsicherheiten in Stil und Tonlage. Meynards Selbstauskünfte über das, was er mit der Gegenwart anfängt, klingen wie die Bekenntnisse eines frühreifen Privatdozenten. Dafür posiert er in den Dialogen, wie seine diversen Kontrahenten auch, als

Jargonathlet, dem aufgegeben ist, mit jedem Satz das volle Papiergewicht der Szenesprache zu lupfen.

Ortheil ist mit diesem sogenannten Zeitroman etwas Seltsames gelungen, ein merkwürdig hybrides Konstrukt, eine Mischung aus 50er-Jahre-Kolportage und 80er-Jahre-Zeitgeistfeuilleton. Nur sieht es fast so aus, als ob dieses Gelingen ein Versehen war. *Eberhard Falcke*

Süddeutsche Zeitung. 10. 10. 1989.

BERT PAPENFUSS-GOREK
1956 in Reuterstadt (Stavenhagen) geboren, lebt in Ost-Berlin.

- »dreizehntanz«.* Gedichte. Frankfurt a.M.: Luchterhand Literaturverlag / Berlin und Weimar: Aufbau-Verlag.

LINDA PFEIFFER
1948 geboren (Geburtsort unbekannt), lebt in Erftstadt bei Köln.

- »Schwarze Liebe«. Roman. Köln: Kiepenheuer & Witsch.

ANITA PICHLER
1948 in Meran geboren, lebt in Venedig.

- »Wie die Monate das Jahr«. Erzählung. Frankfurt a.M.: Suhrkamp.

RICHARD PIETRASS
1946 in Lichtenstein (Sachsen) geboren, lebt in Ost-Berlin.

- »Was mir zum Glück fehlt«. Gedichte. Frankfurt a.M.: Frankfurter Verlagsanstalt.
  Enthält Gedichte aus den in der DDR veröffentlichten Bänden »Notausgang« (1980), »Freiheitsmuseum« (1982) und »Spielball« (1986) sowie sieben unveröffentlichte Texte.

HEINZ PIONTEK
1925 in Kreuzburg (Oberschlesien) geboren, lebt in München.

- »Stunde der Überlebenden«. Autobiographischer Roman. Würzburg: Bergstadtverlag Wilhelm Gottlieb Korn.

ANGELA PRAESENT
1945 in Mannheim geboren, lebt in Hamburg und Cotignac (Frankreich).

- »Sie ist nicht in Amerika«. Stories. Frankfurt a. M.: Frankfurter Verlagsanstalt.
  Enthält 9 Erzählungen.

KUNO RAEBER
1922 in Luzern geboren, lebt in München.

- »Sacco di Roma«. Roman. Zürich: Ammann.

CHRISTA REINIG
1926 in Berlin geboren, lebt in München.

- »Nobody und andere Geschichten«. Erzählungen. Düsseldorf: Eremiten-Presse.

GERLIND REINSHAGEN
1926 in Königsberg geboren, lebt in West-Berlin.

- »Zwölf Nächte«. [Prosa.] Frankfurt a. M.: Suhrkamp.

HANS WERNER RICHTER
1908 in Bansin (Usedom) geboren, lebt in München.

- »Reisen durch meine Zeit«. Lebensgeschichten. München: Hanser.
  Enthält acht porträthafte Erzählungen.

HERBERT ROSENDORFER
1934 in Bozen geboren, lebt in München.

- »Die Nacht der Amazonen«. Roman. Köln: Kiepenheuer & Witsch.
- »Skaumo. Schelmenlied«. Zwei Erzählungen. München: Nymphenburger Verlagshandlung.

THOMAS ROSENLÖCHER
1947 in Dresden geboren, lebt dort.

- »Schneebier«. Gedichte. Salzburg: Residenz Verlag / Halle und Leipzig: Mitteldeutscher Verlag (1988).

GERHARD RÜHM
1930 in Wien geboren, lebt in Köln und Hamburg.

- »Albertus Magnus Angelus«. Salzburg: Residenz Verlag.
- »reisefieber«. theatralische ereignisse in fünf teilen. Reinbek bei Hamburg: Rowohlt.

PETER RÜHMKORF
1929 in Dortmund geboren, lebt in Hamburg.

- »Dreizehn deutsche Dichter«. Reinbek bei Hamburg: Rowohlt.
  Enthält Beiträge über Heinrich Heine, Thomas Mann, Joachim Ringelnatz, Gottfried Benn, Kurt Tucholsky, Bertolt Brecht, Erich Kästner, Arno Schmidt, Karl Krolow, Wolfgang Borchert, Werner Riegel, Robert Gernhardt und Guntram Vesper.
- »Einmalig wie wir alle«. Reinbek bei Hamburg: Rowohlt. Enthält Gedichte, Prosastücke, Briefe und Werkstattberichte.
- »Selbst III/88. Aus der Fassung«. Zürich: Haffmans.

ULRICH SCHACHT
1951 in Hoheneck (DDR) geboren, lebt in Hamburg.

- »Brandenburgische Konzerte«. Sechs Erzählungen um einen Menschen. Stuttgart: Deutsche Verlags-Anstalt.

HERRAD SCHENK
1948 in Detmold geboren, lebt in Bonn.

- »Raimunds Schwestern«. Roman. Düsseldorf: Claassen.

HANSJÖRG SCHERTENLEIB
1957 in Zürich geboren, lebt in Luzern.

- »Der stumme Gast«. Gedichte. Köln: Kiepenheuer & Witsch.

JOCHEN SCHIMMANG
1948 in Northeim (Niedersachsen) geboren, lebt in Köln.

- »Das Vergnügen der Könige«. Erzählungen. Frankfurt a. M.: Frankfurter Verlagsanstalt.
  Enthält die Erzählungen »Philosophenlüste«, »Die schöne Italienerin«, »Laederach«, »Herr Burgher springt in den Fluß«, »Die Bremer Ereignisse«, »Ein Abend mit Monsieur P.«, »Las Vegas und zurück« und »Das Leben der Linien«.

EVELYN SCHLAG
1952 in Waidhofen (an der Ybbs) geboren, lebt dort.

- »Ortswechsel des Herzens«. Gedichte. Frankfurt a. M.: S. Fischer.

WERNER SCHMIDLI
1939 in Basel geboren, lebt dort.

- »Guntens stolzer Fall«. Roman. Frauenfeld: Nagel & Kimche.

KARLA SCHNEIDER
1938 in Dresden geboren, lebt seit 1979 in Wuppertal.

- »Der Knabenkrautgarten«. Erzählungen. Zürich: Haffmans. Enthält die Erzählungen »Die Ballade von Rochus und Margot oder Die bittere Lust zu verzichten«, »Unser Willy«, »Rückkehr nach Illiers«, »Das Haus, in dem wir alle wohnen«, »Die Düfte des Jan Breughel«, »Die exklusive Nacht oder Wie uns eine Freundin der Fürstenfamilie mitteilte«, »Befreiung einer Nymphe« und »Der Knabenkrautgarten«.

MARGIT SCHREINER
1953 in Linz (Oberösterreich) geboren, lebt in Salzburg und Paris.

- »Die Rosen des Heiligen Benedikt«.* Liebes- und Haßgeschichten. Zürich: Haffmans.
  Enthält 15 Erzählungen.

JÜRG SCHUBIGER
1936 in Zürich geboren, lebt dort.

- »Hinterlassene Schuhe«. Roman. Frauenfeld: Nagel & Kimche.

BRIGITTE SCHWAIGER
1949 in Freistadt (Oberösterreich) geboren, lebt in Wien.

- »Liebesversuche«. Kleine Dramen aus dem österreichischen Alltag. München: Langen-Müller.
  Enthält 14 Erzählungen.

RAFAEL SELIGMANN
1947 in Israel geboren, lebt in München.

- »Rubinsteins Versteigerung«.* [Roman.] Frankfurt a.M.: Eichborn.

HILDE SPIEL
1911 in Wien geboren, lebt dort.

- »Die hellen und die finsteren Zeiten«. Erinnerungen 1911–1946. München: List.

ARNOLD STADLER
1954 in Meßkirch (Baden) geboren, lebt in Freiburg im Breisgau.

- »Ich war einmal«.* Roman. Salzburg: Residenz Verlag.

JÖRG STEINER
1930 in Biel (Schweiz) geboren, lebt dort.

- »Fremdes Land«. Eine Erzählung. Frankfurt a. M.: Suhrkamp.

HORST STERN
1922 in Stettin geboren, lebt in München.

- »Jagdnovelle«. München: Kindler.

CLAUDIA STORZ
1948 in Zürich geboren, lebt in Aarau.

- »Das Schiff«. Roman. Frauenfeld: Nagel & Kimche.

BOTHO STRAUSS
1944 in Naumburg a. d. S. geboren, lebt in West-Berlin.

- »Fragmente der Undeutlichkeit«. München: Hanser. Enthält die Prosastücke »Jeffers-Akt« und »Sigé«.

- »Kongreß. Die Kette der Demütigungen«. [Erzählung.] München: Matthes & Seitz.

Spleen und Ideal. Ein »Kongreß«, viele Fragmente: Neues von Botho Strauß

Statt einer Vorrede: eine Ansprache. Der Dichter tritt vor und spricht zu seinem Gott, erst trotzig und aufbegehrend, dann traurig, resigniert und leise. »Ich will Deine Wunder nicht kennen, ich will Dir nicht dienen. Ich rede zu Dir, weil ich so bloß bin, wie nur einer vor Dir bloß sein kann.

Ich habe das Furchtbare und Lächerliche bejaht, ich habe eins sein wollen mit dem Schrecken, der Gewalt und der Ausrottung. Ich habe ihnen angehört als ein Wesensteilchen.

Ich habe in der Kraft des Bösen den Umschwung zum Heil gesucht. Ich bin Untertan jeder Verkehrung und jeder Widerrechtlichkeit und jeder Unvernunft gewesen. Und habe darin die Umkehr gesucht. Doch ich erreichte sie nicht. Es war mir verwehrt, dem mächtigen Irrtum zu verfallen. Gepreßt gegen den Felsen der Vorsicht, ergriff mich der Schwindel vor dem durchschauten Bösen. Das deutsche Entsetzen der deutsche Selbsthaß die deutsche Leere. Ich spürte Vergangenheit ansteigen wie Hochwasser in mir. Es verwüstete mein Wohnen und zwang mich, auf dem Dach meines Hauses zu biwakieren.«

Sätze, *neue* Sätze von Botho Strauß. Man braucht keine übermächtige Phantasie, um sich vorzustellen, was ihnen blühen wird. Die Advokaten des Furchtbaren und des Lächerlichen werden sich ihrer annehmen, die Gesundbeter und die Sprachreiniger, die Wächter des Geschmacks, die Professionellen der Profession. Von der neuen Frömmigkeit des Botho Strauß wird die Rede sein, von den Spuren und Vorahnungen dieser Verwandlung, die sich durch sein Werk ziehen, von seiner lange erwarteten Konversion.

Nach all den Theaterszenen, den Erzählungen, Skizzen, den lyrischen und epischen Entwürfen, die Strauß geschrieben hat – nach allem dies: ein Bekenntnis. Die endgültige Anrede, das endgültige Gegenüber, der endgültige Leser: Gott. Es gibt Sätze, hinter die man nicht mehr zurückgehen kann, Epiloge, nach denen unabwendbar der Vorhang fällt. Strauß hat sie geschrieben. Und der Leser klappt das Buch zu, das den Titel »Fragmente der Undeutlichkeit« trägt, den schmalen Band, in dem diese deutlichen Worte stehen: ernüchtert. Statt einer Vorrede: ein Abgesang.

Jede Epoche der Literatur hat ihre eigenen Provokateure, ihre Leit- und Gegenbilder, in denen sie sich bespiegeln, von denen sie sich abgrenzen kann. Der literarische Provokateur der achtziger Jahre heißt Botho Strauß. In einer Zeit, in der der Kunstbetrieb nicht gerade vor Sensationen strotzt, ist jedes Buch von Strauß ein Ereignis, ein Fest- und Schlachttag der Kritik. Die Rezensenten, sonst meist in lähmender Einmütigkeit zu Lob oder Tadel eines Autors verschworen, spalten sich in Ankläger und Verteidiger, Apologeten und Niederschreier, als wäre bei diesem Schriftsteller das Mittlere nicht vorhanden und also auch kein abwägendes Urteil möglich.

Die Strauß-Gegner reden vor allem über Stil (vornehm, preziös, geschwollen, kitschig) und Moral (elitär, bildungsbürgerlich, neukonservativ, reaktionär) seiner Bücher. Die Strauß-Verteidiger loben seine Beobachtungsgabe, die sprachliche Präzision und Kühnheit seiner Texte, den gewagten Ausdruck, das ungewohnte Bild. Jede der Fraktionen ist überreich mit Zitaten versorgt, die ihre Thesen belegen. Liest man ein paar Strauß-Kritiken hintereinander, dann bekommt man den Eindruck, daß es gar nicht um denselben Autor geht, sondern mal um einen Dr. Botho, mal um einen Mr. Strauß, die wie Figuren eines Wetterhäuschens aus den Büchern hervortreten, je nach der Gemütslage ihres Lesers.

Das zwiespältige Echo, das Botho Strauß' Bücher hervorrufen, antwortet auf die Zwiespältigkeit des Autors selbst. Denn Strauß ist in der Tat beides, Erzähler und Mystagoge, Beobachter und Phantast, Schriftsteller und Poet, seine Sprache zugleich Präzisionsinstrument und Orgel des Unsäglichen, seine Prosa ebenso tiefsinnig-trüb wie spielerisch-leicht. Das Selbstportrait, das Strauß in seinen Büchern von sich zeichnet, besteht aus lauter Negationen: Intellektueller ohne Leitbild, Dichter ohne Volk, Prophet ohne Prophetie. Gerade darin, scheint mir, ist Botho Strauß die poetische Leitfigur der achtziger Jahre. Er verkörpert einen Typus, der, wie das Jahrzehnt selbst, zwischen zwei Zeitaltern steht, zwischen Moderne und

Postmoderne, Industriegesellschaft und Digitalkultur, Aufklärung und Mystizismus.

Die Ganzheit aber, nach der Strauß sich sehnt, versucht er sich zu erschreiben. Das zentrale Motiv seines Werks ist Versöhnung, Wiederherstellung einer zerbrochenen Einheit, im Denken wie in der Form. »Wir brauchen Schaltkreise, die zwischen dem Einst und Jetzt geschlossen sind«, heißt es im »Jungen Mann«. Schaltkreise, Erzähl-Kreise, in denen die Zeit aufgehoben ist.

Aber Strauß ist zu sehr Ästhet und *poeta doctus*, um sich, wie viele mittlere Talente, in klassische Erzählformen, verbrauchte Muster der Literatur zu flüchten, in jene Flickschusterei, die Marcel Reich-Ranicki im Sinn hatte, als er Strauß vor zwölf Jahren aufforderte, den »Roman seiner Generation« zu schreiben. Reich-Ranicki hat wahrscheinlich bis heute nicht bemerkt, daß Botho Strauß diesen Roman tatsächlich geschrieben hat. »Der junge Mann«, 1984 erschienen, *ist* das Schlüsselwerk für Strauß' (und meine) Generation und wohl das wichtigste deutschsprachige Buch dieses Jahrzehnts. Manche Werke (und manche Kritiker) brauchen eben Zeit.

Die frostige Gleichgültigkeit, auf die »Der junge Mann« bei vielen Kritikern stieß, hat Strauß, wie es scheint, tief getroffen; noch Jahre später sprach er in gekränktem Ton von einem »Buch, das sowieso keiner will«. Das Projekt »Romantischer-ReflexionsRoman« hat er seitdem nicht wieder aufgenommen. Statt dessen setzte er die Reihe seiner virtuosen Theaterarbeiten fort (»Die Fremdenführerin«, »Besucher«, »Die Zeit und das Zimmer«, »Sieben Türen«), versuchte sich ziemlich glücklos an der Form des Langgedichts (»Diese Erinnerung an einen ...«) und schrieb eine Sammlung von Skizzen und Reflexionen in der Nachfolge von »Paare, Passanten« (»Niemand anderes«).

Vielleicht ist Strauß die Lust zu einem *magnum opus* einfach vergangen. Oder die zentrifugale Bewegung seines Schreibens hat ihn aus der Mitte herausgetragen, um die »Der junge Mann« noch kreiste. Zur Zeit gibt sich Strauß mit Fragmenten zufrieden, schimmernden Prosa-Bruchstücken, Bagatellen und kleinen Allegorien. Manchmal versteckt er seine romantischen Reflexionen in einem scheinbar banalen, unauffälligen Motiv am Rande eines Bildes, eines Geschehens. In »Die Zeit und das Zimmer« ist es eine sprechende Säule, die zur Bühnenkulisse gehört. »Ich war in den Worten«, sagt die Säule zu Marie, der Hauptfigur des Stücks. »Es war die Hölle ... Ich bin aus dem Herzen der Dinge verstoßen.« Da bricht die Verzweiflung durch das dünne Gewebe der Sätze. Bald wird sie es zerreißen.

Zwei neue Bücher von Botho Strauß sind soeben erschienen. Das erste, eine knapp zweihundert Seiten lange Erzählung, trägt den Titel »Kongreß. Die Kette der Demütigungen«. Das zweite, zeitlich früher entstandene heißt »Fragmente der Undeutlichkeit« und besteht aus zwei Teilen: einer Folge von Szenen aus dem Leben des amerikanischen Dichters Robinson Jeffers und einer Sammlung von Notizen, Aphorismen, Reflexionen. Das erste Buch ist ein Zwischenspiel. Das zweite Buch ist ein Endspiel.

In »Kongreß« gleitet ein Leser, Friedrich Aminghaus, aus seiner Lektüre hinüber in einen Traum. Zuerst sieht er auf den Seiten seines Buches »die Irrlettern tanzen, die Grammaiaden glänzend fließen«, dann vernimmt er aus der Tiefe des Papiers eine Stimme, die ihm befiehlt: »Nun sprich! Buch zu!« Die Stimme gehört Hermetia, einer »Buchfee«, die Aminghaus vom Lesen zum Leben verführen will. Zur rechten Zeit, kündigt sie ihm an, werde sie in Menschengestalt vor ihn treten – »und dann wirst du mir erzählen...«

Dem Leser kommt der Verdacht, »daß die Große Bibliothek ihm etwas verbarg, das er nie entdecken dürfte«. Aminghaus macht sich auf den Weg zu einem »Internationalen Eventualisten-Kongreß« unter dem Titel »Bedenkzeit«, eine jener lähmenden Veranstaltungen, die von »Sportsemiologen« und »Devianzexperten« bevölkert werden. Zum Glück kommt unser Leser darum herum, einen Vortrag über das Thema »Ist die Welt entzauberbar? Max Weber heute« zu halten. Aber auf einer Führung durch eine computergesteuerte Fabrikhalle gerät er ins Grübeln, und mit einer jener unmerklichen Übergänge zwischen Erzählung und Reflexion, die die Signatur seines Werkes sind, flicht Botho Strauß eine Notiz über den Untergang der klassischen Romanform in die Geschichte ein: »Seltsam, da wird nun ein Zeitalter gewechselt – aber wo bleiben eigentlich die großen Abschiedsstimmungen, die Melancholien der Epik, die den Untergang des Alten schmerzlich und doch erst erträglich gestalten, die süßen und bitteren Schauder vor einem endgültigen Nicht-Mehr?«

Eine Weile lang schleppt sich die Geschichte nun dahin, bis zwischen Tagungsgesprächen, kleinen Sottisen (»Wo soviel Rettendes wächst, ist die Gefahr, daß es sich um Unkraut handelt, groß.«) und schwermütigen Gedankengängen die Gestalt der ersehnten Hermetia aufblitzt, die endlich unter die Lebenden getreten ist. Nun beginnt der zweite, aufregendere Teil der Erzählung.

Im Salon des Professors Albin Scherrer, der sich »Tithonos« nennt (wie der Geliebte der Göttin Eos in der griechischen Sage, dem die Olympier Unsterblichkeit, doch keine ewige Jugend verliehen, so daß er jämmerlich alterte und verfiel) – in diesem Salon sitzen Hermetia, die Freundin des Professors, Czech, der Hausfreund, und Friedrich Aminghaus, der liebende Leser. Friedrich wirbt um Hermetia, indem er ihr kleine Begebenheiten erzählt, Träume, erotische Erlebnisse. »Laßt uns eine Kette der Demütigungen knüpfen!« schlägt Hermetia plötzlich vor. »Ich meine: Laßt uns vor allem solche Geschichten erzählen, ... in denen die Liebe einunddenselben Menschen im ersten Fall zum Untertan, im darauf folgenden aber zum Beherrscher eines anderen werden läßt.« Und der Reigen beginnt.

Die »Kette der Demütigungen« ist ein erotischer Schlagabtausch. Zuerst sind die Geschichten, die Friedrich und Hermetia einander erzählen, noch vergleichsweise harmlos, sie handeln von Paaren, die sich trennen, oder wiedertreffen, von der Liebe mit Wildfremden in einer Skihütte oder auf einem Ladentisch; dann wechselt das Spiel auf einmal seinen Titel, wird zum »Wettstreit der Versuchungen«, die Anekdoten werden grotesker, obszöner, gewalttätiger, die Geschichten münden in Gewalt und Tod. Die vorletzte der zwölf Erzählungen spielt auf einem Fensterbrett, direkt über dem Abgrund – »in diesem Augenblick gelangte sie zu ihrer vollkommensten Aufbäumung, legte sich nach hinten über, streckte den Rücken, die Arme, die gespreizten Finger aus und langte in den Abgrund hinein«. Im nächsten Augenblick stürzt der Gespiele der Schwindelfreien, durch eine falsche Bewegung aus dem Gleichgewicht gebracht, an ihrem Körper vorbei durch das Fenster auf die Straße.

Lust und Absturz, Verführung und Mord, doch die Kette schließt sich nicht. Friedrich muß Hermetia entsagen, weil er den geheimen Sinn des Spiels nicht verstanden hat, der Hausfreund führt sie hinweg, und der alte Tithonos erzählt die letzte Geschichte. Sie handelt von den gefährlichsten, seelenlosesten aller Wörter, die durch »eine lückenlose Kette von gleich munteren und gleich vergeßlichen Geschöpfen« laufen müssen, »bis sie irgendwo zu reinem Schall zerstieben und ihr unerträglicher Sinn in alle Winde stiebt«. Hermetia ruft sie in die Menge: *Ich liebe dich ...*

Der Leser Friedrich Aminghaus aber entdeckt, daß seine ganze Geschichte, Wort für Wort, schon in einem Buch geschrieben steht. Friedrich endet wie ein Held von Italo Calvino: Er erwacht mit einem Buch in der Hand, dem verbotenen Buch aus der »Großen Bibliothek«, dem Buch, in dem er selber eine Figur der Erzählung ist. Ist die Welt entzauberbar? Nein, aber sie wird alt, wie Tithonos, der unsterbliche Greis.

Vergleicht man »Kongreß« mit solchen Klassikern des Obszönen wie Georges Batailles »Geschichte des Auges« oder Pierre Klossowskis Erzählungen »Die Gesetze der Gastfreundschaft«, dann fällt auf, wieviel sanfter, aber auch genauer Botho Strauß das Tableau der Ausschweifungen malt. Seine Erotismen sind von metallischer Klarheit, kühl und heiß zugleich; ein Schimmer von Komplizenschaft liegt über den Szenen, selbst dann, wenn das Allerdeutlichste, Ungeheuerlichste geschieht. In »Kongreß« paßt vieles zusammen, was sonst bei

Strauß oft auseinanderfällt: die Worte und die Dinge, die Bilder und der Sinn. Kein Hauptwerk, gewiß; aber ein zart gewebtes, sinnliches, virtuoses literarisches Spiel.

Die »Fragmente der Undeutlichkeit« haben eine Tag- und eine Nachtseite, Aufgang und Untergang, Hell und Dunkel, Spleen und Ideal. Der Spleen, das ist die Krankheit des Dichters, wie sie der *poète maudit* Baudelaire beschrieben hat: Einsamkeit, Angst, Hoffnungslosigkeit, Kälte, *ennui*, Trübsinn, Stumpfsinn, Melancholie. »Ich häng«, klagt Strauß, »ein eingefallenes Häufchen Turner oder Tänzer, von einer Hand, die fern, sehr weit, auf einer Sessellehne ruht und mager mit den Fingern trippelt. Sie zieht nicht mehr und spielt nicht mehr. Sie will nicht mehr Geschichte zupfen.«

Das Ideal, das ist Robinson Jeffers. Jeffers, ein amerikanischer Dichter, lebte von 1887 bis 1962. Er schrieb Gedichte, die von Blut und Tod, Schrecken, Opfer und Untergang handeln, er schrieb gegen Amerika und den Fortschrittsglauben, gegen Wohlstand und Zivilisation, gegen eine satte, selbstzufriedene Menschheit. Die feinen Poeten und die feinen Kritiker haßten ihn. Botho Strauß leiht ihm seine Stimme.

»Man haßte mich, weil ich nicht an den menschlichen Menschen glaubte. Die Sozialen verdammen den, der zu sagen wagt, daß Gottes Welt schön ist außer dem Menschen.« – »Ich kenne keines meiner Gedichte mehr bis zum Ende. Ich weiß nicht, was das für seltsame Wesen sind. Krank? Vielleicht. Häßlich? Nicht immer, nicht überall. Zuviel Mord und Inzest, zuviel Gewalt.«

Im Jahr 1919 zog Jeffers mit seiner Frau Una an die kalifornische Küste und baute sich dort ein Haus, »Tor House«, und einen Turm aus Felsblöcken, die er vom Strand heraufwälzte, allein, mit seinen eigenen Händen. 1954 starb seine Frau an Krebs. Auch sie wird zur Maske, durch die Botho Strauß spricht: »Die Zypressen, die wir pflanzten und die das Haus schützen vor Seewind, werden hinauswachsen über unsere Zeit, wie sein Werk, seine Verse, seine Stille. Unbegrabbar wie das Meer.«

Hier, im »Jeffers-Akt«, kann man miterleben, wie sich einer einen Fetisch macht. *Du Jeffers und ich, der dich erkennt.* Einst hat Strauß diese Anmaßung verworfen: »Man kann auch Stile und Gesten clonen. Man kann dieser oder jener werden wollen, doch nichts ist zurückzugewinnen. Schnell wird die literarische Leidenschaft solch ein Gerät: ein Gestenspender.« Ein Gestenspender, das ist Jeffers für Strauß. Heimat kommt auf, die doch keine Bleibe war, wenn ich »Paare, Passanten« wiederlese.

Der zweite Teil der »Fragmente« heißt »Sigé«. *Sigé,* griechisch, bedeutet »Stille, Schweigen« – »das Schweigen der Ideen. Die Stätte. Der Schweigende, der Wächter.« Und als Gegensatz dazu *taraché*, »Unruhe, Bewegung, Aufruhr« – »die Worte sind die Treiber, Quelle von taraché, Verwirrung und Ortlosigkeit«.

»Sigé« ist eine Lose-Gedanken-Sammlung, ein bißchen wie bei Nietzsche, ein bißchen wie bei Valéry. Es ist von Gott und von den Quarks die Rede, von Ruinen und vom Zeit-Pfeil des Zenon, von Geschichte und Menschheit, Herz und Verstand. Manche der Notizen sind schön und kostbar, andere wirken wie eine Mischung aus Heidegger und Johannes R. Becher: »Du bist der Lichterlohe! Der Lodergroll. Du bist das runde Feuer, ich bin dein Hammergrund.« Manchmal, wenn der Dichter den »Verrannten, Verklärten, Verstiegenen«, denen, »die die große schwarze Perle kauen«, sein »verwundertes Verstehen« ausspricht, klingt es wie ein Nachhall von »Also sprach Zarathustra« – aber Nietzsche konnte doch besser predigen: »Ich liebe den, dessen Seele übervoll ist, so daß er sich selber vergißt, und alle Dinge in ihm sind: so werden alle Dinge sein Untergang.«

Nietzsche war Dynamit, Botho Strauß ist in »Sigé« nur noch Parfum. Viel zu angestrengt möchte er das Undeutliche aussagen, das Ganze, Eine, Ungeschiedene verkünden in dem einen, stolzen Satz, viel zu sprachvergessen feiert er seine Verzweiflung, seinen Spleen: »Ich bin der gequollene Schuh, der im Ufergebüsch hängenblieb, ›nachdem sich die Lage wieder normalisiert hatte‹. Ich bin ein Fetzen zerplatzender Ballon in der

Hochspannungsleitung. Ich bin ein vom Sylvesterböller im Kahlbaum hängengebliebenes Silberpapier.«

Dies und anderes. »Und Worte wortfliehend. Und Sprache wie ein Kloß im Hals des Logos.« Wären nur die wenigsten, die besten dieser Sinnsprüche erhalten, alle übrigen zerstört – man könnte sie so andächtig lesen wie die Fragmente des Heraklit. Aber durch den unglücklichen Zufall der Zeitgenossenschaft sind wir in die Lage versetzt, die Fragmente des Botho Strauß zur Gänze zu kennen. In dieser Not hilft uns nur noch das Schweigen, die Stille. *Sigé*. Adieu. *Andreas Kilb*

Die Zeit. 6. 10. 1989.

Federnder Schaft. Botho Strauß als verruchte Courths-Mahler

Ein Text für Kinder, ein Märchen gar? Schwer zu sagen. Wo sonst aber wird Unbelebtem Leben eingehaucht, fangen die Dinge zu sprechen an? Der neue Botho Strauß ist jedenfalls ein ziemlich beredtes Buch, lernen wir doch gleich zu Beginn die Buchfee Hermetia kennen (einmal auch, nach Grassscher Manier, »Buchin« genannt). Die Außerirdische ist zweifellos ein bißchen lästig, sie will den »Leser«, der sehr ausschließlich dieses seines Amtes waltet, ein weltflüchtiger Buchstabenmonomane wurde, aus der Fassung bringen, die er sich – wohl der Not gehorchend, nicht dem eigenen Triebe – einst gegeben. Mit winziger, »staubfeiner« Stimme befiehlt Madame: »Nun sprich! Buch zu!«

In der Regel sind Feen ja freundliche Wesen, dem Menschen und selbst dem Manne gut gesonnen. Bei Hermetia weiß man nicht so recht. Ihre Ankündigung, sie werde dem »Leser« nicht nur akustisch, sondern auch leibhaftig gegenübertreten, klingt deutlich nach Drohung. Der »Leser«, eigentlich Vertreter einer liebenswerten, unter das Artenschutzgesetz fallenden Spezies, trägt übrigens bürgerlichen Namen: Friedrich Aminghaus, ehemals Zufallsforscher. Über Drogenmißbrauch ist aus seinen Unterlagen nichts bekannt, obgleich die Begegnung mit charmanten Plagegeistern und Elfen derartigen Verdacht nahelegen würde. Säufer unterhalten sich auch gern mit weißen Mäusen.

Der Weg der Verheißung scheint nicht allzu beschwerlich. Friedrich Aminghaus begegnet einigen von Hermetias Vorbotinnen; die eine ist »platinblond«, die andere »buttergelb«, die dritte hat »farbloses« Haar – bei ihr dürfte es sich, wie der »Leser« messerscharf schließt, um eine »verkümmerte Dämonin« handeln. Auch eine alte Schulfreundin taucht während des »Internationalen Eventualisten-Kongresses« auf: Ria, »blutbuchenrot gefärbt«. Bis Friedrich Aminghaus endlich glaubt, Hermetia persönlich entdeckt zu haben, werden wir durch zahlreiche Proben aus der renommierten Aphorismenmanufaktur B. Strauß & Cie. aufs kurzweiligste unterhalten. Besonders hübsch: »Alle großen Erhebungen des Herzens ereignen sich im geschauten Vergehen.« So ist es, und sicher zählt solche Erkenntnis zu den »gewaltigen Trosten«, welche Formulierung der Autor seinen Helden in der Imitatio Rilke verwenden läßt.

Nicht übel wirkt auch die fettgedruckte und bis dato unwiderlegte Behauptung: »Es gibt keinen lesenden Wind.« Wenn manche Passagen (neben den »gewaltigen Trosten« etwa »große Tode«) an den kostbaren Rainer Maria gemahnen, soll niemand verzagen. Botho Strauß, hierin eher in der Nachfolge des Kleinmeisters Anton Wildgans, gibt's gottlob zuweilen billiger: »Oder sind es nur Leuchtzeichen am Horizont des Vergehens selbst? Perlen auf dem grauen Samtgrund des Endens, ein Geschenk, ein Angebinde des Tods, der bald schon alles von dir fordern wird?« Da die Antwort ausbleibt, machen wir einen Vorschlag zur Güte: Unter uns, was immer – es ist, bei so viel erlesenem Plunder, völlig egal.

Teil II, anhebend mit einer Art Minidrama, sorgt für Verwirrung. Andererseits wird ein Punkt erfreulich restlos geklärt: »Kongreß« gehört doch nicht in Kinderhand, was erfahrene Masochisten ohnehin bereits auf Grund des Untertitels »Die Kette der Demütigungen« hoffnungsfroh vermutet haben. Hermetia ist einem emeritierten Professor für Ozeanologie mit Spitznamen »Tithonos« vermählt. Den mythologischen Hintergrund zu erklären möge man dem Rezensenten ersparen. Jene Mehrheit, die das humanistische Gymnasium nicht absolviert hat, kann sich im Konversationslexikon und praktischerweise auch bei Botho Strauß, Seite 86, informieren. Für unsere Zwecke genügt die ungeschminkte Version: Gatte Tithonos ist der Gattin offenbar zu alt.

Friedrich und Hermetia, jetzt ein verliebtes Paar im selben Raum, werden in der Ausübung ihrer aus dieser Konstellation resultierenden Rechte gehindert. Nicht vom Gemahl direkt, der unten im Hof seine Runden dreht, dafür vom Hausfreund Czech, der – weil er da ist und aufpaßt – leise stört. Irgendwie muß man sich gezwungenermaßen die Zeit vertreiben. »Die Sache will's«, meint in »Frühlings Erwachen« Hänschen Rilow lakonisch. Also werden erotische Geschichten vorgetragen. Das lüsterne Modell kennen wir unter anderem von einem gewissen Donatien-Alphonse-François de Sade, den raffiniertere Wüstlinge seit alters den »göttlichen Marquis« nennen. Botho Strauß gelingt allerdings bei seinen Etüden aus der Vorschule der Läufigkeit Überraschendes. Augenscheinlich war es seine Absicht, eine plötzlich verrucht gewordene Courths-Mahler zu imitieren, und siehe, er traf zielgenau ins Schwarze.

Metaphern wie die vom »federnden Schaft« oder »sein rauher Zapfen« dürfte jeder Pornographie-Adept parat haben, das ist noch keine Kunst, der wahre Könner zeigt sich erst in der gleichsam geometrischen Abstraktion. Die magische männliche »Mitte« ist's nämlich, die im Zentrum von Botho Strauß' Erzählungen aus Tausendundeiner Nacht steht; sei's als »gedemütigte« und »geschlagene«, als »herrschsüchtige« und »beherrschende«, als »pochende« und sogar als »unerweichliche«, ein Leiden, das von Medizinern allgemein als Priapismus klassifiziert und – obwohl die zum Vollzug bestimmte Dame protestiert: »Ich bin nicht die Fee mit der Sense, die solche Mahd einholt« – von Doktor Strauß blutig kuriert wird.

In bezug auf die weibliche Mitte erweist sich der Einfallsreichtum als weniger ergiebig. Was bedeutet schon, »die Scheide der Scheidung zu durchdringen, die Frucht zu befruchten«, gemessen an einem »großen Bleibenden« oder der »Träne am

Phallus«? Es grenzt an Askese. Indes wird dies schmerzliche Defizit durch ein Häppchen Sexualakrobatik und – für heutige Verhältnisse sträflich ungeschützten – Telephonverkehr wettgemacht. Daß die beiden, Hermetia und Friedrich, einander trotz wechselseitiger Aufgeilung nicht kriegen, versteht sich eigentlich von selbst, denn unter diesem ehernen ästhetischen Gesetz sind sie schließlich angetreten. Ohne Mangel an Befriedigungsmöglichkeit keine Phantasie. Überhaupt, so erfahren wir zum Schluß, war alles nichts als ein weiteres Lektüreerlebnis unseres passionierten »Lesers«. Die Imaginationsmaschine hat ihm eben Wirklichkeit vorgegaukelt. Kein Wunder daher, daß Friedrich im letzten Satz die Sinne schwinden und er ohnmächtig zusammenbricht.

So weit reicht unsere Erschütterung freilich nicht. Wir sitzen nur relativ fassungslos vor dem jüngsten Kind von des bedeutenden Schriftstellers Botho Strauß diesmal überanstrengt obszöner Muse. Doch da wir dasselbe nicht mit dem Bade ausschütten und uns auch keineswegs der populären Forderung »Wo bleibt das Positive?« entziehen wollen, sei ergänzt: Weil Botho Strauß, der Momentaufnahmenfanatiker und begnadete Chronist jeglicher Flaneursunbehaglichkeit der achtziger Jahre, vieles bringt, bringt er manchem etwas. Seiner Gemeinde hin und wieder schöne und bedenkenswerte, exakt beobachtete und ebenso ins Wort gefaßte »Stellen«; und den kritischen Fans bietet er obendrein die Gelegenheit, ihre unverbrüchliche Treue zu beweisen, indem sie die Finessen der Konstruktion und den feinsinnigen Parabelcharakter des Werks herausarbeiten.

Eingefleischte Strauß-Verächter und -Stilblütensammler hingegen werden sich an der bewährten Mischung von altklug und pubertär, gewürzt durch eine Prise elitären Hochmuts, ergötzen, kurzum: ihre Vorurteile glänzend bestätigt sehen. Zufriedenheit in allen Lagern. Aber auch wir sind Botho Strauß dankbar, nicht zuletzt für die beim Lesen dieser »Kette der Demütigungen« fast unvermeidliche Erinnerung an eine längst und zu Unrecht vergessene Kürzestgeschichte von Peter Altenberg, »Die Gefallene und der Dichter« aus dem Band »Was der Tag mir zuträgt«: »Geh, schau, du, komme mit mir! Beim Hirn kannst du dir's ja doch nicht herausschwitzen.?!« Der Dichter: »*Ich* ja!!!« *Ulrich Weinzierl*

Frankfurter Allgemeine Zeitung. 10. 10. 1989.

ERWIN STRITTMATTER
1912 in Spremberg (Niederlausitz) geboren, lebt in Dollgow (DDR).

- »Der Laden«. Roman in zwei Teilen. Köln: Kiepenheuer & Witsch.
  In der DDR 1983 (Erster Teil) und 1987 (Zweiter Teil) erschienen.

EVA STRITTMATTER
1930 in Neuruppin geboren, lebt in Dollgow (DDR) und Ost-Berlin.

- »Die heimliche Freiheit der Einsamkeit«. Gedichte. Frankfurt a. M.: Luchterhand Literaturverlag.
  Enthält eine Auswahl aus den in der DDR erschienenen Bänden »Ich mach ein Lied aus Stille« (1973), »Mondschnee liegt auf den Wiesen« (1975), »Die eine Rose überwältigt alles« (1977), »Zwiegespräch« (1980), »Heliotrop« (1983) und »Atem« (1988).

BERND SÜLZER
1940 in Essen geboren, lebt in Köln.

- »Tage des Zorns«. Roman. Köln: Kiepenheuer & Witsch.

UWE TIMM
1940 in Hamburg geboren, lebt in der Nähe von München.

- »Vogel, friß die Feige nicht«. Römische Aufzeichnungen. Köln: Kiepenheuer & Witsch.

VOLKER WACHENFELD
1962 in West-Berlin geboren, lebt dort.

- »Camparirot«. Eine sizilianische Erzählung. Frankfurt a. M.: Suhrkamp.

RICHARD WAGNER
1952 in Lowrin (Rumänien) geboren, lebt seit 1985 in West-Berlin.

- »Begrüßungsgeld«. Eine Erzählung. Frankfurt a. M.: Luchterhand Literaturverlag.

MARTIN WALSER
1927 in Wasserburg (Bodensee) geboren, lebt in Nußdorf (Bodensee).

- »Nero läßt grüßen oder Selbstporträt des Künstlers als Kaiser«. Ein Monodram. Eggingen: Edition Isele.

PETER WATERHOUSE
1956 in West-Berlin geboren, lebt in Rom.

- »SPRACHE TOD NACHT AUSSEN«. Gedicht. Roman. Reinbek bei Hamburg: Rowohlt.

MARKUS WERNER
1944 in Eschlikon (Schweiz) geboren, lebt in Opfertshofen (bei Schaffhausen).

- »Die kalte Schulter«. Roman. Salzburg: Residenz Verlag.

URS WIDMER
1938 in Basel geboren, lebt in Zürich.

- »Der Kongreß der Paläolepidopterologen«. Roman. Zürich: Diogenes Verlag.

MICHAEL WILDENHAIN
1958 in Berlin geboren, lebt in West-Berlin.

- »Das Ticken der Steine«. Gedichte. Berlin: Rotbuch.

NATASCHA WODIN
1945 in Fürth geboren, lebt in Nürnberg.

- »Einmal lebt ich«. Roman. Frankfurt a. M.: Luchterhand Literaturverlag.

GABRIELE WOHMANN
1932 in Darmstadt geboren, lebt dort.

- »Das könnte ich sein«. Gedichte. Düsseldorf: Eremiten-Presse.
- »Kassensturz«. Erzählungen. Frankfurt a. M.: Luchterhand Literaturverlag.
  Enthält 27 Erzählungen.

CHRISTA WOLF
1929 in Landsberg (Warthe) geboren, lebt in Ost-Berlin.

- »Sommerstück«. [Autobiographische Erzählung.] Frankfurt a. M.: Luchterhand Literaturverlag / Berlin und Weimar: Aufbau-Verlag.

Ein gläsernes Idyll. Christa Wolfs verblüffendes »Sommerstück«
Was ist das nun: – Klatsch oder Kunst? Man schämt sich, sobald man die Frage stellt, schämt sich vor dieser reichen und weisen Prosaarbeit, und doch kommt man beim Lesen nie ganz um die Empfindung herum, seine Nase in anderer Leute Angelegenheiten zu stecken. Das ist lustvoll, soweit es einem die triviale Neugier befriedigt, und es ist irritierend, weil sich zeigt, in welchem Maße man dergleichen offenbar besitzt. Ein Lektüre-

problem also und keines des Textes? Eine Frage der eigenen Noblesse, der ästhetischen Charakterfestigkeit?

Man merkt sehr rasch, von den Leuten, die da tief in der mecklenburgischen Provinz einen Sommer lang zusammen leben und nachbarschaftlich miteinander umgehen, ist Ella offensichtlich Christa Wolf selbst, und Jan, der Mann jener Ella, ist demnach Gerhard Wolf, Bella ist Sarah Kirsch, und Steffi ist Maxie Wander, und im Grade der Vertrautheit mit der intellektuellen Szene der DDR von 1975 kommt man auch den andern Figuren auf die personalamtlichen Schliche. Aber muß das jetzt nicht gleich wieder gewissenhaft vergessen werden? Um der Kunst willen und der tieferen Bedeutung? Tatsächlich klopft sich ein redlicher Leser zweihundert Seiten lang im Geiste ständig auf die Finger – Pfui! Jetzt denkst du schon wieder: Aha, die Kirsch!, oder: Sieh da, der Herr Wolf! Man nimmt sich zusammen, konzentriert sich auf die tiefere Bedeutung und landet wenig später doch wieder beim Klatsch. Wenn jemand dann noch Sarah Kirschs Prosaband »Allerlei-Rauh« von 1988 zur Hand hat, wo der gleiche Sommer geschildert wird mit den gleichen Leuten, die da aber alle unter ihren echten Namen auftreten, besitzt er ein veritables »Who is who« zum »Sommerstück«, und er wird seine Lust am spitznasigen Dechiffrieren erst recht nicht mehr bändigen können.

Der Text strebt das natürlich an. Es gehört zum Spiel, zum komplexen Spiel, in das er uns einbezieht. Er fordert das unverschlüsselte Lesen genauso, wie er verlangt, daß man die feierliche Erklärung im Anhang glaube: »Alle Figuren in diesem Buch sind Erfindungen der Erzählerin, keine ist identisch mit einer lebenden oder toten Person.« Wenn letzteres stimmen würde, was sollten dann die vielen offenen und versteckten Anspielungen auf die Kirsch-Gedichte jenes Jahres, von »Tilia cordata« bis »Haarewaschen auf dem Lande«? Der halbe Poesieband »Rückenwind« scheint in den Text verflochten.

Klatsch oder Kunst – das ergibt eine falsche Alternative. Entscheidend ist gerade das seltsame Tauchen und Steigen durch unterschiedliche Wirklichkeitsebenen, in das uns dieses Buch überall und auf immer wieder andere Art versetzt. Das

»Sommerstück« lesen heißt Erfahrungen des Schwebens, des Gleitens und Entgleitens machen, wie man sie so leicht, so heiter und so traurig und verstörend noch selten angetroffen hat. Ein erlösender Wirklichkeitsgewinn, das fast wimmernde Glück, endlich einmal im ganz Eindeutigen zu leben, wird in dem Moment, wo es sich auf den Leser überträgt, auch schon wieder zur gläsernen Phantastik. Der feste Boden, den man zu betreten meint, aufatmend wie der schiffbrüchige Odysseus, beginnt zu schwanken, und schließlich wird alles Leben zu einem schwindligen Durchgang durch schleiernde Räume.

Das Buch setzt einen neuen Maßstab des autobiographischen Erzählens. Es tut dies, indem es unverfroren und zur anhaltenden Verblüffung des Lesers gegen die bisher heiligste Regel solchen Schreibens verstößt: die unbedingte Perspektivierung alles Geschehens aus einem einzigen sich entsinnenden Ich heraus. Nur so, das galt bisher für ausgemacht, könne erlebte Wahrheit legitim vermittelt werden. Das erinnernde Ich denkt und meditiert, alle andern Figuren werden von außen gesehen. Sie werden erlebt, vielleicht erlitten, immer jedoch aus einer gemessenen Distanz beobachtet. Bei Christa Wolf denken und fühlen nun aber alle Gestalten wie nur je bei einem allwissenden Erzähler. Man nimmt teil am innersten Nachsinnen von Leuten, die man mit Namen und Adresse kennt und auch kennen soll und von denen man doch weiß, daß sie genau so nie gedacht und empfunden haben, daß die Worte, die ihnen durch den Kopf gehen, zuletzt doch Christa Wolfs Worte sind.

Ist das Anmaßung? Überschreitet hier die Autorin nicht eine Grenze, die mehr ist als eine literarische Regel, verletzt sie nicht den geschützten Raum der Intimität? Sie täte es – wenn das Ganze nicht von Anfang an so durchsichtig wäre. Hätte sie die Figuren und Ereignisse zu verschlüsseln versucht, dann gäbe sie jetzt tatsächlich Ärgernis. So aber ist alles einsehbar als ein hochentwickeltes Geschehen der Kunst. Und es kann einem dabei sogar plötzlich bewußt werden, wie fragwürdig jene Objektivität der üblichen Erzählperspektiven sein mag, wie trickreich das feierliche »So hab' ich es eben erlebt!« eingesetzt werden kann zu tendenziösen Zwecken und mancherlei Bösartigkeit.

Dieses Buch aber ist liebreich, gütig und seelisch behutsam. Es handelt zuletzt von nichts als dem Glück, mit unterschiedlichen Leuten zusammenzuleben und dabei eines schönen Friedens und mannigfaltiger Genüsse teilhaftig zu werden. Die Erfahrung des Glücks ist die Verzweiflungsbasis, auf der das Ganze ruht. An das allerwirklichste Glück, scheint es, sind diese Leute einen Sommer lang so nah herangekommen, daß es ihnen schließlich ergehen muß wie Ikarus beim Anflug an die Sonne: – Brand und Sturz und Tod. Die Zerstörung ist denn auch von den ersten Seiten an gegenwärtig. Durch sie hindurch blickt man zurück, und die Wirklichkeit jenes Sommers wird zu einem farbigen Phantom, erinnert an die Sagen von fliegenden Inseln oder versunkenen Gärten.

Und doch ist alles auch wieder ganz handgreiflich gegenwärtig. Jede Aussage über dieses Buch kann anscheinend durch ihr Gegenteil ersetzt werden. Die Dialektik von Unwirklichkeit und Erdnähe läßt mitten in der Phantasmagorie Geschichten auftauchen, berichtete Brocken der bäuerlichen Welt, die von Hebel oder Gotthelf stammen könnten: die Geschichte vom verlorenen Daumen, die Geschichte vom einbeinigen Briefträger ... Das sind derbe Nachrichten, vor denen das Schleierspiel belanglos wird. Herzlosigkeit, Niedertracht und Groteske springen hier den Leser an wie nur je in einem ungebrochenen Realismus. Diese Momente sind bedeutsam auch als immanente Kritik des Idylls. In ihnen tritt die erlebte Bukolik der aufs Land geflüchteten Stadtmenschen in eine jähe Distanz zu den Zuständen in diesem ärmlichen Mecklenburg, dessen altbäuerliche Traditionen verkommen sind, ohne in den neuen Gebräuchen einen Ersatz gefunden zu haben. Auch das ist ein Untergangs-Zusammenhang, der das Buch traurig durchzieht, ein Untergangs-Zusammenhang unter vielen.

Welchen denn sonst noch? – Sterbenmüssen, Auseinandergeraten und Altern, das Abwürgen der Natur und das Erwachen der Aggressivität in jedem kleinen Kind, blockierte Kreativität und das Nichtgebrauchtwerden im eigenen Staat, der kommende Brand des geliebten Hauses und die kommende, die lautstark verschwiegene Katastrophe der Biermann-Ausbürgerung. – Untergangs-Zusammenhänge sind das alles, die sich wie Dunstgespinste um das gleißende Glück dieses Sommers legen. Das Licht dringt immer noch durch. Als zu gewaltig wird es erfahren, als daß es einfach erlöschen konnte – »dieser überwirkliche Sommer«, schreibt auch Sarah Kirsch, »dieser phantastische Sommer«, »dieser verrückte Sommer« –, aber das Licht treibt gerade durch seine hohe Herrlichkeit die Menschen, richtiger: die Frauen in diesem Buch zu einer wilden, seherischen Sensibilität. Ein pythisches Horchen ist ihnen allen gemeinsam, sie existieren kassandrisch, zum Wittern des Unheils mitten im Genuß dämonisch bestimmt und ohne Möglichkeit, etwas zu verhindern. Diese Verschwisterung im Ahnen und Vorauswissen ist allem übergeordnet, was die Frauen sonst so sehr unterscheidet. Mit dialektischer Gewalt legt auch hier die äußerste Individualisierung der Personen erst ihr Gemeinsames frei. Und vielleicht war es zuletzt dieses Gemeinsame, was der Schriftstellerin Christa Wolf das Recht gab, aus den andern heraus zu reden, als wären sie alle ein Teil ihrer selbst. Das letzte Kapitel, eine ergreifende Elegie auf Maxie Wander, eine Elegie in Dialogform, die der toten Freundin nochmals Sprache schenkt, beweist das kühne literarische Verfahren endgültig als das, was es von Anfang an war: eine liebevolle Arbeit des Gedenkens. *Peter von Matt*

Frankfurter Allgemeine Zeitung. 14. 3. 1989.

»Nicht nur das Spiel dieses Abends, ein größeres Spiel war mißlungen«. Christa Wolfs »Sommerstück«: Verrat an den eigenen Ideen, an den Freunden und sich selbst

Die Idylle sei, so sagt es der Große Brockhaus, eine »Bezeichnung für die dichterische Darstellung einfacher, behaglich-glücklicher menschlicher Verhältnisse fern vom öffentlichen Leben im engen Zusammenhang mit der Natur«. Im Sinne dieser Definition ist Christa Wolfs neustes Prosawerk »Sommerstück« eine Idylle. Eine allerdings, die nicht, wie das Lexikon meint, vom »Gegensatz zwischen dem überfeinerten städtischen Leben und den gesunden natürlichen Verhältnissen des Landes« lebt, sondern von dem Widerspruch zwischen politischem Engagement und dem Rückzug in die scheinbar heile Welt von mecklenburgischen Bauernhäusern und sommerlichen Landpartien.

Mit »diesem merkwürdigen Sommer«, von dem das Buch gleich zu Anfang spricht, ist der Sommer 1977 gemeint: der Sommer, der auf jenen folgenschweren November 1976 folgte, da Wolf Biermann während einer Konzertreise durch die Bundesrepublik die Staatsbürgerschaft der DDR aberkannt worden war. Das muß man wissen, wenn man das Buch liest; explizit gesagt wird es nirgends. Nur angedeutet in Sätzen wie diesen: »Es kam vor, daß wir uns fragten, wie wir einmal an diese Jahre denken, was wir uns und anderen über sie erzählen würden. Aber wirklich geglaubt haben wir nicht, daß unsere Zeit begrenzt war. Jetzt, da alles zu Ende ist, läßt sich auch diese Frage beantworten. Jetzt, da Luisa abgereist, Bella uns für immer verlassen hat, Steffi tot ist, die Häuser zerstört sind, herrscht über das Leben wieder die Erinnerung.« Und, möchte man hinzufügen, das Schreiben darüber aus der Erinnerung.

Christa Wolf und die kleine Gruppe von Menschen, die sich da in ihre Bauernstuben verkrochen haben und bei Käse, Brot und Wein ihre Wunden lecken, gehören zu denen im Land, die damals ihre Stimme erhoben und gegen die Ungeheuerlichkeit der staatlichen Maßnahme protestiert haben. Auch das wird nie ausdrücklich gesagt; auch das muß man wissen, wenn man Passagen des Buches verstehen will, wo es heißt: »Nicht nur das Spiel dieses Abends, ein größeres Spiel war mißlungen. Vielleicht hatten sie den Einsatz auch eine Spur zu niedrig gehalten. Hatten sich, jeder für sich, ganz im stillen einen Hinterhalt offengelassen, als ob sie eine Weile ihren neu entdeckten Neigungen folgen und darauf warten könnten, daß sie wieder anderswo und für anderes – ›Wichtiges‹ mochten sie es immer noch nennen – benötigt würden.«

Man mag sich fragen, warum Christa Wolf zu dieser Verschleierung Zuflucht genommen hat, warum sie nicht offen sagt, was »der wüste Winter« bedeutet und wer die von ihr geschilderten Personen sind, wo doch Maxie Wander etwa und Sarah Kirsch und natürlich sie selbst und ihre Familie unschwer zu identifizieren sind. Angst vor der Zensur? Politische Rücksichten? Ich weiß es nicht und glaube es eigentlich auch nicht. Viel eher scheint mir, Christa Wolf habe die Einsichten und Empfindungen jenes Sommers loslösen wollen vom Zufall einmaliger historisch-politischer Ereignisse. Nicht von Christa Wolf und ihrem konkreten Freundeskreis, nicht von Wolf Biermann und auch nicht nur von den Verhältnissen in der DDR sollte die Rede sein, sondern von Menschen, Westeuropäern meinetwegen, im letzten Viertel des 20. Jahrhunderts, die aufgebrochen waren, die Welt zu verändern, und die sich statt dessen langsam, aber sicher daran gewöhnt hatten, niemals genau das zu tun und das zu sagen, was sie eigentlich hatten tun und sagen wollen, und die mit der Zeit auch aufgehört hatten, das zu denken, was sie denken wollten. Das allerdings hat es nicht nur in der DDR gegeben, und auch Rückzug und Kapitulation sind keine Begriffe, die für Erscheinungen innerhalb des sozialistischen deutschen Staats reserviert bleiben müssen.

Ja, Christa Wolfs »Sommerstück« ist eine Idylle; sie handelt vom Rückzug in eine Umgebung, »die einem nicht mehr melden konnte, wieweit man sich durch Selbstaufgabe verfehlte«. Und vor allem, sie handelt von Menschen, die das sehr genau wissen: Menschen, die »da saßen in einer nachgeahmten Bauernstube, in die sie nicht hineingehörten; die Röcke aus bäuerlichen Stoffen und Arbeitshemden trugen, die ihnen nicht zustanden. Die gegrilltes Fleisch aßen, Rotwein dazu tranken und über die Baustoffversorgung in den kleinen Landstädten der Umgebung redeten, die sie sonst nichts angingen. Die Geschichte hatte weitergearbeitet. Leute unserer Art, dachte Ellen, verweist sie in diesem Land auf Inseln. Und da müssen wir noch froh sein, wenn die uns bleiben. Nur daß wir keine Inselmenschen sind.«

Was sich Christa Wolf nach der Lektüre dieses Buches wird vorwerfen lassen müssen: Daß es ein ungeheuer komfortables und hochprivilegiertes Inseldasein ist, das sie und ihre Freunde da führen, und daß der Ton, den ihre Schilderung anschlägt, manchmal einen Stich ins Wehleidige hat. Aber auch das weiß sie im Grunde und kann es nicht ändern. Denn davon *handelt* das Buch: vom verpaßten Leben, vom Verrat an den eigenen Ideen, an den Freunden und an sich selbst und von der Schuld, die darin besteht, nicht gehandelt zu haben, als Taten angezeigt gewesen wären. »Man müßte mal«, sagt sie an einem der langen, von Gesprächen randvoll gefüllten Sommerabende, »eine heilige Johanna schreiben; aber die Johanna dürfte nicht standhaft bleiben, sondern müßte widerrufen. – Eine Johanna also, die sie am Leben lassen? – Eben nicht. Sie widerruft: Dann wird sie erst recht verbrannt. Sie ist ja in diesem Fall eine Verräterin. Im zweiten Fall an sich selbst.«

Über zehn Jahre hat es gedauert, bis Christa Wolf sich entschließen konnte, dieses schmerzliche Stück Prosa zu Ende zu schreiben und zu veröffentlichen. Sie tut es fast auf den Tag genau an ihrem 60. Geburtstag, an der Schwelle also zum Alter, von dem sie auch in diesem Buch sagt, es sei Rückzug, »den du nicht selbst vornimmst. Der in dir vorgenommen wird. Etwas, was dein Teil ist, zieht sich in dir von dir zurück. Du bist zuerst irritiert. Fühlst dich durch dich um dich betrogen. Daß du an dir das Interesse verlieren könntest, hast du nicht erwartet, aber es entweicht unaufhaltsam; wie aus einem Ballon, der ein winziges Leck hat, das Gas entweicht.« Schreiben ist immer auch Schreiben gegen dieses Verströmen, ist Erinnerung und Sehen, »wie aus den Tagen der Menschen Geschichten werden«. Christa Wolf hat lange Zeit auf diese Gnade verzichten müssen, weil, wie sie sagt, »die Götter vor die Selbstbezichtigung eine Zone des Verstummens gelegt« haben, »des Schweigens«. Diese Zone liegt nun hinter ihr. Sie hat jenes Ferment wiedergefunden, von dem sie sagt, daß es für sie zum Schreiben unerläßlich sei, das Selbstvertrauen, und das ist gut so.

Klara Obermüller

Die Weltwoche. 23. 3. 1989.

FRANZ WURM
1926 in Prag geboren, lebt in Zürich.

- »in diesem fall«. [Gedichte.] Zürich: Pendo-Verlag.

DOROTHEA ZEEMANN
1909 in Wien geboren, lebt dort.

- »Eine Liebhaberin«. Roman. Frankfurt a. M.: Eichborn.

EVA ZELLER
1923 in Eberswalde geboren, lebt in Heidelberg.

- »Stellprobe«. Gedichte. Stuttgart: Deutsche Verlags-Anstalt.

Überblick und Debatte

HERMANN KINDER

Literaturkritik. Den Geißbock das Singen zu lehren ist nicht leichter als dem Esel die Distel zu wehren

I. Vom Geißbock

Auf erhebliche Änderungen in der Literaturkritik durch einen Generationswechsel zu setzen finde ich illusorisch. Wie alle Betriebe hat sie ihre Regeln, Abhängigkeiten, Verführungen. Historisch gesehen, ist die Literaturkritik ein Zwilling des literarischen Marktes. In ihr laufen ökonomische, politische und ästhetische Interessen zusammen. Sie hat Einfluß auf Ansehen und Verdienst, lenkt die kulturelle Diskussion, setzt Geltungen durch. Der kritische Geist schwebt nicht frei, sondern ist gebunden ins Geschäft, ist nicht abkoppelbar vom Kampf um Macht, Geld, Ideologien, von den schärfer gewordenen Medienkonkurrenzen. Das war trotz des hohen theoretischen Niveaus im Prinzip schon bei Lessing und Schiller so. Wenig sinnvoll also, dieser institutionell gebundenen Kritik den Spiegel ästhetisch-normativer Überlegungen entgegenzuhalten, da sie Agentin anderer als ästhetischer Interessen oft ist und vielleicht sein muß. Es bleibt aber, an die Anständigkeit, die Charakterfestigkeit der Kritisierenden zu appellieren mit dem Satz von Ingeborg Bachmann: »In jedem Beruf muß es jedoch zumindest einen Menschen geben, der in einem tiefen Zweifel lebt und in einen Konflikt gerät.« Appelle sind Ausdruck von Hilflosigkeit.

Ich habe ein paar Wünsche und mache mir Mut damit, daß das, was wirkungslos bleibt, nicht falsch sein muß.

Ich wünsche mir die Wiederkehr ästhetischer Debatten wie in den 60ern die Doppel-Rezensionen oder die »Kunst als Ware«-Debatte. Ich verwünsche die Ersetzung dieser Diskussionen durch das Auftreten von Medien-Reisenden in auf die Momentanität ausgerichteten Fernseh- und Jury-Keilereien, bei denen die mit dem Voyeurismus liebäugelnde Selbstdarstellung den Wert von Argumentieren außer Kraft setzt.

Ich wünsche mir Möglichkeiten der Zusammenführung der ästhetischen Auseinandersetzungen und der sich rapide spaltenden Kulturen. Ich verwünsche die Zersplitterung der Kulturmedien in »konkret«, »Tempo«, »Akzente«, »manuskripte«, »Zeit«, »taz«, »Spiegel«, »Emma«, »Merkur«, »Bücherjournal« usf. Ich bin gegen Zentralmacht, gegen die Wiederholung der Monokultur von »Akzente« und »Zeit« in den frühen 60ern. Aber ich fürchte, die kulturelle Kleinstaaterei führt zu einer Ghettoisierung über die notwendige Absetzung von Generationen und Gruppen hinaus. Es könnte zur Partialisierung kommen, die schon die Kneipen-Kultur beherrscht, in der geregelt ist, wo man sich als Schülerin, als Studentin, als 30jähriger oder 40jähriger oder Grauer bewegen kann. Ist das Artenvielfalt oder ökonomisch forcierte Gleichgültigkeit? Ich weiß es nicht; mir jedenfalls fehlt ein plurales und umgreifendes Kritik-Medium. (Die »FAZ« lese ich nicht.)

Ich verwünsche die Aller-Maul-Oberkategorie »Lesevergnügen« und wünsche mir, daß die Kritisierenden geduldiger, sorgfältiger, ich traue mich zu sagen: germanistischer lesen, mit gewisser Hingabe an den Text. Ich wünsche mir, daß der Malus für Avantgarde im Sinne nicht illusorischen Schreibens verschwindet. Mit den Sottisen gegen Kopf-, Germanisten- oder Intellektuellen-Literatur verdoppelt die Kritik die ökonomische Denkart der Verlage, die schwer Absetzbares weghauen. Die Fixierung auf Unterhaltung schneidet aus der Palette gut geschriebener Literatur weiträumig Stellen aus, die durchaus nicht faul sind. Schandfleck vielmehr des Kulturbetriebs ist, daß Wolfgang Rohner-Radegast noch immer auf seinem unpublizierbaren Lebenswerk sitzt. Zum Beispiel.

Ich wünsche mir größere Zurückhaltung gegen die scheußliche Tendenz der Mediensensationen. Zu widerstandslos bestätigt der Literaturbetrieb die Wut des Marktes auf Spitzenereignisse und die Gier unserer Gesellschaft auf Show. Der Becker-

Graf-Effekt tut niemandem, der Literatur schon gar nicht gut. Ransmair und Jelinek sind die trübsten Erscheinungen dieser Sensationsgeilheit. Am Zirkus beteiligt zu sein wird weitaus wichtiger, als die Texte zu lesen. Ransmair lediglich gekauft und in der Hand zu haben ist der Wert, der dem Mediensausen entspricht. Bei Jelineks »Lust« schon fast eine Tragödie: Ein grandioses Sprachkunstwerk wird im Sog des öffentlichen Geschwätzes, höchstens angelesen und meist nur wegen des Titels, zum Anlaß selbstlaufender Diskussionen, sozusagen: Heute abend »Der Zauberberg« – Und: Was halten wir vom Alpensterben? Zur entmündigenden Gier nach Mediensensationen gehört auch die Wut nach Bilanzierung, nach Bestenliste und Jurysprüchen, nach dem Buch des Monats, nach dem besten der Saison, nach Jahresabschluß und Buchmessenolympiade; diese Wut dient nur dem Markt, nicht der Kunst, denn diese ist, glaube ich immer noch, dem Markt konträr, sie hat ihren Sinn nicht in der Umsatzkonkurrenz.

Ich verwünsche die seit bald zwanzig Jahren breitgekauten Sprüche, daß die zeitgenössische Literatur nichts tauge. Sie tauchten mit dem Ende der ›Gruppe 47‹ auf und sind so langlebig wie die nun inoffizielle ›Gruppe 47‹ selber. So pflegen viele Rezensenten ihre Kritik zu beginnen: Man wisse ja, damals oder anderswo, aber dagegen hier und jetzt. »Die Jungen haben nichts zu sagen«, hieß der Nachlaß einer Gruppe und ihres Trosses, die, literatursoziologische Einmaligkeit, aufgrund der besonderen Bedingungen der Bundesrepublik über dreißig Jahre das Sagen behielten. Und daß sie nun mit einem 47000-Mark-Preis die Unfehlbarkeit ihrer Literatur dogmatisieren, ist Kaiser-Gehabe. Dagegen wünsche ich mir Nachdenken.

1. Aufstieg und Leistungen der ›Gruppe 47‹ verdanken sich einer Wertschätzung für Literatur als ästhetischer und ideologischer Leitkultur, die längst dahin ist. Nur aufgrund dieser Bedingungen um 1960 konnten diese ästhetischen Modelle entstehen, die aber ihre Zeit hatten und nicht übertragbar sind. Wir sind nicht aus einer großen in eine epigonale Literatur gerutscht, sondern aus einer literarischen in eine postliterarische Zeit, wobei die öffentliche Hätschelung der Literatur aus

schlechtem und zynischem Gewissen, weil Geld da ist, sofern es der Imagewerbung nur dient, genau ihrer Marginalität entspricht. Literatur ist staatliche und kommunale Zier geworden in dem Maß, wie das Lesen abgenommen hat. Das ist ein Prozeß medialer Umakzentuierung, für den die Texte, welche die Öffentlichkeit nur noch in ihrem sozialen Hallwert interessieren, keine Schuld tragen. Demgegenüber konnte die ›Gruppe 47‹ sich nahezu in einer weimarklassischen Sonne aalen.

2. Neue Lebenserfahrungen politischer, sozialer, lebensweltlicher Art, insbesondere der Geschlechter- und Familienkonstellationen, haben eine neue Literatur der 70er Jahre, dann der 80er Jahre notwendig gemacht, die nicht, wie die ›Gruppe 47‹-Autoren und ihre Nachfahren suggerieren, nur als ästhetisches Unvermögen und Weinerlichkeit abgetan werden kann. Jede Zeit bekommt die Literatur, die sie braucht. Der heutigen westdeutschen Literatur »Die Blechtrommel«, »Die Halbzeit« oder die Lateinamerikaner, die Afrikaner um die Ohren zu hauen ist historisch wenn nicht bösartig, dann dumm.

3. Ist nicht nur historisch arrogant wie Enzensbergers und anderer Wellen-und-Tal-Theorie, nach der es halt mal gute und schlechte Literatur gibt – die der ›Gruppe 47‹ war eben eine gute, die danach eben eine schlechte –, sondern auch ästhetisch ungerecht. Dagegen behaupte ich, daß in Lyrik, in Prosa, in Dramatik Œuvrcs entstanden sind, die den Werken der ›Gruppe 47‹ ebenbürtig sind, wenn man schon einen überhistorischen Qualitätsstandard überhaupt für sinnvoll hält, die jedenfalls angemessener Ausdruck ihrer Zeit sind. Ich habe keine Scheu, Uli Becker neben Celan zu setzen und Henscheid oder Kronauer neben Grass, Strauß neben Hildesheimer, Jelinek neben Frisch, Paul Wühr neben Arno Schmidt. Und bitte: Brauchen sich von Kieseritzky und Markus Werner vor Lettau und Bichsel zu verstecken? Zum Beispiel.

Ich wünsche mir, daß die Literaturkritik von dieser ungerechten Fixierung auf das vermeintliche Goldene Zeitalter der Literatur in der Bundesrepublik loskäme. Aber das ist wohl schwer. Es ist verständlich, daß wir so gebannt sind von der für die kritische Auseinandersetzung mit dem Faschismus und dem Deutschland des 19. Jahrhunderts wie für die beginnende Aufnahme der Moderne wichtigen ›Gruppe 47‹-Kultur. Kein Grund aber für die kalte Schulter, die die »Akzente« der bundesdeutschen Gegenwartsliteratur zeigen. Kein Grund, alles Spätere für Murks zu halten. Auch für uns ergrauenden, so ganz und gar von der Findungsphase der bundesdeutschen Geschichte geprägten Nachgeborenen ist die Hochzeit der ›Gruppe 47‹ nun so lange vorbei, wie damals die Literatur der späten dreißiger Jahre vorbei war. Oder mit dem Satz einer 1965 geborenen Germanistikstudentin: Grass, Böll – das ist eine Literatur, die mit meiner Zeit nichts mehr zu tun hat.

II. Nun zum Esel

Der Schriftsteller Heinz Risse, in der Nachkriegszeit renommierter, dann gründlich vergessener Romancier und Essayist, der heute 90 Jahre alt wird, war am 30. März 88 zu lesen, hat einen Preis von 20000 Mark ausgesetzt. Damit soll die beste Arbeit eines Wettbewerbs zum Thema »Über nicht-künstlerische Einflüsse auf die Beurteilung literarischer Werke im 20. Jahrhundert« prämiert werden. – Bis zum Lebensende also Rachsucht, Kränkungswahn und gerechte Empörung über die Behandlung oder Mißachtung durch die Literaturkritik, die eben ein Interessensyndrom ist, in dem das »Künstlerische« nur ein Faktor ist. Ein Freund bekommt Darmbluten in Erwartung der Rezensionen zum neuen Buch. Sind sie da, bekommt er eine Blasenschwäche, denn ihn verletzen auch die guten. Gottlob ist es ihm erspart geblieben, keine Rezensionen bekommen zu haben. Andere probieren, sich Liebkind zu machen, gar die Kritisierenden zu bestechen. Andere fliehen nach Neuseeland, erscheint das Buch. Totschlagenwollen, Füßeküssen und demonstrative Abkehr bilden das Spektrum der psychischen Abhängigkeit derer, die das Wichtige tun, nämlich Bücher schreiben, von denen, die in Feuilletons, Jurys, Listen, vor Kameras und Mikrofonen vor den Tausenden, nach denen die Schreibenden nur lechzen können, etwas Merkwürdiges tun, nämlich Literatur zensurieren und den meist mehr am Spiel der Kritik als am Lesen Interessierten sagen, was und wie sie Literatur lesen sollen. So entstehen Sklavennaturen mit Masochismus, Größenwahn, Schadenfreude und Neid, Selbstaggression, Aufgabe.

Die Struktur gleicht der von Abhängigen in anderen Konkurrenzsystemen. Kunstmachende sind keine Ausnahme. Von ihren Verlegern zumeist nur als ökonomischer Posten behandelt, von größerer Resonanz abgeschlossen, wird die institutionelle Kritik oder Nicht-Kritik zur Prüfungsinstanz von exemplarischer Geltung. Zugleich aber ist diese Kritik, wenn sie überhaupt und auch wenn sie erfreulich erfolgt, Demütigung an sich, denn die Kritik kann nie das einem mehrjährigen Lebensrisiko auch finanzieller Art entsprechende Wagnis, die entsprechende Mühe und Aufmerksamkeit aufbringen. Bücher, forderte Uwe Johnson, müßten so langsam gelesen werden, wie sie geschrieben wurden. Das Gegenteil passiert; das Lebenswerk gerät bei einem Zeilenhonorar, das das Lesen dickerer Bücher nicht lohnt, vor aller Öffentlichkeit zu »In Kürze« – aha, »Zeit«, immerhin, freu dich doch.

Nun sind, ich weiß, Kritiker keine Psychiater oder Künstlersozialbetreuerinnen, nun ist, ich weiß, das Verhältnis von Buchangebot zu Lesekraft und Rezensionsplatz fast unausrechenbar niedrig, nun hat man seine Geschäftszwänge, ich weiß es traurig aus dem akademischen Betrieb, es geht um sporadische Arbeitsbeurteilung, nicht um Schicksale. Anderes einzuklagen ist zwecklos. Die Schreibenden müssen ihren Umgang mit dem kritischen Betrieb, dem sie sich, so wie er ist, aussetzen, von sich aus erträglich gestalten. Es gibt drei Tendenzen:

1. Möglichst erfolgreich mitmischen. Prinzipiell fürchte ich, daß dabei die Kontrolle über sich und das Schreiben verloren wird, ohne je die Kritik kontrollieren zu können, zu deren Regeln die Demonstration von Unabhängigkeit oder Unbestechlichkeit gehört, was sich im Niedermachen der zu sehr zu Erfolg Strebenden vorführen läßt. Das Mitmischen kann schon was einbringen – aber um welchen Preis? Ich will nicht in dies Narrenhaus, in dem jeder jedem flüstert, wer was mit wem und welchem Hintergrund und warum, und jeder sich beklagt, daß

jeder, den er treffe, ihm flüstere, wer was mit wem und welchem Hintergrund und warum.

2. Die Kraftgebärde: Die Kritik möge mich im Arsche lekken. Goethe, sicher, Sturm und Drang. Noch einmal historisch gesehen: Markt, Literaturkritik und das Originalgenie mit seiner aggressiven Verweigerungshaltung entstehen gleichzeitig, sie sind komplementär. Das hat auch den Grund, daß die öffentliche Vernunft sich an ihrem Gegenteil, der Aura des anarchischen Individuellen, erst erweist. Damit ist eine soziale Rollenzuteilung verbunden, die mir zu eng ist, die zum Selbstbetrug führen kann: Künstler gegen Bürger, Freak gegen Betrieb. Außerdem mag ich der so erzieherisch auftretenden Kritik den Entlastungswunsch nicht erfüllen, mit dem sie sich von der Verantwortung ihres Tuns drücken möchte und der sich in der Maxime niederschlägt: Den wahrhaft Bedeutenden bleibt Kritik immer äußerlich wie der Eiche die Sau. Und schließlich ist die demonstrative Abkehr längst eine Marketing-Strategie geworden: Seht her, ich schau euch nicht an. Negative Fixierung auf den Kritik-Betrieb.

3. Sinnvoller scheint mir der Versuch, der mühsam von Mal zu Mal und bei jeder Gelegenheit neu zu unternehmende Versuch, sich mit dem öffentlich begutachtenden Betrieb in Distanz auseinanderzusetzen. Was eine wohlfeile Kompromißformel scheint, ist in Wahrheit eine kaum zu erreichende Lebensaufgabe, siehe Heinz Risse und viele andere, auch sehr Erfolgreiche.

Dieser Versuch hat zwei Ziele: Zum einen, das in der Kritik Geäußerte als oft kompetente Meinung zu akzeptieren, aber dabei dennoch, egal, ob die Meinung gut oder schlecht ist, sie nur als einzelne Meinung zu verstehen. Das ist zwar verfälschend, weil diese scheinbar nur einzelne Meinung dadurch, daß sie im Rahmen der kultur- und medienpolitisch steuernden Institution erfolgt, ihr anhängende generelle Absichten vertritt, doch ist es für die Betroffenen ein hoffnungsloses Unterfangen, die anhängenden Interessen gerecht einzuschätzen. Was weiß ich, und ich will es auch nicht wissen, warum ein Autor und Kritiker meinen Verlag und die Titanic-Schule, zu der er mich nebenbei glatt schlägt, abkanzelt und »Die Zeit« ihm dafür eine ganze Seite einräumt. Die unausgesprochenen Motive, die zur Jagd auf Hermann Burger geführt haben, sind mir ebenso wenig handgreiflich wie die Motive zur Wiedergutmachung am postumen Werk. Ich nehme mir vor: Mich sollen die betrieblichen Hintergrundsmotive nicht kümmern und nicht grämen. Indem ich die kritische Meinung von ihren angedeuteten oder unausgesprochenen Interessen und Strategien abkoppele, indem ich sie als pure einzelne Meinung lese und lediglich ihre expliziten Argumente prüfe, enthebe ich sie dem Geltungsanspruch, den sie sich als institutionelle Kritik zuspricht. Ich streiche die Gleichung: Meinung plus Macht = Gültigkeit durch, obwohl sie stimmt. Da ich mich gegen den kritischen Betrieb nicht wehren kann, entmachte ich ihn in einem Privatstreich. Ich gestehe dem, was ex cathedra gesprochen wird, keinen höheren Grad von Richtigkeit zu als der Meinung des einflußlosen einzigen Lesers in Bielefeld. Denn ich sehe keine andere Möglichkeit, das Angebot zur emotionalen und intellektuellen Auseinandersetzung mit dem eigenen Werk zu nutzen, ohne in den Fleischwolf des kritischen Betriebes gezogen zu werden.

Der Versuch, Kritik aus Überlebensgründen zu privatisieren, steht in Zusammenhang mit dem weiteren Ziel, der negativen oder positiven Traumatisierung durch den kritischen Betrieb, so weit möglich, zu entkommen, das heißt: die Selbsteinschätzung von der institutionellen Einschätzung zu trennen, das konfliktuöse Verhältnis zur Kritik zum Anlaß des Bedenkens zu nehmen, genauer zu erkennen, welche Motive und Interessen mich selber beim Schreiben und Veröffentlichen leiten; denn auch das Publizieren ist ein Motiv-Syndrom, in dem das »Künstlerische« nur ein Faktor ist. Ich versuche, das Ausgesetztsein im kritischen Betrieb positiv zu wenden als Stimulierung zu mehr Souveränität gegenüber den neurotisierenden und mechanisierenden Zwängen des Betriebs, die Erfahrungen mit ihm will ich nutzen für ein Lehrstück zur Übung in Freiheit.

Der erfolgreichste Weg zu einer Immunisierung gegen die Verinnerlichung der Urteile und Zwänge des Betriebes ist der

der Solidarität, der Freundschaft mit den Schreibenden, und zwar allen, auch mit denen, die gar nicht publizieren, auch mit den vielen, vielen zuvor. Selbstrettung durch Reflexion auf Geschichte, Selbstrelativierung als Abwehr des aktuellen Verwertungsrummels.

Das tönt illusorisch, selbsttherapeutisch, altklug, zu vernünftig. Es ist wohl auch mehr regulative Idee als tägliche Lebensweise. Es ist ein Versuch, der der kaum hintergehbaren Abhängigkeit von der Macht der Kritik entspringt. Zugegeben auch, daß gegen solche Taggedanken die wüsten Träume von Nobelpreis und Maschinengewehr ihr Recht behalten. Und es könnte sogar so sein, daß in unseren Verhältnissen der tatsächliche oder imaginäre Kampf um Anerkennung der autoritären Kritik kreative Kräfte schafft und hält: Ich werd's euch schon zeigen. Dennoch wünsche ich mir ein Verhältnis zur Kritik von der Art interessierter Wurstigkeit. Für mich ist die Voraussetzung für den Versuch in Unabhängigkeit, nicht nur in einem Betrieb zu stehen, von keinem Betrieb materiell und psychisch allein abhängig zu sein. Ich bin sicher, daß mir der Versuch nur unvollkommen gelingen wird. Aber dennoch: Auf die große Frage, wie ehrlich, richtig, so weit möglich frei von der Selbstdefinition durch die sozialen Konkurrenzen zu leben und zu schreiben sei, gibt es nur diese kleine Antwort: Versuch es trotz des erheblichen Übergewichtes, das das Sekundäre gegenüber dem Primären, von dem es zehrt, gewonnen hat und weiter gewinnt.

Originalbeitrag. Rede, gehalten im August 1989 beim 11. Münstereifeler Literaturgespräch der Friedrich-Ebert-Stiftung.

FRANK SCHIRRMACHER

Idyllen in der Wüste oder Das Versagen vor der Metropole. Überlebenstechniken der jungen deutschen Literatur am Ende der achtziger Jahre

1. Vor fast zwanzig Jahren wurde Deutschland von einer beispiellosen Alphabetisierungskampagne überzogen. Damals be-

gann eine ausgefeilte und weitgestreute Literaturförderung, junge Autoren durch Stipendien, Preise, Arbeitsaufenthalte oder Stadtschreiberehren oft noch vor Ablieferung ihres ersten Werkes finanziell zu unterstützen. Plötzlich konnte nicht nur jeder lesen, sondern auch schreiben. »Schreiben« wurde zum subventionierten Akt. Heute können wir die Folgen absehen: Das komplexe System von Auswahl, Subventionierung und Veröffentlichung produzierte eine kollektive »écriture automatique«, ein selbsttätiges Schreiben, wie es die neuere Kulturgeschichte noch nicht gesehen hat.

»Es« schrieb und hat seitdem nicht aufgehört zu schreiben. Das Resultat läßt sich täglich in jeder Buchhandlung und einmal im Jahr auf der Frankfurter Buchmesse besichtigen. Dort kann man feststellen, daß die Pfleger und Heger des literarischen Nachwuchses ihr Ziel erreicht, ja die Erwartungen bei weitem übertroffen haben: Sehr viele junge Menschen haben sich in den letzten Jahren zum Schreiben ermuntert, aufgerufen, ja gedrängt gesehen.

Das Phänomen wurde bislang nur unzureichend ergründet. Tatsache ist, daß fast alles, was wir von der jeweils jüngsten Literatur zur Kenntnis nehmen, Produktionen von Debütanten sind. Vor ihrer Überzahl hat sich das historisch vergleichende Bewußtsein längst ergeben. Scheinblüten eines Herbstes, der bessere Durchschnitt einer Saison, der Rummel und das überzogene Lob – all dies entschuldigt sich dadurch, daß alle anderen Bücher noch viel schlechter sind.

Das Elend mit der Literaturförderung besteht nicht darin, daß sie auf Menschen zielt, die gerne schreiben. Für die Schublade hat schon mancher gedichtet. Das Elend ist, daß die Geförderten auch wirklich zu Ende schreiben. Wer ein Jahresstipendium oder einen Stadtschreiberposten erhält, meint, er müsse sein Manuskript schon aus moralischen Gründen auch wirklich abliefern. Das auf dem Dachboden verschimmelnde Fragment, das ein für allemal abgebrochene Manuskript hat in einem System keine Chance, in dem das Nicht-Seiende nur als Marktlücke vorstellbar ist. Wer also nichts Gescheites zuwege bringt, wird auch das noch, wenigstens als Dokument des

Scheiterns den Jurys und Verlagen andrehen wollen. In diesem Sinne sind die Förderer schon längst zu Auftraggebern geworden und unterscheiden sich von den klassischen Vorbildern der Auftragskunst nur dadurch, daß sie für das fertige Produkt eines aberwitzigen Leistungs- und Verwertungsdrangs keine Verwendung haben.

Aber wer hat die Verwendung? Wer hat, zieht man einmal die Sentimentalitäten ab, wirklich Verwendung für eine Literatur, um die man nicht nachgesucht hat und die einem dennoch hartnäckig zugestellt wird? Die fanatischen Liebhaber der Literatur? Die lesen Thomas Bernhard, beschäftigen sich mit Thomas Mann und sprechen über die neue Werkausgabe von Nabokov. Die Verlage? Selbst die dreistesten unter ihnen verzichten mittlerweile darauf, von einer »neuen deutschen Literatur« zu reden. Die Literaturkritik? Sie verzeichnet seit Jahren nur noch Stillstand. Genauer gesagt: seit fast zwanzig Jahren.

Die letzten Werke von weltliterarischem Rang, die im deutschsprachigen Raum erschienen, stammen von der Generation der heute Sechzigjährigen. Manche ihrer großen Vertreter, Heinrich Böll, Thomas Bernhard, Peter Weiss, Uwe Johnson, sind schon tot. Der nun 47 Jahre alte Peter Handke, oft als Paradebeispiel einer jungen deutschen Literatur angeführt, debütierte bereits Mitte der sechziger Jahre. Selbst wenn man noch jene Schriftsteller der siebziger und achtziger Jahre hinzuzählt, die mehr als zwei Bücher geschrieben haben, Hermann Burger (Klagenfurter Preisträger) und Botho Strauß, bleibt das Ergebnis mager. Niemand käme auf die Idee, jene, die in den siebziger oder achtziger Jahren an die Öffentlichkeit traten, eine Generation zu nennen. Zwei, drei Leute machen noch keine Generation. Jahr für Jahr aber treten neue Debütanten auf, legen ein erstes und oft kein zweites Buch vor, werden rezensiert, zu Talkshows und Fernsehlesungen eingeladen, auf Reisen und Kongresse geschickt. Die literarische Öffentlichkeit nimmt dies keineswegs abschätzig, sondern erfreut zur Kenntnis. Ihr steckt nämlich noch die Angst des neunzehnten Jahrhunderts in den Knochen, das erst, als es schon zu spät war, begriff, daß es seine größten Dichter verkannt hatte. Nun spricht aber seit langem alles dafür, daß es dem zwanzigsten Jahrhundert nicht so ergehen wird, daß seine Verbreitungs- und Kommunikationstechniken den Ruhm nicht unbillig aufsparen.

Die Situation, der wir uns heute gegenübersehen, ist qualitativ neu. Hinter der wohlmeinenden Förderung steht das Ideal des »freien Schriftstellers«. Sie sieht als ihren Zweck an, den Schriftsteller von jenen Zumutungen zu befreien, die seine Produktivität einschränken können. Natürlich ist gegen dieses Ideal nichts einzuwenden: es gehört zu den großen Mustern abendländischer Intellektualität. Einzuwenden gegen den »freien Schriftsteller« ist aber sehr viel, wenn er *de facto* nicht mehr frei, sondern Angestellter eines florierenden Betriebs geworden ist, der nur scheinbar die Freiheit garantiert. Dann wird, im extremsten Fall, Literatur zu dem, was ihre philiströsen Verächter ihr immer schon andichteten: Sie wird zum überflüssigen Produkt.

Diese Entwicklung ist nicht unbemerkt geblieben. Vor genau zehn Jahren erschien das »Literaturmagazin 11« mit dem Titel »Schreiben oder Literatur«. Die Alternative, die das Schreiben einerseits und die Literatur andererseits in Opposition setzt, drückte eine tiefe Einsicht aus und ist eine Antwort auf den Slogan vom »Tod der Literatur«. Damals glaubten die Herausgeber noch, daß jede der beiden »Literaturen« eine Funktion habe, die »derzeit von der jeweils anderen gar nicht erfüllt werden kann«. Darin haben sie sich getäuscht. Getäuscht haben sich auch die Anwälte der jungen Literatur, die Jurymitglieder, die Preisrichter, die Kritiker, die Moderatoren: Sie sehen immer nur den künstlerischen Pluralismus wachsen, die Fülle des Vielfältigen, die Lesarten der Welt. Es sollten hunderttausend Texte blühen.

2. Doch es geschah das Unerwartete. Als die Manuskripte lektoriert, die Umschläge entworfen, die Klappentexte formuliert und die Bücher endlich im Handel waren, stellte man fest, daß sie alle dasselbe enthielten. Man glaubte an ein Versehen und wollte es bei der nächsten Buchmesse besser machen. Die

Verlage schickten ihre Lektoren zu den großen Wettbewerben und den kleinen Preisverleihungen, und von überall ließ man sich Texte empfehlen und Namen nennen. Aber die nächste Messe zeigte das gleiche Bild. Und der Herbst des Jahres 1989 wiederholt und verschärft es noch.

»Es« schreibt, und es schreibt immer gleich. Die Texte, die einmal von extremer Individualität, ein anderes Mal von Berlin, vom Leben auf der Alm oder von einer verflossenen Liebe handeln, die mit allen Stilen und Formen experimentieren, die eigensinnig, radikal oder esoterisch zu sein vorgeben, sie gleichen sich wie ein Ei dem anderen. Die Lektoren geben es zu, die Kritiker sprechen es aus, aber am Phänomen selber ändert sich nichts.

Es gibt, das ist nicht zu leugnen, Unterschiede. Die jungen Autoren des Jahres 1989 sind welterfahrener, informierter, haben mehr gesehen, als es sich je ein Dichter der literarischen Moderne hätte träumen lassen. Sie kennen sich aus. Man hört sie über den Kunstbegriff bei Nietzsche reden, wie es beispielsweise der Romancier Matthias Politycki tut. Die mittelalterliche Liebeslyrik Oswald von Wolkensteins ist ihnen, wie Anita Pichler in ihrem zweiten Prosaband zeigt, zur Hand. Sie räsonieren über die Erzähltheorie Walter Benjamins, wie Thorsten Becker in seiner ersten Erzählung, oder entwickeln, wie Botho Strauß, die Simulationskonzepte Baudrillards. Sie sind in den absonderlichsten Vergangenheiten zu Hause, und in keiner so sehr wie in der Moderne.

Zur jungen Literatur in diesem Herbst

Aber sie kennen außer den Büchern auch die Welt. Noch der Menschenscheueste unter den jungen Dichtern hat von der Welt mehr gesehen als je ein Künstler zuvor: Die Schrecken der Großstadt hat er schrecklicher zu Gesicht bekommen als Upton Sinclair, die Schönheit der Landschaft schöner, als Eichendorff sie erdachte, die Menschheit zynischer, als Döblin das für möglich hielt.

Bei der Fülle des Materials kann nicht ausbleiben, daß sie vieles nur andeutungsweise wissen. Doch auch, was sie nur halb kennen, glauben sie ganz zu verstehen. Einige Verse von Georg Trakl genügen ihnen, um den ganzen Trakl zu verstehen. Einige Sätze von Musil genügen, um eine prägnante Theorie über Musil zu formulieren. Was wie Leichtfertigkeit aussieht, ist in Wahrheit eine Überlebenstechnik. Nur wer nicht zu lange bei den Dingen verweilt, kann in ihnen überleben. Zwei Wochen New York müssen genügen, um New York zu verstehen. Einige Minuten Fernsehnachrichten reichen aus, um ein Bild vom Zustand der Welt zu bekommen. Deshalb lag ein Weltbild, ein Leben, eine Literatur des *pars pro toto* nahe. Wer heute aufwächst, der braucht zum Überleben, was die Literatur gleichsam als Luxus über Jahrhunderte einübte: in den Teilen den Plan des Ganzen zu erkennen. Die Autoren aber haben daraus die falsche Schlußfolgerung gezogen: Sie beschreiben die Details in der Hoffnung, man werde sich das Ganze schon zurechtreimen.

Damit aber hat es seine Schwierigkeiten. Der Teil, der fürs Ganze steht, sind sie selber, sind sie als Menschen von Fleisch und Blut. Man sollte niemandem trauen außer sich selbst – das ist keine Ganovenmoral, sondern eine Ästhetik. Die eigene Innerlichkeit kann niemand besserwisserisch in Frage stellen. In einer unübersehbaren Welt von Wirklichkeiten und Simulationen sind die Gefühle gleichsam Garantien, überhaupt noch irgendwo vorhanden zu sein. Liebe, Verzweiflung, Sterben, Tod – natürlich sind das noch die Themen der Literatur. Sie hat die Themen und sie liebt es, über sie zu reden.

3. »Am Tag zuvor habe ich ihr noch aus Kinderbüchern vorgelesen. Sie mochte so gerne hören, was Kinder sagen. Dann fing sie an zu phantasieren ... Ich konnte sie akustisch kaum noch verstehen, und sie konnte dann auch nicht mehr hören. Ich dachte: Was tu ich denn jetzt, wenn ich mich nicht mehr mit ihr verständigen kann? Dann fiel mir ein: ihre Hand halten ... Ich habe dann einfach dagesessen und ihre Hand gehalten, ihr das Gefühl gegeben: hier bin ich. Hier ist noch jemand ... Und schwer fand ich schon, diese tiefen, tiefen Atemzüge anzuhören. Ich hoffte geradezu, es möge jetzt der letzte sein. Das war auch für mich quälend. So wie aus tiefster Seele

kamen ihre Atemzüge immer noch einmal wieder ... Ja, dann war so dieses letzte, lange und tiefe Atemholen, und dann war es einfach Nichtmehratmen ... Da stand ich auch ein bißchen wie mit leeren Händen davor. Ja, auch verwirrt, irritiert und traurig.« Der Text handelt vom Tod der Mutter. Ohne Zweifel hat er starke Momente. Eingeweihten werden folgende Andeutungen genügen: die Mutter wird zum Kind, die Tochter zur Mutter; die Verständigung bricht zusammen; Rückkehr zur vorsprachlichen Gebärde; Anspielung auf das Isaak-Opfer, mit dem die Tochter sich dem Tod anbietet (»Hier bin ich«); der Tod, auch semantisch versöhnt, ist nur noch »Nichtmehratmen«; die alleingebliebene Tochter steht am Ende – bestechendes Bild – »mit leeren Händen da«.

Der Text hat keinen Preis bekommen. Obgleich er in diesem Herbst erscheint, wird ihn kein Literaturkritiker würdigen. Niemand wird über die Autorin reden. Denn wir entnehmen ihn einem Lebenshilfe-Ratgeber, der soeben unter dem Titel »Wenn die alten Eltern sterben« in die Buchhandlungen gekommen ist. Von der Autorin dieses dort als Dokument publizierten Protokolls wissen wir nur, daß sie Franziska heißt und Beamtin ist. Außer ihr werden noch Gustav, Beate und Joachim befragt.

Die Frage lautet: Wieso klingt Franziskas Text nach junger deutscher Literatur? Wieso redet sie so, wie viele Bachmann- oder Kranichsteinanwärter schreiben? Jedermann weiß, daß Franziskas Text einen Preis hätte bekommen können. Auch Beate oder Gustav hätten eine Chance. Ihre Texte sind so gut oder so schlecht wie ein respektierter Teil der aktuellen Gegenwartsliteratur. Was Franziska von ihren literarischen Kollegen unterscheidet, ist ganz vordergründig und läßt sich nicht durch Stilmittel, Anspielungen oder Traditionszusammenhänge erklären. Es ist nur dies: Sie hat ihren Text nicht über zwei Seiten hinausgebracht.

Als »Authentizität« tarnt sich nun schon seit Jahren die Talentschwäche der nachwachsenden Schriftsteller. Von der Prosa und Poesie der literarischen Moderne hat man einmal zu Recht bemerkt, sie habe zum Entstehen einer poetischen Weltsprache geführt. Die Literatur der wahren Empfindung hat, so ließe sich die Sache ergänzen, zur Herausbildung einer neuen poetischen Fachsprache geführt.

Wer sie beherrscht, reüssiert im Betrieb. Sie ist eine Garantie dafür, überhaupt wahrgenommen zu werden. Ihre Wiedererkennbarkeit liegt am Gebrauch der fast gleichen Worte und der identischen Handlungssituationen. Die Autoren kennen die moderne Zeichentheorie und lieben Verweise auf das, was sie als Autoren tun: Schreiben, Schrift, Papier, das Weiße und die Buchstaben spielen hier als Metaphern eine große Rolle. Sie sollen die Authentizität nicht nur des Erdachten, sondern auch des Geschriebenen steigern.

Natürlich ist das nur eine Ausflucht aus der Erfahrungsleere. Einige Elemente, die fast immer dazugehören, seien hier genannt: die Wörter, das Meer, die Geschichte, die Zeit, der Blick, die Bilder, die Träume, die Augen, das Spiel, das Gesicht, das Wirkliche, die Piazza Roma, die Spiegel, das Licht, die Stimme, der Laut, der Name, das Zeichen. Die Figuren »erschrecken« leicht vor ihrer eigenen Stimme, spiegeln sich in Fenstern, zerreißen Papier, beobachten Dinge, die sonst niemanden interessieren. Jedes dieser Worte, jede dieser Stimmungen für sich allein wären explosiv in großer Literatur. Ihre semantische Energie ist so stark, daß jedes von ihnen fast eine eigene Geschichte brauchte, um sein Vorhandensein in einem poetischen Text glaubhaft zu machen. In den Texten, denen wir sie entnahmen, werden sie massenhaft aufgeboten, müssen sich gegenseitig stützen und reißen sich doch nur in die Bodenlosigkeit; ein poetischer *overkill*, der, wenn der Staub sich verzogen hat, eine Wüste hinterläßt.

4. In ihr leben Einsiedler. Die Wüste ist ihr Idyll. So sind fast alle Helden, die in der Gegenwartsprosa auftreten, zu beschreiben. Sie sehen nicht viel und können deshalb nur von sich selbst erzählen. Der Österreicher Norbert Gstrein zählt zu den großen Hoffnungen der deutschsprachigen Literatur. Sein Roman »Einer« hat zu Recht Bewunderung und Zustimmung geweckt. Jetzt hat er, nach erstaunlich kurzer Zeit, sein zweites Buch vorgelegt. Was ist daraus geworden? »Anderntags« ist

eine Rekonstruktion. Die Freundin des Erzählers ist gestorben, sein Text ist Rechenschaftsbericht, Wiederherstellung der Vergangenheit, nachgetragene Liebeserklärung.

Gerade weil Gstrein zu den begabteren Autoren gehört, zeigen seine Mißgriffe die Achsenpunkte des allgemeinen Desasters an. Was sofort ins Auge fällt, ist die Unfähigkeit zu erzählen. Er glaubt dem Dilemma zu entkommen, indem er sich der Theorie in die Arme wirft. Wie viele seiner Generationsgenossen steht er, ohne es zuzugeben, im Banne Max Frischs. Von ihm haben sie gelernt, während man eine Geschichte erzählt, davon zu reden, daß man gerade eine Geschichte erzählt. Das Stilmittel, das schon in Max Frischs »Gantenbein« problematisch, weil erprobt war, findet sich in der Literatur der achtziger Jahre zuhauf.

Der Rekonstrukteur Gstrein schreibt angesichts einer Straßenszene: »Es fiel ihm leicht, eine Geschichte zu denken.« Da hat man, gerade weil es ihm so frisch von den Lippen geht, seine Zweifel. Die Geschichte entsteht gar nicht, sondern nur das Protokoll einer Gedanken- und Bilderfolge. Wie viele junge Autoren macht Gstrein die Schwierigkeiten beim Erzählen zum Element seiner Erzählung – und wie viele geht er damit unter. »Er begann immer neu – auf den Satz aus, der alles nach sich zog«; »Er konnte sich die Frau vorstellen; wie sie in die Buchhandlung schaute«; »Es fiel ihm leicht, zu denken, wie das Paar von der Bank aufsprang«. Diese Durchbrechung des Textes wäre vor achtzig, neunzig Jahren immerhin erstaunlich gewesen. Jetzt wirkt sie nur noch staubig, unsouverän, nachgeahmt, kurz: epigonal.

Er braucht die Menschen nicht, sagt einmal der Erzähler. Daß er es sagt, ist schon zuviel. Der Satz wird sofort banal. Das merkt auch Norbert Gstrein. Wie viele Autoren leidet er daran, daß seine Figuren Kommuniqués abgeben, statt einer Handlung zu folgen. Gstrein sucht einen Ausweg und er macht es noch schlimmer. Den ohnehin theoretischen Satz reflektiert er mit einer noch abstrakteren Situation: »der Satz, den ich wortlos dem Spiegel hinwarf, stets von neuem, und als Antwort erhielt ich nichts, nur mein eigenes Lachen, den leeren

Blick.« Gemeint ist in einem Akt selbstanalytischer Erkenntnis: das leere Schreiben.

Die Beispiele lassen sich beliebig vermehren. Fast immer entdeckt man hinter der fehlenden Imagination eine um so strotzendere Rhetorik, die intellektuell absichern soll, was künstlerisch mißlungen ist. Ernst Robert Curtius hat die Rhetorik des spätlateinischen Mittelalters analysiert: die Stilformen, die Gemeinplätze, die rhetorischen Rituale. Es wäre reizvoll, eine solche Stilkunde für die deutschsprachige Gegenwartsliteratur zu verfassen. In ihr stünden nicht nur verblaßte Sprachbilder. Sie verzeichnete vor allen Dingen die abgegriffenen, unproduktiv gewordenen Denkbilder einer veralteten Avantgarde.

Es gibt Autoren, die das begriffen haben. Thorsten Becker, das Wunderkind des Jahres 1987, gehört dazu. Seine Erzählung »Die Bürgschaft« spielte zwar auch mit Benjamins Theorie vom Erzähler, aber das hat außer ihm niemand gemerkt. Nach der mißratenen »Nase« hat er jetzt die Erzählung »Schmutz« geschrieben. Sie handelt von dem Wachmann Schmutz, der einen wichtigen Bewachungsauftrag bekommt, ihn wieder verliert und deshalb durchdreht. Der Bewacher wird zum Angreifer. Das Buch, in zwei Teilen vorgelegt, ist seine Rechtfertigungsschrift.

Schmutz schreibt an Gott, um sich zu rechtfertigen. Im zweiten Teil schreibt kein Gott, aber ein halbwissender Erzähler und erzählt die gleiche Geschichte noch einmal. Beckers Buch wiederholt keinen Fehler seiner Altersgenossen. Er plagiiert nicht die Rhetorik der puren Innerlichkeit. Dafür aber rettet er sich mit der Imitation. Schmutz, der Ich-Erzähler, verfügt über kein Ich. Er erzählt seine Geschichte wie ein Wachmanns-Protokoll: umständlich, exakt, ohne Emotion. Becker hat seine Geschichte bis in eine psychologisch so extreme Situation geführt, daß sie an den Rand der Satire gerät. Ein Stück, das unterhält, weil seine Voraussetzungen völlig phantastisch sind, ein Stück aus den fünfziger Jahren. Auch Schmutz freilich ist ein Einsiedler inmitten seines *Rayons*, ein ordnungsliebender Phantast, der, da in ihm nichts als Wüste ist, auch wieder eine Wüste hinterläßt.

5. Die Autoren leben in Städten oder kennen sie doch zumindest. Aber es gibt bei uns seit Jahrzehnten keine Literatur der Metropolen, des städtischen Lebens, der Weltstadt, des Weltlebens. Es gibt »New Yorker Geschichten« im Kino, aber keinen Berlin-Roman der Nachkriegszeit. Jedes Jahr wird er angekündigt; es hat ihn seit »Berlin Alexanderplatz« nicht gegeben. Die Autoren lieben New York; als Passepartout taucht der Name in jedem zweiten Roman auf. Aber sie sind unwillig, das Dickicht ihrer eigenen Städte auch nur zu betreten.

Die Metropolen Europas und Amerikas sind die Heimt der literarischen Moderne gewesen. Unermeßliche Wirkungen sind von ihnen ausgegangen. In ihren Straßen, unter ihren Dächern, an ihren Ufern ist entstanden, was uns heute noch die ästhetischen Maßstäbe liefert. Niemand vermag zu sagen, wieso aus unseren Städten keine Geschichten mehr kommen.

Solange die deutsche Literatur sich der Gesellschaft in den Metropolen, der kalten und abgründigen Sozietät in diesem längst zu einer gigantischen Stadt gewachsenen Lande nicht zuwendet, müssen ihre Leser sich mit Idyllen begnügen. Die Idylle ist in einer Gesellschaft, die über sich selbst nur Zwangsvorstellungen entwickelt hat, an die Stelle des sozialen Romans getreten und so Platzhalterin großer Literatur geworden. Idylle ist selbst noch die Verzweiflungs- und Gewaltprosa der achtziger Jahre. »Šakuntala« hieß vor Jahrtausenden eine der ersten Idyllen, die in Indien entstand und mit »Einsiedlerleben« zu übersetzen wäre.

Einsiedler, die in einem kargen und unfruchtbaren Idyll leben – das ist das Bild unserer Gegenwartsliteratur. Erst einer, der dies begreift und ernst nimmt, vermag den Bann der Einfallslosigkeit zu brechen. Der Schweizer Thomas Hürlimann hat dies getan und prompt ein kleines Meisterwerk geschrieben. »Das Gartenhaus«, gefördert von der Schweizer Kulturstiftung, ist ein Buch, das eigentlich nicht sein dürfte. Es ist spannend. Es ist tiefsinnig. Und es ist sehr gut.

Die Geschichte ist einfach: Der Sohn eines alten Offiziersehepaars ist gestorben. Scheinbar ein Streit um den Grabschmuck, in Wahrheit aber ihr Weiterleben bringt die Eltern an den Rand einer Katastrophe. Der Oberst wird skurril und benutzt die Grabbesuche zum Füttern einer Wildkatze. Sorgsam aufgesparte Fleischstücke verscharrt er im Grab. Seine Ehefrau wird mißtrauisch; ein stummer Kampf beginnt. Die Geschichte endet mit dem Tod des Obersten; ein Hauch von Versöhnung bleibt aufgespart bis zuletzt. Was Hürlimann gelingt, ist die völlige Durchdringung einer archaischen Gefühlswelt mit einer modernen Vernunft. »Jung war sein Sohn gestorben, noch vor der Rekrutenschule. Ein Rosenstrauch, meinte der Oberst, würde schön und bescheiden an das früh verblühte Leben erinnern.« So könnte eine Novelle aus dem neunzehnten Jahrhundert beginnnen.

Gewiß erwirbt diese Erzählung ihren sonderbaren Zauber durch die müde Abschiedsstimmung ihrer Hauptfiguren. Sie sind reich, sie sind wohlerzogen, sie sind angesehen, sie sind vom Leben unsagbar erschöpft. Das sind Voraussetzungen für eine Geschichte; wenn auch für eine, die sich mehr der Vergangenheit zuschreibt als der Gegenwart. Insofern hat Hürlimann den Ausweg gefunden, den sich Thorsten Becker selber versperrt. Entstanden ist eine sonderbare psychologische Studie, die ein wirkliches und großes Talent zeigt.

Denn vor allen Dingen hat Hürlimann eine Beobachtungsgabe, die sich nicht in der Nachzeichnung von Details erschöpft. Der Oberst will die Katze vor seiner Frau verbergen. Seine Reflexion ist ein Musterfall von gelungener Rollenprosa: »Die Angst, Lucienne würde die auf der Mauer lauernde Katze eines Tages erblicken, hatte der Oberst inzwischen verloren. Die Gute wurde nicht jünger, ihr Augenlicht schwächer, und es blickt der Mensch, der vor seinen Toten steht, nur selten zum Himmel auf.«

Das sind Wahrnehmungen, die schon allein dadurch überzeugen, daß sich ihr Autor mit ihnen nicht in den Vordergrund spielt. Hürlimann nämlich schreibt zwar eine melancholische Prosa, aber er verfügt auch über einen außerordentlichen Witz. Wie sehr ist der Oberst, der im Berufsleben Nachschuboffizier war, bemüht, die angelegten Fleischvorräte und die Katze vor seiner Frau geheimzuhalten. »Ja, an alles hatte der Oberst gedacht . . . nur eines übersah er: Im Frühjahr wurde der Schlafsaal seiner Töchter ausgelüftet und geputzt . . . Als ein Schrei die Stille zerriß, lag er noch im Bett. Er wußte Bescheid, im Augenblick – die Putzfrau! Er hatte die Putzfrau vergessen, sein Basislager war aufgeflogen.«

Gewiß: Hürlimanns Novelle endet mit einer Versöhnung. Und das heißt in diesem Fall: mit einem erträglichen Tod. Seine Figuren sind, was man früher »kostbar« nannte. Sie sind seltene Exemplare eines historisch verschwundenen Typs. Aber aus dieser Einsicht kommt alle Melancholie seiner Novelle. Seine Figuren haben sich in dem Augenblick, da sie den Umkreis der Novelle betreten, schon überlebt.

Sie sind überzählig und überflüssig, sie bereiten sich in einem letzten Kampf gegeneinander aufs Sterben vor. Eine Idylle? Einmal erinnert sich die Frau des Obersten ihrer Kindheit, als man am Radioapparat saß. »Auf dessen Frequenzleisten leuchteten farbige Lichtpunkte, und die grünen Querstriche sahen aus wie Hochhäuser in der Silhouette einer fernen Stadt. So würde New York aussehen, dachte Lucienne, wenn man übers Meer kam, am Bug stehend, Wind im Haar.«

Frankfurter Allgemeine Zeitung. 10. 10. 1989.

GÜNTER FRANZEN

Habemus papam! Hilferuf eines öffentlich subventionierten Schreibautomaten – Brief eines Autors an den frischgebackenen FAZ-Literaturpapst Frank Schirrmacher

Sehr geehrter Herr Dr. Schirrmacher,
anläßlich einer Reise durch die Literaturbeilage der »Frankfurter Allgemeinen Zeitung« vom 10. 10. 89 mußte ich zu meinem Entsetzen feststellen, daß Sie mir und meinesgleichen keine Sympathien entgegenbringen. Da wir, das heißt ich und die junge deutsche Literatur, der ich seit zwanzig Jahren im Rang eines Debütanten diene, darauf angewiesen sind, ständig über den grünen Klee gelobt zu werden und es uns nicht leisten

können, Ihrer Liebe und Huld verlustig zu gehen, werfe ich mich Ihnen vorsichtshalber umgehend an den Hals, in dieser Disziplin sind wir ja ganz groß, die junge deutsche Literatur und ich, und bekenne unter Zurschaustellung größtmöglicher emotionaler Betroffenheit: Schuldig in allen Punkten der Anklage! Gesündigt in Worten und Werken! Soll nie wieder vorkommen! Euer Hochwürden!

Wenn ich Sie richtig verstanden habe, lieber Herr Dr. Schirrmacher, zerfällt das schöngeistige Leben unseres zu ökonomisch-kultureller Vervollkommnung strebenden Gemeinwesens derzeit in eine Literatur und in einen Literaturbetrieb. Der Betrieb, mit dem die »FAZ« nichts am Hut hat und dem Sie sich als leitender Angestellter lediglich qua teilnehmender Beobachtung verbunden fühlen, ist böse, intrigant, fernsehgeil und geht über Leichen; die Literatur, die (wie bekanntlich alles) früher einmal besser war, leidet unter der Gschaftlhuberei des berüchtigten, auch im außerliterarischen Feld tätigen Typus der Betriebsnudel, welche den Betrieb (die Talk-Show, das kalte Büffet) so lange über seine Gegenstände (das gute Buch, die gepflegte Schreibe) stülpt, bis diese in Hummermayonnaise ersticken – das Verhältnis der beiden ist also das von Täter und Opfer.

Daß die Themen und Geschichten der Literatur sich heuer wieder einmal so blaß und kränkelnd durch die Messehallen schleppten, führen Sie darüber hinaus auf den Obulus zurück, den die breite Masse der Autoren für die Identifikation mit dem Aggressor zu entrichten bereit ist: Statt in bewährter Weise die Leier zu schlagen und unbeirrt das Sein zu preisen, als leuchtende Beispiele nennen Sie Thomas Mann, Thomas Bernhard, Heinrich Böll, Peter Weiss, Uwe Johnson, Peter Handke, Hermann Burger und Botho Strauß, bietet der schreibende Call boy den Ringrichtern, die ihn gestern noch vor laufenden Kameras am Nasenring durch die Manege von Klagenfurt und Kranichstein zogen, heute schon wieder seine Dienste als Kassenwart und Rezensent an: nichts als Not-, In- und Unzucht, wohin das Auge blickt.

Wer beim Großreinemachen ist, hält sich natürlich nicht mit Kleinigkeiten auf, aber vielleicht darf ich fußnotenartig Ihr Interesse auf die Tatsache lenken, daß sechs der genannten Herren nicht mehr leibhaftig unter uns weilen und die beiden Überlebenden, Herr Handke und Herr Strauß, die seit geraumer Zeit mit dem lieben Gott korrespondieren, im Lichte ihrer Veröffentlichungen betrachtet, eigentlich auch schon nicht mehr ganz von dieser Welt sind, aber was soll's?

Als ich neulich Ihr Konterfei in dem angesehenen Metropolenmagazin »Prinz« erblickte, dachte ich auf Anhieb, der Frank, man neigt ja zu gewissen Vertraulichkeiten, wenn man außerhalb der Öffentlichkeit einfach so unbeobachtet vor sich hindenkt, der Frank, dachte ich also, der ist schon ein rechtes Sonntagskind: Jg. 60, nette Eltern, Ia Kinder-Stube, humanistisches Gymnasium, 82 stud. phil. und Magister, 84 Hospitanz angetreten und Doktor gebaut, 85 sitzend zur Rechten Gottes, 88 habemus Papam. Der hatte nie Veranlassung, den Pförtner eines Verlagshauses mit Branntwein und Tabakwaren zu bestechen, mußte nie eine Vorzimmerdame unter Naschwerk und Blumengebinden begraben, nie eine Lektorin oder einen Verleger mit Galanterien und Liebesschwüren überziehen und auch niemals mit dem Exposé in der Hand die Klinke eines grenzdebilen Rundfunkredakteurs putzen.

Natürlich ist dieses Bild völlig überzeichnet, aber Sie dürfen mir glauben: Als ich unsere Schnappschüsse im Geiste nebeneinanderlegte, drüben der jugendlich-reine Hans im Glück, hüben der marktkonforme, in die Jahre gekommene Autor für gewisse Stunden, da ging ich hinaus und weinte bitterlich.

Scham, Neid, Katharsis? Gleichwie: Nach diesem intersubjektiven Zwischenspiel sehe ich Ihr platonisches Lamento in einem entschieden trüberen Licht. Die ganze Flut mediokrer Neuerscheinungen, die Sie dem Buchmarkt vorhalten: Scheinblüten eines Herbstes, der bessere Durchschnitt einer Saison, öffentlich subventionierte Schreibautomaten, unter Redundanz und Authentizitätswahn leidende, von output-orientierten Verlegern angetriebene Emporkömmlinge, gleichförmige Früchte einer beispiellosen, vor zwanzig Jahren eingeleiteten Alphabetisierungskampagne: Und plötzlich, sagen Sie, konnte nicht nur jeder lesen, sondern auch schreiben. Gehe ich richtig in der Annahme, werter Herr Dr. Schirrmacher, daß es Sie, ein Löffelchen Ortega, ein Quentchen Benn, im ersten Jahr Ihrer Regentschaft gelüstet, endlich gegen die grauenhaften Vermassungstendenzen vom Leder zu ziehen, die Sie wahrscheinlich ebenso fürchten wie die Aberkennung Ihres Einser-Abiturs oder den Verlust Ihres Deosprays?

Dieser fein-herbe Geruch von Adel und Untergang, der gespreizt-angeekelte Gestus der Aristokraten über dem plebejischen Gewimmel, aus dem in absehbarer Zeit kein Werk von weltliterarischer Geltung erwachsen wird, macht es mir überraschend leicht, auf die eingangs erbetene Geneigtheit Ihres Unternehmens zu verzichten.

Lassen Sie mich mit einem Märchen schließen, einem sanften Plagiat, aber etwas anderes haben Sie sicher von mir und meinesgleichen auch nicht erwartet:

Es war einmal ein kleiner Kaiser, der über ein kleines Land herrschte. Wie jeder Kaiser besaß er eine Flöte, ein überaus merkwürdiges Instrument, denn wenn man nämlich durch eines der vier Löcher in die Flöte hineinsah, spielte sich darin allerhand ab: Die Frechheit Ingomar von Kieseritzkys kreuzte sich mit der Absichtslosigkeit Friederike Mayröckers, Rolf-Dieter Brinkmanns Machismo wütete gegen die Rasiermesser Elfriede Jelineks, Herta Müllers Banater Einsamkeit neutralisierte die kölsche Melancholie Jürgen Beckers, Rainald Goetzens Furor ging mit der süffigen Heiterkeit Ludwig Harigs eine seltsame Verbindung ein, und so weiter. Stundenlang hätte man dem bunten Treiben zusehen können, aber dann kam der kleine Kaiser und pfiff drauf.

Zehn Jahre später gab er unter dem Druck der Straße seine Flöte ab und wanderte nach Holland aus, was Sie durchaus ein wenig beunruhigen sollte, Herr Dr. Schirrmacher. Ansonsten nichts für ungut,

Ihr Günter Franzen

Rheinischer Merkur. 27. 10. 1989.

VOLKER HAGE

Zeitalter der Bruchstücke. Am Ende der achtziger Jahre: Es gibt eine deutsche Gegenwartsliteratur – zwölf Bemerkungen zur zeitgenössischen Erzählkunst

Ein »Zeitalter der Bruchstücke« – so klagte eine berühmte Autorin: Lediglich »ein paar Strophen, ein paar Seiten, ein Kapitel hier und dort, der Anfang eines Romans, das Ende von jenem« seien dem Besten irgendeines anderen Jahrhunderts an die Seite zu stellen. Und weiter: »Können wir in die Nachwelt eintreten mit einem Bündel loser Seiten oder die Leser jener Tage bitten, mit der ganzen Literatur vor sich, unsere riesigen Schutthaufen um unserer kleinen Perlen willen zu durchsieben?«

Die Klage ist alt: Virginia Woolf äußerte sie zu Beginn unseres Jahrhunderts, in einer Zeit also, als die wichtigen literarischen Werke der Moderne gerade im Entstehen begriffen waren. Die Klage über die miserable Literatur der Saison, über den künstlerischen Niedergang der Epoche gehört zum guten Ton, seit über Literatur gesprochen wird – vor allem unter Schriftstellern.

Die Klage ist alt und immer wieder neu: die Gegenwartsliteratur – ein Schutthaufen. »Eine Provinzliteratur haben wir heute«, ließ Thomas Bernhard noch in seinem letzten Roman (mit dem programmatischen Titel »Auslöschung«) verkünden. Ein junger Lyriker, Gerhard Falkner, wagte unlängst die Behauptung: »Neue deutsche Literatur zu lesen ist der gleiche Unfug, wie italienische Schuhe zu kaufen. Das hält ja alles bloß ein paar Monate.« Schriftsteller dürfen so lästern – auch über Schuhe aus Italien.

Aber müssen die Kritiker ihnen alles glauben? Es grassiert derzeit wieder mächtig, das Gerede von der untauglichen deutschen Gegenwartsliteratur: Landauf, landab ist in den Zeitungen zu lesen, sie habe sich »auf das Klagenfurt-Niveau« eingependelt, die Texte würden sich gleichen »wie ein Ei dem anderen«. Und in der Fernsehsendung »Literarisches Quartett« wurde – während der Frankfurter Buchmesse – die deutsche Literatur dieses Herbstes gleich in Serie abserviert: als »unselbständig«, »reaktionär«, »schauderhaft«, »läppisch« (so die Bewertung einzelner Bücher).

Freilich ist es praktisch, auch schneidig, mit einer großen Armbewegung alles abzuräumen: All die angeblätterten, angelesenen Bücher – wer will sie schon? Wer hat nicht gern die Ausrede, das alles sei doch Mist, die Kritiker hätten es ja selbst gesagt?

Daß ein in jeder Hinsicht aufregendes Buch wie die erotische Erzählung »Kongreß« von Botho Strauß in einer Runde von Kritikern nicht einmal für eine Diskussion gut sein soll, will mir nicht in den Kopf. Die neuen Romane von Jürg Federspiel (»Geographie der Lust«), Wolfgang Hilbig (»Eine Übertragung«), Edgar Hilsenrath (»Das Märchen vom letzten Gedanken«), Ingomar von Kieseritzky (»Anatomie für Künstler«) – sie sollen nicht einmal einer Erwähnung wert sein? Herbstnovitäten deutscher Sprache: Die knappen Prosastücke eines Erich Hackl (»Abschied von Sidonie«), Peter Handke (»Versuch über die Müdigkeit«) oder Thomas Hürlimann (»Das Gartenhaus«) – es herrscht kein Mangel an empfehlenswerten Büchern.

Ein Zeitalter der Bruchstücke: Das ist, wenn es nicht als Vorwurf verstanden wird, gar keine unzutreffende Kennzeichnung. Die deutsche Literatur hat derzeit (übrigens in den siebziger Jahren schon) vor allem »kleine Perlen« zu bieten, Splitter, Prosabrocken, Erzählungen, Novellen. Wenn größere Texte geschrieben werden, dann kaum, um ein gesellschaftliches Panorama zu entfalten: Aus *einem* Kopf heraus wird erzählt, eine Suada ergießt sich, ein einziger endloser Redestrom.

Gut und schön, könnte man sagen. Aber fehlt nicht schon wieder der große Gegenwartsroman? Das Schlüsselwerk einer neuen Generation? Ein paar Beobachtungen, einige Anmerkungen zur deutschen Literatur der Gegenwart, zur Literatur der achtziger Jahre.

1. Die Literatur hat ihre öffentliche Rolle aufgegeben. Und mit ihr jeden Anspruch auf Repräsentanz – das gilt für den persönlichen Auftritt des Schriftstellers ebenso wie für dessen Werk. Der »engagierte« Autor der sechziger Jahre: ein Anachronis-

mus. Selbst die neuere Entwicklung in der DDR zeigt, wie schnell der Schriftsteller sein Behelfsamt als Verkünder unterdrückter Wahrheiten verlieren kann: an die Öffentlichkeit. Der Autor als Wegbegleiter, gar Wegbereiter einer neuen Politik (bei uns etwa der Öffnung nach Osten) – das ist so wohl nur im Kalten Krieg möglich gewesen: innerhalb erstarrter, sich einigelnder Blöcke.

Es ist richtig, daß repräsentative Figuren wie Böll, Frisch und Grass bisher keine Erben gefunden haben. Peter Handke oder Botho Strauß, Patrick Süskind oder Christoph Ransmayr, Sten Nadolny oder Brigitte Kronauer sind scheue Zeitgenossen; sie widmen sich ganz ihrer künstlerischen Arbeit. Auftritte vor einem SPD-Parteitag, Wahlkampfreden? Undenkbar. Sie meiden (wie Strauß) Kamera und Diskussion oder sogar (wie Süskind) die Photographen – fort vom »Scheinwerferlicht des Tagesgeschehens« (Handke).

Die Rolle des Schriftstellers innerhalb der Informations-, Medien- und Kommunikationsnetze scheint sich zu wandeln. Gibt es bei uns noch eine Kultur, so fragte sich etwa Botho Strauß in seiner Büchner-Preis-Rede, eine Kultur, deren Teilhaber ein Schriftsteller sein könnte, sein möchte? Radikale Antwort: »Seine Stellung, sein Ort vor der Allgemeinheit: unbekannt. Er fände kaum mehr Spuren einer solchen Kultur, in der er zu irgendeiner Repräsentation befähigt oder berufen wäre.«

Die Literatur sei wieder zu dem geworden, »was sie von Anfang an war: eine minoritäre Angelegenheit«, schrieb schon vor drei Jahren Hans Magnus Enzensberger. »Diese Reduktion auf ihre wahre Größe hat auch etwas Entlastendes. Die Schriftsteller können sich die repräsentative Maske abschminken, die sie lange Zeit trugen.« Ähnlich äußern sich in diesen Tagen Schriftsteller aus der DDR.

Schließlich und vor allem: Ob eine Literatur politisch ist und wie, entscheidet nicht allein der öffentliche Auftritt der Urheber. Was Reinhard Baumgart unlängst an dieser Stelle anläßlich von Handkes »Versuch über die Müdigkeit« gesagt hat, ist nur zu unterstreichen: »Wer in solchen Schreibanstrengungen und

Schreibleistungen das öffentliche Interesse und politische Element nicht mehr erkennen kann oder will, der muß trostlos eingeschränkten Begriffen von Sprache, Gesellschaft, Literatur und Politik schon hoffnungslos verfallen sein.«

Im übrigen gibt es immer wieder Beispiele dafür, daß Schriftsteller die Nase vorn und im Wind haben, wo andere noch keinen Hauch verspüren. »Über Deutschland reden«: Ansprachen, wie sie Martin Walser im Westen oder Christoph Hein im Osten hielten, waren ihrer Zeit ein entscheidendes Stück voraus.

2. Prominent sind nicht die jüngeren Autoren, wohl aber ihre Werke. Es gibt eine Reihe ungewöhnlich weit – zum Teil international – verbreiteter Bücher. So überraschend es klingen mag: Die deutsche Literatur erlebte in den achtziger Jahren, was rasche, große Auflagen angeht, eines der erfolgreichsten Jahrzehnte in ihrer Geschichte.

Ein Vergleich mit einem bekannten und vieldiskutierten Roman der fünfziger Jahre, Max Frischs »Stiller«, zeigt das. Von Frischs Buch verkauften sich im Jahr seines Erscheinens, 1954, rund 3000 Exemplare. Im Jahr danach noch einmal 2000, nach fünfzehn Jahren waren die ersten 10000 Stück verkauft. Von Patrick Süskinds »Parfum« dagegen, 1985 veröffentlicht, wurden bis heute 950000 Exemplare abgesetzt, von Horst Sterns »Mann aus Apulien (1986) 230000, von Christa Wolfs »Störfall« (1987) 290000, von Christoph Ransmayrs »Letzter Welt« (1988) 150000, von Elfriede Jelineks »Lust« (1989) 100000 – jeweils nur die Ausgabe in deutscher Sprache gerechnet. Und wenn man nicht die strengsten literarkritischen Maßstäbe anlegt, könnte man leicht noch eindrucksvollere Zahlen anführen: Romane von Michael Ende, Eva Heller und Anna Wimschneider wurden in den achtziger Jahren glatte Millionenerfolge.

Das scheint den Verächtern entgangen zu sein. Oder meint man gar, daß es gegen die Literatur spricht, wenn sich das Publikum angesprochen fühlt? Vielleicht wird man auch sagen: Die Leute hätten mehr Geld und könnten mehr kaufen, es werde nicht alles gelesen, was gekauft wird. Möglich, doch eines läßt sich sicher nicht behaupten: Daß unsere Literatur dem Publikum gleichgültig geworden sei – so mag es allenfalls aus der gelangweilten Perspektive mancher Berufsleser wirken.

3. Es gehe nicht um Quantität, sondern um Qualität? Richtig. Doch auch in dieser Hinsicht besteht kein Grund, daß sich die deutsche Literatur unserer Zeit vor der aus den fünfziger und sechziger Jahren verstecken muß. Noch immer wird gern an den Aktivitäten und Erfolgen der Autoren aus der ›Gruppe 47‹ Maß genommen – der Gefahr nachträglicher Verklärung ist dabei anscheinend nur schwer zu entgehen.

Einem jüngeren Autor, Hermann Kinder, platzte vor kurzem der Kragen. Auf einer Tagung vertrat er die Meinung, »daß in Lyrik, in Prosa, in Dramatik Œuvres entstanden sind, die den Werken der ›Gruppe 47‹ ebenbürtig sind, wenn man schon einen überhistorischen Qualitätsstandard überhaupt für sinnvoll hält, die jedenfalls angemessener Ausdruck ihrer Zeit sind«. Kinder weiter: »Ich habe keine Scheu, Uli Becker neben Celan zu setzen und Henscheid und Kronauer neben Grass, Strauß neben Hildesheimer, Jelinek neben Frisch, Paul Wühr neben Arno Schmidt. Und bitte: Brauchen sich von Kieseritzky und Markus Werner vor Lettau und Bichsel zu verstecken? Zum Beispiel.«

Die Empörung ist verständlich. Mag man (Uli Becker in Ehren) hier und da vielleicht andere Namen einsetzen: Die Literatur der achtziger Jahre kann sich sehen lassen.

4. »Verfluchtes Notieren. Die Frage ist, notiere ich, um fündig zu werden? Oder will ich mich eingarnen, verpuppen, verbarrikadieren, verschanzen, womöglich vergraben?« So fragt der in Paris lebende Paul Nizon in seinem im Frühjahr erschienenen Prosaband »Im Bauch des Wals«. Also doch: eine Literatur, die den eigenen Mangel verwaltet?

Es ist nicht zu leugnen, daß die deutsche Literatur sich gern selbst zum Thema wird, daß Probleme des Schreibens immer wieder in den Vordergrund drängen. Es gibt diese Vorliebe für Tagebücher, Notate, Skizzen, Selbstbefragungen. Das klingt dann mal verzagt, mal tapfer selbstbekennerisch. »Ich bin kein Geschichtenabfüller, kein Verpackungsathlet«, schreibt trotzig Nizon. »Ich zünde kleine Blitze, die mir als flüchtige Erhellung dienen – zum Weitergehen.«

Ein bescheidenes Programm, mag sein. Aber: Wie viele Perlen verbergen sich in einer solchen Notatliteratur, einer Literatur, die nicht mit großen Geschichten und Entwürfen lockt! Handkes »Phantasien der Wiederholung«, seine »Geschichte des Bleistifts«, die Bände »Paare, Passanten« und »Niemand anderes« von Botho Strauß, Canettis »Geheimherz der Uhr« – in diesen Aufzeichnungen gibt es Passagen, die zum Glänzendsten gehören, was Literatur derzeit zu bieten hat. Man muß aufmerksam sein, das stimmt. Die Texte drängen sich nicht auf. Und sie entfalten ihre Qualität in der Stille. »Was man als ›endgültig‹ aufschreibt, ist es am wenigsten. Doch das Unsichere, vielleicht das Flüchtige, hat durch sein Fehlendes Bestand« (Canetti).

5. »Schade«, schrieb schon zu Beginn dieses Jahrzehnts Enzensberger, »daß die Deutschen keinen Balzac und nicht einmal einen Zola haben, die ihre Sitten und Gebräuche aufzeichnen und überliefern könnten.« Erzählstoff müßten sie nach seiner Meinung abgeben, die »sonderbaren Blüten, die das Glashaus der Bundesrepublik treibt«.

Ja, gewiß, schade. Aber anscheinend vorerst hinzunehmen: Alle Versuche (etwa eines Gerhard Köpf oder Hanns-Josef Ortheil), solche Gegenwartsromane über die Republik zu schreiben, sind ehrenwert gescheitert. Das Defizit wird empfunden, auch von den Meistern der kleinen Schriften, vielleicht gerade von ihnen. »Kann nicht auch jemand wie ich so ausführliche und enthusiastische Beschreibungen von Menschen geben wie Balzac?« fragt Handke, um dann gleich einzuschränken: »Nur eben nicht von ihnen als ›Personen der Handlung‹, sondern als ›Passanten‹: Und das wäre die uns heute entsprechende Epik?«

Der fragende, suchende Grundton in der neueren deutschen Literatur ist unverkennbar – ebenso wie die Scheu vor »Personen der Handlung«: »Abwesenheit«, »Auslöschung« (Buchtitel von Handke und Bernhard) bestimmen weitgehend das Bild. Nur selten noch finden sich in Erzählungen und Romanen deutlich konturierte, im Gedächtnis des Lesers haftende Figuren aus unserer Gegenwart. Statt dessen treffen wir auf Paare, auf Passanten, auf die Klavierspielerin, den Tangospieler, Bronsteins Kinder, einen jungen Mann, auf den Leser; wir hören Berichte von Hinze und Kunze, von fernen Frauen; wir erleben den Nachmittag eines Schriftstellers.

6. Sonst keine Helden? Gewiß, doch ihre Namen verraten, daß sie aus einer anderen Welt, aus einer anderen Zeit stammen: Naso, Cotta, der Mann aus Apulien, Kassandra, Grenouille, John Franklin, Neidhart aus dem Reuental, Hannibal.

Niemand kann behaupten, die Schriftsteller deutscher Sprache wüßten nichts zu erzählen. Aber sie berichten uns aus fernen, letzten Welten. Gibt es lebendige Figuren für sie nur noch in der Vergangenheit und im Märchen? Es scheint so, als könne sich die Phantasie am Mittelalter und an grauer Vorzeit besser entzünden als an der unmittelbaren Gegenwart.

Christa Wolf schaut sich in Troja um, Gisbert Haefs in Karthago, Ransmayr im Rom Ovids, Frank Baer im Spanien des Jahres 1064, Horst Stern am Hofe Friedrichs II., Dieter Kühn wandelt auf den Spuren mittelalterlicher Dichter. Dagegen klopft Süskind schon fast an die Tore der Gegenwart mit seiner Geschichte des (erfundenen) Waisenkinds und Parfummischers Jean-Baptiste Grenouille aus dem 18. Jahrhundert – ebenso wie Nadolny mit seinem Bericht über den (historischen) Seefahrer und Polarforscher Franklin. Und daß Edgar Hilsenraths Roman über den Völkermord an den Armeniern und Ralph Giordanos Roman über die Familie Bertini und deren Schicksal im Nazideutschland keine Nachrichten aus einer abgelegten Epoche sind, versteht sich wohl.

Vielleicht muß man gelegentlich daran erinnern: Historische Romane, Erzählungen aus dem Mittelalter, selbst Märchen und Mythen haben, wenn sie denn nicht pure Historiengemälde sind, mit unserer Zeit zu tun, sie zielen auf all ihren entrückten Pfaden und phantastischen Umwegen unsere Gegenwart an.

7. Weltflucht also kann man der deutschen Literatur nicht vorwerfen. Aber vielleicht ein »Versagen vor der Metropole«, wie Frank Schirrmacher kürzlich in der »FAZ« schrieb? Da wäre zunächst zurückzufragen: Wo ist denn unsere Metropole? Frankfurt etwa, München, Hamburg, gar Berlin? »Er sah das mickrige Funktürmchen, das altmodische Dreiviertelhochhaus neben der langweiligen Kirchenruine und den albernen Revancheengel auf dem Wilhelmsständer.« Was hier Thorsten Bekker, was ähnlich Michael Kleeberg, Bodo Morshäuser, Ulrich Peltzer, Ralf Rothmann oder Michael Wildenhain aus der in zwei Teile zerlegten Großstadt zu erzählen haben, scheint mir doch sehr passend: kleine Romane, Krimis, Berichte über besetzte Häuser, Drogendeals, Liebe und Verfall, spannend montiert. Keine großen Werke, zugegeben, aber anschauliche Schnappschüsse darf man das wohl nennen.

Dann ist da die Prosa des Botho Strauß: Sie gibt auf ganz anderem Niveau ein Röntgenbild des Lebens in einer heutigen deutschen Großstadt. Die Bücher dieses Autors sind nicht denkbar ohne Berlin. In seinen Prosaskizzen, Beobachtungen, Erzählungen und Romanen sind präzise Studien über »uns Mobile, Beschleunigte und Mischkläßler« in den Städten zu finden, flaneurhaft abgelauscht, von hoher Einfühlungs- und Formulierungskraft durchdrungen.

Der Großstadtroman? Daß wir in einem globalen Dorf leben, ist ein Gemeinplatz – im Grunde müßte es aber heißen: Stadt ist überall und überall dieselbe. Was hat der Schriftsteller, »die schwache Stimme in der Höhle unter dem Lärm«, wie Strauß in seiner Rede formulierte, dem entgegenzusetzen? Strauß meint: gerade die Möglichkeit, der Allgegenwärtigkeit der Stadt zu entkommen. »Am Rand der einzigen, allgewaltigen Terrapolis bietet er den verborgenen Auslaß für solche, die tiefer in die Zeiten wollen; aus der Stadt gelangt man nur durch ihn.«

Und wer die Stadt mit fremdem Blick durchstreift, entdeckt in ihr – wie die Rumäniendeutsche Herta Müller mit ihrem neuen Buch »Reisende auf einem Bein« – Provinz. Prosa *aus* den Städten gibt es, Prosa *über* die Städte wenig; in deutscher

Sprache überhaupt nur einen Roman über das Berlin der zwanziger (Döblin) und einen über das Hamburg der sechziger Jahre (Fichte) – 1929 und 1968 erschienen. Eine Pflichtaufgabe für Schriftsteller kann der Metropolenroman so wenig sein wie der über die junge Generation.

8. Seit fast zwanzig Jahren verzeichne die Literaturkritik nur Stillstand, schreibt Frank Schirrmacher weiter in seinem Artikel, der »Überlebenstechniken der jungen deutschen Literatur am Ende der achtziger Jahre« zu untersuchen anhebt. Es gebe keine »Werke von weltliterarischem Rang«.

Nun, lassen wir einmal die Frage nach der Weltliteratur beiseite (mit dieser Vokabel hat man zu Lebzeiten noch Thomas Bernhard traktiert). Aber trifft es denn zu, daß Debütanten das Bild bestimmen, lauter Ein-Buch-Schriftsteller? Stimmt es, daß sich im vergangenen Jahrzehnt, gar in den vergangenen zwei Jahrzehnten, keine Autoren mehr gezeigt haben, die Hoffnung auf – um es altmodisch zu sagen – ein *Werk* machen? Ist es richtig, wenn Schirrmacher behauptet: »Selbst wenn man noch jene Schriftsteller der siebziger und achtziger Jahre hinzuzählt, die mehr als zwei Bücher geschrieben haben, Hermann Burger (Klagenfurter Preisträger) und Botho Strauß, bleibt das Ergebnis mager«?

Wie bitte: Nur zwei Schriftsteller mit mehr als zwei Büchern? Selbst wenn man sie nicht ganz wörtlich, sondern mehr dem Sinn nach versteht, bleibt diese Äußerung, mit Verlaub gesagt, barer Unfug. Da hat sich eine These, nämlich die von der »Talentschwäche der nachwachsenden Schriftsteller«, verselbständigt.

Es gibt eine ganze Reihe von Autoren, die erst nach 1970, sogar nach 1980, in Erscheinung getreten sind und gleichwohl mehrere Bücher veröffentlicht haben, die von Gewicht sind. In den siebziger Jahren debütierten immerhin Ludwig Fels, Elfriede Jelinek, Wolfgang Hilbig, Brigitte Kronauer, Hanns-Josef Ortheil, Ulrich Plenzdorf, Gerold Späth und Gernot Wolfgruber; in den achtziger Jahren kamen Christoph Hein, André Kaminski, Gerhard Köpf, Monika Maron, Klaus Modick und

Markus Werner hinzu. Wohlgemerkt: es ist hier nur von Prosaautoren – mit mehr als zwei Büchern – die Rede, Lyriker bleiben außen vor. Auch Sten Nadolny ist nicht dabei, dessen dritter, vielversprechender Roman gerade in Fortsetzungen (übrigens in der »FAZ«) gedruckt, aber erst Anfang 1990 als Buch erscheinen wird; manche Schriftsteller, und mitunter die besseren, brauchen eben etwas länger, sie haben die Langsamkeit auch für sich entdeckt.

Einige Titel? Romane und Novellen, alle in den achtziger Jahren veröffentlicht: »Ein Unding der Liebe« und »Rosen für Afrika« von Fels, »Die Ausgesperrten« und »Die Klavierspielerin« von Elfriede Jelinek, »Rita Münster« und »Berittener Bogenschütze« von Brigitte Kronauer, »Commedia« und »Sindbadland« von Späth, »Verlauf eines Sommers« und »Die Nähe zur Sonne« von Wolfgruber, »Drachenblut« und »Der Tangospieler« von Hein, »Zündels Abgang« und »Die kalte Schulter« von Markus Werner.

Eine Auswahl nur. Man muß schon genau hinschauen, was *da* ist. Und wird dann feststellen: Davon, daß unser Leben, ob in den Städten oder auf dem Land, ob in West oder Ost, nicht ausreichend in dieser Prosa zu Wort kommt, kann überhaupt keine Rede sein. Gute, lesbare, nicht nur für den Augenblick geschriebene Werke sind das, die die Wirklichkeit nicht fliehen, sondern sie, bisweilen auf finstere und fratzenhafte, fragmentarische und freimütige Weise, umspielen.

9. Auffällig allerdings, daß nahezu alle genannten Autoren mehr als vierzig Jahre alt sind. Die nach 1950 geborenen Schriftsteller haben sich bisher nicht vergleichsweise in Erscheinung gebracht, nicht einmal mit dem einen oder anderen Erstlingswerk. Es gibt also nicht zu viele Debütanten, sondern zu wenige. Schaut man sich in diesem Herbst um, zeigt sich, wie mager das Ergebnis in dieser Hinsicht ist. Woran das liegt, ist schwer zu sagen. Gewiß nicht an mangelnder Risikobereitschaft der Verlage; sie suchen händeringend nach Talenten.

Ist das System der Fürsorge und Förderung, der Preise und Stipendien von Klagenfurt bis Kranichstein ein Grund? Dessen

Funktion beschreibt Schirrmacher in seinem Essay ganz richtig, und es ist ihm zuzustimmen, daß von der Mehrzahl der mit Monatssold in die Pflicht genommenen Jungautoren nicht viel zu erwarten ist. Zumal dieses System nicht funktioniert, wie das Beispiel Ransmayr lehrt: Dessen Exposé für einen Roman mit dem Titel »Die letzte Welt« wurde vom Literaturfonds zurückgewiesen und erhielt keine Förderung, und als der Roman dann ein Erfolg geworden war, bekam der Autor schon *deswegen* keinen der vielen Preise ab – der Autor habe es ja nun nicht mehr nötig. Auf die Idee, daß ein Literaturpreis nicht ein Sold für Bedürftige, sondern eine Auszeichnung für das Gekonnte sein sollte, kommt hierzulande anscheinend niemand mehr.

So sind in den vergangenen Jahren gewiß viele überflüssige Bücher entstanden. Ob diese Schwemme an Mittelmaß der Literatur insgesamt schadet, wage ich dennoch zu bezweifeln. Im übrigen ist es doch wohl so, daß das Phänomen – abgesehen einmal von der Verschärfung durch den ökonomischen Zwang bei den Verlagen, immer mehr umsetzen und also anbieten zu müssen – so neu nicht ist; die Literaturgeschichte hallt wider von Katakomben voll vergessener, zu Recht verlorener Bücher. Das alles scheint mir doch mehr ein Problem des Stauraums zu sein als der ästhetischen Debatte. Wichtig für die literaturtheoretische Diskussion kann allein die Spitzenleistung sein, und da genügt – das war zu allen Zeiten so – Weniges; wie groß der Berg darunter ist, aus Tand und Hobbyliteratur, ist ganz uninteressant.

10. Dagegen ist die Frage interessant, warum bei all den Wettbewerben und Preislesungen nicht zumindest das gefordert und gefördert wird, was sich doch lernen und verbessern läßt: die handwerklich gut gebaute Story, der mit Witz unterhaltende Roman. Warum kommt derlei nur aus den Vereinigten Staaten? Warum gibt es bei uns keine Einrichtung wie *creative writing*?

Da ziehen sie beladen mit Packen von Erzählungen zum Ingeborg-Bachmann-Wettlesen nach Klagenfurt – und was kommt heraus? Gepflegte Langeweile: Figuren werden uns präsentiert, die nichts im Kopf haben, die zwar die indirekte Rede und den Konjunktiv beherrschen, aber keinen Dialog, die uns zwar ihre Geschichte erzählen, aber keine haben. Da muß sich irgendwann einmal ein verheerendes Mißverständnis eingeschlichen haben über das, was Literatur ist. Keinen Verdacht scheinen Autoren deutscher Sprache mehr zu scheuen als den, banal oder unterhaltsam zu sein. Wären sie doch wenigstens das!

Es ist ein Wunder, daß in unserer Literatur die Form der Geschichte, der kurzen Erzählung, überhaupt noch existiert. Weder Zeitungen noch Magazine (außer »Penthouse« und »Playboy« – und da gibt es keinen Anlaß zur Überheblichkeit) pflegen diese Form. Würden die Verlage nicht immer wieder – meist schwer verkäufliche – Erzählungsbände präsentieren, hätte man kaum eine Chance, den vorzüglichen Prosastücken etwa von Robert Gernhardt, Adolf Muschg oder Dieter Wellershoff, von Helen Maier, Helke Sander oder Renate Schostack zu begegnen. Auch diese Geschichten sind Bruchstücke einer genauen Wirklichkeitsbeschreibung.

11. »Was war seine, des Schriftstellers, Sache? Gab es in seinem Jahrhundert überhaupt noch solch eine Sache? Was für Mann ließ sich zum Beispiel benennen, dessen Taten oder Leiden danach schrien, nicht bloß berichtet, archiviert oder Stoff der Geschichtsbücher, sondern darüber hinaus überliefert zu werden in der Form eines Epos oder auch nur eines kleinen Lieds? [...] Und welche Völkermörder dieses Jahrhunderts, statt mit jeder Ausrede neu aus ihrer Grube zu steigen, konnten noch für immer in ihre Hölle geschickt werden durch eine einzige Terzine?«

So fragt Peter Handke in seiner kleinen, doch meisterhaften Erzählung »Nachmittag eines Schriftstellers«.

12. Fragen, Brüche, Bruchstücke. Die Schriftsteller, gerade die feinfühligsten unter ihnen, versuchen sich Mut zu machen. Voran! Erzähl! Immer wieder finden sich diese – nicht zuletzt an

sich selbst gerichteten – Imperative bei Handke und Strauß, und am Ende gelingt doch eher das Nebenwerk, das kleine nervöse Fragment. Oder *gerade* das.

»In Wirklichkeit«, liest man in der Erzählung »Kongreß« von Strauß, »zog ihn das große *Totum simul*, das Megagedächtnis, in dem er dahinstrudelte, immer tiefer in die Windungen einer Zerstörung hinein, bis ans Herz der Erschütterung, immer tiefer hinein in die Ruinenstadt der *Erzählung*, denn dies hier war ihre Nekropole, wo alles *miteinander* hauste, wie in den gewaltigen Wandelhallen, die man jetzt draußen vor den Städten errichtete zum Kaufen, Spielen, Geschäftemachen, mit Eisbahnen, Kinos, Gräbern und Zoo, alles unter dem Lichtdach für immer.«

Noch mögen das Bilder der Übertreibung, der Zuspitzung sein. Alles ist gleich, alles ist gleichzeitig. Das Regionale, das Unterscheidbare verschwindet – und mit ihm der Chronist, der Erzähler, das berichtende Ich. Ist es so, wird es so kommen?

Wie von vorgestern jedenfalls klingen Worte aus den sechziger Jahren, gemütlich und beruhigend fast, Worte von Nathalie Sarraute aus ihrer theoretischen Schrift »Das Zeitalter des Argwohns«, Worte, die einmal Avantgarde bedeuteten: »Der Bericht in der Ich-Form befriedigt die legitime Neugierde des Lesers und dämpft die nicht minder berechtigten Bedenken des Autors. Außerdem besitzt er wenigstens den Anschein einer lebendigen Erfahrung, eben der Authentizität, die den Leser in Respekt hält und sein Mißtrauen beruhigt.«

Warum sollten die Autoren das Mißtrauen beruhigen? Sie befördern es. Und liefern lieber Teilwerk ab, Bruchstücke, als die Illusion eines runden Geschlossenen zu geben.

Unser Zeitalter, heißt es in Thomas Bernhards Roman »Alte Meister«, sei »als Ganzes« ja schon lange nicht mehr auszuhalten, »nur da, wo wir das Fragment sehen, ist es uns erträglich«.

Die Zeit. 10. 11. 1989.

HUBERT WINKELS

Was ist los mit der deutschen Literatur? Im Schatten des Lebens. Eine Antwort an die Verächter und die Verteidiger der Gegenwartsliteratur

Eigentlich ist alles in bester Ordnung. Es gibt Lyrik und Prosa auf höchstem Niveau, expressionistischen Furor, dadaistische Verve und klassizistische Formlust im Gedicht, den groß dimensionierten historischen, den intellektuell ausschweifenden experimentierfreudigen Roman, die spannende Erzählung, die genaue Beobachtungsprosa und den zündenden Aphorismus. Und es gibt eine versierte Literaturkritik, ihrem Gegenstand gewachsen und gelegentlich über ihn hinaus. Die Grenzen zwischen Rezension und Essay sind fließend, manches exegetische oder kommentierende Stück emanzipiert sich zum selbständigen Kunstwerk, und manchmal berühren sich im kunstvollen Sprechen die arbeitsteilig organisierten Disziplinen Literatur und Philosophie, Literaturkritik und -wissenschaft.

Mit einer kardinalen Schwierigkeit allerdings ist heute jeder konfrontiert, der mit literarischen Texten umgeht: Die Geschichte seines Mediums ist so reich an Themen und Motiven, Formen und Argumenten, auch an Widersprüchen und Radikalitäten aller Art, daß die Emphase, Neues zu sagen oder zu entdecken, immer mehr schwindet. Aber vieles spricht dafür, daß die historische Not längst in eine postmoderne Tugend verwandelt wurde und der wilde Poet von einst zum philologischen Bastler, der weltversessene Schreiber zum buchbesessenen Literaten mutiert ist. Auch dem professionellen Kritiker wird es schwerfallen, Entdeckungen zu machen oder Argumente zu bemühen, die nicht schon eine lange Geschichte hinter sich haben.

Zwangsläufig wird so ein seinerseits altehrwürdiger Maßstab der Literaturbetrachtung renoviert: Gut ist eine Literatur dann, wenn sie den Vergleich mit einer vorangegangenen besseren aushält, schlecht, wenn sie lediglich imitiert oder plagiiert. Hat sich dieser Maßstab in der literaturkritischen Arbeit einmal durchgesetzt, schälen sich feste Regeln heraus. Man entdeckt in neuen Büchern alte Formen und Motive und konzentriert sich weitgehend auf die Manier, in der darin Zitate geschmuggelt, Verweise gesetzt, Anspielungen verschleiert werden, auf die Kunst, auszuleihen, umzuschreiben, zu verschieben. Und für ein fröhliches Gelingen solcher Lektüre sorgt die Literatur selbst, indem sie mit immer raffinierteren Mitteln die Preziosen versteckt, die ihre Bewunderer zu entdecken wünschen.

Und wenn ein Text ganz zur Preziose geworden ist, konstruiert nach dem Modell von Anagramm oder Palimpsest, Labyrinth oder Rebus, dann gibt es eine kleine Literaturbetriebsfeier, wie zum Beispiel im Fall von Jochen Beyses »Der Aufklärungsmacher« oder Christoph Ransmayrs »Die letzte Welt«. Der Literat dissimuliert und verrätselt, der professionelle Leser tüftelt und entschlüsselt.

Eigentlich ist also alles in Ordnung. Und dennoch macht sich ein Unbehagen breit. Etwas stimmt nicht, etwas ist anders als früher. Eine gewisse Leidenschaft scheint dem schönen Spiel Literatur entzogen, ein Vertrauen auf die eigene Kraft, der Glaube, wesentlich zu dieser Welt zu gehören. Schwer trägt die Literatur am Gewicht der Welt, weil ihr Anteil daran sinkt. Auf diesen Umstand läßt sich ein befremdliches Wechselspiel kritischer Argumente zurückführen, die im vergangenen Herbst zwischen »Zeit« und »FAZ«, zwischen Frank Schirrmacher und Volker Hage, ausgetauscht wurden, ein Spiel von Anklage und Rechtfertigung.

Frank Schirrmacher konstatiert in seinem Essay »Idyllen in der Wüste oder Das Versagen vor der Metropole«, der die letzte Buchmessenbeilage der »FAZ« einleitete, Stillstand der deutschsprachigen Literatur seit fast zwanzig Jahren. Mit großer Gebärde werden ganze Literaturjahrzehnte in die staubige Ablage der Geschichte geschaufelt. Verfall wird diagnostiziert.

Der Anklagetext, seine Larmoyanz nur notdürftig mit Aggressivität überspielend, hat es gar nicht nötig, zeitgenössische Autoren, von Büchern ganz zu schweigen, auch nur zu nennen. Von Böll, Bernhard und Frisch ist kurz die Rede, die Namen

Handke, Strauß und Burger fallen am Rande, ansonsten bleibt die gegenwärtige Literaturlandschaft öde und namenlos. Nur zum Ende hin finden drei kurze Erzählungen Erwähnung. Thomas Hürlimanns Novelle »Das Gartenhaus« schließlich rettet die zeitgenössische Literatur. Denn: »Einsiedler, die in einem kargen und unfruchtbaren Idyll leben – das ist das Bild unserer Gegenwartsliteratur. Erst einer, der das begreift und ernst nimmt, vermag den Bann der Einfallslosigkeit zu brechen. Der Schweizer Thomas Hürlimann hat dies getan und prompt ein kleines Meisterwerk geschrieben.«

Tatsächlich folgt Hürlimanns Novelle einigen Regeln, die das zeitgenössische Schreiben bestimmen. Seine Geschichte vom alten Schweizer Ehepaar, das den frühen Tod des einzigen Sohnes nicht verwinden kann und sein Leid in einen imaginären Konflikt und absurde Rituale verschiebt, mündet in einem phantastischen Bild des Realitätsverlustes und der Rückgewinnung eines heimischen Raums der weltabgeschiedenen Erinnerung. Die Alten ziehen sich zurück in ein verfallendes Gartenhaus, in dem rings um die Eisenbahnanlage des Sohnes die Landschaft ihres Lebens mit Pappmaché und Draht noch einmal nachgestellt ist.

Wenn man will, läßt sich dieses Bild lesen als Allegorie auf eine Literatur, die ihren Austausch mit den Impulsen einer zeitgenössischen Wirklichkeit aufkündigt, um sich mit Nostalgie und Kunstfertigkeit der Schmerzlust eines langen Abschieds hinzugeben. Melancholie und Abschied, Beschwörung der Vergangenheit in schmerzlich-schönen, gelegentlich auch heiter-beschaulichen Bildern, das ist sicher *ein* Zug der zeitgenössischen Literatur. Sie hält sich an überschaubare, heimatlich anmutende Räume, sie weiß um den Verlust des Idylls, und eben deshalb baut sie mit sanfter Hand an einem Idyll des Verlusts. Sie stellt ihre Figuren und ihre Geschichten aus, so wie man alte Gemälde ausstellt. Sie belehnt alte Techniken des Erzählens, ihre Bildersprache bezieht sich weitgehend auf eine vorindustrielle Welt, doch die Prätention, so sei zeitgenössische Erfahrung zu vermitteln, wird von ihr nicht länger gepflegt. Ihren Anachronismus überspielt sie nicht, sie zeigt ihn vor. Das hier ist nicht die Gegenwart, gibt sie zu bedenken, das ist Literatur. Wer hier zu Hause ist, der ist nicht von dieser Welt.

Wer diesen Ton des Abschieds und des Heimwehs liebt, diese Manier des langsamen, genauen Erzählens schätzt, wer sich beim Lesen neuer Erzählungen und Romane gern an die Lektüre alter Texte erinnert und in die Räume einer traditionellen literarischen Imagination versetzen läßt, der kommt in der zeitgenössischen Literatur nun aber durchaus auf seine Kosten, der findet seinen Genuß.

Peter Handkes »Wiederholung«, Brigitte Kronauers »Berittener Bogenschütze« oder auch Sten Nadolnys »Entdeckung der Langsamkeit«, sie erziehen den Leser zur Bedächtigkeit, gelegentlich fordern sie Andacht. Warum aber, wenn man einen Text wie den von Thomas Hürlimann schätzt, verwirft man zugleich dessen Geschwister? Warum ergreift man nicht Partei für eine solche Literatur, die sich von der Dynamik der Moderne absetzt, die gegen die flächige Vernetzung der Gegenwart die bewahrende Kraft der Erinnerung setzt?

Handkes Tiraden gegen die entseelte Urbanität, seine Abscheu vor den Massenkommunikationsmitteln, seine Flucht vor der Flüchtigkeit der Blicke und Gefühle, seine Apotheose der Langsamkeit und Genauigkeit, das hat doch Radikalität, das hat die Qualitäten eines nichtbegrifflichen Lebens und Literaturprogramms. Der Mann meint es ernst, warum nimmt ihn niemand so?

Warum erklärt kein Kritiker und öffentlicher Literaturverteidiger diese Litanei der Ruhe und des überschaubaren Raums, der Bindungen und der stillen Gemeinschaft zum höchsten der Gefühle, zum Muster einer Weltbetrachtung, zum notwendigen Lebensmittel? Weil wir von der Literatur längst nicht mehr erwarten, daß sie uns vom Zustand der Welt berichtet, daß sie uns mit uns selbst vertraut macht, daß sie sagt, wie zu leben sei. Wie zu *lesen* sei, das sagt sie.

Literatur, ob sie tatsächlich vom Schreiben und Lesen erzählt, ob sie alte Helden in alte Welten oder neue ins Dickicht der Städte schickt, ob sie von Liebe und Tod, von Körpern oder

Seelen spricht, sie spricht immer auch zugleich von sich. Wie die Welt aussieht, das zeigen uns andere Medien besser, das buchstäbliche Ein-Leuchten eines Fernsehbildes hat den schön geschriebenen Satz um seine unmittelbare Wirkung gebracht. Literatur, die darum weiß, sagt, wenn sie etwas sagt, immer auch, daß und wie sie es sagt.

Und das tut sie häufig mit großer Kunstfertigkeit. Ich vermute, daß es selten ein Jahrzehnt gegeben hat, in dem so viele gute, sprachbewußte und reflexiv durchgestaltete Texte geschrieben worden sind wie im vergangenen. Noch einmal also die Frage: Warum dieses verbreitete Ungenügen an der zeitgenössischen Literatur und warum kein Bekenntnis zu einer ästhetischen Form, zu einem philosophischen Angebot der Weltdeutung, zu einem Sound, einem bestimmten Ton zumindest? Warum verwirft man so leicht en gros?

Weil ein Roman von Peter Handke, eine Novelle von Thomas Hürlimann, ein Langgedicht von Botho Strauß auch der Tendenz nach kaum mehr die Gesellschaft als Ganzes betreffen. Sie mögen das Allgemeine im Konkreten, im profansten Detail noch das Absolute bannen wollen, die schlichte Tatsache, daß sie längst nur noch in einer weltabgeschiedenen Gemeinschaft literarisch Versierter kommuniziert werden, prägt sie in ihrer Substanz. Auf die Idee, mit Literatur ließe sich eingreifen in die symbolischen Prozesse, über die sich ein modernes Gemeinwesen selbst organisiert, kommt niemand mehr. Literatur ist eine hochkomplexe, historisch überdeterminierte Kunstform, deren Genuß so vielfach vermittelt ist, daß sich von der Lektüre zur täglichen Lebenswirklichkeit kein Pfad mehr finden läßt.

Die Lektüre prägt nicht mehr Wahrnehmung und Empfindung, sie erinnert daran, wie einmal Wahrnehmungen und Gefühle geprägt worden sind. Selbst unter literarisch Eingeweihten wird ein Zitat aus der Werbung, locker in die Kommunikation eingestreut, keinen Anstoß erregen, eine literarische Sentenz, wenn sie nicht gerade von Robert Gernhardt stammt, hingegen sehr leicht Peinlichkeit erregen. Einmal ganz davon abgesehen, in welchem Maße literarische Techniken oder auch einzelne Formeln per »Alka-Seltzer-Effekt« (Enzensberger) sich in die öffentliche Kommunikation »hineinverdünnt« haben.

Und wer darauf beharrt, daß die Literatur dem alten Anspruch auf Allgemeinheit und Öffentlichkeit weiter verpflichtet zu sein hätte, wer also den großen Gesellschaftsroman, das Panorama zeitgenössischer Erfahrung erwartet, dem fällt die Beschreibung der zeitgenössischen Literatur als einer namenlosen Ödnis nicht schwer. Die Literatur insgesamt, als Institution, als traditionelle Einrichtung, die nicht nur ihre historischen Meriten, sondern auch eine aktuelle gesellschaftliche Funktion hat, verliert an Bedeutung. Mit ihr ist kein Staat zu machen, und das mag gut sein so.

Mit ihr sind aber auch keine individuellen Empfindungen mehr einzuüben, die, untergründig kommuniziert, noch in die allgemeinen und öffentlichen Formen der Selbst- und Weltverständigung hineinragten. Deshalb gilt die despektierliche Schelte der Literatur einem historischen Umstand und keinem ästhetischen Zustand. Einer schlägt den Sack und meint den Esel.

Nun ist die »Zeit« dem Literaturessay der »FAZ« die Antwort nicht schuldig geblieben. Sinnigerweise bildet der Essay »Zeitalter der Bruchstücke« von Volker Hage das genaue Gegenstück zur pauschalen Klage, sein Lob der Literatur die Kehrseite des großen Tadels. Hier werden Namen und Titel in Hülle und Fülle genannt, Autoren wertgeschätzt, Texte zitiert und ernst genommen, die Fülle des literarischen Lebens soll repräsentiert sein. Systematisch wird die Literatur, werden die Literaturen von der quantitativen und qualitativen, der soziologischen und politischen, der ästhetischen und literaturhistorischen Seite betrachtet, doch die Melodie bleibt sich gleich: Vielleicht ist die zeitgenössische Literatur nicht besser als ihre Vorgänger, schlechter jedenfalls ist sie nicht.

Zudem wird der Sinn des allgemeinen historischen Vergleichens in Frage gestellt und eingeräumt, daß das Bruchstückhafte einer Literatur der Tagebücher und Notate, der Skizzen und Aufzeichnungen mit dem Bruchstückhaften einer zeitgenössischen Erfahrungswirklichkeit korrespondiert. Dieser ins Breite ausgreifende Parcours durch die Literatur erzeugt ein leichtes Flimmern.

Die Namen und Argumente werden lediglich aneinandergereiht, es paaren sich Süskind und Ransmayr, Handke und Hackl, Jelinek und Frisch, Paul Celan und Uli Becker; dem Hinweis auf den Verlust der öffentlichen Rolle der Literatur folgt die Mahnung, die politischen Implikationen und das öffentliche Interesse auch der stillen und subtilen Schreibanstrengung nicht zu übersehen, und darauf eine Erinnerung daran, daß zeitgenössische Autoren wie Martin Walser oder Christoph Hein auch in der politischen Rede ihrer Zeit durchaus voraus zu sein vermögen. Kurzum, hier wird sehr vieles mit sehr vielen Mitteln gutgeheißen, gelegentlich ein Abstrich gemacht, aber auf Unterschiede kommt es nicht weiter an. Aber Unterscheiden war womöglich gar nicht das Anliegen dieses Textes? Eine freundliche Schaufensterauslage ist schließlich etwas anderes als eine Aktion Warentest.

Eben darum geht es. Wie der Staatsanwalt in seinem Zorn bleibt der Verteidiger in seinem Lob indifferent. Der eine verwirft in Bausch und Bogen, der andere gar nicht. Keine leidenschaftliche Option für die realistische, keine für die phantastische Schreibweise, kein Lob der Langsamkeit, kein Bekenntnis zum urbanen Chaos, der süffige Bestseller wird anerkannt und das schwierige Fragment, der historische Roman und der Szenethriller, die zivilisationskritische Aphorismensammlung und die zynische Reflexion. Alles steht, alles geht: und so weiter. Literatur ist alles, nur gut muß sie sein.

Was das heißt, bleibt dann der Einzelbetrachtung an anderem Ort überlassen, soviel nur steht zu vermuten: Ein jeder Text wird an seinen eigenen Ansprüchen und vor allem am historischen Paradigma der Gattung und an Vorbildern gemessen werden müssen, Nutzen und Nachteil für das Leben interessieren nicht weiter. Auch dieser freundliche Pluralismus (kein Unbekannter in der kulturkritischen Diskussion dieser Jahre), dieses sympathische Abbild der Indifferenz eines freien Marktes von Waren und Meinungen, verdankt sich dem Umstand, daß die nachbürgerliche Öffentlichkeit ihre Kommunikation nicht länger über die literarische Kultur organisiert, daß die Erziehung des Herzens und die Bildung des Geschmacks, die Formung des Wahrnehmungsvermögens und die Anleitung zum Glücklich- oder Unglücklichsein nicht länger »in den Händen einiger ungeschickter Leute, Dichter!« liegen (Botho Strauß).

Das gibt der wohlmeinende Essay, wohl eher unfreiwillig, in aller Deutlichkeit zu verstehen, wenn es heißt »der ›engagierte‹ Autor der sechziger Jahre: ein Anachronismus. Selbst die neuere Entwicklung in der DDR zeigt, wie schnell der Schriftsteller sein Behelfsamt als Verkünder unterdrückter Wahrheiten verlieren kann: an die Öffentlichkeit.« Auch wenn hier eine politische Öffentlichkeit im engeren Sinn gemeint ist: Erstaunlich, wie leichthin Literatur und Öffentlichkeit als sich ausschließende Größen gedacht werden – und dennoch werden keine Folgerungen daraus gezogen. Immer noch wird so getan, als ob Literatur ihre Zeit in Gedanken und Bilder zu fassen hätte. Und das hat zur Folge, daß man ihren Zustand entweder mit dem der Gesellschaft verwechselt (»Ein Zeitalter der Bruchstücke«) oder wähnt, sie versage vor ihr (»Idyllen in der Wüste oder Das Versagen vor der Metropole«). Die summarische Verallgemeinerung und ein entsprechend überzogener Anspruch an die Institution Literatur insgesamt sind beiden Haltungen gemein.

Doch nur zögernd wird einem grundlegenden Wandel der gesellschaftlichen Funktion von Literatur Aufmerksamkeit gezollt. Literatur ist erstens eine minoritäre Angelegenheit geworden (der öffentliche Schutzengel für diese ungern gehörte Behauptung heißt Hans Magnus Enzensberger). Das öffentliche Interesse an ihrem aktuellen Erscheinungsbild ist so gering, daß sie sich so ziemlich alles erlauben kann. Von politischen oder moralischen Normen redet kaum noch jemand.

Ein Roman wie »Kamalatta« von Christian Geissler, der sich auch als Apologie der Rote Armee Fraktion lesen läßt, wird als polit-ästhetisches Experiment von Avantgardeliebhabern goutiert, ein erzählerischer Essay, der sich in böse Gewaltphantasien hineinarbeitet wie »Der Attentäter« von Rainald Goetz, löst immerhin zwei, drei Kritikerzungen, die leichtes Angewidertsein bekunden. Ansonsten freut man sich, ein »schwarzes« Element der literarischen Moderne darin wiederzufinden. (Am Rande: Wenn man schon die interessanten literarischen Debüts der letzten Jahre in ganzer Breite Revue passieren läßt, sollte man einen »genialen Krakeeler« wie Rainald Goetz nicht übersehen.)

Ästhetische Normen hingegen werden diskutiert, aber in der Regel von denen, die selbst Literatur schreiben oder das Geschriebene professionell bearbeiten, also kritisieren, analysieren und vergleichen.

Dabei fällt auf, daß die Gemeinschaft von Schreibern und Lesern avancierter Literatur immer enger zusammenrückt. Es bildet sich eine Gruppe von Voll-Literarisierten heraus, die sich im Raum der literarischen Schrift häuslich eingerichtet hat, aktuelle in traditionelle Zeichen überführt und umgekehrt, eine fast verschworen wirkende Gruppe, in der die ästhetisch versierten Schreiber kommentierende Leser und die literaturkundigen Leser nachtragende Schreiber sind. Hier wird Literatur auf hohem Niveau kommuniziert, Literatur, von der vieles zu erwarten ist, doch eben nicht für viele.

Literatur ist zweitens eine museale Angelegenheit geworden. Und das ist durchaus nicht in einem abfälligen Sinn zu verstehen. Die Bedeutung der sekundären Öffentlichkeit eines Museums als Ort der Erinnerung und des Eingedenkens wächst in dem Maße, wie das lebensweltliche Tempo zunimmt. Die Funktion der Literatur als gesellschaftliches Gedächtnis ist unersetzbar. Auch die neue Literatur ist ein Teil dieses Gedächtnisses. Selbst wenn sie sich nicht historisch bemüht, selbst wenn sie nicht bewußt auf den Themen- und Formenbestand ihrer eigenen Geschichte zurückgreift – allein die Virtuosität im Umgang mit dem Medium, dem die Speicherung und Übertragung historischer Daten aufgetragen war, der literarischen Schrift eben, macht sie zu einem Garanten der Kontinuität des Gedächtnisses. Es mag eine der bewußten Aufgaben der Literatur sein, an der »Wiederaufbereitung verbrauchten symbolischen Wissens«, am »Recycling des Bedeutungsabfalls« (Botho Strauß) zu arbeiten, doch ist allein schon in ihrer überlieferten Gestalt, im Medium selbst die Form eines alten Wissens bewahrt.

Literatur, ein Medium im Schatten der großen kommunikativen Mächte, marginalisiert, von gesellschaftlichen Zwängen entbunden, frei; und Literatur, eine Kunstform im Bann großer Tradition, monumental, historisch gebunden, der rettenden Erinnerung verpflichtet – diese Bestimmungen, seien sie nun komplementär, gegenläufig oder ambivalent ins Verhältnis gesetzt, bilden nicht nur den Hintergrund für das Selbstverständnis einer avancierten Literatur, viele neue Texte setzen sich offensiv mit ihnen auseinander.

Auch deshalb liest man so viel vom Lesen und vom Schreiben, von der Schrift und den Buchstaben, vom Erzählen und Erfinden, von Macht und Medium, von der Literatur und den Büchern. Allein in jüngster Zeit zeugen davon die neuen Texte von Botho Strauß und Peter Handke, Hans Blumenberg und Klaus Theweleit, Christoph Ransmayr und Klaus Modick, Gert Neumann und Martin Grzimek, Thomas Hettche und Norbert Gstrein. Sehr verschieden alle, aber in der insistenten Befragung ihres Mediums kommen sie überein.

Man ist unter sich und mit den Ahnen, fühlt sich bedroht und bleibt selbstbewußt, man steigt hinab in die eigene Verfassung, man ahnt, und manchmal sagt man es: Die Literatur ist minoritär und museal geworden. Ihrer Souveränität muß das nicht abträglich sein. Im Gegenteil.

Die Zeit. 2. 3. 1990.

REINHARD BAUMGART

Boulevard – was sonst? Je zügiger die Trends wechseln, desto kürzer unser Gedächtnis: Literatur zwischen den achtziger und neunziger Jahren

Da stehen wir wieder auf der Schwelle zwischen zwei Jahrzehnten, blicken zurück und blinzeln nach vorn, versuchen die Achtziger zu vermessen und die Neunziger zu entdecken und verdrängen wieder die zunächst naheliegende Frage: Warum sollten sich Geschichte und Literatur nach unseren vom Dezimalsystem behexten Köpfen richten? Was ermächtigt uns, Jahrhunderte, Jahrtausende oder eben Jahrzehnte abzupacken und abzurechnen, als würde sich wie unwillkürlich alles zu Epochen, zu Sinneinheiten ordnen, was sich mit einer Jahresnull am Ende abrundet? Der Verdacht liegt nahe, daß es weder eine Literatur der achtziger Jahre gab noch eine der neunziger Jahre geben wird, sondern eben nur dieses ordnungssüchtige Zahlensystem in unseren Köpfen.

So weit, so gut und richtig – und doch: diese uns antrainierte Dezimalrechenart hat in den vergangenen Jahrzehnten für die literarische Entwicklung erstaunlich viel Sinn gemacht. Mit Büchern wie »Die Blechtrommel«, »Halbzeit« oder »Das dritte Buch über Achim« zum Beispiel, erschienen 1959, 1960 und 1961, wurde doch tatsächlich auf der Wasserscheide zu den sechziger Jahren jene Phase engagierten Schreibens eröffnet, das motiviert war von der Überzeugung oder Illusion, Literatur stehe in gesellschaftlicher Verantwortung und habe auch politische Wirkung. Und wieder dauerte es bis fast zum Ende des Jahrzehnts, bis dieses stillschweigend federführende Literaturkonzept scheiterte in genau dem Bereich, dem es sich verpflichtet fühlte: im Politischen. Ausgerechnet die Apo, selbst literarisch bis fast auf die Knochen, sagte die Literatur tot.

Aus einer kritischen Literatur wurde dann in den siebziger Jahren eine Literatur in Krise, fast zerrissen zwischen ihren extremen Flügeln, den faktengläubigen Dokumentaristen einerseits und den bekenntnisseligen Autobiographen andererseits. So jedenfalls ließe sich von heute aus und mit abschätzend zusammengekniffenen Augen die Lage in diesen lange zurückliegenden Jahrzehnten auf einen Sinn zusammenziehen. Ob sich aber ein ähnlich vereinfachtes Bild für die vergangene Dekade entwerfen läßt? Was war denn neu und unerwartet an allem und an allen, die neu in den achtziger Jahren aufgetaucht sind?

Dreimal ist in den letzten Monaten die literarische Szene vermessen worden, und zwar von drei Beobachtern, die genau zu jener Generation sogenannter »jüngerer Autoren« gehören, die eigentlich um 1980 den Schub ins neue Jahrzehnt hätte besorgen sollen. Doch kontroverser als diese drei können Befunde kaum sein.

Zunächst hatte Frank Schirrmacher, schon in der letzten Buchmessenbeilage der »FAZ«, nach langem Angang das Fazit gezogen: Alles Wüste, jedes Sandkorn dem anderen gleich, nur ein paar hübsche kleine Oasen können noch trösten. Worauf Volker Hage, in der »Zeit« vom 10. November 1989, in freundlich additivem Verfahren die Titel, Autoren, Auflagezahlen, Verdienste und Defizite aufzählend und abwägend, sein Gegenvotum abgab: Die Wüste lebt! Büsche, sogar Wäldchen allüberall, dazu Tierspuren und -stimmen und Halme, Gräser, Flechten ...

Nun hat Hubert Winkels uns bewiesen (in der »Zeit« vom 2. März 1990), daß zwischen beiden Positionen, zwischen erbittertem Ungenügen und freundlichem Genügen, der herben Wüstendiagnose und dem stillen Sammlerglück, noch genügend Platz ist für eine dritte, für seine Argumentation, die beiden Vorrednern zugleich zunickt und widerspricht, um ihre Meinungen schließlich aufzuheben in einer Art Glück-durch-Entsagung-Synthese.

So sah man ein, und zwar dreimal, wie Temperament und Erwartungshaltung das Resultat einer Enquete vorprägen können.

Schirrmacher hatte seiner Diagnose einer nichtssagenden, obwohl alles beredenden Literatur, einer funktions- und wirkungslos gewordenen, die Ursache gleich vor die Nase gesetzt: »›Es‹ schreibt, und es schreibt immer gleich.« Wer sollte nun dieses »Es« sein, das neuerdings an Autors Statt die Bücher verfaßt? Eben niemand Besonderes mehr. Ein kollektiv stammelnder Universalautor, der nur noch unter verschiedenen Namen auftritt. Schuld daran wird einer weitgestreuten Literaturförderung gegeben, auch der bewußtlosen Motorik der Verständigungs- oder Selbstverständnistexte und schließlich jener hochprofessionellen, postmodernen Beschlagenheit in allen literarischen Techniken, Methoden, Ticks und Tricks, die den wahren Autor dieser Literatur-Literatur wegblendet: »Erfahrungsleere«.

Ein solches Plädoyer, das eine möglicherweise kleingeratene, wenn auch ungemein emsige literarische Gegenwart konfrontiert mit Ansprüchen, die offensichtlich aus einer größeren Tradition gewonnen sind – es könnte durch seine unbetuliche, rücksichtslose Energie und Entschlossenheit durchaus imponieren, hätte Schirrmacher seine unwirschen Thesen nur nicht zu guter Letzt noch erläutert und belegt mit Beispielen aus dem letzten Herbst. Plötzlich wird die ganze Last der Schreibmisere einer Erzählung von Norbert Gstrein aufgebürdet, die zwar gehemmt und verkrampft sein mag durch Manier, aus der aber immer noch eine unzeitgemäße erzählerische Kraft spricht. Während eine zart und fleißig gekonnte Novelle von Thomas Hürlimann dazu herhalten muß, die trübe literarische Stunde angeblich zu überglänzen.

Während hier die Exempel zu klein geraten scheinen für die großen Thesen, wächst aus Volker Hages Fülle der Beispiele kaum noch ein alle übergreifender Befund. Diese behutsame Bestandsaufnahme will uns offenbar dazu überreden, uns doch abzufinden mit dem pluralistisch Vorhandenen, dem Dies und Das und Vielerlei, an dem es zwar hier und da allerhand nachzubessern gäbe, gegenüber dem aber aus vermeintlich oder wirklich produktiveren Zeiten bezogene Ansprüche unangemessen wären. Das Ergebnis klingt paradox: Unsere Literatur ist reich, einerseits, doch wir dürfen nicht unbescheiden sein, andererseits.

Genau dieses Paradox löst sich freilich auf, sobald man einsieht, daß der grundsätzliche Schirrmacher und der behutsam additive Hage sich stillschweigend einig sind in einem: Das literarische Niveau hat sich in den letzten Jahren drastisch nivelliert. Daran freut den einen, daß dabei die Täler an Niveau gewonnen haben, schlichtweg höher gerutscht sind. Während den anderen kränkt, wie sehr im gleichen Prozeß die Gipfel heruntergekommen sind.

Auch Hubert Winkels hat seine zwar positiv verkündete, doch im Wesen defensive Generalthese vom musealen und minoritären Status der Gegenwartsliteratur auf eine Einsicht gegründet, der seine beiden Vorredner kaum widersprechen würden: »Schwer trägt die Literatur am Gewicht der Welt, weil ihr Anteil daran sinkt.« Dazu Hage: »Die Literatur hat ihre öffentliche Rolle aufgegeben. Und mit ihr jeden Anspruch auf Repräsentanz –«. In diesen Geltungs- und Wirkungsverlust muß sie sich, müssen wir uns vernünftigerweise ergeben, heißt das wohl. Genau das verweigert Schirrmacher, der darauf besteht, Literatur weiterhin als Quelle einer Welterfahrung zu verstehen, an der Leser dann ihre eigene erproben, bilden, schärfen könnten.

Nun fragt sich, wie genau, mit welchen Meßwerten das angeblich sinkende Gewicht der Literatur in der Öffentlichkeit und damit für die kulturelle Sozialisation ihrer Leser zu messen wäre. Sicher doch nicht mit Auflage- und Verkaufszahlen. Mit denen nämlich ließe sich seit den fünfziger Jahren eher ein inflationärer als ein minoritärer Trend belegen. Daß damals der »Stiller«, also ein von Kritik, Buchhandel, Lesern auf den ersten Blick geliebter und gerühmter Roman eines schon renommierten Autors, in der ersten Saison nur mit jenen rund dreitausend Exemplaren verbreitet war, die heute auch der wohlbesprochene Erzählungsband eines Debütanten erreichen kann – das scheint kaum noch glaubwürdig. Und undenkbar wäre damals der Auflagen- und Erfolgsrausch gewesen, in den Umberto Ecos Pendelroman eben geraten ist: 400000 Exemplare in nur sechs Wochen! Man sollte hier wohl besser von Einschaltquoten reden. Denn daß Gekauftes noch intensiv gelesen wird, ist so unwahrscheinlich wie bundesweite Konzentration vor bundesweit erleuchteten Mattscheiben.

Immerhin: Ecos Roman, obwohl ein Import aus Italien, diese schräge Mischung aus Flipper und Glasperlenspiel, aus Gelehrtheit und Schwadronage, hat wahrhaft kongenial ein Jahrzehnt abgeschlossen, in dem auch die deutsche Literatur, vergleichbar gewitzt und doch leerlaufend, so erfolgreich wie wirkungslos operiert hat. Denn auch das folgt aus der Metapher von der Nivellierung: Alles wächst und wuchert nun ins Breite.

Neu, symptomatisch für die literarische Situation scheint mir allerdings, wenn auch ein so ungeduldig und hochfahrend argumentierender Beobachter der Lage wie Frank Schirrmacher sich am Ende seiner Tabula-rasa-Verkündigung noch rettet in die Bewunderung eines schön gerundeten und klug zugespitzten Novellchens, wie es »Das Gartenhaus« von Hürlimann ist. »Ein kleines Meisterwerk«, sagt er. Mag sein. Doch genau dieses Muster- und Meisterwerkleinhafte, dieses Ältliche und Altkluge einer Literatur von jungen Autoren könnte ja auch befremden. Sie sieht so tückisch und so traurig aus wie Spitzweg.

Ein anderes Beispiel: die Prosa Irene Disches, zweifellos der Debütanten-Star im letzten Herbst, eben weil sie ihre Geschichten ausstattet mit jener gefälligen Bissigkeit, die in New York und im »New Yorker« seit eh und je Standard ist. Auch daß sie sich mit ihren deutsch-jüdischen Stoffen über ein mit Vorurteilen vermintes, für sanfte Provokationen also wohlvorbereitetes Gelände bewegt, sorgt für Resonanz. Solche vorsichtige, gekonnte Kühnheit wird heute vor allem erwartet und tatsächlich auch produziert.

Genau dieses Pensum läßt sich offensichtlich nicht erfüllen mit breitangelegten, sich unserer Gegenwart neugierig öffnenden Epochenromanen: die exemplarischen Versuche etwa von Ortheil und Nadolny sind geradezu vorbildlich gescheitert. Weder Übermut und Draufgängertum im einen Fall noch eine respekterheischende Sorgfalt im anderen haben den Widerstand des Stoffes überwinden können.

Unser wahrer Gegenwartsroman nämlich ist paradoxerweise der historische geworden. Am Zeitalter Ovids oder der Katharer, in Ransmayrs »Die letzte Welt« also wie schon in »Der Name der Rose« soll sich grell und verzerrt spiegeln, was heute los ist. Dabei stellt sich jener feine, nicht eigentlich erschrekkende Schrecken her, den man Gruseln nennen könnte und den schon Patrick Süskinds »Das Parfum« beschert hatte, ein anderer, unerwarteter Komet der achtziger Jahre. Gruselliteratur, das wäre eine, die den Schrecken an den Reiz verschenkt, in der es zwar allerhand zu erleben, aber kaum etwas zu erfahren gibt.

Diese Regeneration fast schon verschollen geglaubter Gattungen, des kurz und novellistisch pointierten Erzählens und vor allem des historischen Romans – der im letzten Jahrzehnt von Nadolny bis zu Gisbert Haefs und Horst Stern beim Publikum Karriere machte –, das war neu und kam vollkommen unverhofft. Aus der vielberedeten neuen Unübersichtlichkeit hat Literatur sich zurückgezogen ins Übersichtliche, ins Abgeschlossene und Abgekartete, in die Hermetik von »kleinen Meisterwerken«, manche kostspielig, andere eindeutig *second hand*.

Falls nun auf einen Begriff gebracht werden soll, was hier an Kennzeichen der in den letzten Jahren tonangebenden Literatur gesammelt worden ist – also: Nivellierung, Gefälligkeit und Erfolgsbewußtsein, handwerkliche Gediegenheit bis hin zu blendender Virtuosität im Umgang mit vorhandenen Mitteln, hoher Stoffreiz und Verarbeitungseffekt, das alles erkauft mit geringer Erkenntniskraft und gesellschaftlicher Funktionslosigkeit –, so wüßte ich nur ein Schlagwort, das alle diese Merkmale auf einen Nenner bringt: Boulevard. Das Wort hat in unserer Kultur ohne Metropole leider einen üblen Klang. Es signalisiert soviel wie Flachheit, Schwachsinn, Klamauk.

Aber »Boulevard«, ernst genommen, bedeutet nicht mehr und nicht weniger, als daß der Salon auf der Straße stattfindet, daß dort, auf dieser öffentlichen Bühne flüssig und elegant über die fälligen Tagesthemen und Tagesmoden kommuniziert wird, unter der Regie dessen, was neuerdings wieder als »Zeitgeist« firmiert. Der Boulevard verzichtet freilich auf alle Radikalität, oder, ins Altdeutsche übersetzt: auf Tiefe.

Statt einer Ästhetik des Schreckens und der Plötzlichkeit, wie sie Karl Heinz Bohrer mit dem Rücken zu seiner Gegenwart als Produktivkraft und Inbegriff der Moderne formuliert hat, herrscht in einer Boulevard-Kultur eine Ästhetik der Verbindlichkeit, der Wiederkehr des immer schon Bekannten und also Erwarteten. Selbst die kompliziertesten, ehrgeizigsten Motiv- und Methodenspiele unserer postmodernen Bastler können und wollen gar nicht verbergen, daß sie sich aus dem Vorrat des schon Eingeübten, Durchgekosteten bedienen. Ihr ungeheurer Geschmack ist immer schon: Nachgeschmack.

Wer hätte das gedacht, vor zehn oder fünfzehn Jahren, als das Stammeln und Tasten der Bekenntnis- und Geständnisliteratur, als Neue Innerlichkeit oder Neue Subjektivität den literarischen Zeitgeist definierten, als ausgerechnet das Private sich als politisch erklärte – wer hätte damals diesen Umschlag der Texte ins cool Weltläufige, oder besser noch: ins Weltliteraturläufige, ins in diesem Sinn Mondäne voraussagen können? Je zügiger die Trends wechseln, desto kürzer wird unser Gedächtnis. Desto heftiger auch die Neigung, nach jeder Wende, die dann bestenfalls doch nur ein Jahrzehnt lang währt, ein neues literarisches Äon auszurufen.

Ich wäre da vorsichtiger als etwa Hubert Winkels, der aus kleinen Indizien den mächtigen Schluß zieht, vorbei wäre es für jetzt und künftig mit der bewußtseinsprägenden Kraft der Literatur, weil sie zur Zeit nicht mehr sagt, »wie zu leben sei. Wie zu lesen sei, das sagt sie«. Aber eben noch, vorgestern, hat doch die Lektüre von höchst verschiedenen Büchern wie Vespers »Die Reise«, Handkes »Die Stunde der wahren Empfindung«, Strauß' »Die Widmung« oder »Mars« von Fritz Zorn sehr wohl als Weltorientierung, ja als Lebenshilfe gedient, hat Wahrnehmungen, Empfindungen, Erwartungen geprägt. Die Erinnerung daran sollte uns auch daran erinnern, daß wir keinerlei Ahnung davon haben, welche Rolle Literatur hinter dem nächsten Horizont, also am Ende der neunziger Jahre spielen könnte.

Auch wenn diese kraß vereinfachte Situationsskizze einleuchten sollte – sie stimmt nicht, nicht ganz. Unterschlagen wurde, daß gegen die Neuheiten und Neulinge des vergangenen Jahrzehnts auch Autoren wie Grass und Bernhard, Handke und Christa Wolf, Strauß, Walser und Achternbusch ihre gegen den aktuellen Zeitgeist weitgehend immune Literatur weitergeschrieben haben. Was freilich auch heißt, daß sie diese Dekade so wenig geprägt haben, wie sie sich von ihr umprägen ließen.

Noch erstaunlicher: Gerade die für mich überzeugendste Prosa von neu aufgetauchten Autoren, von Brigitte Kronauer und Rainald Goetz, fügt sich nicht in das hier entworfene Bild. Wie beunruhigend ist das und wie tröstlich, daß man, daß jedenfalls ich zwei so extrem außenseiterische Talente, den Sprengmeister Goetz und die Kristallzüchterin Kronauer, nicht hochrechnen kann in ein Panorama, daß sie beide sperrig querstehen zum Trend. Das demonstriert noch einmal den Eigensinn des Besonderen gegen einen Wendewind, der eben doch nicht alles in eine Stromlinie formen kann. Und es erinnert am Ende noch einmal an den Vorbehalt, mit dem ich angefangen habe, an die Frage, ob es denn in einer bestimmten Zeiteinheit eine einheitliche Literatur geben kann und muß oder ob wir uns das nicht bequemlichkeitshalber, ordnungsbewußt bloß zurechtlegen.

Die Zeit. 6. 4. 1990.

KLAUS MODICK

Gähnende Leere oder üppiges Tableau? 10 Thesen über Literatur und Kritik der Gegenwart

1. Der Pessimist sieht die Löcher, der Optimist den Käse. Wo unlängst im Blick auf die Literatur der achtziger Jahre ein Kritiker gähnende Leere diagnostizierte, hat der andere ein üppiges

Tableau gezeichnet. Die Wahrheit liegt, wie so oft, *nicht* in der Mitte. Der böse Blick auf angeblichen Mangel, Versagen vor wichtigen Sujets und eine allgemeine Nivellierung der ästhetischen Mittel einerseits, der wohlwollende Blick auf den unüberschaubaren Überfluß, aufs gleichberechtigt Alles-Mögliche und die erfreuliche Vielfalt des Ausdrucks andererseits: Beide sind Symptome einer Krise – aber keiner Krise der Literatur, sondern einer der Kritik.

2. Die Kritik ist ihrem Gegenstand gegenüber äußerlich geworden. Den Erfolg eines Buchs, die Durchsetzung eines Autors im Betrieb kann Kritik zwar nach wie vor befördern oder behindern; es fehlt nicht an Empfehlungen, es herrscht kein Mangel an Verrissen. Und so oder so ist das sprachliche Niveau der Kritik beachtlich. Aber ihre Eleganz will nur davon ablenken, daß die Kritik auf Konzeption und Produktion eines Werks längst keinen Einfluß mehr hat. Jeden Autor erfreut Zustimmung, jeden ärgert Ablehnung; keiner aber ändert sein Projekt, wenn sein neues Buch verrissen wird, keiner macht so weiter wie bisher, nur weil man ihn lobt. Die Kritik setzt der Literatur keine Maßstäbe; bestenfalls bezieht sie ihre Maßstäbe aus der Literatur, meistens nicht einmal das.

3. Die Literatur des ausgehenden 20. Jahrhunderts hat den kritischen Diskurs, mit dem sie überzogen werden könnte, in sich amalgamiert. Kritik als Frage danach, was ein Werk von sich selbst nicht weiß, als Beweisführung, wie ein Werk anders, besser gar sein könnte, wäre es nicht, wie es ist, als Vorschlagsinstrument, wie und ob überhaupt ein Werk außerliterarisch zu funktionalisieren ist – diese Funktionen von Kritik instrumentieren inzwischen die Werke (mehr oder minder) selbst. Gelegentlich wird in der Kritik noch halbherzig der Ruf ihres eigenen Rückzugs laut: »Künstler, bilde, denke nicht!« Zu spät: Die scheinbare Naivität von Literatur ist der Literatur kein Wert mehr; sie ist vielmehr gründlicher reflektiert als die nachhechelnde Reflexion der Kritik.

4. In Zustimmung oder Ablehnung konstruktive Kritik war auf ästhetische Programmatik angewiesen, die in Gruppen gebildet wurde, sich wechselseitig in Frage stellen konnte und auch eine strenge Wechselwirkung zwischen Literatur und Kritik provozierte. Ästhetische Programme sind tot: Die Literatur hat begriffen, daß sie in wahrlich unliterarischer Zeit nur überleben kann, wenn sie jede normative Anmaßung meidet. Mehr noch war konstruktive Kritik auf außerliterarischen Konsens oder Dissens angewiesen, auf gesellschaftliche Kriterien, die ein Kollektivbewußtsein beherrschten und die identitätsstiftend waren, um die Funktion von Literatur in dieser Identität diskursiv zu bestimmen, zu erstreiten oder zu bestreiten. Den letzten Fluchtpunkt solcher Bezugsraster bildete die Ideologiekritik. Literatur ist heute aber ideologiekritisch nur noch oberflächlich faßbar. Seitdem fehlen der Kritik die Begriffe.

5. Wo die Lust, vielleicht auch die Notwendigkeit zu ideologischer Debatte im pluralistischen Netz des *anything goes* abgefedert wird, bleiben der Kritik, will sie nicht vollends zum geschmäcklerischen Small talk absinken, zwei Möglichkeiten: Der pessimistische Kritiker erfindet Begriffsprothesen, Schlagworte, und erklärt sie zum Index ästhetischer Relevanz; je weniger Literatur den Dunstkreis des Schlagworts schneidet, desto gründlicher erfüllt sich die Selbstprophezeiung. Der optimistische Kritiker, der im babylonischen Taumel der Möglichkeiten nicht mehr im Angesicht der Autoren richten mag (er weiß ja auch: zuviel schon wurde hingerichtet), beschränkt sich aufs Sichten, Sammeln und Sortieren. Er wird zum Chronisten der Unübersichtlichkeit. Die Unübersichtlichkeit wird von ihm überblickt; manches übersieht er; nicht alles gefällt ihm.

6. Schlagworte sind erfundene Programme, meist aus der Luft, seltener aus der Literatur gegriffen, die sie erziehen wollen. Sinnlich erzählen, Abstraktionen meiden! Eins dieser Schlagworte, die schon auf dem Müllhaufen der Kritik gelandet sind. Das vorletzte lautete: Postmoderne. Sein Vorteil: Es war so gut positiv wie auch pejorativ zu funktionalisieren, mal Prügel, mal Zauberstab. Sein Nachteil: Es hatte die Magie des falschen

Namens; alle redeten davon, keiner wußte, was gemeint war, und es verschwand mit dem Zauber, bevor es in seiner tatsächlichen Denotationskraft begriffen war. Das letzte lautet: Stellt euch den Metropolen! Sein Vorteil: Es ist durch Tradition legitimiert und durch Tradition verstellt, also nur den Auserwählten erfüllbar. Sein Nachteil: Es ist obsolet. Die Stadt, die wir kennen und die ein großes Sujet der Literatur des 20. Jahrhunderts wurde, ist ein Produkt des 19. Jahrhunderts. Sein größerer Nachteil: Es kommt in der Literatur nie und nirgends aufs Sujet an; nicht *was* einer schreibt macht seine Literatur gut oder schlecht, sondern *wie* einer schreibt.

7. Die Idee der Metropole basiert auf der Möglichkeit des 19. Jahrhunderts, Menschen zu transportieren. Ideen zu transportieren war damals weitaus schwieriger. Auf der Schwelle zum 21. Jahrhundert ist der Personentransport entropisch geworden, doch stehen ungeheure Möglichkeiten zur Verfügung, Ideen zu transportieren. Informierte Vernetztheit, von Ideologie weitgehend emanzipiert und ortsunabhängig wie nie zuvor, strukturiert den Zusammenhang unserer Gesellschaft und auch sehr wesentlich den unserer Gegenwartsliteratur. Als Buchkultur mag sie zu einer Expertenkultur schrumpfen, gelegentlich ausgelüftet durch unplanbaren Massenerfolg. Innerhalb dieser Expertenkultur ist Informiertheit und Kohärenz jedoch stärker denn je.

8. Die Literatur der Gegenwart ist individuell *und* kollektiv, geprägt durch Gruppenbewußtsein ohne Gruppenbildung: Sie ist intertextuell. Der Generationskontext der achtziger Jahre, der sich in den neunziger Jahren breit entfalten wird, ist kein stilistischer und erst recht kein ideologischer. Er besteht vielmehr aus einer panoramatischen Diversifizierung der Perspektiven. Im konkreten Einzelfall hat die Perspektive, der Blick des Autors auf die Welt, sein jeweils unverwechselbarer Blick, den geilen Drang aufs große Ganze verabschiedet und geht in Detailbohrungen, in die Tiefe der Erscheinungen. Der einzelne beschafft sich das Recht, das die Gewalt des Zusammenhangs ihm rauben möchte.

9. Die Vernetztheit der einzelnen Projekte mit ihrer vielfältigen Zeitgenossenschaft wie mit ihren Traditionslinien schließt diese Generation zusammen. Die Einzelgänger sind nicht mehr allein. Aus der Übergangsphase der Postmoderne zielt diese Literatur in Bereiche, deren Signum eine hochentwickelte, verspielte, doch nicht unernste Simultaneität ist. Diese ignoriert die Traditionen nicht, sondern läßt sie in einem unerhörten Tanz der Möglichkeiten so lebendig werden, wie Traditionen es nie waren. Der Tanz stellt den elektrischen Kontakt der Gegenwart zum Gewesenen her. In diesem Prozeß kommt dem optimistischen Kritiker die Aufgabe zu, die Choreographie des Tanzes zu analysieren und der Öffentlichkeit transparent zu machen. Die Literatur gibt Impulse. Der Kritiker hat sie weiterzuleiten. Auch an die Autoren. Der Kritiker als Medium.

10. Es kommt wesentlich darauf an, die literarischen Tendenzen der Gegenwart positiv zu bestimmen, das heißt: originär statt defensiv als bloßen Reflex auf die klassische Moderne des 20. Jahrhunderts. Die Frage gilt, was sich in jenem Hohlraum rührt, den bis vor kurzem der Begriff Postmoderne abgedeckt hat, ohne ihn bestimmen zu können. Die Frage gilt dem pessimistischen Kritiker. Hier hat er Begriffe zu bilden. Es können auch Schlagworte sein. Rheinischer Merkur. 4. 5. 1990.

HANNS-JOSEF ORTHEIL

Götzendienst. Ein Rückblick auf die Literatur der achtziger Jahre

Viermal ist in letzter Zeit dem darbenden Korpus der neuen deutschen Literatur eine Diagnose gestellt worden: Frank Schirrmacher sah einen siechenden Patienten kurz vor dem Exitus, Volker Hage klopfte noch einmal alle Organe einzeln ab, um hier und da wieder Leben einzuhauchen, Hubert Winkels baute der Mumie ein Mausoleum für Eingeweihte, in dem eine kleine Sekte Literaturkundiger nekrophile Leidenschaften befriedigen soll, und Reinhard Baumgart schließlich resümierte, der Korpus sei geschrumpft und lebe lediglich noch von Attitüden der Weltläufigkeit.

Das seit mehr als zwanzig Jahren beliebte Krisendiagramm macht die Runde durch die Feuilletons; darüber wird gern übersehen, daß der Patient in diesen zwanzig Jahren erstaunlich oft wiedergeboren wurde, und das meist anders, als man es sich vorgestellt hatte. Galt die Literatur Ende der sechziger Jahre als lächerlicher Bildungsrucksack, so betrat in den Siebzigern die Figur des hypersensiblen, melancholischen Einzelgängers die literarische Szene. Der Literatur der »Neuen Subjektivität« sagte man Narzißmus, Innerlichkeit, ja Weinerlichkeit nach; davon ist wenig übriggeblieben, der bedächtige, zeitlupenhaft wahrnehmende Flaneur der oft alltäglichen, banalen Welten ist verabschiedet worden, die Literatur der achtziger Jahre vollzog den Sprung vom »Erfahrungshunger« (Michael Rutschky) zum Textfetischismus.

Fetische – das sind bekanntlich Götzen, denen geheimnisvolle, magische Kräfte nachgesagt werden. Der Umgang mit ihnen ist ein ritueller, er besteht vor allem aus Beschwörungen, Litaneien, Deklamationen, die eine tieferliegende erotische Schicht freisetzen sollen. Genau in diesem Sinn hat die Literatur der achtziger Jahre die Sprache wiederentdeckt: als Potential ritueller Gestaltung, als Verschwörercode, den der Leser sich in seinen eigenen Vorstellungen erst übersetzen muß. Es gibt weder ideologische Anleitungen noch autobiographische Seitenwege; die Literatur betreibt eine Art Exorzismus des Gewöhnlichen, und dem Leser bleibt nichts anderes übrig, als sich der Austreibung von gängiger Verständigung, brav Dialogischem, der Liquidierung jeder vorschnellen Orientierung zu stellen.

Mit der Wendung zum »Fetischcharakter« der Texte hat die Literatur auf jene verschärften Erfahrungen der Nachmoderne reagiert, die sich verkürzt als Erfahrungen des totalen Medienzeitalters und einer sich apokalyptisch darstellenden Spätzeit begreifen lassen. Wo die neuen Medien mit ihren immer willkürlicher sich gebärdenden Zeichenspielen die gewohnten Formen von Wahrnehmung verändern, wo eine mit ihren traditionell leitenden Vernunftideen in Konflikt geratene Kultur an ihren konservativen, bewahrenden Aufgaben zu scheitern droht, sucht die Literatur vor allem das Extreme: jenen Ort des Abseitigen, Skurrilen, Phantastischen, Exotischen, der noch durch keine Sprache besetzt ist und an dem das Katastrophale unserer Zeit besonders schmerzhaft in Erscheinung tritt.

Entschieden, scharf, wortgewaltig und oft höhnisch hat sie sich von den scheinheiligen Verständigungsritualen der siebziger Jahre befreit; die neue und jüngste Literatur versucht den Terror des Alltäglichen nicht zu bändigen, sie versucht, ihn in sprachlichen Exerzitien zu dramatisieren.

Einen Fetisch zu beschwören – das kann bedeuten: sein Bild bis ins Unendliche zu vervielfältigen, es immer neuen Brechungen auszusetzen, es mit den verschiedensten Sprachschichten zu belagern. Eine solch mehrbödige, überreizte, mit einer kaum übersehbaren Zahl von Verweisen arbeitende Literatur hat Hermann Burger in seinen Frankfurter Poetik-Vorlesungen eine Literatur der »Pararealität« genannt. In Burgers Erzählungen und Romanen hat sie Gestalt angenommen. Es ist eine Literatur, die vom steten, unerwarteten Wechsel zwischen Imaginärem und Realem lebt und die diesen Wechsel auf kunstvolle Weise durch eine Flut sprachlicher Masken zu kaschieren sucht. Burgers Gestalten sind Maskenträger, Rollenspieler, die am eigenen Leib einen Belagerungszustand von Sprache vorexerzieren.

»Mich verbergen, erscheinen, aus dem Nichts auftauchen und wieder dahin verschwinden: existentielle Knalleffekte . . .« – so beschreibt Burgers Zauberer Diabelli die Spiele seiner Kindheit, die zugleich Sprachspiele sind. Denn wie die Figuren Burgers immer wieder hineinschlüpfen in neue Larven, um diese als Trugbilder zu bestätigen, so schlüpfen sie gleichzeitig in immer neue textuelle Schichten. Sie bedienen sich der Magier-, der Leser-, der Kranken-, der Psychologensprachen, sie wechseln unaufhörlich zwischen diesen Idiomen, so daß ein geradezu enzyklopädisches Vexierspiel entsteht, das jene Entdeckung einzuholen sucht, die Diabelli als Urszene seiner Kindheit beschreibt: »Als ich entdeckte, daß man, vor einem Spiegel stehend, mit einem zweiten, hinter das Ohr gehaltenen Frisierspiegel das Ich vervielfachen kann bis ins Unendliche, blockierte ich das Badezimmer.«

Die Literatur der »Pararealität«, die das Reale wie das »Natürliche« abstößt, fasziniert das »Künstliche, Gemimte, Supponierte, Imitierte, Spiegelbildliche, Vexatorische, Halluzinatorische, Phantasmagorische« (Burger). Eine solche Literatur, deren postmoderne Züge unübersehbar sind, schrieben in den achtziger Jahren so unterschiedliche Autoren wie Gert Hofmann, Urs Widmer, Gerhard Köpf, Wolfgang Hilbig, Gert Jonke und Gerold Späth. In ihr wird die Einheit der Figuren in dauernden Täuschungsmanövern unterlaufen: ›Das Ich – das sind mehrere‹ – so könnte eine Losung dieser Literatur lauten, die diese Einsicht der Romantiker nicht nur darzustellen, sondern auch in einem labyrinthischen Sprachgestus einzufangen sucht ..., etwa so, daß einer schließlich »nicht mehr wüßte, wessen er sich zurückdenkend entsinnen sollte, seiner eigenen bisherigen Vergangenheit ... oder seiner bald neu auf ihn zukommenden Zukunftserfindungserinnerung, die ihm nun erst erfahrbar würde in der vor ihm ausgebreiteten Zeit einer Erinnerungszukunft, Erfindungszukunftserinnerung ...« (Gert Jonke in »Erwachen zum großen Schlafkrieg«).

Alle hier zur Fraktion der »Pararealisten« vereinten Autoren schreiben eine hochrhythmisierte, musikalische Prosa, deren Gefahr das bloß Rhetorische, deren Kunst aber eine der Metamorphosen ist, die Bilder, Imaginationen und Geschichten in ein auch lautlich-sinnliches Universum verwandeln.

Fetische zu beschwören – das kann zweitens aber auch bedeuten: ihre Macht so einkreisen, daß die Gesetze ihrer Wirkung deutlich werden. Eine solche Literatur ist eine Literatur experimentierender Erkundung, eine Literatur der sprachlichen »Metarealität«, die das Gefängnis der Sprache von immer verschiedenen Blickwinkeln zerlegt und es dadurch zugleich auskundschaftet. In dieser Literatur geht es nicht um die Verwandlung des Realen in Phantasie- oder Vexierbilder, sondern um die Auslöschung des Realen im Blick auf die einzige Wirklichkeit, die der sprachlichen Textur. »Wortgestrüpp, das ist eine Einkreisungstechnik, ... eine wuchernde Einkreisungstechnik, die Blitzrichtung ungenau, ... erst zerstreue ich alles, dann sammle ich alles wieder zusammen, ... vieles läßt sich nur in Analogien begreifen«, heißt es symptomatisch in Friederike Mayröckers »mein herz mein zimmer mein name«.

Umrisse einer Gegenwartspoetik dieser Literatur der »Metarealität«, der man auch in den Werken von Paul Wühr, Friederike Roth, Gerhard Rühm oder Oskar Pastior begegnet, hat Jürg Laederach in seinen sehr lesenswerten Grazer Poetik-Vorlesungen (»Der zweite Sinn«) skizziert: »Was ich hier will, ist, einen Eindruck von dem unausweichlichen Flirren zu erzeugen, das bei jedem sprachlichen Ausdruck sogleich einsetzt; den Sinn zu schärfen für die Gesamtheit aller Unschärfen, für die Überlagerung und Unterfütterung der ›offensichtlichen‹ Auskünfte durch andere; eindringlich anzumahnen, daß ein Text, der diese Bezeichnung verdient, immer zwei, drei Texte ist.«

Textbewegungen voller Unschärferelationen, Sprachspiele, Sprachuniversen, in denen sich Redeschichten überlagern – so ließe sich eine Literatur der »Metarealität« notdürftig kennzeichnen. Entstanden ist in den achtziger Jahren eine Art sprachexperimenteller Literatur zweiter Potenz, die die Vorläuferschaft von Konkreter Poesie oder Wiener Gruppe aufgreift und in durchlässigere, unprogrammatischere und weitläufigere Konzepte verwandelt. Der Leser ist eingeladen, einer den Texten innewohnenden »Definitions-Dynamik« zu folgen, sofern er Laederachs Warnung folgt: »Kann ich mich darauf verlassen, daß Sie den nächsten Text, den Sie auf der Weide treffen, nicht gleich melken wollen wie die Kuh?«

Die dritte Fraktion, die ich bei meinem Entwurf eines Porträts der Gegenwartsliteratur ausmache, ist die Fraktion derer, die dem Fetisch mit dem bösen Gegen-Blick begegnen, einem starren Blick, der erratische Textformen entwirft, einem Blick, der am Häßlichen, Abseitigen, Verworfenen interessiert ist. Eine solche Literatur des bösen Blicks haben etwa Elfriede Jelinek, Ludwig Fels, Rainald Goetz, Josef Winkler oder Einar Schleef vorgelegt. Es ist eine Literatur, die mit sich radikal gebenden Verwerfungsgesten arbeitet, eine Literatur, die besessen ist von der Destruktion des Leiblichen und diese Destruktion (im Sinne Michel Foucaults) als hartnäckig betriebenes Aufsuchen, Überschreiten und Verlieren von Grenzen erlebt: »Die Spielregeln der Grenzen und der Überschreitung sind von einer einfachen Hartnäckigkeit: die Überschreitung durchkreuzt immer wieder eine Linie, die sich alsbald in einer gedächtnislosen Woge wieder schließt, um von neuem an den Horizont des Unüberschreitbaren zurückzuweichen« (Foucault).

Daher ist die Literatur des bösen Blicks eine exzentrische, die mit Verwünschungen, Schmähungen, Drohungen, mit der Aggressivität von Verletzten gleichsam auf der Stelle deklamiert. In den uferlosen Kaskaden von Schleefs »Gertrud«-Monolog hat diese Verletztheit ihren mächtigsten Sprachpart gefunden: als Auflehnung, Selbstgericht, als Explosion des Ich.

Viertens schließlich ließe sich eine Literatur denken, die gleichsam in den Fetisch hineinhorcht, eine Literatur der archaischen Gesten, auf die Wiedergewinnung von mythischen Elementarformeln aus, eine bald kryptische, bald erhabene Literatur des Geheimen. Peter Handke und Botho Strauß haben, von sehr unterschiedlichen Positionen aus, an einer solchen Literatur mitgewirkt. Handke war der formende, auf ›ideale‹ Gestalten, auf Urbilder des Sehens und der ortenden Bewegung zielende Schriftsteller, Strauß dagegen eher der, der die mythische Erfahrung im Schwinden, Undeutlichwerden der Zeichen, im Stillstand auszumessen versuchte: »Poeta otiosus. Der zurückgetretene, der nutzlos gewordene, der in Vergessenheit geratene Ursprüngliche. Seine Muße ist die ganz entbundene, ruhend-ruhlose Wache. Seine Ataraxie: die Wörter sich finden zu lassen und nicht einzugreifen« (Strauß in »Sigé«).

Die Literatur des Geheimen, wie ich sie hier nenne, provoziert durch sprachschöpferische Akte, sie ›rühmt‹ oder ›ruft‹ so, wie es Maurice Blanchot verstanden hat, für den Rühmen und Rufen Schreibweisen waren, um »die Macht der Namengebung, die Kraft der Benennung« – als Gesten »herrscherlicher Art« – zurückzugewinnen.

Der fünften und hier zuletzt genannten Fraktion würden jene Autoren angehören, die den Fetisch zerma(h)len, die ihn also konfrontieren mit Geschichten, Erzählungen, Gemälden, die ihn überschütten mit Erfahrungsdetails, historischen Figuren, in der Absicht, die Sprache ins Unendliche wuchern zu lassen. Solche Autoren sind »Geschichtsesser« (Barthes), die der Fülle des Erzählbaren, dem Überwältigtsein durch Bilder durch den Einstieg in einen vitalistischen Erzählstrom zu begegnen suchen. Die Literatur, die dabei entsteht, nenne ich die Literatur des Scheherezade-Effekts: ein Fließen von Begebenheiten, Episoden, ein zyklischer Sprachreigen, der immer nach einem unerreichbaren Ganzen greift: dem Kosmos einer Region, der Fiktion einer Epoche.

Eine solche Literatur bedient sich der Geschichte (als monströs vielfältigem Leib) und der Geschichten (den Schnittmustern, den Leib aufzuzehren) wie »ritueller Nahrungsmittel«; sie stopft sich voll, mästet sich, will »prall, dicht und fest wie ein Gewebe« (Barthes) werden und trennt mit jedem Erzählschritt doch wieder den Teppich dieses Gewebes auf. »Ich schreibe das um!« ereifert sich der Erzähler in Sten Nadolnys »Selim« vergeblich und verwickelt sich in ein paradoxes Korrigieren: »Ich werde auch diesen Tag anders erzählen als er war. Und so wird es weitergehen. Lüge? Nur die Konsequenz des Erzählers! Leben umdichten und Leben erhalten sind ein und dasselbe!«

Neben Nadolnys »Selim« zähle ich auch Romane wie Gerhard Roths »Landläufiger Tod« oder meinen eigenen »Schwerenöter« zur Literatur des Scheherezade-Effekts. Es ist eine Literatur der kreisenden Erzählbewegungen, ausschweifend, getrieben von der Lust, sich zu verlieren. Noch einmal Barthes: »Dem Fetischisten würde der zerschnittene Text, die Zerstückelung der Zitate, der Formeln, der Prägungen, die Lust am Wort zusagen« (»Die Lust am Text«).

Ich könnte noch weitere Fraktionen auszumachen versuchen. Wichtiger als ihre Zahl erschien mir aber der Nachweis, daß die Literatur der achtziger Jahre, eine Literatur des fetischistischen Götzendienstes an der Sprache, Terrains erschlossen und Schreibweisen entwickelt hat, die sich nur sehr vorsichtig mit denen früherer Jahrzehnte vergleichen oder an sie ankoppeln lassen. Mag sein, daß die Literatur an »gesellschaftlicher Funktion« verloren hat (Winkels), mag sein, daß die alljährlichen Debütantenbücher sich ähneln wie ein Ei dem andern (Schirrmacher) – all diese Diagnosen sollten nicht daran hindern, den neuen Qualitäten und den Veränderungen von Literatur neugierig und sehr aufmerksam nachzuspüren. Gelänge auch das nicht mehr, müßte man am Ende vielleicht weniger eine »schwache Literatur« betrauern als eine Schwäche derer, die sie zu deuten hätten: der Interpreten.

Originalbeitrag.

Verzeichnis der Beiträge

Register der Autoren und Rezensenten

Das Register verzeichnet deutschsprachige Gegenwartsautoren und Rezensenten. Kritische Arbeiten, Rezensionen, Interviews und Zitate aus Laudationes sind durch kursive Seitenzahlen gekennzeichnet.

Deutsche Literatur

Jahresüberblick

Deutsche Literatur 1981
Reclams Universal-Bibliothek 7760 [3]

Deutsche Literatur 1982
Reclams Universal-Bibliothek 7915 [3]

Deutsche Literatur 1983
Reclams Universal-Bibliothek 8212 [3]

Deutsche Literatur 1984
Reclams Universal-Bibliothek 8045 [3]

Deutsche Literatur 1985
Reclams Universal-Bibliothek 8282 [4]

Deutsche Literatur 1986
Reclams Universal-Bibliothek 8403 [4]

Deutsche Literatur 1987
Reclams Universal-Bibliothek 8404 [4]

Deutsche Literatur 1988
Reclams Universal-Bibliothek 8405 [4]